Colección Támesis

SERIE A: MONOGRAFÍAS, 222

MEDIEVAL AND RENAISSANCE SPAIN AND PORTUGAL

STUDIES IN HONOR OF ARTHUR L-F. ASKINS

This volume, honouring the life and scholarship of Arthur L-F. Askins, offers a panorama of current scholarship on the Iberian Peninsula during the Middle Ages and the Renaissance.

The contributors are recognized scholars whose specialties reflect those of the honoree. Many of the essays tackle problems concerning manuscripts, texts, and books; others are literary, theoretical, and interpretive in nature; topics range from medieval and Renaissance epic and love poetry to spiritual, travel and chivalric literature, as well as balladry and *pliegos sueltos*.

MARTHA E. SCHAFFER is an Associate Professor at the University of San Francisco.
ANTONIO CORTIJO OCAÑA is Professor of Spanish at the University of California.

Arthur L-F. Askins

MEDIEVAL AND RENAISSANCE SPAIN AND PORTUGAL

STUDIES IN HONOR OF ARTHUR L-F. ASKINS

Edited by

Martha E. Schaffer
Antonio Cortijo Ocaña

TAMESIS

First published 2006
by Tamesis, Woodbridge

ISBN 1 85566 122 5

OSISI4

Tamesis is an imprint of Boydell & Brewer Ltd
PO Box 9, Woodbridge, Suffolk IP12 3DF, UK
and of Boydell & Brewer Inc.
668 Mt Hope Avenue, Rochester, NY 14620, USA
website: www.boydellandbrewer.com

A CIP catalogue record for this book is available
from the British Library

This publication is printed on acid-free paper

Printed in Great Britain by
MPG Books Ltd, Bodmin, Cornwall

CONTENTS

PREFACE

DRU DOUGHERTY

Professor Arthur Askins has given new meaning to the word *retirement*. Eschewing the usual sense of quitting the field after long years of dedication to his profession, he preferred the Luso-Hispanic connotations of *jubilar*. Reliable documents confirm that Professor Askins did indeed "retire" in 1994, but since that year – to our joy – he has devoted himself ever more to research, taking advantage of additional time to finish, update and initiate scholarly projects, address learned societies in the United States and abroad, search out manuscripts from secreted archives in Portugal, and publish his elegant, rigorously prepared texts in print and electronic venues. All the while, our friend and colleague has continued to enrich the life of the department he served faithfully for more than thirty years. For Professor Arthur Askins, the commonplace meaning of *retirement* must itself be retired, to be replaced by a word more faithful to the man and his scholarly pursuits: *jubilation*.

Though it is true, as Portia states in *The Merchant of Venice*, that "he is well paid that is well satisfied," the Department of Spanish and Portuguese, and the Portuguese Studies Program, at the University of California, Berkeley, wish to increase our colleague's satisfaction as best we know how: with a beautiful book. Mindful of how much we owe this passionate bibliophile, we think a book of learned essays prepared by his colleagues, students and friends, is a fitting tribute to an exemplary scholar and beloved teacher.

The two individuals most responsible for this volume have modestly declined to increase its pages, preferring instead to coordinate and edit the essays of other distinguished scholars of Portuguese and Spanish medieval and renaissance texts. Warm thanks are due to Professors Martha E. Schaffer and Antonio Cortijo Ocaña for their generous dedication to a project that joins science and sentiment, erudition and style, the very hallmarks of the man whose life and work have inspired so many of us.

The editor and publishers wish to extend their thanks to the Department of Spanish and Portuguese and the Portuguese Studies Program at the University of California at Berkeley, and to the Gulbenkian Foundation in Lisbon for assistance with the publication costs of this book.

INTRODUCTION

CHARLES B. FAULHABER

Exegi monumentum aere perennius. Horace. *Carmina* III.xxx.1
atque inter siluas Academi quaerere uerum. Horace. *Epistulae* II.ii.45

Arthur Lee-Francis Askins was born in Clarkesville Arkansas, a small town in the valley of the Arkansas River, on August 9, 1934. Although it has been more than sixty years since the son of Francis and Lillian Adkins Askins has lived in Arkansas, he treasures his Arkansas relatives and roots and considers himself bi-dialectal, switching at will between the Ozark dialect of his birthplace and the academic English he learned later.

The family moved to Long Beach, California in 1940 when Arthur's father was transferred by his employer, Newberry Electric Corporation, to work on the wiring of U. S. Navy ships, a job which he held throughout World War II. After the war, the family remained in Long Beach, where Arthur's public school education took place. In high school he was, among other things, an Eagle Scout and a championship ballroom dancer. (Years later, dining with friends at an open-air restaurant in the Retiro, in Madrid, he would be hauled up on stage by an American blues singer and would impress all with his still polished moves.) As was common in California at the time, he carried out his basic college studies at a community college, Long Beach City College (1952–54), then transferred to UCLA (B.A. 1956), where he first majored in Archeology before switching to Latin American Studies. He stayed on for an M.A. in Spanish American Literature in 1958. As an archeology major he participated in a Mayan language project, which led to his writing the Mayan dialogue for an eminently forgettable science-fiction epic film, *The Flame Barrier* (1958), starring Kathleen Crowley and Arthur Franz.

Arthur began doctoral studies at Berkeley in 1958, when the only Ph.D. offered was in Romance Languages and Literature. In addition to Spanish, French, and Italian literature, Arthur continued with Portuguese, which he polished through study at Coimbra (1960).

At the time that Arthur was admitted to the Department of Spanish and Portuguese at Berkeley, it was arguably the most distinguished in the United States, with faculty of the caliber of Golden Age scholars Edwin Morby, Louis Murillo, and José F. Montesinos (who also taught nineteenth- and twentieth-century literature), medievalist Dorothy Clotelle Clarke (and María Rosa Lida de Malkiel, a presence if not part of the faculty because of anti-nepotism regulations), linguists Yakov Malkiel and Charles Kany, and Hispano-Americanists Arturo Torres-Ríoseco, Fernando Alegría, and Luis Monguió. Among the younger figures were eighteenth-century scholar John Polt, Latin-Americanist Arnold Chapman, and the department's Luso-Brazilianist, Benjamin Woodbridge. Retired but still active emeriti included medievalist Lesley Byrd Simpson, Golden Age scholar S. G. Morley, and linguist Robert Spaulding.

Fellow doctoral students just ahead of Arthur included Paul Lloyd, Carlos Otero, George Wind, Brenton Campbell, Mary Giles, Rosalind Schwartz, Alfredo Ruiz Lozada, Joseph Scott, and Robert Scari; his contemporaries included Curtis Blaylock, Paul Smith (a friend from UCLA), Stanko Vranich, Donald Randolph, Gerald Boarino, Manuel de Excurdia, Vicente Urbistondo, William Bryant, and Phillip Koldewyn. Just behind him were Philip Gericke, Jerry R. Craddock, Emanual Georges, Warren Meinhardt, Robert Hammarstrand, Barbara Mortenson, James Anderson, Salvador García-Castañeda, Louise Vasvari Fainberg, Valerie Gómez, Elsa García-Pandevenes, Vivana Brodey (whose dissertation Arthur would direct), and Julian Randolph (another friend from UCLA). The latter remembers Montesinos' seminar on the *romancero* and Arthur's habit, unnerving for his fellow students, of taking class notes on 4×6 index cards in his careful calligraphic hand. That same sense of organization and careful marshalling of facts was a hallmark of his later scholarship. Randolph also remembers visits to the Napa Valley in Arthur's pink Thunderbird convertible, long before the valley became the tourist mecca that it is today; and picnics in Tilden Park with Arthur on the lute and Julian on the mandolin playing Renaissance Spanish music for Julian's wife Louise. Other close friends during those years and after were Ben and Mary Woodbridge and Paul Smith. Smith also recalls Arthur's occasional invitations to go to meetings of the local Japanese philatelic society: even at that early date Arthur was considered an expert in Japanese stamps.

Antonio Rodríguez Moñino, accompanied by his wife, María Brey, began visits to the department as a Lecturer in 1960–61, and joined the department as a full professor in 1966. (*Persona non grata* to the Franco regime and hence prohibited from teaching in the Spanish university system, during the Civil War Moñino had protected Spain's bibliographic heritage for the Republican government.) Many of us recall the *tertulias* after Moñino's evening seminar on Spanish bibliography, where Don Antonio and Doña María inculcated a new generation of students with the Spanish scholarly traditions amid a cloud of tobacco smoke.

Moñino's presence at Berkeley was seminal for Arthur's scholarly career. Don Antonio's vast knowledge of Spanish bibliography found an immediate echo in Arthur's own scholarly interests. In many respects the work Arthur has been engaged upon for the last forty years is a response to the Spanish *erudito*'s call for a study of the primary sources of Spanish literature, sketched most powerfully in his *Construcción crítica y realidad histórica en la poesía española de los siglos XVI y XVII* of 1963. Essentially, Moñino argued that modern criticism of

Golden Age poetry (and, by extension, most of Spain's early literature) is based on an incomplete knowledge of the reality of that poetry, which circulated primarily in manuscript form. Until the manuscript tradition is studied and the manuscripts themselves edited, it is impossible to do critical justice to the achievements of Spain's Golden Age poets. Moñino himself laid much of the groundwork for this project with his own bibliographical studies; for example, his and María Brey's monumental *Catálogo de los manuscritos poéticos castellanos existentes en la Biblioteca de The Hispanic Society of America (siglos XV, XVI y XVII)*, and the equally monumental *Manual bibliográfico de cancioneros y romances* (4 vols., 1973–78), brought to completion by Arthur after Moñino's tragic death in 1970.

Arthur's first research efforts (1963–1979) were devoted to the edition of a series of Hispano-Portuguese *cancioneros / cancioneiros* that reflected both Moñino's influence as well as Arthur's own expertise in sixteenth-century Spanish and Portuguese lyric poetry. These editions show Arthur to be one of the consummate textual scholars of his – indeed, of any – generation. They follow a single model: an extensive introduction in which Arthur traces the filiation of the manuscript, considered as a whole, to the corpus of the poetry it contains as well as of the individual poems included in it, a close transcription of the entire manuscript, and exhaustive notes on each poem, with a listing of all the other known witnesses and their variant readings. Frequently the notes became mini-articles; perhaps his masterpiece along these lines is the 21-page *endnote* to Camões's "Sobre os rios que vão | por Babilonai me achei" (*Cancioneiro de Cristóvão Borges*, 207–27).

The methodology and the rigorous scholarly standards were fully formed in Arthur's 1963 Berkeley dissertation, "A Critical Edition and Study of the *Cancioneiro de Évora*, Manuscript CXIV/1–17 of the Public Library of Evora, Portugal," published in 1965 in a revised form and with an expanded introduction as *The Cancioneiro de Évora* by the University of California Press. In addition to the dissertation director (Luis Monguió) and readers (Ben Woodbridge and Edwin Morby), to the acknowledgments (xxxi) Arthur adds Moñino's name and, in the printed edition, that of Margit Frenk. The reviews were enthusiastic. Elias Rivers states approvingly that "it is thanks to Dr. Askins' own thorough, well organized work that this *cancionero* as a whole can now be read for the first time with fully informed appreciation" (*MLN* 81:2 [1966]: 249). Edward Glaser notes that "Askin's [sic] edition . . . meets the most exacting standards of scholarship" (*HR* 37:2 [1969]: 312), while "the painstaking thoroughness that marks the introduction and the transcription of the text characterizes also the notes which will prove valuable to all students of sixteenth-century poetry" (313). He sums up: "The patient scholarship evident in the transcription of a difficult text, the unpretentiousness and cogency with which Askins presents his findings and the fullness of the notes warrant the belief that this handsomely printed book will remain for many years the standard edition of the *Cancioneiro de Évora*" (315).

The brilliant graduate career and the dissertation, combined with his versatility as a teacher – everything from beginning Spanish and Portuguese through upper division courses on Spanish, Portuguese, Spanish-American, and Brazilian literature to doctoral seminars on medieval and Renaissance Spanish and Portuguese literature – led Berkeley to offer him an assistant professorship immediately upon the conferral of the doctorate in 1963. His progress up the *cursus honorum* was steady: Associate Professor with tenure in 1970, Professor in 1976, Chair of the Department of Spanish and Portuguese from 1978 to 1983 and again in 1985–86. After his chairmanship he happily returned to the ranks until 1994, when he took early retirement but continued to serve the department as Professor in the Graduate School.

Arthur's editions of sixteenth-century poetry manuscripts reveal him to be a consummate historical and bibliographical scholar, his work in some senses a culmination and continuation of the scholarship of an earlier age. Because of the nature of the manuscripts, comprised of many short pieces, Arthur devised, in those pre-computer days, a methodology that made up in efficacy what it might have lacked in efficiency. While preparing an edition, he would work on one poem at a time, typing each draft of the text and notes on yellow foolscap, then doing additional research and retyping as many times as necessary in order to achieve the results he was looking for. When he was satisfied with that poem, he would move on to the next one. Eventually the entire manuscript would be finished, and the information necessary to write the introduction would be easily at hand.

The editions of these Luso-Hispanic poetic manuscripts (*Cancioneiro de Évora*, 1965; *Cancioneiro de Corte e de Magnates*, 1968; *The Hispano-Portuguese* "Cancioneiro" of The Hispanic Society of America, 1974, and the *Cancioneiro de Cristóvão Borges*, 1978) have provided a solid foundation for critical studies on the relations between Spanish and Portuguese poets during the latter part of the sixteenth century and of the literary tastes of the *aficionados* who compiled them. They were uniformly well received by the critics. Thus, Edward Glaser says that the *Cancioneiro de Corte e de Magnates* "is especially deserving of warm welcome" (*HR* 40 [1972]: 316), while Raymond Cantel calls it "un livre appelé à rendre de nombreux services à tous ceux que s'intéressent à la poésie espagnole et portugais" (review, *BHi* 72 [1970]: 219); and John Cummins characterizes it as "a thoroughly workmanlike edition, a tool rather than a creation, an exemplary step in the ground-work necessary for further study of individual poets and Hispano-Portuguese cultural relations in the sixteenth century" (review, *BHS* 47 [1970]: 94). Cummins also demonstrates a keen appreciation of Arthur's style in his review of the *Hispano-Portuguese* "Cancioneiro" *of the Hispanic Society of America*: "Professor Askins's succinct style and dry humour make this skirmish [between Teófilo Braga and Carolina Michaëlis de Vasconcellos] come alive as a small comedy of Trollopian literati, and his 'tale of discovery, of mutilation, and of alter-ation of the manuscript in the modern period' becomes a neatly-structured mystery story, with Rodríguez-Moñino as hero" (*BHS*, 54 [1977]: 152).

These editions have served as a model for the work of younger scholars. The series of Spanish *cancioneros* edited by Ralph DiFranco and José Labrador is directly inspired in Arthur's work. Their edition of the *Cartapacio de Francisco Morán de la Estrella* (Madrid: Patrimonio Nacional, 1989) was made possible by Arthur's pioneering study, "El Cartapacio de Francisco Morán de la Estrella (ca.

1585)" (1975). Arthur has provided the DiFranco-Labrador team with more tangible support as well; in a gesture of incredible scholarly *desprendimiento* he passed on to them his entire card file, 43 boxes, of incipits of Renaissance Spanish and Portuguese poetic texts, with, literally, scores of thousands of cards, the fruit of almost thirty years' work.

The five major editions were accompanied by a cloud of articles, frequently spin-offs from his larger-scale projects; such as "The Cancionero Manuel de Faria and MS. 4152 of the Biblioteca Nacional, Madrid" (1969), "Notes on two 'Lost Camonian Sonnets' of the Ribeiro Index" (1974), and "The Musical Song-book of the Museu Nacional de Arqueologia e Etnologia, Lisboa (ca. 1603)." Articles dedicated to single poems show his adeptness at tracing influences, as in his comments on Lope's use of Pedro de Tablares' "Amargas horas de los dulces días" (1967), and on the *varia fortuna* of the traditional "De la dulce mi enemiga," the latter written with Edward Wilson (1970).

During the 70s much of Arthur's energy was devoted, in a sustained act of *pietas*, to the publication of Moñino's considerable *Nachlass*. Three works in particular should be mentioned. First there was the unfinished edition of Juan de Escobar's *Historia y romancero del Cid (Lisboa, 1605)* (1973), the sixth and last publication of Moñino's projected eleven editions of *Romanceros de los Siglos de Oro*; its 34-page introduction is a model of bibliographic scholarship. Giuseppe Di Stefano calls it "lucida" and concludes "bisogna essere grati ad Askins per la perizia e la compiutezza con cui ha arricchito e condotto a termine questa edizione" (review, *Medioevo Romanzo* 1 [1974]: 434, 436).

The previously mentioned *Manual bibliográfico de cancioneros y romances*, dedicated to sixteenth- and seventeenth-century printed editions, existed only in the form of Moñino's *papeletas*. It was Arthur's task to review those *papeletas* for consistency and completeness, organize them, bring the relevant bibliography up to date, eliminate discrepancies, track down missing data, and see the four volumes through the press, with the first two volumes, on the sixteenth century (709 and 929 pages respectively), appearing in 1973, the third, on the seventeenth century (692 pages) in 1977, and the indices (349 pages) in 1978.

The final work was the *Pliegos poéticos de la Biblioteca Colombina (siglo XVI)* (1976), Moñino's catalog of the broadsheets, extant and lost (but recorded in the inventories), which had once belonged to Fernando Colón, Christopher Columbus' son. Moñino had finished his study by 1963 but set it aside to work on his *Diccionario de pliegos sueltos poéticos (siglo XVI)* (1970). The entries for specific items in the Colombina were incorporated into that work, but the rich introductory study was not. This catalog elicited favorable reactions and additions from S. G. Armistead (*HR*, 45 [1977]: 451–55) and Giuseppe Di Stefano (*RPh*, 34 [1980]: 78–92), who prompted Arthur to provide additional information in "Dos pliegos góticos del siglo XVI perdidos y dos hallados" (1984) and "The *Pliegos sueltos* of the Biblioteca Colombina in the Sixteenth Century: Notes to an Inventory" (1986). Arthur continued to work the Colombina *cantera* in shorter studies (1988, 1991, 1992) as well.

This investigation of broadsheets set in motion two currents which have

strongly marked the rest of Arthur's scholarly career: a consuming interest in
pliegos sueltos, the ephemera of Golden Age Spain, and the use of computer technology. Arthur's attitude toward computing (originally, utter disdain) changed radically when he realized that a computer database could help him to keep track of the
imprints concealed in the original manuscript catalogs of the Colombina. As Arthur
began to to prepare the edition of Moñino's catalog, immersing himself in those of
Colón, primarily the *Abecedarium B* and the corresponding *Regestrum B*, he realized the need for sorting and combining the information contained in them in a
variety of different ways. Why this should be so requires a knowledge of the system
Colón devised for cataloging his library. To paraphrase Arthur's explanation in
"The *Pliegos sueltos* of the Biblioteca Colombina" (106), the *Abecedarium B* is a
global index of authors, titles, and incipits, all interfiled in alphabetical order. Each
of these partial entries is keyed to the accession number in the *Regestrum B*. The
first 4321 entries of the latter are full bibliographic descriptions (author, title,
imprint, format), but from entry 4322 to the end, entry 15556, only the column
numbers of the individual pieces of a full description in the *Abecedarium B* are
listed. Thus to pull together the complete description of a given work, one must
correlate the information in the *Abecedarium B* on the basis of the *Regestrum B*
number, laboriously looking up each column in turn, locating a piece of the bibliographical description, copying it, and then going on to the next. In fact, what Colón
devised was nothing less than a forerunner of a relational database. He would have
loved computers.

Once Arthur saw how a database could help him control and manipulate the
materials in the Colón catalogs, he was committed to the technology. Working
initially with a homegrown flat file database designed by a UC Davis colleague,
Professor of Japanese history Earl Kinmonth, Arthur began to enter the data
from the Colón catalogs into the system. As he continued his work on the Colón
cataloges as part of a complete re-creation of the Biblioteca Colombina in its
heyday, he became aware of the parallel work under way in Spain by Tomás
Marín Martínez in Madrid and Klaus Wagner in Seville. Joining forces, the
three scholars prepared an ambitious plan to publish a complete edition of the
Colón catalogs. The first step was a facsimile of the *Abecedarium B y
Suplementum* in 1992, followed in 1993 by the first two volumes (of a projected
fifteen) of the *Catálogo concordado de la Biblioteca de Hernando Colón*, the
reconstruction of the bibliographical citations for Colón's books on the basis of the
Regestrum B entries. Unfortunately, the project had to be suspended after the initial
two volumes because of a lack of financial support.

While working on the Colombina project, Arthur was also involved in other
efforts to make *pliegos sueltos* better known as scholarly resources. Thus in 1981
he prepared a facsimile edition of the *Pliegos poéticos del s. XVI de la Biblioteca
Rodríguez-Moñino*, with an extensive introduction tracing with his habitual expertise the provenance of the individual items and situating them within the context of
the more general sixteenth-century *pliegos* tradition. Arthur would follow the same
pattern in the four volumes of *Pliegos poéticos españoles de la British Library,
Londres (Impresos antes de 1601)* (1989–91), with three volumes of facsimiles of

the British Library's 95 *pliegos* and the entire fourth volume dedicated to the study. S. G. Armistead gave a typically detailed review (*HR* 61 [1993]: 277–79), calling the publication "a major event for anyone interested in Medieval or Golden Age literature, in the history of early printing and rare book collecting, and, very especially, in popular literature, the *romancero*, and the early lyric [. . .] a unique and invaluable reference source, of incalculable importance to everyone working in this field" (277–78). He ends: "Hispanism owes a great debt of gratitude to Arthur Askins. The precious materials assembled in these splendid volumes, together with the exhaustive, authoritative scholarly apparataus he has created, will remain an indispensible *Forschungsinstrument* for all future research on early Spanish printing and its variegated cognate fields" (279). Cristina Sánchez Carretero echoes that judgment from the other side of the Atlantic: "Askins en su estudio abre las puertas de la British Library, sale de allí y pone a nuestra disposición no poca información relativa a otros pliegos [. . .] de tal modo que traza un plano utilísimo no sólo de la colección de la British sino de otros pliegos de otros lugares."

The continued pursuit of *pliegos sueltos* also gave rise to an enduring collaboration with his friend and colleague Víctor Infantes, first manifested in the facsimile edition of Gómez Manrique's *Regimiento de príncipes*, published in Zamora in 1482 (1984), and then in a large-scale joint project to revise Moñino's *Diccionario bibliografico de pliegos sueltos poeticos (siglo XVI)* (1970) by updating it on the basis of later work in the field as well as by adding newly discovered *pliegos*. This updated version appeared in 1997, under Moñino's name and with his original introductory study, as the *Nuevo diccionario bibliográfico de pliegos sueltos poéticos (siglo XVI)* (1021 pp.). The editors modestly refuse to quantify their additions: "Obviamos los porcentajes de todo lo añadido" (12), but a comparison with the original is instructive. There are some 265 new entries, and virtually every single one of the previous entries was corrected or expanded: new copies of known *pliegos* were listed; shelfmarks of previously known copies were added; and, systematically, the bibliographical references for each *pliego* were updated, on the basis of work done by other scholars in the field but more frequently on the basis of their own studies, including Arthur's exhaustive analysis of the Colón catalogs, which revealed the existence of numerous *pliegos* no longer extant. The book is yet another bibliographic *tour de force.*The two editors followed it almost immediately with a series of "Suplementos al *Nuevo Diccionario*: olvidos, rectificaciones y ganancias de los pliegos sueltos poéticos del siglo XVI" (1997, 1998, 1999, 2000, 2001). The research continues.

Thus exposed to computing, Arthur was convinced that a suitable database could provide bibliographical control over the entire corpus of medieval Portuguese literature, just as the *Bibliography of Old Spanish Texts* (*BOOST*) was attempting to do for medieval Spanish literature. The latter effort, begun in the Hispanic Seminary of Medieval Studies at the University of Wisconsin, Madison, in the early 70s to support the computerization of the *Dictionary of the Old Spanish Language* (dir. Lloyd Kasten), had undergone many technical transformations as it moved from Madison to Berkeley and was re-invented as a general relational database of the primary sources – manuscript and printed – for the study of medieval

Spanish literature. In 1987 when it was ported from mainframe to PC and the data-base software became available, Arthur accepted the challenge, and with Harvey Sharrer (UC Santa Barbara), Aida Fernanda Días (U. de Coimbra), and Martha Schaffer (U. of San Francisco), began to compile a complete repertory of the primary sources of medieval Portuguese literature, in the broadest sense of the word. Thus was born the *Bibliografia de Textos Antigos Portugueses* (*BITAP*), which eventually changed its title to *Bibliografia de Textos Antigos Galegos e Portugueses* (*BITAGAP*). Very quickly *BETA* and *BITAGAP* were joined by *BITECA* (*Bibliografia de Textos Catalans Antics*), under the direction of Vicenç Beltran and Gemma Avenoza (U. de Barcelona). The three bibliographies were published on CD-ROM disk in 1993 as part of *PhiloBiblon*. Like all databases, they have continued to grow and to take advantage of the possibilities of electronic dissemination, ported to the World Wide Web (URL: http://sunsite.berkeley.edu/PhiloBiblon/phhm.html) in 1997. In 1999 a second CD-ROM edition was released, Arthur carrying a major portion of the editorial burden, particularly in the redaction of the User's Manual; the web versions are continually updated.

From *BITAGAP*'s beginning Arthur was responsible for the entry of all data – a monumental task that he continues to this day. As of October 2003 *BITAGAP* offered descriptions of 2622 individual manuscripts or editions containing 19,776 copies of 9010 separate texts. The primary printed or manuscript sources were found in 226 libraries, while the supporting secondary bibliography contained 7387 entries. *BITAGAP* is today without any question the single most important biblio-graphic resource for the study of medieval Portuguese culture in the world.

At least yearly, Arthur joins *BITAGAP* colleagues on expeditions to Portugal's major libraries and archives and, increasingly, to small and obscure provincial and private libraries. The cumulative results of the patient and painstaking work have been nothing short of staggering. The team's discovery of the *Pergaminho Sharrer*, the fragment of fourteenth-century manuscript with musical notation of seven of D. Dinis's poems, was front-page news in Portugal. Other significant discoveries were Arthur's finding of a bifolium from an unknown MS of the *Orto do Esposo* (plus other smaller fragments that Dias and Sharrer found from the same MS), a bifolium from a Portuguese translation of Part II of the *General estoria* of Alfonso X of Castile as well as numerous fragments of the Portuguese and Galician translations of the *Siete partidas*, fragments of the Portuguese version of *Collationes Sanctorum Patrum* of St. John Cassian, and a fifteenth-century fragment of the Portuguese *Livro de José de Arimateia*, the only known MS witness prior to the sixteenth century. Some of these finds have been presented in finely-honed articles, either singly or in collaboration with other members of the *BITAGAP* team, thus bringing to the attention of scholars inside and outside of Portugal texts of undeniable interest for the intellectual, social, and religious history of medieval Portugal.

Any assessment of Arthur's career must touch on his abilities as a teacher and molder of future Hispanists. He has directed eleven doctoral dissertations, beginning with Vivana Brodey's edition of the *Coplas de Mingo Revulgo* in 1971. Other students include Rina Benmayor (1974), Mary Cozad (1975), Judith Mauleón (1976), Robert Black (1977), Richard Smith (1977), the distinguished

Portuguese poet Anna Hatherly (1986), Encarnación Juárez (1987), Fernando Arenas (1994), and María del Mar Fernández Vega (1997). Not surprisingly, most of these dissertations dealt with Golden Age Spanish literature, the *romancero*, or *cancionero* poetry; frequently they were editions along the lines of Arthur's own, tending to track his own research interests over time. Less frequently there were studies of Portuguese or Brazilian texts (see the complete list, p. 323, below).

As a classroom teacher, Arthur was a showman, but to the day he retired he confessed to stage fright before his first class every semester, although his students were never aware of it. Solid scholarship embellished by flights of verbal fancy and, when circumstances called for it, the occasional buck-and-wing, made his classes both entertaining and enlightening. The various departmental chairs who have reviewed his student evaluations have commented that he regularly received the highest rating in the department.

Despite his varied research activities and his teaching responsibilities, Arthur has also participated fully in the administrative life of the university and in that of the numerous organizations to which he has belonged. Among those services are his membership on the Executive Committee of the College of Letters and Science (1978–80), his service as Chair of the Executive Committee of the Center for Latin American Studies (1981–82), and of the systemwide Academic Senate Library Committee (1980–82), and his long stint as Coodinator and Head Advisor for the Group Major in Latin American Studies (1984–90). Off campus he was particularly devoted to the Luso-American Education Foundation and the Sociedade Portuguesa da Santa Rainha Isabel, both of Oakland. He sat on the Grants Committees of both organizations, from 1968 to 1994, and 1972 to 1994 respectively. The former honored him with its Distinguished Accomplishment Award in 2001.

His numerous scholarly achievements and years of dedicated service drew recognition both inside and outside the University of California. During his career he held Guggenheim (1969–70) and Luso-American Education Foundation (1978) Fellowships, and received National Endowment for the Humanities grants for his work on *BITAGAP* (1992–93) and *PhiloBiblon* (2000–2001). On the occasion of his retirement in 1994, he was awarded the Berkeley Citation, the highest honor which the Berkeley campus can give to one of its own. His research on Spanish and Portuguese literature has earned him numerous honors: Corresponding Member of the Hispanic Society of America and appointment as Comendador of the Portuguese Ordem do Infante Dom Henrique for services to Portuguese culture (both in 1986), honorary doctorates from the Universidade Nova of Lisbon (1992) and the Universidade de Coimbra (2000), and election as Membro Correspondente Norteamericano of the Portuguese Academia das Ciências (1992) and of the Academia Portuguesa da História (1998). Election to the two Portuguese academies and honorary doctorates from Portugal's newest and oldest universities are signal honors indeed.

There are many non-scholarly dimensions to Arthur's life. A passionate lover of music, he was a fixture at the San Francisco Opera House for many years. He is a collector who formed an important working library in the Spanish tradition as well as world-class collections in two separate areas. As a philatelist he specialized in Japan, then focused on the postal stationery of the Ryukyu Islands (i.e., Okinawa) under U.S. occupation after World War II (1945–1972). In fact, he wrote the definitive catalog, based in large part on his own collection. In the late 1970s and early 1980s, on one of his periodic trips to Hong Kong, he began to collect Red Guard jade, carved during the Cultural Revolution (1966–76) to reflect icons and moments in the history of Chinese Communism (Mao Tse-Tung with the little red book, the Long March, etc.). Today Arthur's collection, although small, is one of the most important in the world for the quality of its pieces. It shares his space and time with a complete set of *Mafalda* bound in leather, paper models of such famous structures as Madrid's Puerta de Alcalá and the Empire State Building – with Godzilla –, and an expansive model railroad layout that any ten-year-old would kill for.

Sources Cited

[For reviews of Askins's works, see his Bibliography p. 317]

Faulhaber, Charles B., Angel Gómez Moreno, David Mackenzie, John J. Nitti, and Brian Dutton, comps., 1984. *Bibliography of Old Spanish Texts*. 3rd ed., Bibliographic Series, 4 (Madison: Hispanic Seminary of Medieval Studies)

Rodríguez Moñino, Antonio, 1968. *Construcción crítica y realidad histórica en la poesía española de los siglos XVI y XVII*. Discurso pronunciado en la Sesión Plenaria del IX Congreso Internacional de la International Federation for Modern Languages and Literatures, que se celebró en New York el 27 de Agosto de 1963. Pról. de Marcel Bataillon. 2ª ed. (Madrid: Castalia). Translated as *Critical Reconstruction vs. Historical Reality of Spanish Poetry in the Golden Age*. A Discourse Read before the Plenary Session of the Ninth International Congress of the International Federation for Modern Languages and Literatures, New York, August 27, 1963. Tr. Lesley Byrd Simpson. ([Berkeley]: Designed and printed by Lawton and Alfred Kennedy).

Lope García de Salazar: la formación de un bibliófilo y de su biblioteca[1]

GEMMA AVENOZA

Lope García de Salazar poseía libros de escasa difusión: la *Biblia de Alba*, el *Yosifón*, un Orosio en romance y, tal vez, las *Historias de los Macabeos* de Pero Núñez de Osma[2] (Avenoza 2000; 2003a; 2003b y 2005), junto a otros textos que ya se sabía había manejado el noble vasco.[3] Sin duda es apasionante bucear entre las páginas de su crónica resiguiendo las huellas de sus lecturas, pero más interesante sería averiguar de dónde procedían sus libros y, al mismo tiempo, desvelar las circunstancias en las que se forjó su afición por la lectura.

En las páginas que siguen nos proponemos aportar algo de luz acerca de dos cuestiones: ¿dónde y en qué circunstancias adquirió Lope García el gusto por los libros? y ¿de dónde procedían los libros de su biblioteca? Tomaremos como de partida sus propias palabras:

> OVIENDO MUCHO A VOLUNTAD DE SABER E DE OÍR DE LOS TALES FECHOS DESDE MI MOCEDAD fasta aquí me trabaxé de aver libros e estorias de los fechos del mundo, FAZIÉNDOLOS BUSCAR POR LAS PROVINCIAS E CASAS DE LOS REYES E PRÍNCIPES CRISTIANOS DE ALLENDE LA MAR E DE AQUENDE POR MIS DESPENSAS CON MERCADERES E MAREANTES E POR MÍ MESMO
>
> (*Bienandanzas* f. 2vb)[4]

La formación de un bibliófilo

Según el propio Lope adquirió el gusto "de saber e de oír de los tales fechos" en su *mocedad*, afirmación que nos conduce a preguntar ¿cuál es el significado del

1   Esta investigación se ha desarrollado dentro de los proyectos de investigación financiados por la DGYCIT PB98–2001, BFF2000–0759 y BFF2002–0052 con aportación de fondos FEDER.

2   Obra de la que nos ocuparemos en otra ocasión; como avance vid. Avenoza 2003a y 2003b.

3   Sobre las fuentes de las *Bienandanzas* existen numerosos trabajos recogidos primero por Sharrer (99–103) y más tarde por Villacorta (xxi–xxxiv); cabe añadir la presencia del *Árbol de la casa de Ayala* detectada por Garcia (7–26). Poco aporta el capítulo de Aguirre (1994: 271–87), por carecer de notas que identifiquen la procedencia de los datos aducidos.

4   Citaremos la obra como "*Bienandanzas* f." por la edición de Marín, que preferimos a las de Camarón y Rodríguez. Villacorta prepara una nueva edición, de la que ha publicado como avance el libro IX.

término *mocedad*?; ¿qué es lo que corresponde hacer a un mozo? y, cómo no, ¿dónde transcurrió la *mocedad* de Lope?

Los términos *mozo* y *mocedad* se refieren a una época capital en la formación de los jóvenes que, superada la niñez, aún no están capacitados para intervenir activamente en los asuntos de la vida adulta.[5] Los hijos de reyes pasaban esta etapa junto a ayos de posición social elevada, que tenían por honor hacerse cargo de tal responsabilidad, mientras que los hijos de los nobles de mayor rango se educaban en su propia morada, junto al encargado de su formación o en la corte regia en compañía del heredero. Reyes y nobles acogían a hijos de caballeros y nobles que les servían, o a los hijos de "criados" del linaje. Durante la "crianza" aprenderían, además de rudimentos de letras y buenas maneras, habilidades propias de la guerra. Frecuentemente las familias nobles mandaban a los hijos a "criar" junto a clérigos de la familia, o a la casa de otros nobles de mayor alcurnia, a los que podían unirles lazos de parentesco o relaciones de vasallaje. Unos pocos gozaban del privilegio de la "crianza regia," no sólo nobles, sino también muchachos procedentes de niveles sociales inferiores e, indudablemente, los hijos de los caídos en acciones militares.[6] La "crianza" servía para afianzar los lazos de solidaridad entre un señor y aquellos que le servían, los que un día combatirían a su lado, y estas vinculaciones se extendían a través de varias generaciones. Puesto que la crianza en casa de un noble, y no digamos en la corte regia, suponía ventajas importantes para el *mozo*, las familias intentaban que una persona instalada en un entorno social superior introdujera a sus jóvenes en él (Carlé 112).[7]

La edad en la que los *mozos* dejaban su casa rondaba los diez años, tal y

    5 Beceiro y Córdoba explican que "hasta los siete / ocho años los niños reciben ese apelativo (contrapuesto al de mozo con que se les conoce a partir de dichas edades" (110); la frontera entre la niñez y la mocedad se sitúa hacia los siete años: "Los siete años abrían una nueva etapa que se prolongaba hasta los catorce. Don Juan Manuel la califica como *mocedad*" (114); en los años siguientes el joven o *mancebo*, debería "situarse," "tomar estado" mediante el matrimonio o la entrada en religión. La *mocedad* terminaba cuando el joven podía "soltarse" del señor que le había criado; este momento en ocasiones venía señalado por un acto importante para todo caballero: la investidura. El *Victorial* señala como inicio de la etapa de formación los diez años y Pero Niño toma las armas hacia los quince años (Homet 201; Beceiro y Córdoba 117). En el acuerdo de esponsales entre Santillana y Catalina Suárez de Figueroa se establecía que "hasta los catorce años viviera con su madre" y a partir de esa fecha viviera con su suegro (121), porque a partir de aquel momento el joven heredero estaría en condiciones de "ayudar" a su futuro suegro en las tareas militares. Coincidentemente, fue a los 16 años cuando Lope participó en su primera escaramuza bélica (*Bienandanzas* f. 427rb). Aguirre (1994: 85) supone que la preparación militar de Lope tuvo lugar en la casa familiar de San Martín. Sobre la edad y condiciones de la toma de armas en Castilla ver Porro (78–83).

    6 El conde de Haro, su padre y su abuelo se educaron junto al rey "en calidad de primogénitos de una gran Casa noble" (Beceiro 2000: 198). Un joven pariente de los Salazar estaba "criándose" en la corte de Francia, lo que servía al embajador aragonés Hugo de Urriés en 1473 para afirmar que "por mano de algunos parientes del de San Martín el rey de Francia tiene sobornados los principales" (Aguirre 1994: 214).

    7 Sobre la "crianza" veanse Gerbet (311–44), Beceiro (1988–89: 59–84, 2000: 175–206) y Homet (199–232) y la bibliografía preparada por García Andreva.

como se recoge en un pasaje de las *Bienandanzas* donde García de Salazar presenta el inicio de la crianza del Cid por Fernando I, en lo que podía ser un recuerdo de su propia historia personal (Beceiro 2000: 183; *Bienandanzas*, título XV f. 256va).

En tiempos del cronista, crianza y educación se dividían en varias etapas: una primera, desde los siete años, en la casa paterna bajo la dirección de un ayo y también de un maestro encargado de su preparación intelectual; allí recibía unos rudimentos que se perfeccionarían generalmente en casa de un pariente mejor situado o de un protector del linaje, quien se ocuparía de "criar" al mozo, ofreciéndole además un modelo de conducta (Beceiro 2000: 575–77; Nader 104, 117).

Nos consta que Ochoa crió a varios de sus sobrinos, hijos de su hermana Mari Sánchez, dándoles luego mando en el linaje (Aguirre 1994: 82)[8] y Lope García de Salazar se encargó de la "crianza" de sus nietos, huérfanos del hijo que había escogido como heredero; para defender mejor sus derechos los puso bajo la protección de la condesa de Haro, doña Mencía de Mendoza, hija del primer marqués de Santillana. Aguirre (1994: 210, 219) explica que Lope llevó a sus nietos al condestable "para asentarlos con él, pues ya tenían edad de servir en palacio;" es decir, la primera parte de la "crianza" se desarrolló en San Martín, en la casa familiar, y cuando los niños "tuvieron edad de servir," el de Salazar los "situó" en casa del Conde de Haro, quien debía de velar no sólo por la protección de sus derechos, sino porque se completara su "crianza."

El cronista era un poderoso señor de Vizcaya,[9] hombre de grandes recursos económicos y vasallo del rey. Vivía rodeado de una extensa parentela[10] y controlaba territorios ricos en mineral, su explotación y exportación, amén de los pingües beneficios del prebostazgo de Portugalete (García de Cortázar 144,

---

8 La clientela de los Salazar no se limitaba a los parientes. Aguirre (1994: 104) menciona además otros grupos: "En un tercer orden [. . .] estaba el grupo fluctuante de los adheridos por los intereses más diversos de tipo personal, con unión menos subordinante y poco duradera de los criados, encomendados, lacayos y acotados. A los criados plenamente incorporados en vida a la casa solariega, asimismo se les integraba en el más íntimo círculo familiar, y entre los Salazar aparecen a menudo p. ej. los Carriego, Mudarra, Zalduento, etc."

9 Su bisabuelo, Lope García de Salazar, había sido "gran privado de don Juan Núñez de Lara" (Rodríguez Herrero I, xx). Esta vinculación de los Salazar a los Lara –y más tarde a los Manrique, que gustaban llamarse Manrique de Lara–, puede rastrearse en un detalle de las *Bienandanzas* destacado con otro propósito por Vaquero (581), al recordar que en las *Bienandanzas* se llama a Diego Ordóñez, Diego Ordóñez de Lara y se le califica de "pariente del rey," indicación que no está presente en la *Primera crónica general*, de donde procede el episodio. Lope García de Salazar pudo conocer los romances que transmitían la filiación del noble, pero sobre todo estaba al corriente de la historia de los Lara, que sentía vinculada a la propia y por ello recuerda los detalles positivos que la adornan, como el parentesco con el rey o la filiación completa de un personaje heroico.

10 Así lo demuestran las nutridas tropas de parientes, amigos y criados que le acompañan en sus enfrentamientos con los Marroquines, como, por ejemplo, el que tuvo lugar en 1445: "Fue Lope García de Salazar con todos los parientes [. . .] que eran todos fasta I mil DC omes bien armados" (*Bienandanzas* f. 429rb).

201–3).[11] Desafortunadamente nada nos cuenta el cronista sobre su crianza, salvo que cuando regresa a su tierra desde Andalucía, recobró la salud gracias a los aires de su tierra: "que así como llegó en los aires de su tierra, DONDE FUE NAÇIDO E CRIADO, como le dixieron los físivos, nunca más le tomó la terçiana e luego fue tornado en su ser" (*Bienandanzas* f. 434ra–rb).[12]

¿Quiere decir que se "crió" en su tierra, en el sentido de "adquirir una educación," o el término tiene aquí un sentido más general, refiriéndose a los primeros años en la formación de un joven?[13] Porras (1993: 54) ha señalado que se llamaba *bezar*, *avezar* y *avezamiento* a la formación que un joven recibía en la casa paterna, a distinguir de la "crianza," formación en una casa de mayor alcurnia que la propia, que prepararía al mozo para su vida futura, para mejorar su estado.[14] Esta etapa de la educación del joven tenía una gran importancia como elemento consolidador de la nobleza y significaba "el comienzo de su promoción política y cortesana" (Beceiro 2000: 578).

La cultura literaria evidente en su obra sugiere que debió de educarse en el entorno de la corte, porque sólo en aquellos círculos era posible a principios del s. XV que un joven adquiriera los conocimientos y el gusto por la lectura de los que hace gala en su madurez. Probablemente tanto Lope como alguno de sus hermanos, se desplazaron a la casa de algún noble con quien su familia estaba vinculada para completar esta fase fundamental de la educación de todo caballero (Beceiro 2000: 579). Su padre, Ochoa de Salazar, era vasallo del rey, por él *tenía* el prebostazgo de Portugalete, pertenecía a la pequeña nobleza, así que su presencia o la de sus hijos en la corte no sería extraña, aunque es probable que se atuvieran al amparo de otras casas nobles, que pudieran auparles a posiciones mejores.

Si hubiera gozado de la "crianza regia," Lope habría acudido a la corte antes de cumplir los 15 años, tiempos que coincidirían con la minoría de Juan II y la regencia de doña Catalina y del Infante don Fernando.[15] García Salazar limita las menciones a la minoría de Juan II a breves frases, en las que se condensa una apreciación positiva a la influencia de la reina viuda sobre el gobierno del reino:

---

[11] Rentas que también disfrutaron sus descendientes: Hidalgo (1987, docs. 27 de 1483 y 115 de 1501); Hidalgo (1988, docs. 92, 151, 174 y 143 de 1499, 1508, 1515, 1516 respectivamente); Orella (docs. 89 de 1514 y 103 de 1514); Enríquez (doc. de 1416).

[12] Aguirre (1994: 83) no aborda esta cuestión más que de forma velada, mencionando que seguiría a su padre, Ochoa y en su compañía, observando su forma de actuar, aprendería a manejarse entre los grandes de su tiempo.

[13] De tal ambigüedad se ocupó Gerbet (312). Es difícil que Salazar emplee el verbo con el significado de "niño que se cria al pecho de," porque en este momento de su historia, la "crianza," en su sentido de perfección personal, cortés y caballeresca debía de primar en su memoria.

[14] En este segundo sentido se usaba también el término *policía* (Porras 1996: 54–55), empleado entre otros por Chacón en referencia a las virtudes de la educación de los que se criaron en casa del Condestable (Mata 5, 31).

[15] Nótese que en su obra no afloran recuerdos de aquellos años, silencio que podría ser deliberado: "Antes dize que algunas otras cosas a él e a ellos que eran de su onor dexó d'escrevir" (*Bienandanzas* f. 435vb).

[. . .] GOVERNOSE EL REY DON JUAN POR LA REINA DOÑA CATALINA, SU MADRE, EN MUCHA JUSTIÇIA CON ACUERDO DE LOS BUENOS CAVALLEROS DEL REINO FASTA QUE MORIÓ DE SU DOLENÇIA ESTA NOBLE REINA.

(*Bienandanzas* f. 343va–vb)

Contrastando con la animadversión que manifiestan otros cronistas, como Pérez de Guzmán, que le recrimina su excesivo apego a Leonor López de Córdoba:

E como quiera que la Señora Reyna tenia consigo [. . .] una Dueña natural de Córdova, llamada Leonor López, [. . .] de la qual fiaba tanto, é la amaba en tal manera, que ninguna cosa hacia sin su consejo. E aunque algo fuese determinado en el Consejo donde estaban la Reyna y el Infante, é los Obispos [. . .] é muchos otros Doctores y Caballeros, si ella lo contradecia, no se hacia otra cosa de lo que ella queria; DE LO QUAL SE SIGUIÓ MUCHA TURBACION EN ESTOS REYNOS, É GRAN MENGUA DE JUSTICIA. (Tate ed. 1965: 278)

Lope también pudo acompañar a sus mayores con ocasión de la convocatoria de cortes o bien cuando éstos se personaron en ella para participar en las campañas militares.[16] Recordemos que un antepasado suyo, Martín Ruiz de la Cerca, llevó a Toledo a su nieto, Lope García de Salazar (origen de los Salazares), para que se luciera en la corte.[17] No se puede descartar la crianza regia en el caso de Lope; la familia que gozaba de ella la transmitía a sus sucesores y precisamente en generaciones sucesivas encontramos Salazar como miembros de la clientela palaciega (mozos de espuelas y pajes de la reina, escuderos, criados del rey, mozos de capilla, hombres de cámara, continos, capitanes, reposteros de camas, etc.).[18] La duda está en cuándo pudo iniciarse ésta vinculación con los monarcas y si esta fue directa o porque ejercían como auxiliares de alguna de las grandes casas de la nobleza castellana.

Durante la minoría de Juan II entre las familias más poderosas con dominios

---

[16] Durante la primera mitad del siglo XV Colmeiro recuerda numerosas reuniones de las cortes: entre 1390 y 1453 prácticamente se reúnen cada año, unas veces por convocatoria explícita y otras porque aún no se ha disuelto la asamblea anterior; de todas ellas, las que más interesan son de 1407 y 1409, en razón de los asuntos que trataron (Colmeiro I, 383–524, especialmente 407–8, 410; Porras 1995: 47–50). En 1407 porque entonces se dividieron las Provincias, adjudicando el control de las del Norte a la reina regente y el de las del Sur al infante don Fernando; y en 1409 porque en Valladolid las cortes autorizaron los esponsales de la infanta Dª María con D. Alfonso, primogénito del corregente.

[17] De ese episodio surge la explicación legendaria de las 13 estrellas que campan en el escudo familiar Trueba (90–93).

[18] Del reinado de Juan II se conserva poca documentación, por eso es muy significativo que hallemos menciones a los Salazar en las *Quitaciones de corte* y *Mercedes y privilegios* del Archivo General de Simancas y en los *Cargos de la Casa y Corte de Juan II*. Gómez Izquierdo (68–69) cita a un Juan de Salazar en 1454 y en el *Registro del Sello*, también se les menciona. Miembros de la familia aparecen así mismo en las *Cuentas de Gonzalo de* Baeza y en la *Casa y descargos de los Reyes Católicos* (Prieto). En cambio, no se les cita Suárez Fernández 1957.

en el Norte de la Península destacaban los Ayala, Velasco, Estúñiga, Manrique y Mendoza. Si consideramos la enemistad entre los Salazar y los Velasco,[19] no sería de extrañar que simpatizaran con los otros linajes que competían con ellos por los dominios del Norte: Ayala, Estúñiga, Manrique o Mendoza, a su vez enfrentados entre sí estos dos últimos por el control de las Asturias de Santillana, al tiempo que se situaron en la órbita de Álvaro de Luna, enemistado con el conde de Haro (Aguirre 1994: 148).

Las relaciones entre Manriques y Salazares se remontan a los antepasados del cronista: su bisabuelo, Lope García de Salazar, "vevía con don Juan Nuñes de Lara señor de Viscaya, e fue su prestamero e merino mayor de Viscaya e de las Encartaçiones toda su vida" (Aguirre 1986: 73); Lope mantenía buenas relaciones con el conde de Treviño, quien años más tarde (1475) sería tesorero de Vizcaya y las Encartaciones (Mendoza I, doc. 154; Aguirre 1994: 142, 133 y 170). Muerto el cronista, encontramos a "Lope García de Salazar, Señor de San Martín" entre los "cavalleros, y continos de la Casa del Duque don Pedro [de Nájera]" antes de 1515 (Salazar y Castro 297; Boeza 68; Recalde y Orella 65–67); es decir, que los sucesores de la casa de San Martín se mantuvieron vinculados a la de Lara, y recibieron *acostamiento* por sus servicios.[20]

También es directa la relación con los Estúñiga,[21] que se remonta a la época del padre de Lope, Ochoa de Salazar, a quien defendía Diego López de Estúñiga "a todo su poder" en su pugna contra los Velasco (*Bienandanzas* f. 426va). No sería extraño que Ochoa mandara a sus hijos a criar los Estúñiga (Aguirre 1994: 94; *Bienandandas* ff. 368vb-369ra); de ser así la "crianza" de Lope tendría lugar junto a los valedores de su casa y cerca de la corte. Esta relación clientelar se mantenía aún en 1441 cuando encontramos a Gutierre de Salazar ejerciendo de "criado del conde de Trujillo," Pedro de Estúñiga (Calderón 296–97).[22] En varias ocasiones Aguirre (1994: 92 y 142) presenta al cronista aliado con los Ayala (en 1423 y 1442), pese a los tradicionales enfrentamientos entre las familias (Aguirre 1994: 39).

[19] Los Velasco apoyaron a Enrique de Trastámara y medraron a su amparo, mientras que los Salazar tomaron partido por Pedro I. Con el cambio de dinastía y la creciente privanza de los Velasco la enemistad se enconó y en numerosas ocasiones los aliados del conde de Haro acudieron a él en busca de apoyo contra los Salazar, como puede verse, por ejemplo, en el libro XXIV de las *Bienandanzas* f. 430rb–va.

[20] Montero (125) al hablar de las características de la clientela de los Manrique acude a los Salazar como ejemplo.

[21] Abundan las investigaciones dedicadas a la rama principal de esta familia, asentada en tierras castellanas, pero son más escasos los estudios dedicados a su presencia en Navarra y La Rioja, para los que puede recurrirse a Lora y Diago.

[22] Pedro de Estúñiga recibió en 1431 el título de conde de Ledesma del rey Juan II, quien poco tiempo después le permutó aquella merced por la de Trujillo y, ante la resistencia de los pobladores que se negaban a abandonar el realengo, le concedió título y señorío sobre Plasencia, que obtuvo finalmente en 1442; por lo tanto, la mención a un conde de Trujillo en 1441 sólo puede referirse a Pedro de Estúñiga (López de Haro I, 304).

Aún más matices presenta la relación entre Salazares y Mendozas a lo largo de la vida del cronista y también en tiempos de sus herederos. Para lo que ahora estamos tratando de averiguar, en qué casa pudo "criarse" Lope, nos interesa un episodio acaecido durante la minoría de Santillana. Dª Leonor de la Vega, su madre, defendió firmemente el patrimonio familiar, acudiendo al rey cuando correspondía o a los poderes de las villas cuando se trataba de litigios menores (vid. Layna, Nader y Pérez de Bustamante y Calderón). Dª Leonor dio poderes a Lope de Salazar el de Montaño para intervenir en su nombre cuando un vecino de Santander le usurpó unos vasallos (Calderón doc. 34 de 1412: 152; Pérez de Bustamante 1976: 139–40). Este Lope era tío de Lope García de Salazar (Aguirre 1986: 83). El joven Lope podría haberse integrado en el entorno de los Mendoza a través del de Montaño (Homet 216 y 232; Layna I, 331), pero sabemos por las *Bienandanzas* que hubo más de una diferencia entre Ochoa y su hermano, de quien Lope no tenía muy buena opinión (*Bienandanzas* f. 426va y 427rb).

Esa no es la única vinculación demostrable entre los Mendoza y los Salazar; en tiempos de Lope García de Salazar era sabido de todos que él y el prestamero mayor de Vizcaya, Lope Hurtado de Mendoza, eran consuegros: Ochoa de Salazar, primogénito de Lope, estaba casado con "fija de Mendoça, prestamero" (*Bienandanzas* f. 385va). Esta boda no supuso la reconciliación entre las familias, sino todo lo contrario. Ochoa, en contra de la voluntad de su padre había entrado en religión y años más tarde, cuando sus padres habían conseguido la ratificación del mayorazgo para el segundogénito, abandonó el convento y casó con la hija del prestamero (Aguirre 1994: 72). Lope mantuvo desheredado a su hijo y sólo atemperó su ira por la esperanza de que tuviera herederos varones, cosa que no sucedió (Aguirre 1994: 172). En cambio, el primogénito consiguió el amparo de su madre en su reclamación del mayorazgo y se arrimó al conde de Haro, llevándose consigo a su hermano Pedro, con lo que el enojo del cronista aún fue más grande.

En resumen notamos que cada una de las generaciones estuvo ligada a una gran familia del reino: el bisabuelo, Lope García de Salazar, a los Lara; el padre, Ochoa de Salazar, a los Estúñiga (Diago Hernando, 567–77); el cronista, Lope García de Salazar, a los Manrique, y coyunturalmente a los Ayala y a los Mendoza para alinearse en los últimos años de su vida junto a un enemigo tradicional de su casa: el conde de Haro. Algunos de sus parientes (su tío Lope García de Salazar el de Montaño y sus hijos) primero estuvieron junto a los Mendoza y más tarde con los Velasco y los sucesores del cronista en el s. XVI, detentadores del señorío de San Martín, recibieron *acostamiento* de los Manrique. El que algunos de sus descendientes aparezcan en las nóminas reales significa que alguna de sus ramas estuvo vinculada a la corte y no conviene olvidar tampoco que Ochoa de Salazar y Lope fueron vasallos del rey (Enríquez 131; Aguirre 1994: 97; *Bienandanzas*, f. 385rb–va).

El inicio de la afición por la lectura de García de Salazar hay que situarlo en sus años de formación, probablemente entre los Estúñiga, valedores de su padre o entre los Manrique, a cuya protección se acogió en su madurez. Tales

valedores hacen casi segura su presencia en la corte real, donde se forjaría en
Lope el gusto por los libros. Vayamos ahora a buscar una solución al segundo de
los interrogantes planteados, el de la procedencia de su biblioteca.

La formación de su biblioteca

García de Salazar nos dice que ha obtenido esos libros *faziéndolos buscar*:
* por las provincias e casas de reyes e príncipes cristianos
  a) de allende la mar
  b) de aquende
* con mercaderes e mareantes
* por mí mesmo

POR MÍ MESMO
Poco sabemos de los desplazamientos del cronista durante su juventud. Las
Bienandanzas nos hablan de un viaje que realizó en 1456, cuando el rey le
desterró junto a otros nobles vascos, pero al enfermar en Sevilla Lope decidió
regresar a su tierra sin esperar la autorización real, que llegaría más tarde
(*Bienandanzas* f. 343ra; Ibarra y Calle 31–32).[23]

Lope no podía ignorar que Sevilla era un importante centro de producción de
libros y sólo una extrema postración pudo impedir que entrara en contacto con
los ambientes letrados de la ciudad, centro de producción de libros muy activo
por aquel entonces (Tate 1992: 213–14, González Jiménez 101–13). En *BETA*[24]
se pueden identificar veinte manuscritos del s. XV copiados en Sevilla, 17 con
fecha precisa e indicación de copista, mientras que solo conservamos nueve
manuscritos fechados en Toledo en el mismo periodo y otros tantos en
Valladolid, lugares donde la corte se estableció.

De regreso a Vizcaya se detuvo en Guadalupe, monasterio conocido por su
importante biblioteca (Vizuete) y también por ser sede de una notabilísima
escuela de medicina (Beaujouan), donde pudo hallar remedio a su dolencia y
donde las donaciones hechas por su padre le aseguraban una recepción
hospitalaria.[25] Si la enfermedad no le tenía postrado, no sería de extrañar que

---

[23] Aguirre (1994: 168) cree que Lope hizo el viaje hacia el Sur acompañado de un nutrido
séquito de parientes y aliados y que se demoró en Sevilla esperando a que se cumpliera el
plazo del que disponía para presentarse ante el alcaide de Jimena. La insalubridad de las
marismas y el calor del verano afectaron a los recién llegados, enfermando de tercianas no
sólo Lope, sino también otros desterrados menos afortunados, que allí murieron. Lope, débil
y enfermo, se hizo llevar en andas por sus hijos de regreso a su tierra.
[24] *BETA = Bibliografía española de textos antiguos* (*olim BOOST*) se ha publicado en
CD-ROM (1992 y 1999), bajo la dirección de Faulhaber; al tratarse de una obra en curso,
deben consultarse sus sucesivas actualizaciones a través de la URL: http://sunsite.Berkeley.
edu/Philobiblon/BETA.
[25] Aguirre (1994: 167) sugiere que Lope regresó por el camino de Extremadura para
evitar encontrarse con la corte que estaba en Jaén, pero la ruta que pasaba por Guadalupe era
la habitual para atravesar Castilla. Los viajeros que cruzaban la Península desde el Norte
hacia Sevilla solían tomar ese camino, itinerario que siguió también Fadrique Enríquez de

curioseara en la biblioteca –o mandara a alguno de los suyos a hacerlo– y encargara copias de sus volúmenes. Allí pudo obtener la traducción de Valerio Máximo que Juan Alfonso de Zamora había realizado entre 1419 y 1421, puesto que en Guadalupe estuvo depositada la copia del Arcediano de Niebla.[26]

El viaje a Sevilla no es el único de los desplazamientos de García de Salazar comprobables documentalmente.[27] En 1451 viajó hasta Madrid para obtener del rey Juan II la licencia para fundar un mayorazgo (Aguirre 1994: 197) y hacia 1455 se desplazó a Jaén para manifestar ante el rey la oposición de las Juntas de Guernica al nombramiento como corregidor de Lope Hurtado de Mendoza (*Bienandanzas* f. 432ra); al poco era comisionado junto a otros señores de la Encartación para acudir ante Enrique IV (que estaba por aquel entonces en Ávila), requiriéndole para que acudiera a jurar la sumisión al Fuero y poco después, acompañado de las gentes de su linaje, acudió a la campaña militar de la Vega de Granada (Aguirre 1994: 160–61). En 1457 estuvo presente en la lectura de la sentencia que le condenaba al destierro, pronunciada en Santo Domingo de la Calzada y en 1460 le encontramos en Segovia, donde rindió pleitesía al rey tras ser perdonado (Aguirre 1994: 170).

Salvo el viaje a Medina de Pomar sugerido por su biógrafo (en 1421), el resto de desplazamientos se sitúan en la década de los 50 y resulta imposible ubicar en ella el inicio de su interés por reunir libros, porque su *Crónica de las siete casas de Vizcaya y Castilla*, testimonio de numerosas lecturas históricas, es de 1454.[28]

Los libros que consiguió él mismo los obtendría durante algún viaje o estancia en casa de nobles con bibliotecas importantes, en la corte o durante una campaña militar en la que coincidiera con ellos y al saber que disponían de un texto que le interesaba les solicitaría una copia; indudablemente esta búsqueda de libros comenzó mucho antes de la década de los cincuenta.

Ribera: entró en la Península por Fuenterrabía, de allí fue a San Sebastián, Tolosa, Vitoria, Miranda de Ebro, Burgos y Valladolid y como última etapa Guadalupe, antes de tomar el "camino derecho [. . .] de ay a Seuilla" (Álvarez Márquez 346).

[26] Carece de fundamento la afirmación de que el Valerio Máximo en vulgar que manejó Lope era el "que años antes había sido traducido por el alavés canciller Ayala" (Aguirre 1994: 274); no nos consta que el canciller hubiera realizado versión alguna de los *Memorabilia* como apunta Aguirre, sin aportar pruebas. Lope, en efecto, cita a Valerio (*Bienandanzas* f. 123va), sin relacionar este texto con Ayala. Para las versiones romances de Valerio y sus relaciones con Santillana y el conde de Haro ver Avenoza 1993, 1994: 171–74 y 1998.

[27] Aguirre (1994: 91) sugiere que acompañó a su padre a Medina de Pomar en 1421, sin documentar la conjetura.

[28] Hemos mencionado tan sólo desplazamientos por la Península, pero no hay que desdeñar la hipótesis de que pasara algún tiempo en la vecina Francia, donde medraba su primo Juan de Salazar, capitán del rey de Francia, en cuya corte se criaban algunos hijos de sus parientes y aliados, sin olvidar la relación mercantil con los puertos franceses por causa de la exportación del mineral. Decimos esto porque Lope manejó en su obra textos en francés y así él mismo lo declara al hablar de la derrota de Carlomagno en Roncesvalles: "E dízese en su istoria, que es en françés" (*Bienandanzas* f. 162va; Aguirre 1994: 275).

POR MERCADERES E MAREANTES

García de Salazar recurrió a los profesionales de la venta del libro, esos
"mercaderes" que conseguirían para él los preciados volúmenes. La mención de
los "mareantes" vendría ligada a que algunos de sus libros procedían de lugares
a los que se accedía por vía marítima (como el reino de Nápoles). Lope estaba
habituado a tratar con comerciantes y marinos, puesto que era dueño de naves y
de importantes explotaciones mineras cuyos productos salían por mar hacia
Bayona, San Juan de Luz o Fuenterrabía.[29]

Según señala Gurruchaga (1997) una parte de los libreros que actuaron en
Castilla era de origen judío y éste no es un dato menor si consideramos las
características de varias de las obras que sirvieron a Lope para el período
bíblico.[30] Existía un comercio del libro nuevo en manos de libreros que
disponían de talleres de copia. A ellos pudo acudir García de Salazar para
obtener los textos que le interesaban, personalmente o por intermediarios, allí
donde estos libreros tenían sus centros de operaciones: cerca de las
universidades, en el entorno de la corte o al abrigo de ferias como las de Medina
del Campo.[31]

FAZIÉNDOLOS BUSCAR POR LAS PROVINCIAS E CASAS DE LOS REYES E PRÍNCIPES CRISTIANOS

En la Castilla del s. XV existía un activo círculo de bibliófilos que tenía su
centro en la corte real.[32] El rey y los grandes señores de Castilla poseían notables bibliotecas a las que tenían acceso sus amigos y aliados. Estos textos, en
ocasiones traducidos por encargo de la nobleza o del rey o a ellos dedicados,
circulaban en aquel ambiente, pero quizá no estuvieran aún al alcance de las
redes comerciales a las que antes hemos hecho referencia. Por otra parte, es
evidente que "reyes e príncipes cristianos" es una denominación que incluye a

[29] Suárez Fernández (1989: 267) dice que "Desde mediados del siglo XV los genoveses
prefirieron Palma de Mallorca a cualquier otra de las plazas comerciales de la Corona de
Aragón, porque desde aquí alcanzaban con facilidad a mantener sus contactos con Berbería
de Levante y con Castilla, valiéndose para sus operaciones de comerciantes y transportistas
vascos." En el caso de Lope es de señalar que consiguió de Juan II autorización para cargar
mineral en cualquier navío, aunque no fuera natural del país (ver Valdeón, Salrach y Zabalo
121). El cronista poseía a su muerte 6 o 7 navíos para el transporte de la vena, por lo que su
contacto con la gente del mar fue obligado (Aguirre 1994: 132).
[30] Gurruchaga (a cuya tesis doctoral inédita accedimos por cortesía de la autora) precisa:
"El nacimiento, vinculado al emerger de las universidades, de la nueva figura del
artesano-amanuense laico [. . .] explica la nueva composición de la actividad productiva del
libro. El trabajo de estos semi-profesionales o profesionales completos se diversificará [. . .] y
será controlada por los libreros [. . .]. En la Castilla del s. XV, este comercio librero, escaso en
sus volúmenes de intercambio [. . .] habría estado parcialmente manejado por la población
judía hasta su traslación a manos francesas e italianas, que controlarían las ferias de Medina
del Campo y Villalón" (1997: I, 97–98).
[31] Para la importancia y evolución de las ferias de Medina ver Suárez Fernández (1989:
263–64) y Valdeón, Salrach y Zabalo (120–21).
[32] Una sumaria visión de conjunto de la bibliofilia de la época puede encontrarse en
Antelo.

los castellanos, navarros, aragoneses, catalanes y, tal vez, también a los franceses.[33] La mención a "reyes [. . .] de allende la mar" creemos que hay que entenderla como alusión a Alfonso el Magnánimo durante sus años napolitanos.

ME TRABAXÉ DE AVER LIBROS E ESTORIAS DE LOS FECHOS DEL MUNDO

Sin duda García de Salazar se proveyó de libros en bibliotecas señoriales, de "príncipes cristianos," nobles con quienes mantenía lazos de amistad y compartía aficiones librescas, relaciones que se consolidarían durante las campañas militares y que debieron nacer cuando el de Salazar era muy joven; eso supone una fecha anterior a su matrimonio (1425) y tal vez también a sus primeras armas – h. 1416 –. La nobleza castellana del s. XV es conocida por su afición a las letras y por contar entre sus filas a notables bibliófilos, Santillana y el conde de Haro entre los de mayor nombradía,[34] y son precisamente sus nombres los que surgen repetidamente cuando nos aproximamos a la tradición textual de las fuentes empleadas por García de Salazar en los dos primeros libros de las *Bienandanzas*, que son, por lo demás, obras conservadas en testimonio único, excepto el *De adversus paganos* de Orosio (Cacho 1999; Avenoza 2003b).

(1) La *Biblia de Alba* fue realizada por encargo de Luis de Guzmán, gran maestre de Calatrava († 1443), hallándose en el s. XVI en el Monasterio de San Felipe de los jesuitas, en Madrid (Nordström 22–24), sin que se sepa nada más de ella hasta que en 1624 llegó a las manos del Gran Inquisidor Andrés Pacheco.[35] No conocemos otras copias de esta Biblia que la conservada en el Palacio de Liria, tanto es así que su empleo por García de Salazar es la única prueba de que el volumen circuló entre los bibliófilos del s. XV.

(2) El romanceamiento del *De adversus paganos* de Orosio en aragonés se conserva a través de copias medievales que pertenecieron a Santillana y a Alfonso el Magnánimo (Cacho 1999).

---

[33] La vinculación con los Estúñiga instalados en la corte navarra (h. 1403–1429) pudo permitirle el acceso a la misma. Y también su propia familia: Pero de Salazar, uno de sus hijos, casó con una biznieta del Condestable de Navarra (*Bienandanzas* ff. 373vb–374ra). Por cuestiones de cronologia sería aventurado proponer una relación temprana con el Príncipe de Viana (1421–1462), puesto que Don Carlos era aún un niño en la época de formación de Lope. Aguirre (1994: 284) cree que manejó la crónica de Navarra de Carlos de Viana (1454), "que estuvo muy difundida en su tiempo," razón que haría innecesario que la obtuviera del propio círculo del príncipe, pero si nos fijamos en los códices conservados, tan sólo dos están fechados a finales del s. XV o primeros años del XVI: *BETA* MANID 3851 de 1480–1520, que perteneció al condestable de Navarra Diego de Beaumont y *BETA* MANID 1186, de fines del s. XV e inicios s. XVI, sin procedencia conocida, siendo todos los demás posteriores.

[34] Para la biblioteca de Santillana, ultra el conocido libro de Schiff, vease Layna (I, 325–33), Cátedra (1983: 23–28), Gurruchaga 1997 y González Pascual (1998). Para el Conde de Haro ver Paz y Melia (1897–1909) y Lawrance (1984). Recordemos que en algunas ocasiones Fernández de Velasco y Santillana obtuvieron copias de una obra a partir de un mismo ejemplar, como se ha comprobado para el romanceamiento de Valerio Máximo (Avenoza 1993).

[35] No aportan datos significativos los trabajos de Fellous 1998, 2001, que no fueran en su momento recogidos por Paz y Melia (1920–1922).

(3) Correia (164–66) cree que el *Libro del Infante D. Pedro* estuvo vinculado al entorno de Santillana y que García de Salazar pudo hacerse con una copia durante su periplo andaluz.

(4) El *Yosifón* se ha conservado en un único manuscrito, transcrito por un copista que trabajó para Fernández de Velasco, conde de Haro. La firma del f. 21v llama poderosísimamente la atención: la lectura "Catalina Salas" efectuada por Gurruchaga (1999), que aceptamos en un primer momento, nos parece ahora menos plausible y nos inclinamos por nuestra primera interpretación "Catalina de Salazar" (Avenoza 1999). Así se llamaba una prima del cronista, Catalina; su padre, Lope de Salazar el de Montaño es el personaje que hemos sugerido como enlace entre los Salazar y los Mendoza durante los años de formación de Lope. Otra Catalina, Salazar por matrimonio y muy próxima al cronista, era Catalina de La Puente, esposa de su hijo y carcelero Juan Moro.

Luis de Guzmán y Fernández de Velasco, cuya relación con las fuentes de García de Salazar es evidente, están estrechamente vinculados con Íñigo López de Mendoza. Nada sabemos sobre la biblioteca de Luis de Guzmán ni sobre su afición a los libros. Prácticamente toda la información sobre su persona está ligada a su actividad dentro de la orden de Calatrava, de cuyo maestrazgo se hizo cargo tras el breve período en el que el rey lo concedió a su primo Enrique de Villena forzando las normas de la orden (1404–1407).

Entre 1407 y 1416 D. Luis consiguió su confirmación como Maestre y la obediencia de todas las encomiendas y caballeros, dirigiéndola hasta su muerte. No sólo tuvo un papel decisivo dentro de la orden de Calatrava sino que también ejerció una notable influencia en la política del reino, como lo demuestra su presencia en ceremonias, fiestas, pactos, ligas y todo tipo de actos de gobierno relevantes que tuvieron lugar en Castilla durante la primera mitad del siglo XV. Hombre cercano al rey, aunque no siempre militando en su partido, estuvo en contacto con el ambiente de intelectuales que rodeaba al monarca (Solano 63–82).

Hacia 1419 militaba en el bando de los infantes de Aragón, apoyando a Don Enrique, lo que hace decir a Solano que "tal vez el apoyo del maestre se debiera al hecho de que el infante detentaba el maestrazgo de Santiago, con cuya orden la de Calatrava había firmado muchos pactos de amistad" (72). Más adelante D. Luis volvió al bando realista,[36] para aliarse en ocasiones posteriores con los Infantes contra Álvaro de Luna, cuyo ejercicio del poder incomodó grandemente a la nobleza.

Abundando en las relaciones entre los Mendoza y los Guzmán, existe una persona que permite establecer una conexión directa entre Santillana y Luis de Guzmán: Nuño de Guzmán. El joven que consiguió en Italia libros para el Marqués era hijo del Maestre de Calatrava y de una rica dama extremeña, Inés

---

[36] Junto con otros nobles, entre ellos Pérez de Guzmán quien justifica ese abandono por la actitud de los Infantes, que "se movían con interese e non con buena intención" (Tate 1965: 43).

de Torres, siendo Nuño el menor de los bastardos del de Guzmán.[37] El joven
nació h. 1410 y pasó buena parte de su vida fuera de España. Lo esmerado de su
educación se debe a la intervención de su madre, una mujer de excepcional
inteligencia.[38] No sería exagerado decir que Nuño de Guzmán fue uno de los
"libreros" de Santillana y tampoco sería extraño que por su intermediación
llegara una copia de la *Biblia de Alba* a los círculos del Marqués.

Nuevamente nos vemos avocados al terreno de las hipótesis porque, por raro
que parezca, la *Biblia de Alba* no se nombra en el testamento de D. Luis, ni en el
de su esposa ni en el de sus descendientes. Cae sobre el libro un silencio de casi
200 años, como si se lo hubiera tragado la tierra o, lo que es lo mismo, como si
hubiera entrado en una biblioteca de la que no nos ha llegado noticia a través de
un inventario, ni fue accesible a eruditos y curiosos (como la de Lope García de
Salazar, dispersada tras su muerte). Todo esto llama poderosísimamente la
atención y fue subrayado por Fellous (1998), más aún cuando al reaparecer
mención del libro en los archivos de la Inquisición, un librero declara haber
visto en 1621 la *Biblia* en la celda de Fernando Quirós de Salazar (SJ). Los
documentos inquisitoriales sugieren que la *Biblia* procedía de un convento de
Valladolid, y no pertenecía a Quirós *"de Salazar,"* quien había declarado que
tenía el libro con autorización del Inquisidor general para consultarlo durante
un año y que unos meses antes había sido prestado al capellán de su majestad,
Francisco de Jesús y Jorda (Ocarm.) (Paz y Melia 1920–22: I, vii–viii; Fellous
1998, 2001).

Pueden relacionarse con Santillana otras dos obras que manejó García de
Salazar en los primeros libros de las *Bienandanzas*: el Orosio y el *Libro del
Infante D. Pedro*. ¿Existió una relación personal entre ambos? De lectura las
Bienandanzas se desprende una estima hacia Santillana: el relato siempre le
deja en buen lugar, como caballero valeroso incluso en las derrotas (ff. 344vb y
345rb).

Y no sólo eso, en el libro dedicado al reinado de Juan II únicamente se
recogen como acciones individuales las de D. Íñigo; se relatan con detalle otros
encuentros, como en el "Título de la batalla que ovo el rey don Juan con el Rey
de Granada e de lo que allí se fizo" (*Bienandanzas* f. 345ra) o la derrota de los
comendadores de Santiago en Guadalajara (*Bienandanzas* f. 345rb–va), pero
ambas son acciones colectivas, no hechos en los que un caballero sea
indiscutible protagonista. Si excluímos al Marqués, solo se dedican comentarios
particulares de una cierta entidad a otro personaje, "el maestre don Guitierre,"[39]
partidario del Condestable, por su actuación durante la batalla de Olmedo
(*Bienandanzas* ff. 346vb–346ra).

Santillana militó durante un tiempo en el partido de los Infantes de Aragón y

[37] En febrero de 1439 la orden recibió el permiso papal para que sus miembros
contrajeran matrimonio y, asimismo, el derecho de nombrar herederos a sus hijos y D. Luis
fue uno de los pocos caballeros que lo ejercieron (Solano 78).

[38] Con Inés de Torres ejemplifica Beceiro (1999) la educación femenina en la Baja Edad
Media. Sobre Nuño, ver Lawrance 1982 y Tate 1992.

[39] Se trata de Gutierre de Sotomayor, maestre de Alcántara (Rosell 1877: 627–29).

Salazar, junto a los oñacinos, pertenecía a la facción que apoyaba a Juan de Navarra (Aguirre 1994: 90).[40] Menudean en las *Bienandanzas* (ff. 344ra–346va) las opiniones favorables a la intervención de los Infantes en la política castellana[41] al menos hasta la batalla de Pampliega (1444), donde cambia de actitud y enjuicia sin benevolencia a los Infantes: "Los dichos Rey e Infante en su valía fueron destroçados de mala manera SIN MUCHO PELEAR e fueron seguidos fasta los sacar todos del reino" (*Bienandanzas* f. 345vb). Salazar censura a los Infantes por no presentar batalla y a Enrique IV por abandonar los asuntos de Aragón (*Bienandanzas* f. 347rb), pero no sale de su pluma una sola palabra contra Fernando de Antequera o Alfonso el Magnánimo.[42]

Tras los juicios positivos que Lope ofrece acerca del Marqués puede estar su prestigio intelectual, que le salva de las críticas, pero también el recuerdo de una relación personal (tenían la misma edad, Santillana nació en 1398 y Lope h. 1399 y se movieron en los mismos ambientes culturales y políticos) o un vínculo clientelar que podríamos explicar a través de la ya mencionada relación entre una rama de los Salazar y los Mendoza.[43]

¿Estaban él o sus hermanos entre los Mendoza en 1412, cuando Íñigo acompañó al regente a Aragón? ¿Formaban parte de la comitiva que asistió a la

---

[40] El origen de la "simpatía" de los Salazar por la causa de los Infantes podría encontrarse en la subordinación a la casa de Estúñiga, cuya rama navarra emparentó con la casa real, al casarse en 1387 Íñigo Ortiz de Estúñiga (hijo del Diego López de Estúñiga que protegía a Ochoa de Salazar) con la hija bastarda del rey Carlos III de Navarra; el matrimonio residió en la corte por algún tiempo e Íñigo se encontraba en 1403 entre los nobles que acompañaron al rey en su viaje a Francia; más tarde, h. 1420, cuando la heredera de Navarra casó con el infante Juan de Aragón, se convirtió en su Mariscal, con lo que la familia protectora de los Salazar medraba dentro del partido de los Infantes de Aragón y de ahí que también lo hicieran los miembros de su "clientela."

[41] Por ejemplo, al episodio de la intervención de Alfonso de Aragón en favor de la libertad de su hermano sigue una mención a la concordia que reinaba en Castilla en 1429 bajo el gobierno de los Infantes de Aragón (*Bienandanzas* f. 344va). Del mismo modo pueden rastrearse opiniones desfavorables al Condestable, cuya desconfianza e interés personal impedían el progreso de la campaña andaluza (*Bienandanzas* f. 345rb) y alguna positiva, puesto que supo mantener y acrecentar su estado (*Bienandanzas* f. 372va).

[42] Véanse los comentarios que hace a la muerte de estos monarcas: "E reinó este don Ferrando tres años e, no conplidos, [morió] de su dolençia, que era de los nobles reyes de sus tienpos;" "don Alonso [. . .] E a todos travajos puesto, lo señoreó [el reino de Nápoles] largos días en paçífica paz e feneçió sus días en onra e en estado" (*Bienandanzas* f. 352va). También son positivos los juicios sobre el infante D. Alfonso "por la muerte del qual ovo mucho quebranto en todos los del reino comúnmente, [. . .] ca era en hedad de XV años e mucho entendido e conplido de su persona e entendimiento e le pesava del trabajo del reino" (*Bienandanzas* f. 347va), y sobre Juan II: "Estando este noble rey don Juan mucho apoderado de todos sus reinos e rico de mucho thesoro e bienquisto de todos los fijosdalgo e labradores e religiosos de sus reinos [. . .] atajólo la muerte, que es comunal a todos, e adoleçiendo en Valladolid e morió a quinze días que lo sintió" (*Bienandanzas* f. 346va).

[43] Llama la atención que en las *Bienandanzas* (f. 251va–vb), al narrarse la resistencia de la villa de Santander, comprada por Diego Hurtado de Mendoza, a entregarse al Marqués en 1467, el cronista se detiene en dar cuenta pormenorizada de las razones que movieron a su hijo Gonzalo a acudir en socorro de los que defendían la villa, como si quisiera justificar tal acción.

coronación del de Antequera en Zaragoza en 1414? No podemos probarlo, en la documentación publicada por González de Hurtebise no hay menciones a Lope, ni tampoco a sus hermanos Fernando y Diego de Salazar, de los que sí sabemos segura su relación con Alfonso el Magnánimo.

Por último debemos recordar que la vinculación del *Yosifón* a las casas de Astorga y Altamira sugerida por la presencia de este códice entre un grupo de libros procedentes de aquel fondo (González Pascual 2000: 16–20), no puede remontarse más allá del s. XVI (1589), cuando en el bibliófilo Alonso Osorio recayó el título de marqués de Astorga (Cátedra 2002). Difícilmente podríamos remontarnos más allá de esas fechas, si no fuera porgue Gurruchaga (1997: II, 63–66 y 1999) ha demostrado que el mismo amanuense que copió el *Yosifón* transcribió la segunda parte de un romanceamiento del *De vita solitaria* de Petrarca (BNM 9223, *BETA* MANID 1473) procedente de la Biblioteca del conde de Haro. Esto no prueba que los dos hayan pertenecido a Pedro Fernández de Velasco, pero sí que circulaban en un mismo ambiente. Pese a la enemistad con el de Haro, García de Salazar pudo acudir a él para procurarse una copia del *Yosifón* y esto sería posible durante las que diversas treguas pactadas entre ambos[44] o en los últimos años de Lope (1469–1471), cuando obtuvo ayuda del conde de Haro para defender los derechos de su nieto y heredero. Pese a la secular enemistad entre ambas familias, hubo un tiempo en el que fue posible el intercambio de libros entre Lope y el conde de Haro, y más allá de esa evidencia, podemos afirmar que otro de los libros del de Salazar circuló en la corte de Juan II.

No podemos cerrar este apartado sin volver a los "reyes y principes de allende la mar," mención tras la que sugeríamos estaba Alfonso el Magnánimo; el vínculo entre el cronista y la corte napolitana se encuentra en su entorno familiar más cercano, puesto que entre los hermanos de Lope hay uno que brilló en la corte de Nápoles como "gentilhombre" del rey Alfonso. Se trata de Fernando de Salazar quien, junto a otro hermano, Diego de Salazar († a. 1454), residió en la corte del Magnánimo. Lope les recuerda en sus obras, más a Fernando – puesto que tuvo descendencia – que a Diego – que murió sin hijos –, primero en la *Crónica de las siete casas de Vizcaya*:

> Ochoa de Salazar [. . .] casó con la dicha doña Teresa de Muntañones [. . .] e ovieron siete fijos e una fija. E los fijos: Lope García, e Ochoa García, e Juan Peres, e Diego, e Fernando, e Pero Porra, e Fortuño, e doña Mencia. [. . .] E Diego murió sin fijos en Nápoles. E Fernando vivió en Nápoles con el rey de Aragón en gran estado de gentilomne. (Aguirre 1984: 83–84)

y luego en las *Bienandanzas* (donde ya no menciona a Diego):

> Ochoa de Salazar [. . .] casó con doña Teresa de Muñatones [. . .] E ovieron fijos e fijas [. . .]: Lope Garçía de Salazar, Ochoa Garçía, que casó con fija de

---

[44] Aunque enemigos, Lope respetaba a los Velasco, como lo prueba el trato que les da en 1446 tras vencerles: "E soltó a los de Velasco de Mena, que tenían presos, por cortesía e enbiólos a su linaje" (*Bienandanzas* f. 430ra).

Juan Pérez de Oyo de Solórzano [. . .] que ovo d'ella fijos e fijas [. . .], e Juan
Pérez de Salazar, que casó [. . .] que ovo fijos vastardos e fijos, [. . .] e a
FERRANDO DE SALAZAR, QUE SE FUE PARA NÁPOLES E VALIÓ ALLÍ MUCHO E
DEXÓ ALLÍ FIJOS E FIJAS, [. . .] e Pero Sánchez Porra, que casó [. . .] e ovo fijos
e fijas, [. . .] e a Furtud Sánchez de Salazar, que [. . .] casó en Laredo e
después en Elvarado e ovo fijos e fijas de anvas, [. . .] e a doña Mençía, que
casó con Pero Ferrández de Murga e ovo d'él fijos e fijas.

(*Bienandanzas* f. 385rb–va)

Fernando fue el quinto hijo de Ochoa, si el primogénito había nacido entre 1399
y 1400, cabría esperar que Fernando hubiera nacido entre 1405 y 1410 y su
hermano Diego algún año antes, entre 1404 y 1409.[45]

Las *Bienandanzas* (f. 177ra–rb) relatan con gran realismo las heridas
recibidas por el conde de Castro, "hechura" de Fernando de Antequera (Suárez
Fernández et al. 19), y su heroismo en la batalla de Gaeta, en la que fueron
hechos prisioneros el rey Alfonso y sus hermanos, el rey Juan de Navarra y el
infante Enrique; esto sucedía en 1430 y el tono hace pensar en un testimonio
directo que pudo llegarle a través de sus hermanos, integrados en las tropas al
mando de Diego Gómez de Sandoval, sin desdeñar que la fuente hayan sido los
"mareantes," dadas las precisiones sobre la importancia que tuvo el mal lastrado
de las naves catalanas y aragonesas en el resultado de la batalla.

El Magnánimo partió hacia Nápoles en mayo de 1432 y en junio de 1442
entró triunfalmente en la ciudad. Algunos años antes estaba en Castilla, junto a
los Maestres de Calatrava y Santiago liderando una liga nobiliaria que se
enfrentaba al partido de Álvaro de Luna. Ese pudo ser un buen momento para
que algunos de los hermanos de Salazar se unieran al monarca aragonés y le
siguieran en la campaña italiana. Por la *Crónica* sabemos a partir de 1442
Fernando y Diego de Salazar residieron en Nápoles junto al Magnánimo;[46] Lope
desde aquella fecha, a través de ellos, pudo hacerse con libros de interés, dado
que en aquella corte un poco por el momento histórico, otro poco por los
intereses del monarca, se dio un notable cultivo de las letras y la biblioteca de
Alfonso fue más que memorable, recordándole la historia como protector de
escritores y humanistas italianos, catalanes, aragoneses y castellanos y él sería
uno de los príncipes cristianos "de allende la mar" (f. 2vb) mencionados en el
prólogo de las *Bienandanzas*.

Nuño de Guzmán obtuvo libros en Italia para Santillana y el de Salazar tuvo

[45] Esta cronología es incompatible con el Diego García que en 1413–1414 "tiene las
llaves del Archivo del Rey [Fernando de Aragón]" (Sarasa 200).

[46] Zurita no menciona a estos hermanos en los *Anales de Aragón*; no surgen sus nombres
en el *Codice aragonese* – con documentación desde enero de 1467 hasta agosto de 1493, ni
tampoco en las fichas del Archivo de la Corona de (Riera 100–1), ni en los resúmenes
publicados del epistolario real. La falta de documentación se debe a que "la mayoría de los
registros específicos para el reino de Nápoles formados durante el reinado de Alfonso el
Magnánimo no se enviaron al Archivo Real de Barcelona a su muerte, sino que
permanecieron en el reino. La práctica totalidad de estos registros quedó destruida en el siglo
XVII" (Canellas y Torra 109; Trinchera 1866–1870: 281).

en Nápoles a dos de sus hermanos que pudieron actuar del mismo modo (d. 1442), pero el gusto por la lectura le venía a Lope de antiguo, se aficionó a los libros "desde mozo" en la época de su crianza, cuando como otros tantos hijos de casas señoriales se "crió" bajo la protección de alguna de las grandes familias castellanas, probablemente entre los Estúñiga o los Manrique y frecuentando con ellos la corte adquirió el gusto por los libros.

Obras citadas

Aguirre, Sabino, ed., 1986. *Lope García de Salazar – Anónimo. Las dos primeras crónicas de Vizcaya*, Biblioteca de Historia del Pueblo Vasco, 5 (Bilbao: Caja de Ahorros Vizcaína).

——, 1994. *Lope García de Salazar: el primer historiador de Vizcaya (1399–1476)*, Viajes y Costumbres (Bilbao: Diputación Foral de Bizkaia).

Álvarez Márquez, Mª del Carmen, ed., 2001. *Paisajes de la Tierra prometida: el viaje a Jerusalén de Don Fadrique Enríquez de Ribera* (Madrid: Miraguano).

Antelo, Antonio, 1991. "Las bibliotecas en el otoño medieval, con especial referencia a las de Castilla en el siglo XV," *Espacio, Tiempo y Forma, Serie III: Historia Medieval*, 4: 285–350.

Avenoza, Gemma, 1993. "Tradición manuscrita de la versión castellana de los *Dichos y hechos memorables de Valerio Máximo*," en *Actas IV Congresso da Associação Hispânica de Literatura Medieval (Lisboa 1991)*, ed. Aires Nascimento, et al. (Lisboa: Cosmos), I, pp. 43–48.

——, 1994. "Traducciones de Valerio Máximo en la Edad Media hispánica," en *Reflexiones sobre la traducción: Actas del I Encuentro interdisciplinar 'Teoría y práctica de la traducción' (Cádiz 1993)*, ed. Luis Charlo (Cádiz: U de Cádiz), pp. 167–79.

——, 1997. "Datos para la identificación del traductor y del dedicatario de la traducción castellana de los *Factorum et dictorum memorabilium* de Valerio Máximo," en *Actas del VI Congreso de la Asociación Hispánica de Literatura Medieval*, ed. José Manuel Lucía (Alcalá: U de Alcalá), I, pp. 201–24.

——, 1998. "La recepción de Valerio Máximo en las Coronas de Castilla y Aragón en el medievo," *Evphrosyne*, 27: 241–52.

——, 1999. "Datos sobre el códice M-54 de la Biblioteca de Menéndez Pelayo de Santander: el *Yosifón* en romance," *Boletín de la Biblioteca Menéndez Pelayo*, 75: 393–401.

——, 2000. "Versiones medievales de los Macabeos: San Jerónimo, Alfonso el Sabio, Josefo y la *Megillat Antiochus*," en *Actas del VIII Congreso de la Asociación Hispánica de Literatura Medieval (Santander, 1999)*, ed. Margarita Freixas and Silvia Iriso (Santander: AHLM y Consejería de Cultura del Gobierno de Cantabria), I, pp. 245–56.

——, 2003a. "La versión de los *Macabeos* del Maestro Pedro Núñez de Osma," *Romanica Vulgaria Quaderni*. 15(95/97): 5–47.

——, 2003b. "Algunos libros de la biblioteca de Lope García de Salazar," *Revista de Filología Española*. 83: 5–37

——, 2005. "Leer libros para escribir libros: sobre la Biblioteca de Lope García de Salazar," en *Actas del IX Congreso Internacional de la Asociación Hispánica de*

Literatura Medieval (A Coruña, 2001), ed. Carmen Parrilla y Mercedes Pampín (A Coruña: U. da Coruña; Noia: Toxosoutos), I, pp. 373–94.

Baeza, Gonzalo de, 1955–1956. *Cuentas de Gonzalo de Baeza, tesorero de Isabel la Católica*, I–II, eds. Antonio de la Torre and Francisco de la Torre, Biblioteca "Reyes Católicos," Documentos y Textos, 5 (Madrid: CSIC).

Beaujouan, Guy, 1966. "La Bibliothèque et l'école médicale du Monastère de Guadalupe a l'aube de la Renaissance," en *Médecine humaine et vétérinaire à la fin du Moyen Âge*, Hautes Études Médiévales et Modernes, 2 (Genève – Paris: Droz), pp. 365–468.

Beceiro, M. Isabel, 1988–1989. "Criados, oficiales y clientelas señoriales en Castilla (siglos XI–XV)," *Cuadernos de Historia de España*, 75: 59–84.

——, 1999. "Modelos de conducta y programas educativos para la aristocracia femenina (siglos XII–XV)," en *De la Edad Media a la Moderna: mujeres, educación y familia en el ámbito rural y urbano*, ed. M. T. López, Atenea, Estudios sobre la Mujer, 30 (Málaga: U de Málaga), pp. 37–72.

——, 2000. "La educación: un derecho y un deber del cortesano," en *La enseñanza en la Edad Media: X Semana de Estudios Medievales (Nájera 1999)*, ed. José-Ignacio de la Iglesia (Logroño: Instituto de Estudios Riojanos), pp. 175–206.

—— y Ricardo Córdoba, 1990. *Parentesco, poder y mentalidad. La nobleza castellana. Siglos XII–XV* (Madrid: CSIC).

Cacho, Juan Manuel, 1999. "Las traducciones aragonesas de Orosio patrocinadas por Fernández de Heredia: un folio recuperado", en *Aragón en la Edad Media*, vol. 1, pp. 243–61.

Calderón, José Manuel, ed., 1999. *Álvaro de Luna (1419–1453): colección diplomática* (Madrid: Dykinson).

Camarón, M., ed., 1884. *Las Bienandanças e Fortunas que escribió Lope García de Salazar en su torre de Sant Martín de Muñatones* (Madrid: Gabriel Sánchez).

Canellas, Beatriz, and Alberto Torra, 2000. *Los registros de la Cancillería de Alfonso el Magnánimo: Archivo de la Corona de Aragón* (Madrid: Ministerio de Educación, Cultura y Deporte).

Carlé, María del Carmen, 1987. "La sociedad castellana en el siglo XV: los criados," *Cuadernos de Historia de España*, 69: 109–21.

Carriazo, Juan de Mata, ed., 1940. *Crónica de don Álvaro de Luna, Condestable de Castilla, Maestre de Santiago*, Colección de Crónicas Españolas, 2 (Madrid: Espasa-Calpe).

Cátedra, Pedro M., 1983 "Sobre la biblioteca del Marqués de Santillana: la *Ilíada* y Pier Candido Decembrio," *Hispanic Review*, 51: 23–28.

——, 2002. *Nobleza y lectura en tiempos de Felipe II: la biblioteca de don Alonso Osorio, Marqués de Astorga* (Valladolid: Junta de Castilla y León).

Colmeiro, Manuel, 1883–1884. *Cortes de los antiguos reinos de León y Castilla*, I–II (Madrid: Sucesores de Rivadeneyra).

Correia, Margarida Sérvulo, 2000. *As viagens do infante D. Pedro*, Trajectos Portugueses, 47 (Lisboa: Gradita).

Diago, Máximo, 1992. "Linajes navarros en la vida política de la Rioja bajomedieval: el ejemplo de los Estúñiga," *Príncipe de Viana*, 197: 563–82.

Enríquez, Javier, et al., eds., 1992 *Colección documental del Archivo municipal de Lequeitio*, I, Fuentes Documentales Medievales del País Vasco, 46 (San Sebastián: Eusko Ikaskuntza).

Faulhaber, Charles B., Ángel Gómez Moreno, Ángela Moll, y Antonio Cortijo Ocaña, 1999–2002. *Bibliografía española de textos antiguos (BETA) =* http://sunsite.Berkeley.edu/Philobiblon.

Fellous, Sonia, 1998. "La *Biblia de Alba*: traduction et exégèse," en *Pensamiento medieval hispano: homenaje a Horacio Santiago-Otero*, ed. J. M. Soto (Madrid: CSIC), II, pp. 1601–24.

——, 2001. *Histoire de la Bible de Moïse Arragel: quand un rabbin interprète la Bible pour les chrétiens (Tolède, 1422–1433)* (Paris: Somogy).

Garcia, Michel, 1983. *Obra y personalidad del Canciller Ayala*, Estudios, 18 (Madrid: Alhambra).

García Andreva, Fernando, 2000. "La enseñanza en la Edad Media: aproximación bibliográfica," en *La enseñanza en la Edad Media: X Semana de Estudios Medievales (Nájera 1999)*, ed. José-Ignacio de la Iglesia (Logroño: Instituto de Estudios Riojanos), pp. 473–506.

García de Cortázar, José Ángel, 1966. *Vizcaya en el siglo XV: aspectos económicos y sociales* (Bilbao: Caja de Ahorros de Vizcaya).

Gerbet, M. Claude, 1979. *La noblesse dans le royaume de Castille*, Publications de la Sorbonne, Recherches, 32 (Paris: Sorbonne).

Gómez Izquierdo, Alicia, 1968. *Cargos de la Casa y corte de Juan II*, Cuadernos de la Cátedra de Paleografía y Diplomática, 5 (Valladolid: Imprenta Sever-Cuesta).

González Hurtebise, Hortensia, 1907. "Inventario de los bienes muebles de Alfonso V de Aragón como infante y como rey (1414–1424)," *Institut d'Estudis Catalans, Anuari*, 1907: 148–88.

González Jiménez, Manuel, 2000. "La cultura del libro en Sevilla desde Alfonso X al Renacimiento," en *Aragón en la Edad Media: sociedad, culturas e ideologías en la España bajomedieval*, Departamento de Historia Medieval, Ciencias y Técnicas Historiográficas y Estudios Árabes e Islámicos, 24 (Zaragoza: U de Zaragoza), pp. 101–13.

González Pascual, Marcelino, 1998. *La biblioteca de los Mendoza del Infantado en Guadalajara (siglos XV–XVI)*, U de Deusto, tesis doctoral inédita.

——, 2000. *Manuscritos anteriores a 1500 de la Biblioteca Menéndez Pelayo: tres estudios y catálogo*, Colección Fuentes, 5 (Santander: Concejalía de Cultura).

Gurruchaga, Marina, 1997. *El manuscrito vernáculo castellano de ambiente aristocrático en la primera mitad del siglo XV, con especial atención a las bibliotecas de íñigo López de Mendoza, Marqués de Santillana y Pedro Fernández de Velasco, Conde de Haro*, I–III, U de Cantabria, tesis doctoral inédita.

——, 1999. "Las *Antigüedades judaicas* de Flavio Josefo en la Biblioteca Menéndez Pelayo," *Altamira: Revista del Centro de Estudios Montañeses*, 55: 29–40.

Hidalgo, Concepción, et al., eds., 1987 *Colección documental del Archivo municipal de Portugalete*, Fuentes Documentales Medievales del País Vasco, 12 (San Sebastián, Eusko Ikaskuntza).

——, 1988. *Libro de decretos y actas de Portugalete (1480–1516)*, Fuentes Documentales Medievales del País Vasco, 15 (San Sebastián: Eusko Ikaskuntza).

Homet, Raquel, 1997. "Crianza y educación en la Castilla medieval," *Cuadernos de Historia de España*, 74: 199–232.

Ibarra, J. de, y E. Calle, 1956. *La tumba de Lope García de Salazar en San Martín de Muntañones* (Bilbao: Junta de Cultura de Vizcaya).

Lawrance, Jeremy, 1982. "Nuño de Guzmán and Early Spanish Humanism: Some Reconsiderations," *Medium Aevum*, 51: 55–85.

——, 1984. "Nueva luz sobre la biblioteca del conde de Haro: Inventario de 1455," *El Crotalón*, 1: 1073–1111.

Layna, Francisco, 1942. *Historia de Guadalajara y sus Mendozas en los siglos XV y XVI*, I–IV (Madrid: Aldus).

López de Haro, Alonso, 1622. *Nobiliario genealógico de los reyes y titvlos de España* (Madrid: Luis Sanchez Impresor Real; Viuda de Fernando Correa).

Lora, Gloria, 1989. "Propiedades y rentas de la Casa de Estúñiga en la Rioja," *Anuario de Estudios Medievales*, 19: 469–83.

Marín, Ana Mª, ed., 1993. *Lope García de Salazar,"Istoria de las bienandanzas e fortunas" (Ms. 9-10-2/2100 RAH)*, tesis doctoral (Zaragoza: U de Zaragoza). <URL http://parnaseo.uv.es/Lemir/Textos/bienandanzas/libros/Prologo.htm>.

Mendoza, Mª A., et al., eds., 1950–1989. *Registro general del Sello*, I–XV (Valladolid-Madrid: CSIC – Ministerio de Cultura).

Montero, Rosa Mª, 1996 *Nobleza y sociedad en Castilla: el linaje de los Manrique (siglos XIV–XVI)*, Colección Marqués de Pontejos, 12 (Madrid: Caja de Madrid).

Nader, Helen, 1986. *Los Mendoza y el Renacimiento español* (Guadalajara: Institución Provincial de Cultura "Marqués de Santillana").

Nordström, Carl-Otto, 1967. *The Duke of Alba's Castilian Bible: A Study of the Rabbinical Features of the Miniatures* (Uppsala: Almqvist & Wiksells).

Orella, José Luis, ed., 1991. *Libro viejo de Guipuzcoa, del bachiller Juan Martínez de Zaldivia*, II, Fuentes Documentales Medievales del País Vasco, 33–34 (San Sebastián: Eusko Ikaskuntza).

Paz y Melia, A., 1897, 1900, 1902, 1902, 1908, 1909. "Biblioteca fundada por el Conde de Haro en 1455," *Revista de Archivos, Bibliotecas y Museos*, 1: 60–66, 156–63, 255–62 y 452–62; 4: 535–41 y 662–67; 6: 198–206 y 372–83; 7: 51–55; 19: 124–36; 20: 277–89.

——, ed., 1920–1922. *Biblia (Antiguo Testamento) traducida del hebreo al castellano por Rabi Mose Arragel de Guadalfajara (1422-1433?) y publicada por el Duque de Berwick y de Alba*, I–II (Madrid: Imprenta Artística).

Pérez de Bustamante, Rogelio, 1976. "El proceso de consolidación de un dominio solariego en la Castilla bajomedieval: el Señorío de la Vega (1367-1432)," *Altamira*, 97–144.

——, y J. M. Calderón, 1983. *El Marqués de Santillana: biografía y documentación* (Santillana del Mar: Taurus-Fundación Santillana).

Porras, Pedro A., 1993. *La nobleza de la ciudad de Alcalá la Real: los Aranda, señores de Jarafe (siglos XV–XVI)* (Alcalá la Real: Ayuntamiento).

——, 1996. "Los medios de gestión económica en el municipio castellano a fines de la Edad Media," *Cuadernos de Historia del Derecho*, 3: 43–98.

Porro, Nelly R., 1998. *La investidura de armas en Castilla del Rey Sabio a los Católicos*, Estudios de Historia (Valladolid: Junta de Castilla y León).

Prieto, Amalia, 1969. *Casa y descargos de los Reyes Católicos*, Catálogo 24 del Archivo General de Simancas; Documentos, 3 (Valladolid: Instituto Isabel la Católica).

Recalde, Amaia, y José Luis Orella, 1984, 1988. *Documentación real de la provincia de Guipúzcua*, I–II, Fuentes Documentales Medievales del País Vasco, 13–14 (San Sebastián, Eusko Ikaskuntza).

Riera, Jaume, ed., 1999. *Catálogo de memoriales e inventarios, siglos XIV–XIX. Archivo de la Corona de Aragón* (Madrid: Ministerio de Educación y Cultura).

Rodríguez, A., ed., 1955. *Las Bienandanzas e Fortunas*, I–IV (Bilbao: Diputación Foral de Vizcaya).

Rosell, Cayetano, ed. 1877. Fernando del Pulgar, *Crónica de Juan II* (Madrid: Rivadeneira).

Salazar y Castro, Luis de, 1694. *Pruebas de la historia de la Casa de Lara* (Madrid: Imprenta Real, Mateo de Llanos y Guzmán).

Sarasa, Esteban, 1986. *Aragón en el reinado de Fernando I (1412–1416): gobierno y administración, constitución política, hacienda real* (Zaragoza: Institución Fernando el Católico).

Schiff, Mario, 1905 [1970]. *La bibliothèque du Marquis de Santillane: étude historique et bibliographique de la collection de livres manuscrits de D. Íñigo López de Mendoza, 1398–1458* (Amsterdam [Paris]: Gérard Th. van Heusden).

Sharrer, Harvey L., 1976. "Twenty-First Anniversary of the Association of Hispanists of Great Britain and Ireland," *La Coronica* 4.2: 99–103.

Solano, Emma, 1978. *La Orden de Calatrava en el siglo XV: los señoríos castellanos de la orden al fin de la Edad Media*, Anales de la Universidad Hispalense, Serie Filosofía y Letras, 38 (Sevilla: U de Sevilla).

Suárez Fernández, Luis, 1957. "Un libro de asientos de Juan II," *Hispania*, 17: 323–368.

——, 1975 [2ª. ed.]. *Nobleza y monarquía: puntos de vista sobre la historia política castellana del siglo XV* (Valladolid: U de Valladolid).

——, 1989. *Los Reyes Católicos: fundamentos de la monarquía* (Madrid: Rialp).

——, Ángel Canellas y Jaime Vicens Vives, 1993 [4ª. ed.]. *Los Trastámaras de Castilla y Aragón en el siglo XV*, Introducción de Ramón Menéndez Pidal (Madrid: Espasa-Calpe).

Tate, Brian ed., 1965. Fernán Pérez de Guzmán, *Generaciones y semblanzas*, Colección Támesis, Serie B, Textos, 2 (London: Tamesis Books).

——. 1992. "El humanismo en Andalucía en el siglo XV," en *Andalucía 1492: razones de un protagonismo*, eds. Antonio Collantes de Terán Sánchez y Antonio García-Baquero (Sevilla: Algaida Editores), pp. 213–41.

Trinchera, Francesco, 1866–1870. *Codice aragonese o sia lettere regie, ordinamenti ed altri atti governativi de'sovrani aragonesi in Napoli riguardanti l'amministrazione interna del reame e le relazioni all'estero*, 3 vols. (Napoli: Tip. A. Cavalieri).

Trueba, A. de, 1864. *Capítulos de un libro sentidos y pensados por las provincias vascongadas* (Madrid: Centro General de Administración).

Valdeón, Julio, José Mª Salrach, y Javier Zabalo, 1982. *Feudalismo y consolidación de los pueblos hispánicos (siglos XI–XV)*, Historia de España, 4 (Barcelona: Labor).

Vaquero, Mercedes, 1989. "Literatura popular en un episodio del *Libro de las bienandanzas e fortunas* de Lope García de Salazar," en *Congreso de literatura (hacia la literatura vasca)*, II Euskal Mundu-Biltzarra; II Congreso Mundial Vasco (Madrid: Castalia), pp. 575–86.

Villacorta, Consuelo, ed., 1999. *Lope García de Salazar. Libro IX de las Bienandanzas e Fortunas: edición, introducción y notas* (Bilbao: U del País Vasco).

Vizuete, Carlos, 1986. "La biblioteca de Guadalupe: un reflejo de la espiritualidad jerónima," en *En la España Medieval. Estudios en memoria del Prof. D. Claudio Sánchez Albornoz* (Madrid: U Complutense), II, pp. 1335–46.

Zurita, Jerónimo, 1976–1999 [2ª. ed.]. *Anales de Aragón*, I–IX (Zaragoza: CSIC).

El camino espiritual a Jerusalén a principios del Renacimiento

NIEVES BARANDA

La literatura de peregrinación a Jerusalén sigue siendo mal conocida dentro de los estudios literarios españoles, que consideran cada texto de forma casi aislada como representante de una experiencia única, o todos ellos como un conjunto sin interés en el que cada elemento reproduce el mismo modelo antiguo e inmutable. No obstante, la literatura de peregrinación a Tierra Santa gozó en España de un notable éxito desde los inicios de la imprenta y a lo largo de todo el siglo XVI, como se ve por los muchos textos que nos ha dejado, varios de ellos con sucesivas impresiones: la traducción de Bernardo de Breidenbach, *Viaje de la Tierra Santa* (1498); Antonio Cruzado, *Los misterios de Jerusalem* (1511–15); el Ms. 10883 de la BNE, compilado en Santa María de Guadalupe a base de sumar varios relatos: los del Cruzado (1485), fray Antonio de Lisboa (1507), fray Diego de Mérida (1512) y Fadrique Enríquez de Ribera (1519); Alonso Gómez de Figueroa, *Alcázar imperial de la fama* (1514); Juan del Encina, *Tribagia* (1521); Pedro Manuel Jiménez de Urrea, *Peregrinación de Ierusalem, Roma y Santiago* (1523); fray Antonio de Aranda, *Verdadera información de la Tierra Sancta* (1533); Antonio de Medina, *Tratado de los misterios y estaciones de la Tierra Santa* (1573); Fadrique Enríquez de Ribera, *El viage que hizo a Jerusalem* (1580); Pedro Escobar Cabeza de Vaca, *Luzero de la Tierra Sancta y grandezas de Egypto* (1587); Francisco Guerrero, *El viaje de Jerusalem* (1590); Juan Ceverio de Vera, *Viaje de la Tierra Sancta* (1595).[1]

---

[1]   Atendiendo a los intereses de Arturo me hubiera gustado establecer las posibles relaciones entre las literaturas castellana y portuguesa, pero la riqueza de textos que se publican en castellano contrasta llamativamente con la ausencia casi total de libros de viaje a Jerusalén en portugués. Aparte de la referencia MANID 1642 de BITAGAP (*Philobiblion*), puede consultarse Martins 175–193, que suma muchas noticias de peregrinaciones, pero ninguna relación personal de las mismas. Se sabe de la que escribió Paulo de Portalegre a su regreso de Jerusalén en 1494, pero no se ha conservado; el ms. 10883 BNE incluye la de fray Antonio de Lisboa (Rodríguez Moñino), en castellano por lo que es difícil determinar si la escribió el propio monje y fue traducida o si se trató de una relación oral hecha para ser puesta por escrito en el texto; tenemos unas traducciones de la *Verdadera relación* de Aranda (Lima); se han perdido el *Itinerário da Jornada que fez de Viseu a Jerusalém* de Jorge Henriques (1561) y la *Jornada a Terra Santa* de frei Nicolau Dias; así hasta el siglo XVII no conservamos más que un *Itinerário à Casa Santa* de frei António Soares de

Esta relación pone en evidencia que su proceso de difusión y su tipología es muy variada: en prosa o en verso, desde un punto de vista individual o impersonal, sólo Jerusalén o con otros lugares de Tierra Santa, la peregrinación como argumento único o parte de un relato más amplio. Esta variedad no sólo depende de la personalidad y formación de los autores, sino de la finalidad con la que escriben su relato: informar, incitar a la peregrinación o la conquista de Tierra Santa, servir de guía a otros peregrinos, mover la generosidad de los lectores, dar salida a la vanidad personal o convertirse en una obra para la meditación espiritual. De todas ellas quizá la más sorprendente sea esta última, ya que parece tener poco que ver el relato de un viaje, lo que calificaríamos como una obra geográfica o de aventuras, con un tratado de meditación. Sin embargo, en la relación anterior son tres las obras que muestran claramente esta voluntad, las de tres Antonios franciscanos: Cruzado, Aranda y Medina, citados por fecha de edición; pero Cruzado, Medina y Aranda si las ordenamos según sus fechas de viaje o redacción, que son relativamente cercanas entre sí: 1483–85; 1514 y 1530. Además entre las tres aseguran que la continuidad de este modelo de relato de peregrinación-tratado de devoción fue permanente a lo largo de todo el siglo XVI, pues el Cruzado se edita antes de 1501, y sucesivamente en Sevilla, 1511–15, 1515, 1520, 1529 y 1533 (Baranda, 2001); la *Verdadera relación* de Aranda en 1533, 1537, 1539 (dos veces), 1545, 1550, 1551, 1552?, 1563, 1568, 1584, 1664;[2] y el *Tratado* de Medina en 1573, con una traducción al italiano en 1590.[3]

Sin duda hay que atribuir a Antonio Cruzado el mérito de haber inaugurado un modelo genérico que iba a tener tanto éxito en España y fuera de ella, pues primero fue imitado por Medina y Aranda, y luego, en la Europa contrarreformista, el viaje para la meditación piadosa fue el subgénero del relato de peregrinación a Jerusalén más novedoso y difundido. El Cruzado (Antonio, según se le llama en el Ms. 10883)[4] muy posiblemente estuvo en Tierra Santa como Custodio General de la Orden franciscana entre 1483 y 1485. A su vuelta a Castilla, redactó una versión completa de lo que allí había visto, que quizá estuviera lista en 1487, año mencionado en la rúbrica inicial de la obra. El texto apenas deja traslucir que se trata de un viaje personal, porque centra toda su atención en la descripción exhaustiva de los santuarios y lugares

---

Albergaria (1592) y la famosísima peregrinación de fray Pantaleão de Aveiro (Cristovão, Carreira).

2 Hay relación de ediciones en tres trabajos: Castro 1977: 115–120; Simón V[2], 3521–3530; y García Romeral n. 84–92, siendo esta última la menos fiable y la primera la que más datos aporta.

3 Tomo la noticia de esta traducción, que no he visto, de Simón XIV, n. 3819: *Viaggio di Terra Santa con sue stationi e misteri [. . .] tradotto [. . .] dal M.R.M. Pietro Buonfanti Piouano di Bibbiena*, Florencia: Giorgio Marescotti, 1590. Los datos exactos de ediciones que cito pueden verse en Baranda 2001: 8–10.

4 "E esso mismo se toman y añaden algunas otras breves cosas (enxiriéndolas en los lugares que conviene) del devoto e breve tractado que fray Antonio Cruzado, natural de Sevilla, frayle de la Orden de los menores, escrivió de los Sanctos Lugares, del viaje de Iherusalem e de Sinay, que fue a visitar el año del Señor de 1483 años" (h. 1r).

sagrados de Tierra Santa, es decir, en los *misterios* del título. A partir de la definición de los puntos cardinales y su significado, hay una descripción detenida de los espacios, empezando por el monte Sión, que es el lugar donde los franciscanos tienen su monasterio. Capítulo a capítulo se van describiendo los santuarios que se agrupan en diferentes lugares: torrente del Cedrón, valle de Josaphat, monte Olivete, el interior de la ciudad, el monte calvario, modo para entrar al santo sepulcro, el río Jordán, Belén, la montaña de Judea, Nazareth y el camino a Egipto, que toma para llegar hasta el monte Sinaí. En cada uno de estos capítulos se incluyen los santuarios, iglesias o lugares vinculados a la historia de la salvación humana, relacionándolos entre sí por la distancia relativa a la que se hayan unos de otros y la dirección en que están. El procedimiento despliega ante el lector un mapa conceptual de Tierra Santa, dividida en grandes espacios, dentro de los cuales se conforma un itinerario físico, que es posible seguir de santuario en santuario. Para cada misterio, con excepción del santo sepulcro, que se configura como una geografía autónoma con su propio *iter peregrinationis* u *ordo processionis*, el autor describe físicamente el espacio y cuenta los acontecimientos bíblicos que allí tuvieron lugar, justificativos del interés del peregrino. Son los peregrinos otro de los focos de atención descriptiva, porque el autor quiere reflejar las emociones que los santos lugares despiertan en los devotos, y narra con cierto detalle sus actitudes, comportamientos y alguna vez hasta palabras. Así el discurso se mueve del presente tangible al pasado espiritual, creándose un tiempo único que engloba al pasado, actualizado por lo material en el presente del autor, y ambos se funden en una existencia que se percibe como atemporal.[5] Se prescinde, por tanto, de la cronología, considerada por los estudiosos esencial para caracterizar los viajes reales frente a los ficticios, que en este subgénero no sirve como marca de veracidad. Se pueden encontrar notas personales del autor que sirven para establecer la autenticidad de su viaje, al comienzo, al final y en el uso del *nosotros* cuyo referente es "los franciscanos", pero también se podría prescindir de ellas sin que la credibilidad del texto resultara mermada.

Así pues, la novedad del Cruzado no está en la materia, sino en su presentación, ya que la perspectiva y los intereses están únicamente volcados sobre los elementos religiosos del viaje en lo material, lo espiritual y lo devoto. El objetivo de esta concentración de la descripción es:

> con desseo no solamente de a mí consolar, mas aún aquellos que no lo dexan por mengua de desseo, mas por la distancia, gasto y peligro de los caminos. Por lo qual pensé ordenar un breve tratado para que de todo ello tuviessen conocimiento, porque sé que la brevedad mucho aplaze y la prolixidad es mucho aborrescida. En el qual tratado no solo entiendo declarar y dar noticia a los letores y oyentes solo de las cosas en las quales se puede consolar

---

5 "Pour le fidèle, le temps semble soudain aboli et c'est sous ses yeux que se joue dans un temps mythique, dans un présente éternel le grand drame de l'histoire du salut" (Deluz 193).

spiritualmente.[6] E aunque yo pueda bien largamente escrevir de reinos, provincias y ciudades assí de christianos como de moros, mas porque aquí estas cosas son más de seglares que de religiosos, otros vernán de hábito seglar que las avrán visto y tratado, que las podrán dezir y contar según que al ábito suyo conviene. (1v–2r [Prólogo])

El viaje proporciona conocimiento y consuelo al peregrino y su escritura sirve para que obtengan los mismos beneficios los lectores. De ambos términos me interesa sobre todo el segundo, *consuelo*, habitual en la literatura religiosa y mística de la época y de todo el Siglo de Oro, que significa un 'alivio religioso en la aflicción'. Dios obró su redención, entre otras razones, para consolar a los hombres y este es uno de los efectos que obra en el espíritu. La pena por la ausencia y el alejamiento de Dios se mitiga a través de la oración, que nos acerca a él,[7] y lo mismo puede hacer Jerusalén, según dice Isaías (66, 13): "Como a un hijo a quien consuela su madre, así yo os consolaré a vosotros; por Jerusalén seréis consolados." La meditación sobre la humanidad de Cristo, vía para llegar a lo espiritual desde lo material, se puede rastrear desde el siglo XIII, pero experimenta un gran auge hasta cristalizar a finales del siglo XIV en la organización del *via crucis*, que no deja de ser una peregrinación espiritual por la llamada vía dolorosa de Jerusalén y con Cristo. Sin duda hay que recurrir a este clima devoto, especialmente propiciado por la orden franciscana a la que pertenecía el Cruzado, para entender la intención del autor de este "breve tratado". Su lectura es complementaria de las *Vitae Christi* que gozaron de tanto éxito editorial y lector en el cambio de siglos, porque a la contemplación de la divina humanidad unía la contemplación del espacio en que vivió y de los restos materiales aún existentes como testimonio real de la vida de Cristo y de su significado redentor. Y no sólo de las *Vitae*, sino de los oficios de la cruz y *De passione*, que se encuentran en muchos libros de horas, y a las que una descripción como la del Cruzado podía servir de ilustración (Delaruelle 401–35, Villoslada 317–19).

Por otra parte, la cuestión no solo afecta al tema cristológico, sino también al método de oración utilizado, puesto que la práctica de la meditación, la contemplación espiritual o la oración mental era uno de los pilares de la *devotio moderna* (Villoslada 220–69). Para su desarrollo por los laicos se escribieron los tratados que mostraban el proceso a seguir y ayudaban a superar la llamada sequedad de la imaginación a través de la descripción pormenorizada de lo material para alcanzar lo espiritual. En ese procedimiento, las lecturas del devoto crean un intertexto mental en el que las obras utilizadas y la propia experiencia imaginativa que los autores fomentaban se superponen unas a otras para configurar escenas interiores. El proceso formaba unos hábitos que permitían al lector avezado configurar un espacio geográfico como el que

---

6   La transcripción es exacta, pero creo que hay un error en "no solo entiendo", pues por el contexto se debe omitir la negación.

7   II Corintios, 1. El mismo término *consolación* figura entre los propósitos del Ms. 10883 de la BNE procedente del Monasterio de Guadalupe.

proyectan las palabras del Cruzado, sobre el que insertar las escenas por él descritas enriquecidas con otras experiencias lectoras.[8] Por otra parte, el interés general por Jerusalén se percibe a finales del XV en varios aspectos: el aumento de los viajes; la extensión del espíritu de cruzada, empezando por los propios Reyes Católicos, que contribuyen al sostenimiento de los santos lugares; y un positivismo geográfico que desea concretar los perfiles reales de la ciudad Santa, ya no un lugar para la imaginación, alejado o inalcanzable. Quizá para responder a este espíritu, la Jerusalén real pasa a formar parte de las meditaciones cristológicas sobre la pasión y la lectura de *Los misterios de Jerusalén* acompaña a otras obras en el tema y en el proceso de lectura. Como en cualquier libro devoto, la lectura podía ser fragmentada en itinerarios, quizá seleccionados según la estación litúrgica en el que se encontrara cl lector. Por otra parte, *Los misterios de Jerusalem* añadían a la escena piadosa a los peregrinos, a través de sus reacciones y los afectos que provoca el lugar sagrado, lo que supone la inclusión del devoto lector en el texto, pues puede identificarse con los viajeros allí presentes comprobando por medio de las reacciones codificadas si sus propios sentimientos se correspondían con los relatados.[9]

Aunque afines en su uso y tema, las *Vitae Christi* son un género diferente del viaje a Jerusalén, por lo que no proporcionaban un modelo retórico preciso para *Los misterios* del Cruzado, que debe estar al menos parcialmente en los libros de peregrinación a Tierra Santa. Todos los peregrinos que lo desearan podían contar con un itinerario para su uso personal, ya fuera manuscrito o impreso. Modelos de estos itinerarios se nos han conservado en bastantes manuscritos y sabemos que el dominio veneciano sobre el *Gran Viaje* también se ocupaba de la provisión de folletos, especialmente bajo la era de Gutenberg.[10] Los itinerarios manuscritos más completos incluían además de las rutas propiamente dichas, un libro de indulgencias, en el que figuraba cada santuario o lugar con las indulgencias que en él se obtenían; un procesional, que recogía una secuencia de las estaciones dentro del Santo Sepulcro y de Belén; e incluso un repertorio de oraciones.[11] No me cabe duda de que Cruzado conocía obras de este tipo, quizá antes de salir de España, porque hay todavía dos códices en la

---

8   Refleja bien Aranda esta fusión de fuentes en su obra: "Esto se ha dicho desta manera por dar ocasión a los que freqüentan la psalmodia y lección de los profetas que se acuerden quando deste sacro monte se hace mención de atribuirle a la letra muchas dignidades y sanctidades [. . .]" (18r). Para esta lectura interior ver Hernández, que señala cómo Encina inserta en su *Tribagia* "fragmentos neo-testamentarios, que están presentes en la base de la organización narrativa y contemplativa de las pasiones devotas en verso" (375). Sobre los lectores de la obra *vid. infra*.

9   Esta inclusión era frecuente en los relatos de peregrinación, según los recoge ya San Jerónimo en su epístola "Elogio fúnebre de Santa Paula" (Graboïs 81–91).

10   La existencia y manejo de estas obras ha sido comprobada por la existencia de algunos ejemplares y por fuentes indirectas, según ha estudiado Brefeld.

11   Puede verse una descripción de estos itinerarios, sus contenidos y mención de diversos ejemplares en Castro 1957 y en Davies.

Biblioteca Colombina de Sevilla,[12] pero en todo caso tuvo que manejar la que se custodiaba en el monasterio de Monte Sión, fuente última de todos ellos. A estas obras hacen mención otros viajeros anteriores, como Felix Fabri, o posteriores como Medina y Aranda, y recordemos que el Cruzado tenía la ventaja de haber sido Custodio General en Tierra Santa, por lo que permaneció allí tres años, uno de ellos en Jerusalén (h. 43v).

Retóricamente el relato del Cruzado se organiza como un itinerario con un procesional, pues elimina toda referencia personal en Jerusalén[13] y despliega el espacio como vías que recorren los santuarios agrupándolos según su ubicación geográfica. Sin embargo, mientras que las guías citan cada lugar relacionándolo con el hecho bíblico, nuestro autor no se conforma con esos dos aspectos, sino que quiere llevar los sitios a la vista de los lectores por medio de la descripción minuciosa de todo lo material, acompañado de las referencias bíblicas precisas, y reflejar a través de los peregrinos el efecto maravilloso que tiene en el hombre. Por otra parte él, a diferencia de otros viajeros, había vivido allí a lo largo de todo el ciclo litúrgico y podía explicar los ritos de celebración que revivían por imitación de los gestos la vida de Cristo; así el lector acompañaba al peregrino en las solemnidades anuales, que podía incorporar a su propio tiempo litúrgico. No es posible determinar si el Cruzado era consciente del uso que como viaje espiritual podía tener su obra o si este fue un resultado posterior del proceso de difusión, pero es evidente que si se esfuerza en describir, no piensa en el viajero, que iba a experimentar y conocer Tierra Santa por sí mismo,[14] sino en el lector que no va a visitar los santos lugares y que sólo viajará espiritualmente siguiendo el proceso de la peregrinación narrado. Y si lo hace en romance, frente a tantos relatos de clérigos en latín, es porque escribe preferentemente para lectores laicos.[15] La misma intención anima la traducción impresa en Zaragoza del *Viaje de la Tierra Santa* de Bernardo de Breidenbach: al sentir que el texto del alemán es escueto en contenidos religiosos, Martínez Dampiés añade numerosas glosas de pasajes bíblicos, si bien en un tono más erudito que espiritual, a pesar de su franciscanismo. Y así hay que interpretar los muchos grabados con escenas de la vida de Cristo, que son similares o iguales a los empleados en las ediciones de las *Vitae Christi* ilustradas.[16]

---

[12] Aparte de su localización, para nosotros es importante destacar que son códices de origen franciscano, lo que los sitúa en un ámbito próximo al Cruzado. Ambos itinerarios fueron descritos y estudiados por Castro 1957; y han recibido posterior atención de Delaruelle 547–53 y de Davies.

[13] Tal modelo podría también ser la causa de que el autor, una vez que abandona los santos lugares, relate su viaje de forma mucho más personal.

[14] No hay que olvidar que también tendría utilidad como guía de viaje ya en Tierra Santa.

[15] La dificultad en comprender latín también afectaba a clérigos, según testimonia un pasaje del manuscrito 10883 de la BNE, que suponemos estaría destinado al uso de los monjes: "E porque los que no saben ni entienden latín no se ofusquen cuando toparen con las tales autoridades que en latín están escriptas, es de saber que todo este devoto tractado va cumplido e conseguido en romance vulgar" (h. 2v).

[16] No sabemos si el Cruzado la conoció o no antes de redactar su propia obra o si, por el contrario, Martínez Dampiés, comentarista aragonés de la traducción, se inspiró en *Los*

El Cruzado empleó como modelo para escribir su obra el que venía fijado por la tradición: itinerarios, procesionales y libros de indulgencias, ya que incluían la información básica que deseaba todo peregrino. Estas obras le proporcionaban la armazón para ordenar los lugares y los elementos informativos mínimos que debía contener sobre cada uno de ellos. Sin embargo, el destinatario principal de *Los misterios* no era el viajero, sino quien no podía viajar y se tenía que contentar con leer. Para satisfacer la curiosidad de estos devotos de la vida de Cristo, para informarlos y consolarlos, debe reproducir con palabras lo que vieron sus ojos, de modo que amplía la descripción de cada lugar hasta hacerlo visible y después establece la relación de los lugares entre sí con detalle. Además añade otros aspectos de interés, como referencias bíblicas más amplias y la actitud de los peregrinos.[17] El foco temático de su obra era la vida de Cristo a través de los vestigios materiales, en lo que coincide con otras obras destinadas a la lectura devota, que atraen ésta a su esfera de interpretación y uso.

El éxito del que gozó la propuesta renovadora del Cruzado se puede medir no solo por su larga fortuna editorial, sino además por la huella que dejó en otros relatos del mismo género. Esta empieza en el manuscrito BNE 10883, procedente de Guadalupe, que dice aprovechar al Cruzado entre otras fuentes; y sigue en el *Tratado de los misterios y estaciones de la Tierra Santa* de Antonio de Medina:

> y si a mí no quieres creer que lo he visto con mis ojos, mira lo que dice sobre este passo el reverendo padre el maestro Cruzado en el tratado que hizo de la Tierra Sancta, y te digo que el su tratado es el más verdadero que yo he visto.
>
> (f. 98v)[18]

Seguramente Medina viajó en 1514 a Tierra Santa después de haber leído al Cruzado, al que quizá empleaba como guía, pues era un libro en 4º que bien podía llevarse en el equipaje. Luego, sin duda, lo utilizó como modelo en muchas de sus elecciones literarias, si bien adaptándolo a sus propios intereses y objetivos, como veremos.

A pesar de tratarse de un viaje real, sus incidentes quedan casi eliminados, reduciéndose al primer capítulo (embarca en Chipre) y al último, cuando llega a Valencia. Al final del primer capítulo renuncia explícitamente al itinerario personal como proceso organizativo y pasa a seguir un itinerario religioso, marcado por la tradición franciscana de Tierra Santa:

---

misterios de Jerusalem para añadir los comentarios, que no integra, sino que yuxtapone al original. Sobre la relación texto-imagen (Cátedra 1993, Hernández).

[17] Otra posible fuente es una de las epístolas de San Jerónimo, el "Elogio fúnebre de Santa Paula", donde se explica cómo en ciertos lugares muy cargados de simbolismo (el pesebre en Belén, la cruz de Cristo, por ejemplo) la santa es capaz de *ver con los ojos de la fe* la escena y actuar en consecuencia (San Jerónimo II, 224–28). También en esa epístola se emplea con frecuencia el tópico de dejar a un lado la materia profana para tratar sólo de los aspectos religiosos.

[18] Cito siempre por la *princeps*, Salamanca: Herederos de Juan Cánova, 1573; una selección de pasajes en Jones 313–47.

Fasta aquí he venido contando por orden todas las cosas como las anduve, pero de aquí adelante por otro orden entiendo llevar estos misterios, por dos cosas: una por no tornar dos vezes a repetir lo que dixere; y la segunda por llevar los misterios de la passión juntos como están en el ordinario de la Tierra Sancta. (f. 15r)

La materia de la obra se divide en veinte "estaciones" con varios subepígrafes,[19] que se enumeran al comienzo de cada una de ellas. La elección del término *estación*, que se usaba para cada uno de los pasos recordados en el *via crucis* desde mediados del siglo XV en Jerusalén, demuestra que el autor se sitúa en la estela del Cruzado, ofreciendo una vía para seguir los pasos de Cristo. Cada estación toma un espacio concreto de Tierra Santa (el río Jordán, Bethania, Bethfagé, el Cenáculo, el huerto, la casa de Anás, casa de Pilato, el monte Calvario, el santo sepulcro, la ciudad de Jerusalén, etc.) y desarrolla en torno a él todos los datos que le interesan. A su vez los subepígrafes se configuran del mismo modo, dividiendo cada lugar en micro-espacios que aglutinan en torno a sí toda la información pertinente. No hay novedades en los lugares que menciona, como era esperable, puesto que empleaban las mismas "guías de viaje" y los peregrinos de breve estancia hacían visitas guiadas en las que recibían explicaciones según un orden y un esquema interpretativo semejante, lo que implica una esclerotización de las experiencias y su verbalización.[20]

Uno de los fines principales de la peregrinación era ver y tocar la materialidad de los santos lugares, por lo que en Medina se encuentran descripciones de todos los habituales. Sin embargo, su interés por este aspecto material es reducido, en relación al que demuestra por los hechos sagrados, si consideramos el conjunto de los elementos que intervienen en la descripción: mención de un lugar concreto (piedra, altar, columna, cueva, etc.), acontecimiento que tuvo allí lugar (Cristo descansando, la Virgen esperando, la adoración de los reyes, la flagelación, la oración de Cristo, etc.), consideración de estos hechos según se recogen en la Biblia (Antiguo Testamento y Nuevo Testamento), actitud de los peregrinos e informaciones varias, desde sectas religiosas a indulgencias e incluso oraciones propias y exhortaciones al lector. Así cada lugar es apenas un punto de partida para la reflexión devota basada casi siempre en la Biblia (por ej. 16v–17r sobre el bautismo de Cristo), aunque recurre, en menor medida, a otras fuentes bien conocidas (San Jerónimo, San Ambrosio, etc.) o el Ordinario de la Tierra Santa, del que extrae información significada.

La Biblia, de presencia constante, tiene diversos grados de intertextualidad,

---

[19] Estos subepígrafes o "párrafos" no son adición del editor de 1573 (*vid. infra* n. 26), porque en el cuerpo del texto hay alguna referencia a subdivisiones precedentes, que solo pueden ser obra del autor: "Porque dellas hize mención en la sexta estación, en el tercero parágrapho" (f. 129v–30r).

[20] El viaje organizado como tour para una extensa clientela de peregrinos ha sido analizado por Joukovsky.

que varía desde la mención de un episodio que se supone conocido y simplemente se evoca para el lector, a la cita literal, pasando por el resumen, la glosa, etc. En este aspecto creo relevante señalar que las citas literales de la Biblia (y son bastantes) nunca aparecen en latín, sino en romance, como esperamos en las *Vitae Christi* y otros libros de devoción para laicos del XV y primera mitad del XVI. Por otra parte, no se limita a la vida de Cristo, sino que usa el Antiguo Testamento, en especial por la preocupación que siente por explicar las profecías y prefiguraciones que sobre Cristo como Mesías aparecen en la Biblia, interpretada según la doctrina de la Iglesia. Por tanto, en cada lugar, asocia los pasajes del Antiguo Testamento al Nuevo como prefiguración de Cristo (48r–v; 55r), puesto que Dios obró sus maravillas en el Antiguo Testamento por medio de figuras, para que se cumplieran con el nacimiento de su hijo (72r–v). Por ejemplo, dice a propósito de los salmos compuestos por David:

> Ca esta casa fue el palacio real del rey David, en el qual morando compuso por spíritu sancto los psalmos, el qual assí como era alumbrado en cada un misterio destos en estos lugares, assí lo prophetizó y Iesu Christo a la letra lo cumplió como verdadero Dios, el qual no vino a quebrantar la ley, mas a la cumplir. (63v)

Sin duda llaman la atención las constantes referencias al Antiguo Testamento. No porque la mención de pasajes veterotestamentarios como el sacrificio de Isaac, David y Goliat, etc., fuera inusual en las peregrinaciones a Tierra Santa, sino por su abundancia y la cita acumulada por extenso de muchos de ellos. Esta perspectiva no era común y exigía un esfuerzo adicional del autor, según nos apunta Antonio de Aranda:

> En estos tiempos está muy perdida la noticia de los lugares, de manera que si no es de nuestros frailes, que unos son enseñados de los otros, no se hallaá quien sepa dezir 'aquí fue este misterio o allí'. Y los frailes no saben sino los principales y que comúnmente se visitan, especialmente de los que pertenecen al testamento nuevo. Y dado que en el monte Sión [su monasterio] aya dos tablas: una escripta y otra pintada, en las quales está la memoria y los assientos de todo lo que pertenesce al un testamento y al otro [. . .][21]

Semejante labor en autores cristianos, a los que interesaba sobre todo la redención y la vida de Cristo, sólo se justifica por el puente conceptual que se quiere trazar entre los hechos del Antiguo Testamento y los del Nuevo, puente donde cada pasaje de la ley antigua tiene su explicación última en la ley nueva traída por Cristo, ya que los hechos veterotestamentarios fueron sólo señales

---

21 *Verdadera información de la Tierra Sancta*, f. 96r (cito por Toledo: Juan de Ayala, 1537, según el ejemplar incompleto R-4978 de la BNE; para las hojas que faltan uso Toledo: Juan Ferrer, 1550). Ver una selección de pasajes en Jones 245–96.

del advenimiento del Mesías, con quien ven su cumplimiento.[22] Por supuesto que la insistencia no es casual, según demuestra el autor en su prólogo en dos pasajes distintos:

> Por esto trabajaré con la ayuda del Señor y de vuestras sanctas oraciones de buscar las escripturas que destos sanctos lugares hablan, para mostrar la conformidad de las obras de nuestro Redemptor con los dichos de los prophetas, que antes tantos tiempos annunciaron nuestra salud. (ff. 6r–6v)

> Pues concluyendo mi propósito en las cosas ya dichas, conviene saber, en mostrar en cada un lugar sancto que dixere los misterios que Dios en ellos, por sus sanctos del Testamento Viejo en señal de su advenimiento hizo; y los que obró después que encarnó en el Testamento Nuevo en cumplimiento del Viejo. (f. 8r)

Cabe relacionar los escasos datos biográficos que Antonio de Medina nos deja en su obra con este propósito poco frecuente. Antes de peregrinar a Jerusalén, este franciscano formó parte de un grupo de cuarenta frailes, quizá procedentes de la diócesis de Toledo, que "en aquel tiempo del convertimiento de los dichos moros" (f. 270r), bajo los Reyes Católicos, fueron enviados a las Alpujarras a enseñar la doctrina cristiana y bautizar.[23] Allí permaneció más de siete años, llevando a los moros "mansamente al yugo de la fe christiana, haziéndoles el signo de la cruz en sus frentes y enseñándoles los mandamientos de Dios y artículos de la fe y que dixessen el *Pater noster* quando orasen a Dios" (ff. 270v–71r).[24] De esta u otras experiencias semejantes le tuvo que quedar la preocupación por llevar a judíos y moros a la conversión, empleando en sus argumentaciones religiosas los instrumentos de la polémica, que tenía en la técnica de la prefiguración un arma antigua, si recordamos, a modo de ejemplo, el siguiente pasaje del *Libro de los estados*:

> Otrosí pueden vençer a los judíos mostrándoles por su ley que por los dichos de las sus prophetas que todas las cosas que en su ley fueron dichas, que todo

---

[22] Sobre la prefiguración ver Miner ix–xv.

[23] Ladero Quesada (279–80, 282) edita dos documentos de 1500 donde los Reyes piden a las diócesis (Cuenca, Cádiz) que les envíen frailes y sacristanes para esta misión, porque entienden que "es justo que no vastando estos aiuden los de las otras iglesias" (279). Sin embargo, el documento citado sólo extiende la orden a un año, mientras que Antonio de Medina dice haber estado siete años, de lo que se puede deducir un fuerte compromiso personal con la misión.

[24] Otros datos recogidos en la obra son 1514, año de su vuelta del viaje a Tierra Santa; y 1526, cuando escribió su "tratado" en el convento de Nuestra Señora de Consolación de Calahorra. La última noticia que poseemos la tomo de Gallardo (III, 2932) y es de 1549, cuando firma una epístola de recomendación para *La vida del bienaventurado San Pedro de Osma*, en traducción del Dr. Hernán Martínez, donde se identifica como predicador de la orden de los Menores, dice que cotejó la traducción con el original latino y lo firma en Santistevan [de Gormaz]. Quizá puedan atribuírsele unas coplas "contra los vicios y deshonestidad de las mugeres" (304–7r), que están en el *Cancionero de Pero Guillén de Segovia* y que se asignan a un "Antonio de Medina franciscano" (Simón III, 2851 [26]).

fue figura desta nuestra et que todo lo que fue dicho del Mesías, que todo fue dicho et se cumplió por Ihesu Christo. (423)

Los misterios de Jerusalén del Cruzado forman parte de la mucha literatura cristológica impresa desde finales del XV. En Medina esta relación va más allá, pues no solo comparte con esas obras el tema, sino también motivos y recursos para desarrollarlo. La ansiedad por conocer en sus menores detalles la vida de Cristo lleva a suplir por medio de la imaginación aquello que no relataban los evangelios u otras fuentes escritas. Esta actividad imaginativa puede ser que empezara a realizarse sobre la pasión, pero se extendió a otros aspectos de la vida del Salvador, que adquieren un regusto dramático atractivo a los devotos. La doctrina que guía a estas recreaciones la recoge Medina para alejar dudas:

Esto digo sin temeraria afirmación, mas con esta templança afirmo todas las cosas que en este tratado dixere, que por autoridad de la sagrada escriptura o por los sanctos doctores no están aprobadas y no son contra razón. (34v–35r)

Con este argumento se permitirá introductir todo tipo de digresiones imaginativas, que suelen estar marcadas por un verbo de vista y por medio de fórmulas de atenuación asertiva, similares a "¿Quién duda que [. . .]?", "Piadosamente podemos contemplar", "podemos creer", "según opinion de algunos", seguidas a veces de un abundante uso de condicionales. El procedimiento es igual al de algunas *Vitae Christi* que se pueden rastrear, por ejemplo, *La vida de nuestro redentor y salvador Iesu Christo*, de san Buenaventura.[25] En una y otra se refiere que los ángeles que sirvieron alimentos a Cristo en el monte de la Penitencia los trajeron de casa de la Virgen, donde se acercaron dos de ellos a pedirle la comida, que ella, en su pobreza, suministró. La influencia no puede ser más directa. Esta técnica le conduce en muchísimas ocasiones a la exaltación piadosa, con una emoción incontenible: "¡O, caminos sanctos y de toda devoción" (49v–50r), "O altar" (55v); pero también "¡O dulcíssimo rey nuestro" (55v), "O templo sancto y bendito" (58v). Se dirige a sí mismo, pero no deja de ser una fórmula retóricamente distinta de hacer partícipe al lector en la emotividad que para el autor rezuma el instante sagrado evocado por el lugar físico. Tales exaltaciones pueden desembocar hasta en una "Oración del autor", con rúbrica diferenciada, repartidas a lo largo de la obra a diferentes motivos, y con las que el lector aprende a orar de forma autónoma y personal.

Por tanto en Antonio de Medina se intensifican aquellos elementos que permiten utilizar el relato del viaje a Jerusalén como un libro para la peregrinación espiritual de sus lectores. En su prólogo considera que si estas obras se escriben sin "auctoriad de la sagrada escriptura y sin algunas meditaciones" (h. 6r), los letrados las tienen en poco y a los devotos no dan

---

25 Valladolid: Diego Gumiel, 1512. Una de las obras de este género que cita Medina explícitamente es el tratado de la pasión de Cristo de San Anselmo, 57v.

contento. Para estos últimos son las "devotas meditaciones en los mesmos lugares puestas" y "la manera como visitamos estos lugares sanctos y los sentimientos que el Señor da a sentir en ellos a los devotos peregrinos" (h. 6v), un programa completo para la identificación del lector con la humanidad de Cristo y el misterio de la redención a través del peregrino. Para ese mismo fin se recapitulan los misterios de la pasión en doce *contemplaciones*: "Porque mejor sea en la memoria retenida y comprehendida la orden deste tratado de los misterios de la passión de Nuestro Redemptor" (ff. 131v–32r). Explota, pues, Medina posibilidades apuntadas en el Cruzado, que permitían casi la fusión de géneros, por el procedimiento de hacer mayor uso de la Biblia e incluir meditaciones piadosas que explican la actitud de los viajeros y permiten al lector recrear interiormente la misma atmósfera de exaltación y piedad.[26]

Dudo mucho que Aranda conociera un manuscrito del *Tratado* de Medina, que según se dice en los preliminares quedó sepultado en el "polvo del olvido", pero probablemente leyó el *Viaje* de Breidenbach y casi seguro *Los misterios* del Cruzado, varias veces editado para cuando él viajó a Tierra Santa. Aranda escribió su obra entre 1530, cuando vivió allí, y 1533. Renovaba, cambiando tiempos y lectores, los propósitos del Cruzado y de Medina: la lectura piadosa del viaje puede sustituir a la peregrinación misma, por medio de la conmutación:

> Los que no son libres o les falta possibilidad para poder efetuar esta peregrinación conténtense con que si procuran meditando de inflamar sus desseos en la consideración y espiritual visitación de lo que acá Christo por ellos obró, do quiera que estén la voluntad les será recebida en cuenta y *ceteris paribus*, esto es, siendo el amor igual, no será de menos merescimiento essencial el exercicio y desseo de allá, que el poner acá nuestros desseos en obra. (5v)[27]

La semejanza en el propósito no significa que sean obras iguales. La personalidad de Aranda es muy distinta de los otros Antonios y sus intereses la reflejan bien. Apenas sabemos nada de su biografía antes del viaje a Tierra Santa, salvo que en 1516 era colegial en San Pedro y San Pablo de Alcalá de Henares. Viaja a Jerusalén en compañía del Guardián de Monte Sión y otros religiosos y llega allí el 8 de septiembre de 1529. No permaneció los tres años habituales, al parecer debido a que fue despachado en 1531 con una información secreta de importancia para el Emperador, que estaba en

---

[26] Recuerdo que la obra se escribió en 1526, pero no se imprimió hasta 1573, lo que hace de ella uno de esos textos recuperados por la ortodoxia postridentina para defender la peregrinación a Tierra Santa frente a las críticas protestantes (Gomez-Géraud 193–226). Afirma Cristovão 29–30, aunque no aporta datos precisos, que la obra de Medina ya editada fue bien conocida en Portugal y dice sobre ella "Pouca distância vai entre o livro de Medina e um qualquer manual de oração da via-sacra" (30).

[27] Estas palabras están dirigidas a sus dedicatarias, doña Francisca y doña Juana Pacheco, hijas del Marqués de Villena, religiosas concepcionistas en Toledo, que no pueden viajar.

Alemania.[28] En adelante la vida de Aranda será bastante pública, por cuanto que detenta cargos de relevancia en su orden y actúa en diversos negocios de importancia, incluido el de confesor de las infantas, hijas de Carlos V, a partir de 1547. Murió en Alcalá en 1555.

La *Verdadera información de la Tierra Santa* es una versión elaborada del modelo de viaje del Cruzado, como corresponde a un autor de propósitos e intereses más complejos. La obra consta de una epístola prologal dirigida a doña Isabel de Silva adjuntándole la obra (1533); otra, desde Tierra Santa, a las hijas del Marqués de Villena, religiosas concepcionistas en Toledo (1530); y un prólogo al lector. La descripción se divide en dos tratados: el primero (ff. 7v–97r) sobre Jerusalén y los lugares en torno a ella; el segundo (97r–115v), con capitulación independiente, sobre las provincias de Samaria y Galilea, aunque añade otros lugares como Beirut, Trípoli, el monte Líbano y Chipre.

Las primeras informaciones tienen un carácter erudito, al ser una larga disquisición geográfica, bíblica, económica y agrícola sobre Judea en general (ff. 9v–14v). Después discute sobre el Monte Sión, su presencia, nombres y significado en la Biblia y su estado presente; la santidad de Tierra Santa (14v–21r); Jerusalén, situación geográfica, población, posición militar, historia (21r–24v). La carga docta de esta parte viene disculpada por el autor:

> Esto se ha dicho assí porque es menester para adelante y para satisfazer a los doctos, que los otros por discretos que sean ni desto ni de otras cosas que de la calidad aquí se escriven no tienen necessidad. Y por tanto no me culpen si no lo entendieren, aunque con poca diligencia que añadan a su discreción, si curiosos son, fácilmente se dexará entender. (15r)[29]

Los devotos no doctos pueden empezar a gustar la obra a partir del f. 25r, donde se inicia la descripción de los lugares de veneración con los santuarios del monte Sión, centro de las actividades y la vida franciscana en Tierra Santa. Eso no significa que Aranda prescinda entonces de su condición de clérigo culto, porque los aspectos que conforman las descripciones están fuertemente marcados por una voluntad de explicación racionalista y argumentativa. Como en las obras anteriores, la descripción empieza por la mención del nombre del lugar, relación de los sucesos que según la Biblia o la tradición piadosa ocurrieron allí, descripción física del espacio, indulgencias si las hay y situación relativa con el siguiente lugar.[30] Se aparta del Cruzado y de Medina en que en cada descripción alguno de estos apartados se ve amplificado por argumentaciones que justifican, explican y racionalizan, por anécdotas o referencias personales, por disquisiciones que se apoyan en la imaginación

---

[28] Para la biografía de Aranda, véase Castro 1977: 104 et ss.

[29] La misma actitud manifiesta su comentario a la transcripción del epitafio en la tumba de Balduino: "No lo pongo en romance porque tengan que preguntar los que no saben latín" (44r).

[30] Estos elementos se alteran en el santo sepulcro, dada la exhaustividad descriptiva que pedía por su importancia sagrada (36v–40r).

piadosa o por todas. No deben sorprendernos las últimas, que había empleado con profusión Medina y que se introducen por frases semejantes: "que cosa es muy allegada a razón creer que [. . .]" (28r), "E yo, conforme a mi piedad, no dudaría" (35r), pero digresiones así son las menos.

Lo que predomina es la necesidad de racionalizar y justificar, pues como él dice "soy amigo de razón en las cosas que pertenecen a la fe piadosa" (72v). Este sentido de lo racional lo expresa como si estuviera inmerso en una polémica, en la que hay un lector/ detractor que expone dudas de conciencia o *escrúpulos* (en sus propias palabras) sobre lo que el autor le relata. Las cuestiones que parecen afectar a los *escrupulosos* son relativas a la autenticidad de ciertos lugares y al problema de casar la Biblia con el espacio real, lo que le obliga a digresiones dirigidas a "algunos" con argumentos de la propia Biblia, los santos padres, los textos conservados en el monasterio de Monte Sión o las pruebas obtenidas en el lugar:[31] "Si alguno dixere que [. . .] puédesele responder [. . .]" (77r), "Con esta breve y bien considerada razón se sueltan muchos escrúpulos que acerca de la verdad destos lugares [. . .] podrán nacer en los entendimientos de doctores y discretos" (66r). Ciertamente esos "doctos y discretos" causan muchos problemas a Antonio de Aranda, que siente que tiene que atender a un público de devoción sencilla a la par que a otro intelectualmente exigente, para el que la fe necesita de explicaciones coherentes y de justificaciones, por eso su constante presencia en la obra con aclaraciones explícitamente dirigidas a unos y a otros, explicando su proceder: para quien sepa, para quien dude, para el devoto, para quien desee saber, para el curioso, para el amigo de verdad.

Según su clasificación, él pertenece a la clase de los doctos y no puede ni quiere renunciar a ella,[32] por lo tanto cita la Biblia siempre en latín, inserta digresiones sobre el poder político de los turcos, las religiones cristianas, un falso milagro en sábado santo. Temas próximos a sus propios intereses, a su sentido de la realidad, en la que cabe la atención a la debilidad militar que permitiría la conquista,[33] la mirada a la naturaleza, los cultivos, el agua, la fauna, el clima, los alimentos, las actitudes y creencias de las otras religiones. Con todo ello escribe una *verdadera información*, en la que el género del libro de viaje es patente más que en ninguno de sus antecesores. Aranda es un autor omnipresente en la obra, porque su experiencia, su vista y comprobaciones actúan como fuente última de veracidad y base de sus argumentaciones: "Si alguno dixere aver oído esto de otro modo, responda el que quisiere por mí y diga que yo escrivo en semejantes cosas lo que veo y no lo que leo, porque

[31] Véase ff. 35r, 40r, 42r, 43r, 53v, 60r, 61v, 64r, 66r, 67r, 71r, 73v, 77r, etc. Este racionalismo es más aparente que real, según he explicado en Baranda 2001: 24–26.
[32] La formación del autor no es el único factor que explica esta actitud: recuérdese que el Cruzado era doctor en teología, a pesar de adoptar una actitud no-intelectual en su obra, propia, por otra parte, de una corriente franciscana.
[33] Sostiene Castro 1977, 105–9, que Aranda no permaneció en Tierra Santa los tres años reglamentarios porque su misión secreta al Emperador era informarle de la situación de Tierra Santa para emprender una posible conquista.

haziéndolo de otra manera diría mil mentiras agora, que por ventura en otro tiempo fueron verdades" (73v).[34] Esta reafirmación tan explícita no hace más que poner en alto lo que es patente en toda su *Información*, porque sus experiencias, anécdotas, actividades, sentimientos, conocimientos, creencias y opiniones son omnipresentes, en contraste manifiesto con las obras anteriormente analizadas. Mientras que en aquéllas las actitudes de los peregrinos servían de garantía para mostrar la acción divina y orientaban los sentimientos del lector, en ésta es el autor quien desempeña esas funciones, dejando una escasa presencia a otros.[35] Por este aspecto y por la diversidad de los materiales insertados en la obra, si bien el libro tiene un fuerte componente devoto que lo convierte en un manual de oración y meditación asequible al público que leía para orar, también atiende a las necesidades del viajero dándole informaciones prácticas; a las del erudito, comentando la Biblia en relación a la realidad material y argumentando con los santos padres y otras *auctoritates* religiosas; al curioso, con referencias a un mundo parcialmente exótico. Tal variedad no elimina su condición de lectura para un viaje espiritual, pero la diluye y así quien sólo buscara ese aspecto en la obra vería reducida sustancialmente su parcela de interés, pues buena parte de la misma apenas diría nada a sus intenciones piadosas.

Tal enfoque solo puede explicarse en que los intereses que unen al autor y al lector son diferentes a los del Cruzado y Medina. Nos encontramos en un tiempo de polémicas religiosas, en el que primero el erasmismo y luego el protestantismo han cuestionado la pertinencia de la religiosidad exterior, cuyas muestras son entre otras las peregrinaciones y las reliquias. Aranda no pudo sustraerse a esas polémicas durante sus estudios universitarios en Alcalá de Henares, uno de los núcleos más activos de la renovación espiritual (Bataillon 339–44) ni tampoco en su acercamiento a la nobleza o a la corte, sobre la que el erasmismo ejerció una fuerte atracción en época del Emperador, como es bien conocido. Recordemos que la *Verdadera información* va acompañada de una carta a las hijas del Marqués de Villena, don Diego López Pacheco, en cuya corte de Escalona predicó y ejerció su ascendiente Pedro Ruiz de Alcaraz por los años veinte, años en que era paje allí Juan de Valdés, entre otros.[36] Inmerso

---

34 Otro ejemplo podría ser el siguiente: "lo qual podéis entender de lo de ayer, que según ya diximos fue día de la concepción de Nuestra Señora, acaesció. Y es que fue el teniente de governador desta ciudad de Hierusalem y su tierra a una aldea [. . .]" (Aranda 22v).

35 Por ejemplo, en la capilla donde fue encontrada la cruz no habla de lo que hacen los peregrinos, sino de su propia experiencia, que convierte en universal: "Desseos se ofrecen en este lugar muy grandes al ánima considerada de buscar con amor compassivo la cruz y clavos del Señor [. . .]" (44v). Medina, por su parte, trata del rito del *ordo processionis* que allí se celebra, una pintura que hay de la cruz y por último de los peregrinos: "A esta señal de la sancta cruz, vamos todos de rodillas a la besar con tanto vertimiento de lágrimas y de sangre de nuestras espaldas que es cosa de mucha devoción de ver" (142r). Bien es verdad que hay excepciones, por ejemplo, a propósito del calvario y el sepulcro (60r–v).

36 Sobre la influencia del iluminismo en la nobleza española y sobre el marqués de Villena puede verse Bataillon 182–85; la relación de Aranda con ese entorno fue señalada por Redondo 394–96.

en ese ambiente intelectual, su obra puede leerse en parte como una respuesta al mismo, lo que explica el talante defensivo y argumentativo de su exposición y el predominio de una voluntad de racionalismo sobre la meditación contemplativa, que se deja llevar por la afectividad y la imaginación (Villoslada 332–35). Los lectores inscritos en la obra son los nobles, los cortesanos y los universitarios en cuyo mundo vive, ellos son los doctos, que dudan y sospechan, a los que debe convencer. A su lado hay un público muy distinto, no intelectual, al que quiere atender y captar, de modo que se observa cómo varía el tono de unos pasajes a otros. Este otro público son las religiosas instruidas, como doña Francisca y doña Juana Pacheco y las damas nobles, como Isabel de Silva, representantes del creciente grupo de mujeres lectoras, que en el claustro o fuera de él basan su vida espiritual en los libros (Cátedra 1999, Baranda 2003).[37] Carecían de saberes escolares, por lo que requerían libros en romance, adaptados a su falta de formación teológica en los temas y la expresión, de carácter no erudito. No eran el único grupo de lectores que utilizaba libros así, pero seguramente estos eran los que caracterizaban a las mujeres, ya que estaban muy limitadas para acceder a otros tipos de lecturas. No debe extrañarnos, por tanto, que el Cruzado se encuentre entre los libros religiosos de una hija de los Reyes Católicos, que como dedicatarias del *Tratado* de Medina figuren tres mujeres distintas o que la obra de Aranda aparezca en el inventario de la infanta doña Juana, hija de Carlos V (1573), cuyo contenido es casi exclusivamente religioso (Pérez Pastor 342).

Los relatos de peregrinación a Jerusalén conceptuados como libro para la meditación cristológica no son un invento de la Contrarreforma ni surgen como sucedáneo por la drástica reducción de peregrinaciones que trae el dominio turco del Mediterráneo. Aunque para su nacimiento era imprescindible la conciencia de que había muchos lectores que no podían peregrinar físicamente, pero que podrían conmutarlo por un viaje espiritual, tal conciencia no está exclusivamente vinculada a las dificultades políticas, sino a la realidad cotidiana que en lo personal y lo económico convertía el "gran viaje" en un sueño casi inalcanzable para la mayoría.[38] Para suplir este contacto físico con la humanidad de Cristo a través de los vestigios materiales, escribe el Cruzado su descripción de Tierra Santa, los *Misterios*, con lo que crea un subtipo de libro de viaje destinado a ser usado no ya como guía o relato geográfico, sino también para la meditación piadosa. Su éxito deja patente que la propuesta literaria y

---

[37] También es mujer la destinataria inscrita en el texto de Franceso Suriano, *Trattato di Terra Santa* (1485), desarrollado como un diálogo didáctico entre el autor y su hermana clarisa en Foligno; la obra se editó en Venecia, 1524 (Gomez-Géraud 842–44). Por su parte la esposa de Juan II de Portugal tenía un cuadro famoso con un panorama de Jerusalén que empleaba para su meditación sobre la pasión de Cristo cuyos pasos estaban representados entre las casas (Martins 206). Sin embargo, ese grupo lector no agotaba la obra de Aranda, presente en dieciséis bibliotecas vallisoletanas de entre 1554 y 1598 estudiadas por Rojo 572.

[38] Para viajar se requería, además del deseo (a pesar de saber las muchas incomodidades que habría que sortear), tiempo y dinero; así los viajeros conocidos son clérigos o nobles. Recuérdese el caso del Marqués de Tarifa, que viajó en 1519, o Pedro García Martín.

espiritual tuvo un amplio eco, seguramente por vincularse su lectura al género de las *vitae Christi*. No se trató de un ejemplo aislado o sin eco, sino del subgénero de relato de peregrinación preferido en la España en los tres primeros decenios del siglo XVI, lo que asegura su íntima conexión con los deseos de sus receptores. Este submodelo fue acogido por Medina, que potenció aún más en su *Tratado* los aspectos religiosos, aumentando las citas de la Biblia y desarrollando los elementos de la imaginación piadosa. No podemos saber qué acogida habría tenido de haberse publicado cuando se escribió, hacia 1526, porque quien desbanca al Cruzado de la imprenta es Aranda; a partir de 1530 no se volverán a imprimir los *Misterios*, que caerán en el olvido. Aunque a Gómez-Géraud (341–352) le sorprenda Aranda como un precursor de los viajes espirituales que triunfarán en la Europa de la Contrarreforma, cuando nos retrotraemos hasta el Cruzado salta a la vista que la *Verdadera información* es de las tres obras la menos espiritual. Hija de su tiempo de controversias, conoce el modelo de viaje espiritual y lo adopta como patrón fundamental, pero se le queda estrecho para su necesidad de incluir informaciones eruditas y dar respuesta a los intelectuales erasmistas, por lo que se aleja parcialmente del núcleo de interés de las obras anteriores, desvirtuando su principal finalidad. Aranda no es un precursor, sino un seguidor tardío del subgénero del viaje espiritual.

Después de Trento, cuando la Contrarreforma despliega todas su armas, se impone la defensa cerrada de los aspectos más contestados desde la filas protestantes, entre ellos la peregrinación. Chipre cae en 1570 y desde entonces el dominio turco sobre el Mediterráneo es incuestionable, lo que trae en consecuencia la desaparición de la engrasadísima organización veneciana para trasladar peregrinos a Tierra Santa, los viajes no cesan pero se ven muy reducidos. En estas circunstancias las relaciones de viaje a Jerusalén conocen un auge renovado, sirven por un lado para reafirmar algunos aspectos de la ortodoxia católica, por otro para sustituir la peregrinación real por la espiritual. Entonces los relatos de peregrinación en Europa se vuelven con intensidad hacia el aspecto religioso, que consideran primordial y exclusivo, uniendo estas obras al uso de los libros devotos.[39] Esto no se debe a una influencia de los autores aquí revisados, sino que se trata de una posibilidad inscrita en las características del género, fácilmente realizable al desplazar el foco de atención de unos aspectos a otros y al situarse, por su tema, próximo a una gran masa de literatura espiritual que podía atraerlo hacia su esfera de uso. Las condiciones de una y otra época, principios y finales del siglo XVI, parecen muy disímiles, pero ambas encontraron la misma respuesta.

---

[39] Trata este aspecto el espléndido libro de Gomez-Géraud (352–61), cuyo error en la revisión del género en España a principios del siglo XVI debe ser achacado exclusivamente al desconocimiento crítico del Cruzado y no empaña en absoluto su trabajo.

Obras citadas

Baranda, Nieves, 2001. "Materia para el espíritu: Tierra Santa, gran reliquia de las peregrinaciones (siglo XVI)," *Via Spiritus*, 8: 7–29.

——, 2002. *"Los misterios de Jerusalem* de El Cruzado (un franciscano español por Oriente Medio a fines del siglo XV)," en *Maravillas, peregrinaciones y utopías: literatura de viajes en el mundo románico*, ed. Rafael Beltrán, Collecció Oberta, Literatura, 69 (València: Universitat de València), pp. 151–70.

——, 2003. "Las lecturas femeninas," en *Historia de la edición y la lectura en España 1472–1914*, dirs. Víctor Infantes, François Lopez, and Jean-François Botrel, Biblioteca del Libro (Madrid: Fundación Germán Sánchez Ruipérez), pp. 159–79.

Bataillon, Marcel, 1966. *Erasmo y España* (México: Fondo de Cultura Económica).

Brefeld, Josephie, 1994. *A Guidebook for the Jerusalem Pilgrimage in the Middle Ages: A Case for Computer-Aided Textual Criticism*, Middeleeuwse Studies en Bronnen, 40 (Hilversum: Verloren).

Carreira, José Nunes, 1999. "Jerusalém," en *Condicionantes culturais da literatura de viagens: estudos e bibliografias*, coord. Fernando Cristovão, Cosmos Literatura, 40 (Lisboa: Cosmos), pp. 53–81.

Castro, Manuel de, OFM, 1957. "Dos itinerarios de Tierra Santa de los siglos XIV y XV," *Hispania Sacra*, 10: 451–86.

——, 1977. "Fr. Antonio de Aranda, O.F.M., confesor de doña Juana de Austria," *Archivo Ibero-Americano*, 37: 101–38.

Cátedra, Pedro M., 1993. "La dimensión interior en la lectura de los libros de viajes medievales", en *Actas del primer congreso anglo-hispano*, II: *Literatura*, eds. Alan Deyermond y Ralph Penny (Madrid: Castalia), II, 45–55.

——, 1999. "Lectura femenina en el claustro (España, siglos XIV–XVI)," en *Des femmes et des livres: France et Espagne, XIV–XVII siècle* (Paris: École des Chartes), pp. 7–53.

Cristovão, Fernando, 1984. "Os itinerários da Terra Santa como literatura de Peregrinação e viagem," *Revista da Faculdade de Letras*, 5ª série, 1: 25–43.

Davies, J. G., 1989. "A Fourteenth Century Processional for Pilgrims in the Holy Land," *Hispania Sacra*, 41: 421–29.

Delaruelle, Étienne, 1975. *La piété populaire au Moyen Age* (Torino: Bottega d'Erasmo).

Deluz, Christiane, 1981. "Prier à Jerusalem (permanence et évolution d'après quelques récits de pèlerins occidentaux du Vᵉ au XVᵉ siècles)," en *La priére au Moyen-Âge (littérature et civilisation)*, Senefiance, 10 (Aix-en-Provence, Paris: CUERMA, Université de Provence), pp. 187–209.

Gallardo, Bartolomé José, 1863–1889. *Ensayo de una biblioteca española de libros raros y curiosos*, I–IV (Madrid: Imp. M. Rivadeneyra/ Imp. M. Tello).

García-Romeral Pérez, Carlos, 1998. *Bio-bibliografía de viajeros españoles (siglos XVI–XVII)* (Madrid: Ollero & Ramos).

Gómez-Géraud, Marie-Christine, 1999. *Le crépuscule du Grand Voyage: les récits des pèlerins à Jérusalem (1458–1612)* (Paris: Honoré Champion).

Graboïs, Aryeth, 1998. *Le pélerin occidental en Terre Sainte au Moyen Âge* (Paris, Bruxelles: De Boeck & Larcier).

Hernández, Isabel, 1999. "El viaje y el descubrimiento: hacia una lectura devocional de la *Tribagia* de Juan del Encina," en *Humanismo y literatura en tiempos de*

Juan del Encina, ed. Javier Guijarro Ceballos, Acta Salmanticensia, Estudios Filológicos, 271 (Salamanca: Universidad), pp. 367–78.

Herrero Massari, José Manuel, 1999. *Libros de viajes de los siglos XVI y XVII en España y Portugal: lecturas y lectores*, Publicaciones de la Fundación Universitaria Española, Colección Tesis cum Laude, Serie L, Literatura, 6 (Madrid: Fundación Universitaria Española).

Jerónimo, San, 1995. *Epistolario*, ed. y tr. Juan Bautista Valero, I–II (Madrid: BAC).

Jones, Joseph R. ed., 1998. *Viajeros españoles a Tierra Santa (siglos XVI y XVII)*, Viajes y Costumbres (Madrid: Miraguano, Polifemo).

Joukovsky, Françoise, 1986. "Un circuit touristique au XVIe siècle: les pèlerinages à Jérusalem," en *Les récits de voyage* (París: A.-G. Nizet), pp. 38–57.

Ladero Quesada, Miguel Ángel, 1969. *Los mudéjares de Castilla en tiempos de Isabel I* (Valladolid: Instituto Isabel la Católica de Historia Eclesiástica).

Lima, Durval Pires de, 1989. "Itinerários manuscritos da Terra Santa, séculos XVI e XVII," *Revista da Biblioteca Nacional*, série 2, 4: 79–112.

Manuel, Juan, 1982–1983. *Libro de los estados, Obras completas*, I, ed. José Manuel Blecua, Biblioteca Románica Hispánica, IV, Textos, 15 (Madrid: Gredos).

Martins, Mário, 1951. "Peregrinações e livros de milagres na nossa Idade Média," *Revista Portuguesa de História*, 5: 87–236.

Mérida, Diego de, Antonio Rodríguez-Moñino ed., 1945. "*Viaje a Oriente (1512)*," *Analecta Sacra Tarraconensia*, 18: 115–87.

Miner, Earl, ed., 1977. *Literary Uses of Typology from the Late Middle Ages to the Present* (Princeton: Princeton University Press).

Pérez Pastor, Cristóbal, 1914. "Inventarios de la infanta Dª Juana, hija de Carlos V.-1573," *Memorias de la Real Academia Española*, 11: 315–80.

Redondo, Augustin, 1988. "Devoción tradicional y devoción erasmista en la España de Carlos V: de la *Verdadera información de la Tierra Santa* de fray Antonio de Aranda al *Viaje de Turquía*," en *Homenaje a Eugenio Asensio*, eds. Luisa López Grigera and Augustin Redondo (Madrid: Gredos), pp. 391–416.

Rodríguez-Moñino, Antonio, 1949. *Fray Antonio de Lisboa, jerónimo de Guadalupe. "Viaje a Oriente" (1507)* (Badajoz: Imprenta de la Diputación Provincial).

Rojo Vega, Anastasio, 1998. "El libro religioso en las bibliotecas privadas vallisoletanas del siglo XVI," en *El libro antiguo español*, IV: *Coleccionismo y bibliotecas (siglos XV–XVIII)*, eds. M. L. López Vidriero, Pedro M. Cátedra, and M. I. Hernández González (Salamanca: Universidad, Patrimonio Nacional, Sociedad Española de Historia del Libro), pp. 559–75.

Simón Díaz, José, 1950– . *Bibliografía de la literatura hispánica* (Madrid: CSIC).

Villoslada, Ricardo G., 1956. "Rasgos característicos de la *devotio moderna*," *Manresa*, 28: 315–50.

Tipos y temas trovadorescos, XX: Fernan Velho

VICENÇ BELTRÁN

Fernan Velho no es ningún desconocido en los estudios trovadorescos, pues salió del anonimato de las publicaciones de conjunto gracias a la conocida edición de Lanciani (1977). Esta misma autora, a quien debemos nuestros conocimientos actuales sobre el trovador y su obra, se ocupó también (1974 y 1998) de una falsa atribución, en realidad una de tantas inserciones de textos tardíos en el arquetipo de los *cancioneiros*, y a menudo se le ha tomado como referencia para diversas modalidades de estudios trovadorescos.[1] Sin embargo, su posible identificación con un personaje histórico concreto no ha corrido suerte pareja, en gran medida por las dificultades intrínsecas que esta tarea entraña, en parte, también, por causas más concretas que analizaremos en su punto.

Ya doña Carolina Michaëlis (Vasconcelos 1904, II: 434–38), en su nunca bien ponderado *Cancioneiro da Ajuda*, intentó levantar el velo de oscuridad que envolvía al trovador, y lo identificó con un hermano del portugués Pero Velho de Pedregaes;[2] estableció también que, a juzgar por su participación en el ciclo de María Pérez Balteira, habría frecuentado la corte castellana de Alfonso X[3] y señaló la existencia de un Fernan Velho más tardío, vasallo de Fernando I de Portugal, que le hizo diversas donaciones en 1370 y en 1384.

Ante los argumentos aportados por Oliveira, que enseguida describiremos con detalle, no parece probable que debamos identificar al trovador con un linaje de este país; sin embargo, hemos de incidir en el Fernán Velho vasallo de Fernando I de Portugal cuya presencia nos había señalado ya Vasconcelos. Este debe ser el personaje a que se hace alusión como "fernam velho caualeiro de uosa casa" en la minuta de una carta del prior de Santa Cruz de Coimbra a un rey portugués no identificado, sin data, lo que vuelve imposible establecer mayores precisiones.[4] En la Baja Edad Media debieron alcanzar cierto relieve

---

Este trabajose integra en los proyectos BFF 2002-C02-02, BFF 2003-08655-C03-1, HUM 25-20738/FILO y 20055GR0119.

[1] Véase por ejemplo Martínez Ruiz 1980 y 1988, así como Indini y Panunzio 1989.

[2] Para este autor véase Calderón Calderón 1999.

[3] Véase también Michaëlis 1901. La bibliografía sobre el tema es amplia y no siempre concorde; véase el estado de la cuestión en la edición de Lanciani 1977: xi y en Alvar 1985, 1986: 24–31 y 1988.

[4] Biblioteca Pública Municipal do Porto, ms. 52 f. 45ra–b, procedente del monasterio de

como servidores de la Casa Real portuguesa; en el testamento de Beatriz de Castilla, de 1358, figura una Leonor Gomes Velha (Gomes 1995: 48), pero es en el siglo XV, y al servicio de la Casa de Braganza, donde encontramos de nuevo un Fernán o Fernando Vello, que acompañó en su exilio castellano a los hijos del duque don Fernando, ejecutado por el rey João II. En la contabilidad de Isabel la Católica figura una amplia relación de los miembros del séquito de don Jaime y don Dionís; el único que ahora me interesa es este Fernánd o Hernand Viejo, Vejo o Vello, que recibió por estos servicios 8.000 maravedís en 1485, 7.000 en 1486, 15.000 maravedís en 1488, 1489, 1490, 1491, 1492, 1494, 1495 y 1496, y otros 3.135 maravedís este mismo año (Torre y Torre 1955: 81, 127, 181, 232, 284, 365, 413; 1956: 45, 127, 204, 259, 310).

El estado de la cuestión fijado por Doña Carolina, en su aspecto biográfico, perduraría a través de la edición de Lanciani (1977: 23, 29), que, aún aceptándolos, a partir de la posición del trovador en los *cancioneiros* incidió en que "possiamo ritenere sufficientemente comprovata l'ipotesi che egli abbia operato nella stessa epoca e nello stesso ambiente di Joham Garcia de Guillade, di Vasco Perez Pardal, di Johan Vasquiz de Talaveyra e di Pay Gomez Charinho," concretando este abanico cronológico "nel periodo tra il 1255 e il 1284." Ésta seguirá siendo la actitud de la crítica hasta fecha muy reciente (Tavani 1986: 287–88, 1988: 286–87).

Como en tantos otros casos, fue Oliveira (1994: 346–47) quien aportó argumentos y datos a favor de una identificación distinta. Tras resumir sucintamente los planteamientos de Vasconcelos, objetó que siendo hermano de Pero Velho de Pedregaes debía ser considerado un trovador del último cuarto del siglo XIII y primero del XIV, en oposición a su colocación en los *cancioneiros* que se corresponde, siguiendo a Lanciani, con la de un autor "no tercero cuartel ou na segunda metade" del siglo XIII. A continuación su análisis del contexto del *Livro de linhagens* donde consta su nombre le indujo a suponer un error de copia o una interpolación, retrasando así al siglo XIV la figura del único Fernan Velho portugués documentado, que resultaba ser, por tanto, un personaje distinto del trovador.

Pero, lo que más nos interesa, este historiador portugués aportaba después dos datos documentales a mi parecer preciosos:

> Em 1269 o abade do mosteiro de S. Clodio, situado perto de Orense, tem uma questão com um Fernão Velho, em virtude de este querer impedir o mosteiro de exercer a jurisdição, a que se julgava com direito, sobre Levosende [. . .]. Nos fins do mesmo século, uma inquirição régia sobre os privilégios fiscais do mosteiro de Lorenzana no tempo de Fernando III e Alfonso X desvenda-nos um segundo Fernão Velho, de Vivero [. . .]. Sendo um dos

Santa Cruz de Coimbra, descrita en Nascimento y Meirinhos, coords. 1997: 248, aunque aquí se la describe como "Carta de emprazamento da quinta de Almeara a Fernam Velho." Agradezco al Excmo. Sr. Luís Cabral, director de la Biblioteca, el envío de una fotocopia del texto y a la profesora Gemma Avenoza la comunicación de este dato.

inquiridos, este Fernão Velho teria, em 1294, data do documento, uma idade avançada. (Oliveira 1994: 347)

Las precisiones que hoy podemos hacer a estas menciones documentales y la adición de algún otro dato nos permitirán afinar mucho más sus propuestas, las más fundadas que se han emitido hasta la fecha.

Oliveira sólo había tenido acceso al primer documento a través de una regesta publicada por Leirós Fernández (1951: 1020), donde apenas podía espigarse más que el nombre:

El abad Juan Arias exigió declaración notarial contra Fernán Vello y Juan G. porque querían quitar la jurisdicción que el monasterio tenía en Levosende

Más recientemente, Álvarez y Domínguez (1996: 124) publicaron íntegramente este documento; de él se desprende que "Fernán Uellio et [. . .] Iohan Garçia" forzaban a los vasallos del monasterio de San Clodio para que "see non chamassen por seus uassallos" y, refiriéndose ya concretamente a "Fernán Uelio [. . .] lles fazia casa en Leyro na sua herdade." Debe tratarse de un episodio más de la lucha que mantenían los señores laicos y eclesiásticos –y, a veces, el poder real, como pusieron de manifiestos los nobles sublevados en 1272– por atraer a su jurisdicción a los vasallos de las tierras vecinas. En el Monasterio de Oseira, en documento de 11 de febrero de 1280, se acusaba de tropelías semejantes a un Fernán Martínez de Montogo (o Montoio) Vello[5] que, sin embargo, debió hacer las paces con los monjes, pues figura como testigo de una concordia del mismo monasterio el 12 de octubre de 1289;[6] resulta imposible saber si era la misma persona.

Oliveira da más importancia a la segunda mención documental, la que permitiría identificarlo con un vecino de Viveiro (Lugo) involucrado en otro asunto enteramente semejante al anterior en el que, sin embargo, jugó el papel contrario. El 2 de septiembre de 1294, en Burgos, Sancho IV, ante el conflicto entre el monasterio lucense de Lorenzana y los recaudadores de los servicios o impuestos regios, fallaba a favor del monasterio (nada más lógico, dada la debilidad del poder real en aquel momento). En la exposición de los fundamentos jurídicos de esta sentencia, invocaba una pesquisa efectuada por dos agentes reales y las declaraciones de una serie de testigos entre los que cita a "fferrán uello de viuero."[7] He encontrado también noticas de un hijo suyo, "Fernan Fernandes de Mariz clerigo fillo de Fernan Vello," que el 17 de marzo del año 1317 fue testigo de una donación al obispo de Mondoñedo (Cal Pardo, n. 81); la familia debió tener descendencia en la zona, pues todavía el 19 de marzo de 1485, en la vecina Burela, un Ferrnand Vello fue testigo de la entrega

---

5   Romaní Martínez 1989, n. 1147. Las referencias a este personaje fueron ya recogidas por Diéguez Gonçález en su tesis de doctorado, inédita.

6   Romaní Martínez 1989, n. 1210, citado también por Diéguez Gonçález.

7   Véase la edición del documento en Gaibrois de Ballesteros, 1922–1928: III, n. 565, única edición que conozco y de donde tomó el dato Oliveira. Su hallazgo tiene mayor mérito en cuanto el nombre de Ferrán Uello/Vello no comparece en el índice onomástico.

de bienes del Cabildo a los canónigos que lo representaban (Cal Pardo, n. 203B). Oliveira prefería identificar al trovador con ese segundo Fernan Velho, a quien suponía de edad avanzada como algún otro de los testigos presentes en 1294, "pela possibilidade de poder ter desenvolvido uma actividade poética e musical em ligação com a corte galega do magnate de Trastâmara" (Oliveira 1994: 347).

Estas investigaciones arrojaban una luz inesperada sobre el panorama historiográfico de nuestro trovador, no siempre debidamente valorada;[8] sí supo enjuiciarla y continuarla debidamente Vieira (1999). En el entreacto, como sabemos, habían sido publicados los documentos del Monasterio de San Clodio de Ribeiro, de cuyos fondos procede otro documento del 2 de febrero de 1275 puesto de relieve por esta investigadora a partir de una simple regesta:

> Don Pedro Pérez, abad de San Clodio, por sí y su convento, se querella ante el juez del Rey Fernán Eanes, en presencia de Juan Arias, notario real en Orcellón, Castella, Búval y Bolo de Senda, y denuncia a Fernán Vello, mayordomo mayor del adelantado de Galicia, don Estevo, porque había enviado un mayordomo al coto de Esposende contra su voluntad y reclamado tributos que no le correspondían, ya que eran del monasterio y de la iglesia de este lugar, y había herido y maltratado a los vecinos del mismo, porque aseguraban que eran vasallos del monasterio.
>
> (Álvarez y Domínguez 1996: 154)

De esta edición sacó la misma investigadora otro documento medio siglo más tardío, según el cual

> em 25 de julho de 1358, fazem testamentos dois irmãos, Gonçalo Velho e seu irmão Fernam Velho. Ambos deixam bens àquele mosteiro e à igreja de Levosende. Já sabemos que há uma tendência a repetir os nomes dentro de uma mesma família e o nome desse provável descendente do Fernam Velho invectivado pelo abade de São Clódio [. . .] leva a supor que se trate de indivíduos da mesma família. (Vieira 1999: 128)

Para acabar con su argumentación, lo mismo que Oliveira, cree difícil que este Fernán Vello sea el mismo que el vecino de Viveiro, y que éste es quien más probablemente pudo estar en contacto con el Conde de Trastámara, protector de poetas según la *razó* que acompaña un poema de Pay Soarez de Taveiros (Vallín 1995: 16–40; Vieira 1999: 9–23).

En primer lugar añadiré otras referencias a posibles miembros de la misma familia, como una Sancha Vella, al parecer ya difunta en 1407 (Álvarez y Domínguez 1996: 438, R284). Y añadiré también datos que no creo ociosos en relación con el Fernán Vello del siglo XIV y su hermano Gonzalo Vello: ambos aparecen en la documentación del monasterio por haber otorgado sendos testamentos el 25 de julio de 1358; el segundo carecía entonces de descendencia

---

8 Por ejemplo, el equipo redactor del volumen Brea 1996 yuxtapone eclécticamente esta datación y la de Michaëlis sin analizar los pros ni los contras de cada una.

legítima, el primero lega una parte de sus bienes a su hija María Vello y, exceptuada ésta y otras mandas concretas, cada hermano instituye al otro su heredero universal, especificando que, de morir ambos sin descendientes legítimos, todo debe ser vendido y sus bienes ser dedicados a oficios religiosos en su beneficio, en el de sus padres, que reposan en San Clodio, y en el de su hermana María Vella, ya difunta. Pero interesa aún más la motivación inmediata de ambos testadores, que se disponen, según palabras de Fernán Vello, "para yr meu camiño a seruiço de Deus et de Iohan Peres de Nouoa et de meu Sennor el Rey".[9] Más tarde volveremos sobre la importancia que estos datos tienen, sobre todo si imaginamos que lo mismo habrían hecho los Fernán Velho del siglo XIII.

Personalmente me resultaba un tanto extraño que en la edición de los documentos de San Clodio, donde casi todos son publicados por extenso, los autores se hubieran limitado a un breve resumen o regesta del n. 154; atraído por la noticia, esencial a mi parecer, de que este Fernan Velho apareciera como mayordomo del Adelantado Mayor de Galicia, sin duda Esteban Fernández de Castro, el mes de noviembre de 1999, con la gentil compañía de Gema Vallín y de Elsa Gonçalves, tuve ocasión de consultar directamente el documento, gracias a la amabilidad sin par y la competencia del archivero de la Catedral de Orense, el P. Miguel Ángel González García.

La solución adoptada por ambos estudiosos se explica perfectamente a la vista del mal estado del original, en gran parte casi ilegible; por lo demás, se ha borrado completamente la parte central, donde debían constar los detalles de las exacciones a que Fernan Velho pretendía someter a los vasallos del monasterio, por lo que difícilmente podía interesar demasiado a sus historiadores. Para el objeto que a nosotros nos mueve citaré sólo estas frases, demasiado fragmentarias para mi gusto, donde se nos relata cómo el Abad

> protestou dizendo que fernan vello lle metera . . . mordomo no seu couto e na sua herdade [de] Louesende per força e contra . . . uoontade . . . non auja por su abade usado e acustumado . . . fernan vello seu mordomo mayor dominj Esteuo fernandez era adeantado de Galiçia . . .[10]

Creo que de ahí procede la interpretación, enteramente plausible, de haber sido el candidato a trovador mayordomo mayor del Adelantado. Con lo cual, no sólo tenemos dos posibles trovadores, sino dos postulantes al cargo de mecenas, Rodrigo Gómez de Trastámara, conde de Traba, y Esteban Fernández de Castro, Adelantado y luego Merino Mayor de Galicia.

Éste es un personaje bien conocido,[11] contra el que los trovadores,

9 Véase su testamento en Álvarez y Domínguez 1996: 348; el de su hermano se expresa en términos casi idénticos (347).

10 Orense, Archivo de la Catedral, Monástica, Pergaminos núm. 1185. El documento, cuyo original todavía hoy se conserva en una tira de pergamino exenta, estuvo un tiempo, quizá largo tiempo, doblado con el texto en la parte exterior, de ahí el intenso desgaste que afectó a gran parte del texto y borró por completo su sección central.

11 Para Esteban Fernández de Castro, Ibáñez de Segovia 1777: 280 y Ballesteros Beretta

semiescondido tras el seudónimo Fernán Díaz Escalho, dirigieron también sus sátiras con ocasión de su accidentado casamiento con Aldonza Rodríguez[12] y, en realidad, como consecuencia de su participación en la revuelta nobiliaria de 1272–1274. Había sido Adelantado mayor de Galicia desde 1265[13] hasta su deposición tras la revuelta, pues desaparece de la documentación regia desde el 28 de diciembre de 1272.[14] Después, desde 1276, sería Pertiguero de Santiago,[15] y Merino mayor de Galicia desde 1278.[16] Al final consiguió sus objetivos y él y su hijo, Fernán Ruiz de Castro, casado con una bastarda de Sancho IV, convirtieron esta rama de su linaje en el eje de la política gallega hasta su caída, con el fin de Pedro I.[17] Aquel documento se convierte ahora en la primera mención de la vuelta al cargo por Esteban Fernández después de la revuelta aristocrática, aunque confunda probablemente el cargo de adelantado con el de merino; lo cual no tiene nada de extraño, dado que sus funciones eran casi idénticas.

En primer lugar, he de incidir en que no es segura la interpretación del documento, ni siquiera la relación entre Fernán Vello y el Adelantado o Merino Esteban Fernández de Castro. En la parte posterior del documento se lee "Testimonjo contra vno que queria / quebrantar la jurisdicion en / Lebosende," concorde con cuanto aún hoy podemos leer; lo que no podemos precisar, tras la única lectura que nos ha sido posible hacer, es si actuaba en beneficio propio o

1984: 522–23, 610–11; y para el futuro de la casa de Castro, y en particular de Fernán Rodríguez de Castro, García Oro 1981: 10–11 y ss.

[12] Para el personaje y los datos biográficos que expongo a continuación véase Beltrán 2000, parte de un trabajo más extenso que espera su publicación en Papers of the Medieval Hispanic Seminar Research de Londres.

[13] El documento más antiguo en que le he encontrado con este cargo es de 22 de abril de 1266 (González Jiménez 1991: 312); también en la serie de documentos murcianos se le puede encontrar desde poco después, el 14 de mayo (Torres Fontes 1963: xi; otro privilegio, de 15 de julio de 1266, puede verse en Torres Fontes 1973). Es García Oro 1981: 405 quien lo cita ya al frente del Adelantamiento el 17 de noviembre del año anterior.

[14] Torres Fontes 1973: cxxviii, citado ya por González Jiménez 1997–1998: 20 y nota. En Romaní Martínez 1989: 999 aparece en la datación de un documento de 25 de enero de 1272. Resulta más fragmentaria en este sentido la información de Pérez-Bustamante 1976: I, 250–51.

[15] González Jiménez 1991: 429. García Oro 1981: 402 no lo documenta hasta 1285. El Pertiguero realizaba las funciones políticas, judiciales y militares del arzobispo en la jurisdicción de su rico señorío, la Tierra de Santiago; véase López Ferreiro, 1895–1975: 188–95 y 400–6, así como Pérez-Bustamante 1976: 277–88; ya en esta época era considerado uno de los cargos más importantes del reino de Galicia.

[16] La mención más antigua que encuentro está en la datación de un documento privado de Orense, 21 de febrero de 1278, Romaní Martínez 1989: 1122. En González Jiménez 1991 aparece ya en el documento n. 447, de 28 de junio. García Oro 1981: 405 dice que lo era en 1274, y no observa la interrupción del período que estudiamos. Notaré al paso que en la datación de un documento de Romaní Martínez 1989: 1133, de 2 de marzo de 1279, aparece con el título de "endeantado mayor, don Estevan Fernandez."

[17] García Oro 1981: 10–17, así como su 1977: cap. III. El matrimonio de Fernán con Violante Sánchez de Ucero fue conocido desde los genealogistas como Salazar y Castro 1696–1697: I, 185 y los historiadores antiguos, como Ortiz de Zúñiga 1795–1796: I, 401; véase la breve noticia de Gaibrois de Ballesteros 1922–1928: I, 30–31 nota.

como representante de Esteban Fernández de Castro, o sea, de la autoridad regia. En el primer caso se trataría de la exacción de derechos eclesiásticos por los poderes laicos, en el segundo, de uno de los frecuentes conflictos entre la jurisdicción laica y la eclesiástica; a lo largo de la Edad Media (y más aún entre los historiadores de nuestros días), los primeros fueron sentidos como abusos de poder señorial, los segundos, como conflictos entre dos poderes políticos.[18] En ambos la solución dependía de la capacidad de coacción de cada uno de ellos. Pero el mal estado del documento nos impide saber si el presunto trovador actuaba por su cuenta, por cuenta de los intereses señoriales de Esteban Fernández de Castro o en cumplimiento de sus obligaciones como funcionario regio, aunque el paralelismo con el documento anterior me hace pensar en el primer caso.

Los documentos más tardíos, sobre los que llamó la atención Vieira (1999), ponen en relación a los Vello de San Clodio con Juan Fernández de Novoa, otro linaje conocido de la nobleza gallega media. Su genealogía ocupó al conde de Barcelos:[19] a lo largo de la plena Edad Media habían emparentado con los Traba, los Girón, los Téllez de Alburquerque, los Limia y los Sotomayor. Ya Juan Pérez de Novoa el Viejo y María Núñez Girón, junto a su primogénito Gonzalo Eanes, habían hecho una donación al monasterio de Oseira en 1243 (Romaní Martínez 1989: n. 521); el padre pudo ser tenente de Novoa, en nombre de don Martín Sánchez, en marzo de 1227, y el segundo ostentaba el mismo cargo en 1258 (García Oro 1981: 400); su segundogénito Pedro Eanes, obispo de Orense entre 1277 y 1308, causó graves problemas en la ciudad por su radical oposición a los mendicantes[20] y es posible que Pedro Eanes de Novoa, padre del personaje que nos ocupa, emparentara con la casa de Sanabria, de gran poder en tiempos de Pedro el Cruel.[21] No obstante, Juan Pérez de Novoa, cuyos vasallos parecen ser los hermanos Vello, alcanzó valimiento en tiempos de Juan I, que lo llama vasallo suyo en un documento de 1380; un poco antes, el 11 de enero de 1371, Juan Fernández de Sotomayor otorgaba testamento y afirmaba hacerlo "por quanto eu quero yr a Toledo por minna muller et non

[18] Me parecen especialmente claras estas palabras de Nieto Soria (1981: 66) referidas a episodios semejantes que afectaron a la Catedral de Burgos: "Los agentes de las usurpaciones [. . .] son precisamente oficiales del rey, salvo alguna que otra excepción [. . .]. Las intervenciones del rey están dirigidas a detener estos actos de usurpación que eran protagonizados por sus propios representantes. Sin embargo, hay que tener presente que estas intervenciones regias no tienen lugar hasta el momento en que se producen las reclamaciones del obispo o del cabildo de Burgos. Esto hace que se pueda sospechar de la complicidad del monarca con sus propios oficiales." Véase para este mismo aspecto García Oro 1971: 22–23.
[19] Véase la edición de Mattoso 1980: 13C y 57L4. Debe tratarse del actual San Esteban de Novoa, en el municipio de Carballeda de Avia, partido judicial de Ribadavia, en la provincia de Orense.
[20] Véase Gaibrois de Ballesteros 1922–1928: II, 111–13, Graña Cid 1990: 701–702 y Linehan 2000: 159–63.
[21] García Oro 1981: 417 data el 5 de junio de 1375 el testamento de "Juan Pérez de Noboa, hijo de Pedro Yáñez de Noboa y de Doña María de Seavia" [sic]; el conde don Pedro (57O) da como su esposa a Elvira de Seavra.

posso yr sen grande meu peligro de minna morte ou de minna desonrra et non posso yr senon en poder de Johan Perez de Novoa meu primo" (Romaní Martínez et al. 1990–1993, n. 1873 y 1803 resp.). Como vemos no debía ser poca la habilidad de estos Vello para acercarse en cada momento al sol que más calentaba; y éste fue sin duda el caso de Juan Pérez, a quien en 1294 encontramos casado con Leonor, hija de Pedro de Trastámara, condestable de Castilla, conde de Lemos y tío del Rey.[22]

Trabajos recientes, en particular los de Alvar (1977: 143–164), Vallín (1996: 16–39), Resende de Oliveira (1993, 1997 y 1998) y Vieira (1999) han ido iluminando la actividad literaria de algunas cortes señoriales, como la de los Azagra, los Traba, los Sousa, los señores de los Cameros, de Lara, o de Vizcaya, especialmente activas, al parecer, en la etapa de nacimiento de la escuela galaico-portuguesa; con todo, no cabe la menor duda de que la mayor parte de la producción conocida se polarizó en torno a unas pocas cortes reales: las de Fernando III, Alfonso X y Sancho IV de Castilla (Beltrán 1996) y las de Alfonso III (Ventura 1992) y don Denis de Portugal,[23] a las que, en última instancia, estos magnates estaban ligados. Por esto tiene tanta importancia la posible relación de los Fernán Velho que estamos estudiando con ambos magnates gallegos, pues al fin y al cabo éstos habrían sido los mediadores que le habrían facilitado el acceso a la corte regia, cuya proximidad queda de manifiesto por su intervención en el ciclo de María Pérez Balteira.[24]

Creo llegado el momento de aportar algunas referencias documentales a fin de completar y, quizá, reinterpretar estos datos. Sabido es que la documentación de la cancillería regia castellana anterior a los últimos años del s. XV se perdió en su conjunto, quizá como resultado del incendio declarado en el castillo de Simancas en el período en que se estaba instalando allí el archivo oficial de la monarquía; sin embargo, los desvelos de los historiadores han recuperado algún que otro cuaderno de cuentas regias, siempre incompletos y parciales, entre los que se cuentan varios fragmentos relativos al reinado de Sancho IV. En uno de ellos, el llamado "Libro de 1290" por contener partidas contables de este año, hoy conservado en el archivo de la Catedral de Toledo, encontramos unas partidas con "lo que se a de cunplir en Cordoua;" entre las "Soldadas de los caballeros" figura el siguiente apunte: "A Gomez Lorenço, hermano de Ferrnant Vello mill.dc mr," o sea, 1.600 maravedís.[25]

[22] Pardo de Guevara y Valdés 2000: II, n. 29; véase también el n. 24. El genealogista Vasco de Aponte (1986, 128, 183, 253, 397, 417) dio numerosos datos sobre la relación de los Novoa con los grandes de Galicia que aquí no incluimos por más tardíos.

[23] Para las cortes que carecen de un estudio específico pueden verse los artículos que redacté para Lanciani and Tavani 1993.

[24] En otro lugar (Beltran 1999) estudié un caso más tardío, pero de las mismas características: Juan del Encina, al servicio de los Duques de Alba cuando publicó su *Cancionero* en 1496, pero donde explaya casi a cada página sus vehementes deseos de entrar al de los Reyes o del Príncipe Juan. A cualquier poderoso podía resultarle en todo caso útil que el Rey gustara de la producción poética de un servidor suyo.

[25] Inédito hasta hoy, ha sido publicado por Hernández 1993, y aparece en II, 407. Para el estudio del manuscrito, véase I, ccxvii–ccxxii.

De entrada, parece que éste puede ser un excelente candidato para su identificación con el trovador. Ciertamente, si alrededor de 1250 había intervenido, como parece, en el ciclo de María Pérez, aún suponiendo que hubiera participado en la conquista andaluza a tierna edad (lo cual no tiene nada de extraño) debería ser ya longevo en 1290; pero nuestro conocimiento de la corte poética de Sancho IV revela que éste es caso común a varios trovadores alfonsíes, como Gil Pérez Conde, Gómez García, Men Rodríguez de Briteiros y Men Rodríguez Tenoiro (Beltrán 1996). En cualquier caso, este apunte deja muy claro que, para el escribano al que debemos estas anotaciones, o para el que elaboró el primer padrón de servidores del alcázar de Córdoba, Gómez era conocido en cuanto hermano de Fernán, y por tanto debía ser éste el personaje más habitual y familiar. El dato es aún más significativo si pensamos que un Gómez Lorenzo, seguramente el mismo, sí está documentado al servicio de Sancho IV, en nómina del 12 de marzo de 1294, en que percibió dos mil maravedís "por su soldada" (Gaibrois de Ballesteros 1922–1928, I: liv y López Dapena 1984: 456).

Pero el linaje de los Vello aún tuvo más ramas en Galicia, o existieron más linajes de caballeros de este apellido. A los de Lorenzana y los de San Clodio hemos de sumar los Vello de Monfero; efectivamente, el 19 de marzo de 1315, Pedro González hizo donación a su hermano Fernán Vello de unas tierras sitas en Santa María de Labrada y le empeñó otras, y éste, un año después, el 14 de marzo, el 22 de abril y el 15 de julio de 1316 fue empeñando sus propiedades en Maragaes, de la misma feligresía de Labrada, al abad de Monfero, al que por fin las vendió el 18 de octubre.[26] Los nombres de sus progenitores están siempre abreviados excepto en el documento fechado el 15 de julio de 1316, donde leemos claramente "moor genta y gonçaluo paez de maragae," y en el del 18 de octubre de 1323 que citamos a continuación. La familia debió ser muy compleja, pues en documento de 14 de marzo de 1316 leemos que Fernán Vello empeña unas propiedades que le habían llegado de "meu yrmao gomez gonzalez [. . .] meu yrmao pero gonzalez." El más completo es el documento de 18 de octubre de 1323, por el que "fernan uello de maragaes fillo de gonçaluo paez e moor genta que foron" vende al abad de Monfero todos sus bienes, especificados como los "que mjnna madre moor genta deu a gomez gonzalez o grande," los "que me deu en doaçion meu yrmao pero gonzalez a qual comprou a seu yrmao gomez gonzalez o pequeno," los "de meu yrmao pero gonzalez en estos herdamentos susoditos saluo que [. . .] non uendo y a casa pequena sen herdade en que eu moro."

No coincidiendo los nombres de los hermanos, resulta imposible decidir si todos estos Vello pudieron estar emparentados, aunque nótese que encontramos

26 Fortes Alén y Comesaña Martínez 1996: 379–81; en general, todos los nombres están abreviados en los documentos, con muy pocas excepciones, de ahí que me baso en mis propias transcripciones, donde he tenido en cuenta todas las variantes gráficas con que constan en cada lugar, y no en las que figuran en dicha regesta. Agradezco al director del Museo de Pontevedra las fotografías que me facilitó, todas de calidad excelente. Para una visión de conjunto en la historia de este monasterio, López Sangil 1998a y 1998b.

diversos Gómez, uno a fines del s. XIII y otros entrado el XIV; aunque son nombres muy comunes, no podemos descartar la continuidad onomástica de la misma familia con el paso del tiempo. Por otra parte, no debe extrañarnos demasiado que una sola familia posea tierras y derechos en lugares tan distantes como las provincias de Lugo, Coruña y Orense; el servicio de los grandes señores o de la corte regia daba acceso por una parte a mercedes, que podían estar muy distantes; por otra, a una política matrimonial al servicio de los grandes señores, a los que podía interesar enlazar entre sí a vasallos procedentes de lugares distintos. Es más: la venta de las propiedades más excéntricas al núcleo central era una estrategia frecuente para paliar los inconvenientes de un patrimonio demasiado disperso, si bien no parece que este principio pueda aplicarse al Fernán Vello que vendió todas sus propiedades en Maragaes, salvo la casa pequeña y sin heredad en la que vivía. Tampoco resultaría nada raro que una familia, hipotéticamente vinculada primero a los condes de Traba, hubiera pasado después al servicio de los Castro, cuando, muerto sin sucesión Rodrigo Gómez de Traba, su patrimonio se dispersó; habría sustituido a los primeros "princeps Galleciae" por los segundos. Sin embargo, el hecho de residir en Maragaes uno de los Velho documentados y la fragmentación documental en lugares tan distantes invita a la prudencia.

Todavía puedo presentar otro Fernán Vello, que vivía en Caldas de Reis (Pontevedra) en fecha tan tardía como 1433 (Rodríguez González y Armas Castro 1992, n. 67); pero no creo que nos aporte ningún dato de interés para la investigación sobre el trovador. Otra familia Velho está documentada en Rubios, a través del Monasterio de San Payo de Antealtares (Buján Rodríguez 1996, n. 29 [en Diéguez González 2000: 443]). Lo mismo puede decirse de los Vellos o Bellos documentados más tarde, con base al parecer en Monterrey y Orense (Crespo del Pozo II: 186).

A la luz de estos datos, y a la espera de más aportaciones documentales,[27] creo prudente distinguir varios linajes Velho en Galicia y Portugal, cuyas eventuales relaciones mutuas se nos escapan por completo. Tendríamos en primer lugar al Fernán Vello datado a través del monasterio de San Clodio en 1269 y en 1275, documentalmente puesto en relación con Esteban Fernández de Castro, magnate gallego y Adelantado o Merino de Galicia, el cual estaba en contacto directo con la corte regia. Todo ello en unas fechas relativamente próximas a las del ciclo de la Balteira. Más tarde, esta familia sigue siendo poderosa y políticamente activa, siempre vinculada a la nobleza local media y alta, durante toda la Baja Edad Media.

Más excéntrico queda el Fernán Vello que datamos en Viveiro en 1294 a través del monasterio de Lorenzana, y no sólo por lo avanzado de la fecha, que resulta enteramente compatible. Su relación con la casa de Traba es

---

[27] Que, sin duda, no tardarán en presentarse. Debo a la gentileza del prof. Júlio Diéguez Gonçález la comunicación del Apéndice de su tesis de doctorado, aún inédita, donde localiza una docena de referencias a diversos Velhos, todos del siglo XIII; son pistas que deberán ser seguidas cuando podamos disponer libremente de dichos materiales.

enteramente hipotética, fundamentada sólo en que ambas familias estuvieron relacionadas con este monasterio; por otra parte, el último miembro de la casa de Traba, Rodrigo Gómez, había muerto ya en fecha tan adelantada como 1261 (Vieira 1999: 59). La hipotética vinculación de este Fernan Velho con la corte depende exclusivamente de su intervención en una comisión local para un peritaje sobre los derechos del monasterio y de los poderes laicos, y su nombramiento pudo ser sugerido por los magnates locales involucrados en el caso. Es probable que nos hallemos ante una familia distinta de la anterior.

Los demás miembros conocidos de un linaje con este apellido, seguramente descendientes de familias distintas, quedan cronológicamente muy alejados, lo mismo los Fernán Velho portugueses que el Fernán Vello de Monfero; ninguno de ellos, sino, en todo caso, algún antepasado hipotético, habría estado en condiciones de alternar con María Pérez Balteira en la corte de Alfonso X.

Un caso especial es el del Fernán Vello hermano del Gómez Lorenço que forma parte de la guarnición de Córdoba en 1290. No he podido documentarles, ni a ellos dos ni a ningún otro Vello, entre la nobleza local,[28] por lo que su permanencia en esta ciudad pudo ser accidental y consecuencia de las graves alteraciones que acompañaron este reinado. Por su cronología pudo estar relacionado con el Fernán Vello de San Clodio o con el de Lorenzana, pero dado que sólo la primera familia aparece documentalmente relacionada con la Corte regia, tanto en el siglo XIII como en el siguiente, y dado que es Fernán Vello quien resulta familiar al copista o letrado que levantó la nómina, no su hermano y beneficiario, creo que ésta sería la identificación más apropiada.

Como en cualquier investigación de este tipo, dependemos enteramente de la documentación conocida en cada caso, aunque, dada la dedicación de los historiadores y paleógrafos de las últimas décadas al inventario y publicación de archivos, no resultaría nada de extrañar (y sería enteramente deseable) que los datos aquí aportados quedaran rápidamente sobrepasados. Mientras tanto, a la luz de los elementos hoy disponibles, la opción más económica es identificar al trovador Fernán Velho con el Fernán Velho hermano del caballero cordobés, el único documentado en el período al que hemos fijado su producción literaria, y quizá podemos identificarles también con los Velho de San Clodio, los únicos de este nombre en el mismo período y los únicos que podemos relacionar con la Corte castellana.

---

[28] No consta nadie de estas características ni en el rico estudio de Argote de Molina 1588 ni en Salazar y Castro 1696–1697, donde aparecen numerosos linajes de la nobleza mediana a tenor de sus enlaces con los grandes, ni en González Jiménez 1991 ni en Nieto Cumplido 1979, que, mientras no aparezca el perdido *Libro del repartimiento de Córdoba*, constituye la mejor fuente de información sobre sus primeros pobladores mediante la publicación del *Libro de los diezmos de los donadíos de la Catedral de Córdoba*, donde ha reunido además abundante información complementaria sobre los personajes y posesiones allí citadas; tampoco lo encuentro en los documentos publicados por Nieto Cumplido 1980 (que, con todo, sólo llega hasta 1277). Sólo muy tarde, ya a comienzos del siglo XVII, y en Sevilla, encuentro un canónigo llamado Fernando Vello de Viedma (Rubio Merino 1987: 226).

Obras citadas

Aponte, Vasco de, 1986. *Recuento de las casas antiguas del Reino de Galicia: introducción y edición crítica con notas*, eds. M. C. Díaz y Díaz, J. García Oro, D. Vilariños Pintos, M. V. Pardo Gómez, A. García Piñero y M. P. del Oro Trigo (Santiago de Compostela: Xunta de Galicia, Consellería da Presidencia, Servicio Central de Publicacións).

Alvar, Carlos, 1986. "Las poesías de Pero Garcia d'Ambroa," *Studi Mediolatini e Volgari*, 32: 5–112.

——, 1985. "María Pérez, Balteira," *Archivo de Filología Aragonesa*, 36–37: 11–40.

——, 1977. *La poesía trovadoresca en España y Portugal*, Planeta/Universidad, 11 (Madrid: Cupsa).

——, 1988. "La cruzada de Jaén y la poesía gallego-portuguesa," en *Actas del I Congreso de la Asociación Hispánica de Literatura Medieval*, ed. Vicente Beltrán (Barcelona: PPU), 139–44.

Álvarez, Manuel Lucas y Pedro Lucas Domínguez, 1996. *El Monasterio de San Clodio do Ribeiro en la Edad Media: estudio y documentos*, Publicacións do Seminario de Estudos Galegos, Galicia medieval, Fontes, 1 (Sada, A Coruña: Edicions do Castro).

Argote de Molina, Gonçalo, 1975 [1588]. *Nobleza del Andaluzia* (Hildesheim-New York: Georg Olms Verlag [Sevilla]).

Ballesteros Beretta, Antonio, 1984. *Alfonso X el Sabio*, índices de Miguel Rodríguez Llopis, Biblioteca de Historia Hispánica, Monografías, 2 (Barcelona: El Albir).

Beltrán, Vicenç, 1996. "La corte poética de Sancho IV," en *La literatura en la época de Sancho IV*, eds. Carlos Alvar y José Manuel Lucía Megías (Alcalá de Henares: Universidad), 121–40.

——, 1999. "Tipología y génesis de los cancioneros: el *Cancionero* de Juan del Encina y los cancioneros de autor," en *Humanismo y literatura en tiempos de Juan del Encina*, ed. Javier Guijarro Ceballos, Acta Salmanticensia, Estudios Filológicos, 271 (Salamanca: Ediciones Universidad de Salamanca), 27–54.

——, 2000. "Esteban Fernández de Castro y Fernan Diaz Escalho," *Madrigal*, 3: 13–19.

Brea, Mercedes et al., eds. 1996. *Lírica profana galego-portuguesa: Corpus completo das cantigas medievais, con estudio biográfico, análise retórica e bibliografía específica* (Santiago de Compostela: Centro Ramón Piñeiro).

Buján Rodríguez, María Mercedes, 1996. *Catálogo archivístico del monasterio de San Payo de Ante-altares* (Santiago de Compostela: Consorcio de Santiago de Compostela).

Cal Pardo, Enrique, 1999. *Colección diplomática medieval do Arquivo da Catedral de Mondoñedo: transcripción íntegra dos documentos* (Santiago de Compostela: Consello de Cultura Galega).

Calderón Calderón, Manuel, 1999. "Las *cantigas d'escarnho* de Johan Velho de Pedrogaez," en *Edición y anotación de textos: Actas del I Congreso de Jóvenes Filólogos (A Coruña, 25–28 de septiembre de 1996)*, eds. Carmen Parrilla, Begoña Campos, Mar Campos, Antonio Chas, Mercedes Pampín y Nieves Pena (A Coruña: Universidade da Coruña), I, 123–144.

Crespo del Pozo, José Santiago, 1962. *Blasones y linajes de Galicia*, vol. II, p. 186, que cito por la edición en la *Historia de Galicia*, Monasterio de Poyo (Pontevedra), Publicaciones del Monasterio de Poyo, 1962, tomo XX.

Diéguez González, Júlio, 2000. "Achegas para o estudo da onomástica pessoal da Galiza na Baixa Idade Média," en *Estudos dedicados a Ricardo Carvalho Calero*, ed. J. L. Rodríguez (Santiago de Compostela: Parlamento de Galicia – Universidade de Santiago de Compostela), I, 423–62.

Fortes Alén, M. Jesús y Comesaña Martínez, M. Ángela, 1996. "Apéndice ó catálogo de documentación medieval [do Museo de Pontevedra]," *El Museo de Pontevedra*, 59: 359–82.

Gaibrois de Ballesteros, Mercedes, 1922–1928. *Historia del reinado de Sancho IV de Castilla*, 3 vols. (Madrid: Tip. de la Revista de Archivos, Bibliotecas y Museos).

García Oro, José, 1977. *Galicia en la Baja Edad Media: iglesia, señorío y nobleza*, Biblioteca de Galicia, 17 (Santiago de Compostela: Colección Bibliófilos Gallegos).

——, 1981. *La nobleza gallega en la Baja Edad Media: las casas nobles y sus relaciones estamentales*, Biblioteca Galicia, 20 (Santiago de Compostela: Colección Bibliófilos Gallegos).

Gomes, Rita Costa, 1995. *A Corte dos Reis de Portugal no Final da Idade Média*, Memoria e Sociedade (Lisboa: Difel).

González Jiménez, Manuel, ed., 1991. *Diplomatario andaluz de Alfonso X* (Sevilla: El Monte, Caja de Huelva y Sevilla).

——, 1997–1998. "Alfonso X y la revuelta nobiliaria de 1271–1273: notas y comentarios a propósito de unos documentos navarros", *Fundación* (Argentina), 1: 9–20.

Graña Cid, M. del M., 1990. "La Iglesia orensana durante la crisis de la segunda mitad del siglo XIII," *Hispania Sacra*, 52: 689–720.

Hernández, Francisco J., 1993. *Las rentas del Rey: sociedad y fisco en el reino castellano del siglo XIII*, Monumenta Ecclesiae Toletanae Historica, Series IV, Registra, 2 vols. (Madrid: Fundación Ramón Areces).

Ibáñez de Segovia, Gaspar, 1777. *Memorias historicas del Rei don Alfonso el Sabio i observaciones a su crónica* (Madrid: Ibarra).

Indini, Maria Luisa, and Saverio Panunzio (1989). "Approccio al sistema retorico della lirica galego-portoghese: modeli, funzioni, contesti," en *Actes du XVIIIe Congrès International de Linguistique et de Philologie Romanes, Université de Trèves (Trier), 1986*, ed. Dieter Kremer (Tübingen: Max Niemeyer Verlag), VII, 551–65.

Lanciani, Giulia, 1974. "A proposito di un testo attribuito a Fernan Velho," *Annali di Ca'Foscari*, 13: 299–311.

——, ed., 1977. *Il canzoniere di Fernan Velho*, Romanica Vulgaria, 1 (L'Aquila: Japadre).

——, 1998. *"Nojo tom'e quer prazer* é de Fernão Velho?," en *Ondas do Mar de Vigo: Actas do Simposio Internacional sobre a Lírica Medieval Galego-Portuguesa*, eds. D. W. Flitter y P. Obber de Baubeta (Birmingham: Seminario de Estudios Galegos, Department of Hispanic Studies, The University of Birmingham), 132–38.

——, y Guiseppe Tavani, eds., 1993. *Dicionário da Literatura Medieval Galega e Portuguesa* (Lisboa: Caminho).

Leirós Fernández, Eladio,1951. *Catálogo de pergaminos monacales del archivo de la S. I. Catedral de Orense*, Bibliotecas y Archivos Eclesiásticos (Santiago de Compostela: Editorial de El Eco Franciscano).

Linehan, Peter, 2000. *Las dueñas de Zamora: secretos, estupro y poderes en la iglesia española del siglo XIII*, tr. José Manuel Álvarez Florez, Historia, Ciencia, Sociedad, 291 (Barcelona: Península).

López Dapena, Asunción, 1984. *Cuentas y gastos (1292–1294) del rey D. Sancho IV el Bravo (1284–1285)*, Colección Estudios y Documentos, 5 (Córdoba: Monte de Piedad y Caja de Ahorros de Córdoba).

López Ferreiro, Antonio, 1975 [1895]. *Fueros municipales de Santiago y de su tierra*, (Madrid: Ediciones Castilla).

López Sangil, José Luis, 1998a. "Historia del monasterio de Santa María de Monfero," *Estudios Mindonienses*, 14: 3–162.

——, 1998b. *Historia del monasterio de Santa María de Monfero* (A Coruña: Editorial Diputación Provincial).

Martínez Ruiz, Juan, 1980. "En torno al amor cortés en una cantiga de Fernan Velho," en *Homenaje a Luis de Camões: estudios y ensayos hispano-portugueses* (Granada: Universidad de Granada), 259–78.

——, 1988. "Influencia provenzal en el cancionero de Fernan Velho: provenzalismos léxicos y conceptuales," en *Homenaje a Alonso Zamora Vicente* (Madrid: Castalia), I, 151–72.

Mattoso, José, 1980. *Livro de Linhagens do Conde D. Pedro: Edição Crítica*, Portvgaliae Monvmenta Historica, Nova série, I. 1–2 (Lisboa: Acádemia das Ciências).

Michaëlis de Vasconcelos, Carolina, 1901. "Randglossen zum altportugiesischen Liederbuch, VII. Eine Jerusalempilgerin und andre Kreuzfahrer," *Zeitschrift für romanische Philologie*, 25: 533–60 y 669–85.

——, ed., 1904. *Cancioneiro da Ajuda*, 2 vols. (Halle: M. Niemeyer).

Nascimento, Augusto Aires y José Francisco Meirinhos, 1997. *Catálogo dos Códices da Livraria de Mão do Mosteiro de Santa Cruz de Coimbra na Biblioteca Pública Municipal do Porto* (Porto: Biblioteca Pública Municipal).

Nieto Cumplido, Manuel, 1979. "El libro de los diezmos de donadíos de la catedral de Córdoba: estudio crítico," *Cuadernos de Estudios Medievales*, 4–5: 125–62.

——, 1980. *Corpus mediaevale cordubense*, II: *1256–1277*, Colección Estudios y Documentos, 1 (Córdoba: Publicaciones del Monte de Piedad y Caja de Ahorros de Córdoba).

Nieto Soria, José Manuel, 1981. "Alfonso X y Sancho IV en sus relaciones económicas con la iglesia de Burgos: aportación documental," *Estudios Mirandeses*, 1: 61–83

Oliveira, António Resende de, 1993. "O camino de Galiza: sobre as primeiras composições em galego-português," en *O cantar dos trobadores*, Colección de difusión cultural, 2 (Santiago de Compostela: Xunta de Galicia) 249–61.

——, 1994. *Depois do Espectáculo Trovadoresco: a Estrutura dos Cancioneiros Peninsulares e as Recolhas dos Séculos XIII e XIV*, Colecção Autores Portugueses, Série Ensaio, 2 (Lisboa: Colibri).

——, 1997. "Arqueologia do mecenato trovadoresco em Portugal," en *Actas do 21 Congresso Histórico de Guimarães: Sociedade, Administração, Cultura e Igreja em Portugal no século XII* (Guimarães: Câmara Municipal-Universidade do Minho), IV, 319–27.

——, 1998. "Le surgissement de la culture troubadouresque dans l'occident de la

Péninsule Ibérique, I: Compositeurs et cours," en *Le Rayonnement des Trouba-*
dours: Actes du colloque de l'Association Internationale d'Études Occitanes.
Amsterdam, 16–18 Octobre 1995, Internationale Forschungen zur Allgemeinen
und Vergleichenden Literaturwissenschaft, 27 (Amsterdam: Rodopi), 85–96.

Ortiz de Zúñiga, Diego, 1988 [1795–1796]. *Anales eclesiásticos y seculares de la*
muy noble y muy leal ciudad de Sevilla, ilustrados y corregidos por D. Antonio
María Espinosa y Cárzel, 5 vols (Sevilla: Guadalquivir Ediciones [Madrid:
Imprenta Real]).

Pardo de Guevara y Eduardo, Valdés, 2000. *Los señores de Galicia: tenentes y*
Conde de Lemos en la Edad Media, 2 vols. (A Coruña: Fundación Pedro Barrié
de la Maza).

Pérez-Bustamante, Rogelio, 1976. *El gobierno y la administración territorial de*
Castilla (1230–1474) (Madrid: Universidad Autónoma)

Rodríguez González, Ángel y José Armas Castro, 1992. *Minutario notarial de*
Pontevedra (1433–1435), Fontes Documentáis para a História de Galicia
(Santiago de Compostela: Consello de Cultura Galega)

Romaní Martínez, Miguel, 1989. *Colección diplomática do mosteiro cisterciense de*
Santa María de Meira (Ourense) 1025–1310, 2 vols. (Santiago de Compostela:
Tórculo Edicións).

——, Maria José Portela, Maria del Pilar Rodríguez Suárez y Mercedes Vázquez
Bertomeu, ed., 1990–1993. *Colección diplomática do mosteiro Cisterciense de*
Sta. María de Oseira (Ourense), 3 vols. (Santiago de Compostela: Tórculo
Edicións).

Salazar y Castro, Luis de, 1988 [1696–1697]. *Historia genealógica de la casa de*
Lara, 4 tomos (Acedo, Navarra: Wilsen Editorial [Madrid: Imprenta Real]).

Tavani, Giuseppe, 1986. *A poesía lírica galego-portuguesa*, Ensaio e Investigación,
6 (Vigo: Galaxia).

——, 1988. *A Poesia Lírica Galego-porguguesa*, Colecção Estudos de Cultura
Portuguesa, 1 (Lisboa: Comunicação).

Torre, Antonio de la, y E. A. de la Torre, 1955–1956. *Cuentas de Gonzalo de*
Baeza, tesorero de Isabel la Católica, Biblioteca "Reyes Católicos," Documentos
y Textos, 5, 2 vols. (Madrid: CSIC).

Torres Fontes, Juan, ed., 1963. *Documentos de Alfonso X el Sabio*, Colección de
Documentos para la Historia del Reino de Murcia, 1 (Murcia: Academia Alfonso
X el Sabio).

——, 1973. *Fueros y privilegios de Alfonso X al Reino de Murcia*, Colección de
Documentos para la Historia del Reino de Murcia, 3 (Murcia: Academia Alfonso
X el Sabio).

Vallín, Gema, 1996. *Las cantigas de Pay Soarez de Taveirós: estudio histórico y*
edición, Poetria Nova, 1 (Alcalá de Henares: Universidad de Alcalá).

Ventura, Leontina, 1992. *A Nobreza de Corte de Afonso III*, Universidade de
Coimbra, tesis de doutoramento.

Vieira, Yara Frateschi, 1999. *'En cas dona Maior:' os trovadores e a corte senhorial*
galega no século XIII, Vento do Sul, 13 (Santiago de Compostela: Laiovento).

Cómo vive un soneto:
Sobre "Perdido ando, señora, entra la gente"

ALBERTO BLECUA

En 1967 publicó nuestro queridísimo homenajeado Arthur Lee-Francis Askins un artículo precioso sobre la sextina de Lope impresa en la *Arcadia* (1598), "Amargas horas de los dulces días," que refundía un soneto de similar arranque del entonces famoso jesuita el P. Pedro de Tablares.[1] En un ítem de los *Privilegios, ordenanzas y advertencias* que Apolo envía a los poetas españoles, que Cervantes incluye al final de la *Adjunta del Parnaso* (1614), "se advierte que no ha de ser tenido por ladrón el poeta que hurtare algún verso ajeno y le encajare entre los suyos, como no sea todo el concepto y toda la copla entera, que en tal caso, tan ladrón es como Caco." No era ése, sin embargo, el concepto de propiedad que se tenía en la época, comenzando por nuestro querido autor del *Quijote*. Era la literatura, y en particular la poesía, un bien mostrenco al que los poetas de todas las categorías podían acceder para refundir con más o menos libertad poética e ideológica los textos pergeñados por sus ilustres o no tan ilustres antepasados.

Sabemos cómo viven los romances, pero no cómo lo hacen los sonetos, o, al menos, no todos. No se trata de un paradigma, pero sí de un caso concreto, muy complejo, que puede ser útil a la Filología. Me refiero al soneto que comienza "Perdido ando, señora, entra la gente," poema muy difundido por lo que se deduce de la cantidad de testimonios que lo han conservado. Es posible que, incluso, se cantara, aunque no he encontrado referencias. Doy a continuación la relación y siglas de esos testimonios y las variantes:[2]

El soneto se halla en los siguientes manuscritos e impresos:

A: Ms. 2–F–3 Bibl. de Palacio Real de Madrid, f. 160a. Se trata del *Cartapacio de Francisco Morán de la Estrella*, descrito por Askins (1975) y publicado por Labrador y DiFranco y Zorita. Atribuido a Figueroa.

B: Ms. 3358 IR/8 Bibl. Riccardiana de Florencia, f. 108. Lo estudió Mele y ha

---

[1]   Fue el P. Tablares afortunado con sus refundidores, pues Quevedo refundió otro soneto del jesuita en "¡Ay Floralba! Soñé que te ¿dirélo?," que estudió Sabat (1978).

[2]   Aunque he acudido directamente a algunos testimonios, en general me he servido del aparato de variantes de Glaser en su edición del *Cancioneiro* de Manuel de Faría (1968). Modernizo las grafías y lusismos.

sido cuidadosamente descrito por Cacho (2001: II, 334–348). Atribuido a Silvestre.

C: Ms. 3992 Biblioteca Nacional de Madrid, f. 16v. Se trata del *Cancioneiro de Manuel de Faría*, f. 16v. Editado por Glaser (1968). Atribuido al licenciado Antonio Mergullón.

D: Ms. 1737 Archivo Nacional da Torre do Tombo, Lisboa, f. 175.

E: Ms. 49–11I–52 Biblioteca de Ajuda, Lisboa, f. 141v.

F: Ms. 395 Biblioteca Geral da Universidade de Coimbra, f. 8v.

G: Ms. 4152 Biblioteca Nacional de Madrid, f. 143. Descrito por Askins (1969). Atribuido al licenciado Mergullón.

H: Ms. CXIV, 1–39, Biblioteca Pública e Arquivo Distrital de Évora, f. 241v. Lo describió Wilson (1972). Atribuido al Conde de Salinas.

I: Ms. 127 Biblioteca Pública Municipal do Porto, f. 31.

J: Ms. 4332 Biblioteca Nacional, Lisboa, Fondo Geral, sin foliación (Glaser 195).

K: Ms. 133 Biblioteca Nacional, Lisboa, Fondo Geral, f.46v.

L: Bernardo de Balbuena, *El siglo de Oro en las selvas de Erífile* (Madrid: Ibarra, 1607) [Madrid: RAE, 1821, p. 97].

P: Ms. 526 Biblioteca Geral da Universidade da Coimbra, fol. 44v (Glaser 196). Se trata de la traducción de Fernão Correa de la Cerda.

Las lecturas de estos textos son las siguientes:

Versos   Siglas y variantes

1. ABDEFHIJKL: Perdido ando, señora, entre la gente (las gentes B)
    CG: Ando perdido, señora, entre la gente
    P: Perdido ando Senhora entre a gente

2. Todos : sin vos, sin mi, sin ser, sin Dios, sin vida
    P: sem vos, sem mim, sem ser, sem Deos, sem vida

3. ABDEFHIJK: sin vos, porque no sois de mi servida
    L: sin vos, porque de mi no sois servida
    CG: sin vos porque hay quien me lo impida
    P: sem vvos, porque de mim nao sois servida

4. A: sin mi porque no estoy con vos presente
    B: sin mi porque no estoy de vos presente
    CDEFGHIJKL: sin mi, porque con vos no estoy presente
    P: sem mim, porque a vos nao son presente

5. ACGH: sin ser porque de vos estando ausente
    B: sin ser porque estando de vos presente
    DEFIJKL: sin ser, porque del ser estando ausente
    P: sem ser, porque de meu ser estando ausente

6. ABDEFKL: no hay cosa que del ser no me despida
    CGH: no hay ser que de mi no se despida

IJ: no hay cosa que del ser no se despida
P: nao ha couza que do ser me nao despida.

7. ABCFGHIJKL: sin Dios porque mi alma a Dios olvida
DE: sin Dios porque mi alma a vos unida
P: Sem Deos minha alma de Dos ja esquecida

8. ABCDGHKL: por contemplar en vos continuamente
E: contemplo siempre en vos continuamente
F: viendo la causa porque tanto siente
IJ: por contemplar en vos eternamente
P: está a vos contemplando eternamente

9. AB: sin vida porque ya que haya vivido
CG: sin vida porque ausente de su ánima
DEHIJL: sin vida porque ausente de su alma
FK: sin vida porque ausente de mi alma
P: sem vida, porque já ausente de minha alma

10. AB: cien mil veces mejor morirme fuera
CDEGHIJ: nadie vive si ya no estoy difunto
L: nadie vive y si ya no estoy difunto
FK: no hay cosa que a contento me convida
P: nada vivo e somente ando posto

11. A: que no un dolor tan grave y tan extraño
B: que en un dulçor tan grave y tan extraño
CDEFGHIJL: es en fee de esperar vuestra venida
K: porque mi nave está ya puesta en calma
P: na fe viva de vos ver de mim querida

12. AB: que preso yo por vos, por vos herido
CGH: ay bellos ojos luz preciosa y ánima
D: hermosos ojos, luz preciosa y alma
E: hermosos ojos de mi vida y alma
F: Pero si deseáis darme la vida
I: ojos bellos, luz preciosa y alma
JL: o bellos ojos, luz preciosa y alma
K: si deseáis darme la vida
P: Deidade valerosa, e das historias palma

13. AB: Y muerto yo por vos, por vos herido
L: volvé a mirarme, volveráisme al punto
CG: volved a mirarme, volveráisme junto
DE: mirad por mi, volveráisme al punto
H: volved a mirarme volvereisme alpunto
J: volved mirarme, volveréis el punto
FK: quedad conmigo, cobraré la palma
P: sedeme amorosa e verei composto

14. AB: estéis tan descuidada de mi daño
    CDEGHIJL: a vos, a mi, mi ser, mi Dios, mi vida
    F: e tendré yo mi ser, mi Dios, mi alma
    K: y tendré a vos, a mi ser, a Dios, la vida
    P: a vos, a mim, mim ser, a Deos e a vida.

Las variantes de los doce testimonios sugieren el siguiente stemma:

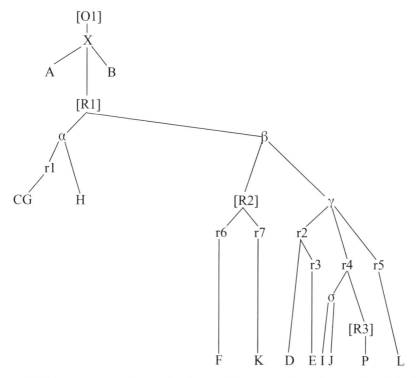

Existen, pues, cuatro redacciones del soneto: la primera, la original [O1], está representada por A y B; la segunda, ya refundición [R1], por CGHLIJDE; la tercera [R2], que refunde [R1], por F y K; y la cuarta por la versión portuguesa [P], que cambia también los tercetos. Pero estas redacciones no se conservan en su estado original –a excepción, quizá, de [O1], representada por A –, porque sufrieron alteraciones de mayor o menor importancia, que podemos considerar "retoques" mejor que "refundiciones" [R], y que denomino con la sigla [r]. Así CG, que son idénticos y que se remontan a un modelo común, como señaló Askins [1969], representan un retoque r1 de α; D y E el retoque r2 de γ y E, a su vez, el retoque r3 del anterior; IJ presentan el retoque r4 de σ; y L el retoque r5 también del subarquetipo γ. La segunda refundición [R2], que deriva de β, está representada por F y K y cada una de ellas ha sido también retocada en r6 y r7. 3 La refundición [R3] en portugués de Correa de la Cerda deriva de r4.

Doy a continuación los textos sin retoques de la versión primitiva y de las tres refundiciones.

Redacción primitiva [O1]

Perdido ando, señora, entre la gente,
sin vos, sin mí, sin ser, sin Dios, sin vida:
sin vos, porque no sois de mí servida;
sin mí, porque no estoy con vos presente;
    sin ser, porque, de vos estando ausente,
no hay cosa que del ser no me despida;
sin Dios, porque mi alma a Dios olvida
por contemplar en vos continuamente;
    sin vida, porque, ya que haya vivido,
cien mil veces mejor morir me fuera,
que no un dolor tan grave y tan extraño.
    ¡Qué preso yo por vos, por vos herido,
y muerto yo por vos desta manera,
estéis tan descuidada de mi daño!

Refundición primera [R1]

sin mí, porque no estoy con vos presente;
    sin ser, porque del ser estando ausente
no hay cosa que del ser no se [me] despida;
sin Dios, porque mi alma a Dios olvida
por contemplar en vos continuamente;
    sin vida, porque ausente de su alma
nadie vive: si ya no estoy difunto
es en fe de esperar vuestra venida.
    ¡Oh ojos bellos, luz preciosa y alma,
volvé a mirarme, volveréisme al punto
a vos, a mí, mi ser, mi Dios, mi vida.

Refundición segunda [R2]

sin vida, porque ausente de mi alma
no hay cosa que a contento me convida,
porque mi nave está ya puesta en calma;
    pero, si deseáis darme la vida,
quedad conmigo: cobraré la palma,
y tendré a vos, a mi ser, a Dios, la vida.

Refundición tercera [R3]

sem vida, porque já ausente de minha alma
nada vivo e somente ando posto
na fe viva de vos ver de mim querida.
    Deidade valeroza, e das historias palma,
sedeme amorosa e verei composto
a vos, a mim, a meu ser, a Deos, a vida.

Poco puedo añadir al finísimo análisis que de las dos primeras versiones lleva a cabo don Rafael Lapesa (1967). El mote "Sin Dios, sin vos y sin mí," glosado por Cartagena y Manrique, tuvo gracias a este último un éxito inusitado durante dos siglos (Askins 1965, 136, n. XCI). Sintetizaba en un solo verso todo un universo amoroso característico de la poesía cortés medieval, donde lo sacro y lo profano –la llamada *religio amoris* por Lewis, entre otros– se fundían hasta límites que, como en este caso, son claramente heréticos. Era una convención literaria que al mediar el siglo XVI había adquirido otros matices más peligrosos a partir de Trento. El soneto en su versión primera, que, si es de Gregorio Silvestre, tuvo que componerse antes de 1569, año en que muere el poeta, tomó los tres rasgos esenciales del mote: la pérdida, digamos anacrónicamente, del yo, la alusión religiosa y la estructura correlativa de su glosa. Pero esos tres motivos se extremaron en el soneto.

La pérdida de la identidad, que en el mote es la soledad anímica del enamorado, adquiere tintes modernos, casi existenciales, al presentarse el yo poético no en los desiertos o en los valles con canes doloridos como en Petrarca o Garcilaso, sino en el universo urbano: "Perdido ando, señora, entre la gente," que incluso B trae erróneamente "entre las gentes." Un paseante enajenado en un mundo real y no abstracto o alegórico.

Extremó también el motivo religioso añadiendo al "sin Dios" del mote la especificación, más herética, "porque mi alma a Dios olvida / por contemplar en vos continuamente," que r6 [IJ] convirtió en "eternamente" para amplificar más el motivo.[3] Estaba, desde luego, implícito en la glosa de Manrique ("Sin Dios, porque en vos adoro"), pero en el soneto procede más de la tradición mística, pues contemplar presenta un campo semántico más afín a la nueva espiritualidad, tan peligrosa para Trento, que al que albergaba en el siglo anterior, el de "meditar con imágenes" ("contemplando / cómo se pasa la vida"). Y la nota heterodoxa se hace más marcada al desear el enamorado haber muerto en vez de vivir en tal situación sentimental ("cien mil veces mejor morir me fuera").

El motivo estructural de la correlación también se amplificó –en el sentido medieval de término– hasta alcanzar los cinco miembros, frente a los tres del mote. Comenzaba a estar de moda la correlación en los sonetos y se comprende que adjuntaron esos dos nuevos miembros, que, en realidad, como señaló Lapesa, poco añaden a los tres motivos quintaesenciados de la situación del mote medieval. Pero no es lo mismo componer una correlación en coplas reales que en sonetos. Eran cinco, como mínimo, los *disiecta membra* exigidos por la correlación sonetil. Sin embargo, cuando se compone la primera redacción, la recolección final no debía ser moneda corriente, aunque en la glosa manriqueña

---

3   La traducción portuguesa, muy literal, de Fernão Correa de la Cerda, que reproduce Glaser (198), se sirve de la versión r4 [IJ], pues también trae "eternamente." El epígrafe de la traducción es estupendo porque explica su gran difusión al sentirse identificados con el yo del soneto numerosos poetas enamorados, que no tenían el menor incoveniente en usurpar versos ajenos con tal de rendir a sus amadas: "Soneto de Fernão Correa de la Cerda que fazia muitos excessos em amar a comdesa de Odimira."

sí se da porque el género exigía cerrar la copla con el mote. En el terceto final no se hace, pues, la recolección de los elementos diseminados, pero en cambio se utiliza para el epifonema otro artificio retórico sutil: la *gradatio* o *clímax* ("¡Qué preso yo por vos, por vos herido / y muerto yo por vos!").

La segunda redacción –que, desde luego, no es de Balbuena, como veremos–, siguió el mismo modo de amplificación de motivos que la primera en relación con la glosa de Manrique. El motivo más notable es el religioso, pues en ella la heterodoxia se lleva al extremo al identificar a la amada, nada menos, que con el Mesías: "Es en fe de esperar vuestra venida." Aquí no hay obras: el enamorado no puede merecer, pero sí tener fe, sin obras, desde luego. Es curioso que el soneto pasara inadvertido impreso en *Siglo de Oro en las selvas de Erífile* en 1607. En fin, se trataba de cosas de pastores, que, sin embargo, todavía tenían un público en extremo aficionado a ellas. La *Arcadia* de Lope y, también, la primera parte del *Quijote* son ejemplos preclaros de su éxito. Añadió, además, el motivo de los ojos, que en la primera se limitaba a la presencia, sin ninguna alusión a la belleza física de la dama. Y, en fin, el refundidor se interesó por la estructura diseminativa del original, sin poder evitar ya el artificio artificioso de la recolección final ("a vos, a mí, mi ser, mi Dios, mi vida."). Probablemente aquí se cruza por el tipo de términos diseminados las rimas de la sextina (sólo le faltaba *muerte*).[4]

De la segunda refundición poco diré, porque es un tanto caótica y, en realidad, lo único que hace es cambiar las rimas por las más manidas, o tan manidas, como *calma*, *palma*, *alma* y, sobre todo, dejar abierto el asunto a una posible y pronta recuperación de la amada, como ocurría también en la segunda. La tercera, la portuguesa, que también incide en la esperanza, es bastante consistente, y presenta gran interés por la inflexión que se produce en el clímax trágico. La fe del enamorado es firme, y alegre, porque practica el amor por el amor: "Na fe viva de vos ver de mi querida" (v. 11). Curioso derrotero sentimental el del soneto. En este sentido, la primera redacción era, con mucho, la más dramática y coherente porque no dejaba ningún resquicio abierto a la terrible y desesperada situación amorosa. Los retoques de las tres redacciones son, como mínimo, inconsecuentes y desorganizados. El lector lo advertirá de inmediato con el cotejo de las variantes. El retoque r1 [CGH], por ejemplo, no entendió que en *luz preciosa* y *alma* del v. 13 *alma* era un adjetivo y lo cambió por *ánima*, que ni tiene sentido ni rima. Y otro tanto ocurre con el retoque r2 [DE] en el v. 7, que para rebajar el tono herético cambió *a Dios olvida* por *a Dios unida*. Y lo de "mi nave está ya puesta en calma," que lee K en el v. 11, contradice todo el tono sentimental del soneto.

---

4 Es curioso que Lope, al refundir el soneto del padre Tablares "Amargos días" (Askins 1967), lo haga en una sextina.

Cuestiones de atribución

El testimonio A, o sea, el Cartapacio de Morán de la Estrella, lo da con el título
de "Otro soneto" entre una serie atribuida a Figueroa, estupenda serie con
algunos errores de atribución, que señaló, sobre todo, su editor Maurer en una
sólida e innovadora monografía (1988). Maurer lo consideró apócrifo, aunque
no así los editores modernos del célebre cartapacio salmantino que Menéndez
Pidal, pionero en este tipo de estudios, describió de forma incompleta en 1914 y
que Askins (1975), como se ha indicado, perfeccionó con su habitual
conocimiento de la poesía de la época. El testimonio B lo atribuye a Gregorio
Silvestre, también abundantemente representado y con numerosos inéditos, en
A. En otras ocasiones coinciden las atribuciones de una obra a ambos poetas. El
ejemplo más llamativo es la *Fábula de Narciso* que se incluyó en la edición de
Figueroa de 1625 y que todavía reprodujo González Palencia en la suya, muy
benemérita por cierto, de la Sociedad de Bibliófilos Españoles de 1932. Es obra
de Silvestre, sin ninguna duda. Quizá el soneto no pertenezca a ninguno de los
dos poetas –capitán uno, organista el otro– pero por el gusto por la correlación
y por los motivos religiosos parece más plausible la atribución a Silvestre.
Importa, sobre todo, para la fecha de composición, pues el *Cartapacio de
Morán de la Estrella* está copiado antes de 1585 y Gregorio Silvestre muere,
como se ha dicho, en 1569. Que el soneto no se incluya en sus obras póstumas
(*Las obras*, Granada: Lyra, 1582) nada indica, pues su carácter sacrílego
recomendaría en esos años eliminarlo de la colección, que presenta numerosas
atenuaciones de la llamada *religio amoris*.

La atribución de CG al licenciado Antonio Mergullón, del que hay otro
poema en el *Cancioneiro de Faría*, parece más bien accidental, aunque puede
ser el autor de r1. La del Conde de Salinas es quizá la más verosímil, dada su
poética, pero también es incierta. Glaser (1968), Lapesa (1967), Avalle-Arce
(1971: 213) la dan con bastante fiabilidad o, incluso, certeza absoluta como de
Balbuena. No es obra suya, pero el caso de Balbuena en sus imitaciones,
bastante bien estudiadas ya, capítulo aparte requeriría. El soneto se incluye en
la *Égloga Quinta*. Tras describir al pastor que lo ha compuesto, que se parece
mucho al Tirsi-Figueroa de *La Galatea*, y transcribir el soneto, comenta:
"Fueron las artificiosas rimas del pastor, su talle y avisada desenvoltura no poco
invidiadas de los que el oímos" (97).

Queda bien claro que el de Valdepeñas adoraba los artificios de la
correlación perfecta. Y podría ser esta apostilla una prueba de la autoría de la
refundición. Balbuena, que había acudido, como era normal, a múltiples
modelos, plausiblemente llevaría a cabo una refundición similar a la del
"Perdido ando." En la *Égloga primera*, al inicio de la obra, inserta el siguiente
soneto:

    Melanio

      ¿Viste, Alcino, por dicha en la montaña
    de algún inculto risco la dureza,

del encrespado golfo la aspereza
cuando el revuelto Céfiro le ensaña?

   ¿La dura encina, la mudable caña,
del jabalí acosado la fiereza,
del invierno el rigor y la braveza
del fuego apoderado en la cabaña?

   Pues con el trato de mi ingrata bella,
aquella tan crüel como divina,
la peña es blanda, el mar tiene sosiego,

   y al fin parecerán flores cab'ella
el risco, el golfo, el céfiro, la encina,
la caña, el jabalí, el invierno y fuego. (10)

Este soneto, del que hace gala del artificio de correlación, es, en realidad, una refundición, muy bien compuesta, por cierto, del siguiente soneto de don Juan de Almeida, rector de Salamanca, cuando fray Luis andaba por las poternas inquisitoriales, y a quien defendió con notable ahínco en su proceso. Ese portugués, rector de Salamanca y amigo de los hebraístas, había muerto en su primera cuarentena en 1572 o 1573 (Sena 1974: 77). Es el siguiente:

   Alcida, ¿ves por dicha en la montaña
de aquel breñoso risco la dureza?
¿Viste en el mar acaso la fiera braveza
del revoltoso viento que se ensaña?

   ¿Viste el coraje, el ímpetu y la saña
del jabalí acosado en la maleza;
la furia, el desconcierto y la aspereza
del encendido Marte en la campaña?

   Vuelve, Alcida, y verás la roja llama,
cual va por el jaral a aquella mano
del animoso Zéfiro encendida,

   con el furor que aviva, cruxe y brama,
talando por do pasa monte y llano:
pues mucho más cruel eres, Alcida. (Sena III: 202)[5]

Podría presentarse esta refundición con el sistema correlativo del soneto "Perdido ando, señora, entre la gente" como obra de Balbuena. Sería una buena prueba. Pero ocurre que las variantes –acudamos a la crítica textual– demuestran que no es suya. Es pena para los que nos dedicamos al oficio de esta rama crítica, o mejor, tronco, que la lectura del v. 13 "Vuelve a mirarme,"

---

5 Sena edita el texto del fol. 102v del MS. 3968 de la BNM. En el del fol. 170v se copia de nuevo. Doy un texto en el que corrijo los errores de uno y de otro y que es el más próximo al que utilizó Balbuena. Utilizo el aparato de variantes de Sena.

que trae la edición académica de *Siglo de Oro*, no sea suya sino de los preparadores académicos de la edición –benemérita sin duda– de 1821. La princeps de 1607, y única, trae "Volvé", que es la correcta porque el logos poético del enamorado no trata de tú a su amada, ni sería apropiado dada la cortesía del soneto. No importa. Dos variantes demuestran que el soneto no es obra del autor del *Siglo de Oro en las selvas de Erífile*. La primera es la variante del v. 3:

> porque de mí no sois servida   ABCDEFGHIJKP
>
> porque no sois de mi servida   L

Como todas las redacciones coinciden, es imposible que puedan derivar de la edición de Balbuena, que ha subsanado con acierto una acentuación bastante dura al alterar el orden. Lo mismo sucede en el v. 10:

> nadie vive; si ya no estoy difunto   ABCEDEFGHIJK
>
> nadie vive y si ya no estoy difunto   L

Balbuena, de fino oído, no gustó de ese corte sintáctico tan brusco que creaba casi una cesura y añadió la copulativa que permitía llenar ese vacío rítmico.

Y aquí concluye este artículo sobre la asendereada vida de un soneto de fama inusitada. Se comprende su atracción por un público que, a través de la historia, ha sentido, con poéticas distintas, la misma sensación de enajenamiento "entre la gente" que expresa de forma más abstracta el mote glosado por Cartagena y Manrique y más moderna el yo poético del soneto. Este artículo ha vivido en estado latente desde hace treinta años en mi tesis inédita sobre Gregorio Silvestre, que verá la luz, esperemos, en breve.

Obras citadas

Avalle-Arce, Juan Bautista, 1971. *La novela pastoril española*, Biblioteca de Estudios Críticos, 3 (Madrid: Istmo).

Askins, Arthur L-F., 1965. *The Cancioneiro de Évora: Critical Edition and Notes*, University of California Publications in Modern Philology, 74 (Berkeley-Los Angeles: University of California Press).

——, 1967. "Amargas horas de los dulces días," *Modern Language Notes*, 82: 238–40.

——, 1969. "The *Cancioneiro de Manuel Faría* and Ms. 4152 of the BNM," *Luso-Brasilian Review*, 6: 22–43.

——, 1975. "El Cartapacio de Francisco Morán de la Estrella (c. 1585)," *Boletín de la Biblioteca Menéndez Pelayo*, 51: 91–167.

Balbuena, Bernardo de, 1821 [1607]. *Siglo de Oro en las selvas de Erífile y Grandeza Mejicana* (Madrid: RAE [Madrid: Ibarra]).

Cacho, María Teresa, 2001. *Manuscritos hispánicos en las bibliotecas de Florencia: descripción e inventario*, Secoli d'Ori, 25–26, 2 vols. (Firenze: Alinea).

DiFranco, Ralph A., José J. Labrador Herráiz y C. Ángel Zorita,1992. *Cartapacio Francisco Morán de la Estrella* (Madrid: Patrimonio Nacional).

Glaser, Edward, 1968. *The Cancioneiro 'Manuel de Faría'*, Portugiesische Forschungen der Görresgesellschaft, Zweite Reihe, 3. Bd (Münster: Westfalen: Aschendorf).

González Palencia, Ángel, ed., 1932. *El cancionero del poeta George de Montemayor*, Sociedad de Bibliófilos Españoles, 9, 2ª época (Madrid: Sociedad de Bibliófilos Españoles).

Lapesa, Rafacl, 1967 [1962]. "Poesía de cancionero y poesía italianizante," en *De la Edad Media a nuestros días: estudios de historia literaria*, Biblioteca Románica Hispánica, 2: Estudios y Ensayos, 104 (Madrid: Gredos), pp. 145–71.

Maurer, Christopher, 1988. *Obra y vida de Francisco de Figueroa*, Bella Bellatrix (Madrid: Istmo).

Sabat de Rivers, Georgina, 1978. "Quevedo, Floralba y el padre Tablares," *Modern Language Notes*, 93: 320–28.

Sena, Jorge de, 1974. *Francisco de la Torre e D. João de Almeida*, Cultura Medieval e Moderna, 2 (París: Fundação Calouste Gulbenkian).

Wilson, Edward M., 1972. "Poesías atribuidas al Conde de Salinas en el *Cancionero de don Joseph del Corral*," en *Homenaje a don Joaquín Casalduero: crítica y poesía*, eds. Joaquín Casalduero, Rizel Pincus Sigele y Gonzalo Sobejano (Madrid: Gredos), pp. 485–91.

¶ Reglas de bien viuir muy prouecho
ſas (y aun neceſſarias) a la republica Chꝛiſtiana/con vn deſpꝛe
cio del mundo. Y las lectiones de Job. Y otras obꝛas compue-
ſtas poꝛ el Reuerendo padre fray Antonio Deſpinoſa/pꝛeſen-
tado en Theologia de la oꝛden de pꝛedicadoꝛes. Dirigidas al
muy illuſtre ſeñoꝛ don Pedro Sarmiento Pꝛioꝛ de la ſan-
cta yaleſia de Oſma.ꝛc.   Año de M. D. L. II.

Del claustro al pliego suelto:
La obra de Antonio de Espinosa

PEDRO M. CÁTEDRA

I

Las historias literarias y de los textos nos barajan nombres de autores y títulos de libros. Poner un poco de orden puede ser una labor bibliográfica de tono menor o un quehacer fundamental y titánico. Voy a pespuntear en las líneas siguientes una de las primeras. Me referiré a algunas obrecillas de la legión que forman nuestro corpus de la literatura popular impresa del siglo XVI, intentado situarlas en su más o menos cierto contexto y ofreciendo una propuesta para desenmarañar sus andanzas editoriales y 'autoriales', tan comunes en la silente historia editorial de los pliegos sueltos.

En 1552, Juan de Junta estampa en Burgos un libro cuya portada se puede ver encarada a esta página. La singularidad de la publicación estriba, por un lado, en ser una especie de miscelánea en la que fray Antonio de Espinosa, dominico y *presentado* de su orden, ha decidido agavillar sus trabajos más recientes y más antiguos; y, por el otro, en que algunas de esas obras ya han tenido una vida en el ámbito de la literatura popular impresa de la primera mitad del siglo, anónimas o protegidas con otro nombre. Espinosa reivindica la paternidad de esas obras en la dedicatoria a don Pedro Sarmiento, cuyo escudo familiar con los trece roeles, en oro y en campo rojo, si se hubiera impreso a color, campea en la portada –este apellido no es la única vez que aparecerá en estas páginas e invito al lector a retenerlo–:

> Hanse enflaquescido y azedado tanto los estómagos de los hombres para las cosas divinas, muy illustre señor, a causa de estar hechas a las humanas, que sin quererlo dezir dizen lo que dezían los hijos de Israel a Moysén: "Los manjares del cielo ya nos provocan a vómito." A cuya causa los letrados y predicadores y aquellos a quien toca proponer al pueblo la doctrina divina y darles los manjares spirituales y a comer aquel celestial Cordero tienen necessidad de dárselo bien guisado y con salsas y saynetes como a enfermos de la salud del alma para que lo puedan comer [. . .] Y teniendo yo esto por muy cierto, y juntamente con que la variedad de las doctrinas suele quitar la pesadumbre que, para algunos, ellas se traen consigo, hize un tratado de materias divinas y humanas. Y porque unos son aficionados a metro y otros a

prosa, quise dar de todos manjares a todos para quitar el hastío, porque los sermones y las escripturas que al pueblo se ordenan han de ser compuestas de muchas yervas como ensalada [. . .] Y aunque algunas cosas que aquí van trobadas las escreví en mi juventud, paresciome de incorporarlas con estas seys reglas que agora he escripto y hazer un volumen de todo. (fol. sign. Ajv)

Los primeros 26 folios, de los 44 de que consta el librito,[1] los ocupan los preliminares protocolarios y las *Reglas* en prosa, en tanto que el resto se dedica a los textos poéticos mencionados, según este detalle:

[0] [Portada y dedicatoria]   [ff. sign. A₁r–v]
[1] *Reglas de bien vivir*   [ff. sign. A₂–D₂r]
            Prologo antes | de la obra.
     [1]   ❧ Regla primera de como se ha | de auer el marido
            para escoger buena muger: | y despues descogida
            en el tratamiento della.
     [2]   ❧ La segunda regla de como se | ha de auer la muger
            para con su marido.
     [3]   ❧ La tercera regla de como se | han de auer los padres
            para con los hijos.
     [4]   ❧ La quarta regla de como se | han de auer los hijos
            para con los padres.
     [5]   ❧ La quinta regla de como se | han de auer los señores
            para con los criados.
     [6]   ❧ Regla sexta y vltima de como | se han de auer los
            criados / para con sus señores.
[2] Desprecio del Mundo   [ff. sign. D₂v–E₃v]
     [c. 1–3]   ¶ Inuocacion antes de la obra.
                 O Magestad diuinal
                 fuente del ser q[ue] nos diste
     [c. 4–33]   ¶ Comiença la obra.
                 O Mundo desatinado
                 mie[n]tra mas viejo mas loco
     [c. 34–46] ¶ Aqui habla del | estado delos señores.
                 ¶ Que señor ay tan señor
                 queste tan libre de guerra
     [c. 47–65] ¶ Aqui habla del | estado de los ricos / y delos / tratantes.

---

[1] Manejo el ejemplar de la BNM, sign. R-30856, que perteneció al Marqués de Caracena, cuya típica encuadernación con el super-libris heráldico se conserva estupendamente. Hay otro en la British Library. Ambos a dos quedan convenientemente enumerados en la descripción de Fernández Valladares, 2005: 904–6, quien además anota que el de la BN probablemente ha formado parte antes de la colección Lázaro Galdiano. Por lo que se refiere a las citas de las *Reglas*, seguimos esta edición, con las características que se podrán ver en la edición completa, que publicará próximamente el SEMYR [http://www3.usal.es/semyr].

Hablemos mu[n]do vn poq[ui]to
delos ricos que en ti son

[c. 66–79]   ¶ Aqui habla del | estado delos pobres.
BJen sera mundo hablar
delos pobres y su estado

[c. 80–109]   ¶ Aqui habla del | estado delos ecclesiasticos.
O Mu[n]ndo loco perdido
cuyo mal no suffre cura

[c.110–113]   ¶ Aqui torna ha hablar con | el mundo.
¶ Y siendo aquesto prouado
de quantos en ti biuimos

[3] ¶ Obra dela sanctissima | Magdalena.   [ff. sign. E₃v–E₄r]

[c. 1–7]   O Ymagen diuinal
deifica Magdalena

[4] [Leciones de Job]   [ff. sign. E₄r–E₇v]

[c. 1–3]   ¶ Prologo sobre las leciones de Job.
LA memoria delos dias
quando tuyo ser solia

[c. 4–16]   Comiença la obra. [*Lectio I*]
Parce mihi domine.
Perdoname q[ue] he peccado
tu mi Dios q[ue] te offendi

[c. 17–23]   ¶ Manus tue fecerunt me: et |
plasmauerunt me totum in | circuitu / et
sic repente preci | pitas me. [*Lectio III*]
¶ Tus manos señor formaron
lo que mis manos perdieron

[c. 24–32]   Quare de vulua eduxisti me. [*Lectio IX*]
¶ Para q[ue] señor nasci
del vientre do fui engendrado

[5] ¶ Jnfierno de los dañados. De quien | habla Job   [ff. sign. E₇v–F₃r]
en estas vltimas palabras.

[c. 1–44]   MUcho bie[n] sera contar
las penas deste desierto

[6] ¶ Coplas hechas y ordenadas a glo | ria y loor dela sangre [ff. sign. F₃r–F₄r]
de Jesu Christo rede[m]ptor nuestro/ | q[ue] derramo para salud
y reparo del genero humano.

[c. 1–16]   ¶ O soberano señor sin segundo
q[ue] rriges q[ue] ma[n]das que alu[m]bras q[ue] guias

[7] ¶ Oracion y protestacio[n] que todo fiel | christiano deue   [ff. sign. F₄r–v]
hazer cada dia / antes que se acueste / y en leua[n] | tando se.
Hecha por el reuerendo padre maestro fray Anto= | nio Sarmiento /
de la orden de los Predicadores.

El lector de pliegos sueltos del siglo XVI, o el rebuscador en su bibliografía, advertirá de inmediato que estas obras en verso publicadas a nombre de Espinosa e, incluso, reivindicada su paternidad por él mismo en el fragmento del prólogo citado, circularon en la primera mitad de ese siglo anónimas o bien a nombre de otro poeta. A pesar de que desde hace años se llamó la atención sobre esta circunstancia (Rodríguez 434 y 572–573), estos opúsculos han continuado en las bibliografías especializadas sin ocupar su lugar. Recolocarlas provisionalmente es el propósito de las líneas que siguen, empezando por la obra en prosa, que no carece de interés, a pesar de sus dependencias.

II

Las seis Reglas de bien vivir muy provechosas y aun necessarias a la república christiana son breves consideraciones en prosa que, sucesivamente, tratan "de cómo se ha de aver el varón para escoger muger" (A_2v–[a_7r]); la segunda, "de cómo se ha de aver la muger para con su marido" ([A_7r]–B_2r); la tercera, "de cómo se han de aver los padres para con los hijos" (B_2r–[B_6v]); la cuarta, "de cómo se han de aver los hijos para con los padres" ([B_6v]–C_2r); la quinta, "de cómo se han de aver los señores para con los criados" (C_2r–[C_5v]); la última, "de cómo se han de aver los criados para con sus señores" ([C_5v]–D_2r). Fray Antonio señala al final de las Reglas que de buena gana hubiera atendido a los demás estados, pero la falta de tiempo se lo impide; no obstante, advierte en especial a los eclesiásticos. Con ello se viene a abrir la puerta a los textos poéticos que siguen sin solución de continuidad, en donde no se tratan parecidas cuestiones, sino excepcionalmente.

La perspectiva pastoral del dominico no resta ni un ápice de valor a las Reglas. Es cierto que están diseñadas desde una perspectiva tradicional en estos menesteres, con un recuerdo muy puntual de la económica medieval de raigambre aristotélica, esperables en un dominico de pro dependiente de la tradición escolástica. Por ello es un texto más que se puede enclavar en el voluminoso género de los económicos, ese tipo de tratados que se ocupan del gobierno de la casa, de las funciones de la célula familiar básica, así como también lo relacionado con los hijos, la servidumbre, la familia o los amigos, y que atienden tanto a aspectos prácticos como morales (Doni 237). Las Reglas de Espinosa pertenecen a una de las categorías de las propuestas en las que la religión es central, como en las obras de Vives sobre la materia o, incluso, de Erasmo y de la tradición de éstos en España, con textos como los Coloquios matrimoniales de Luján, entre otros, por poner dos 'extremos' formales del mismo planteamiento. Pero no se escinde, más bien, de la pastoral mendicante sobre la familia, representada, verbigracia, por Francisco de Osuna con su Norte de los estados o por Antonio de Guevara en sus obras, especialmente en las Epístolas, entre las que tiene relieve propio el tratamiento monográfico del asunto en la destinada a Mosén Puche.[2] Las propuestas mendicantes, además,

---

2   Véase, para la Península Ibérica, la imprescindible monografía de Fernandes; por lo

están vinculadas a una pastoral de la familia muy antigua en las órdenes, especialmente, en la dominica y franciscana, en general más afincadas en el mundo urbano y, desde luego, sensibles a los cambios socio-económicos de los siglos XV y XVI. El implante espiritual es importante y por ello estos libros son, en buena medida, representativos de un determinado tipo de lecturas espirituales promocionadas por los frailes, que presentaban la devoción como un modo de vivir cotidiano, en el que lo doméstico y lo espiritual descansaban sobre la base de unas ordenanzas de comportamiento. En Italia, sobre todo, la producción es muy amplia, aunque cae hacia 1520–1550. Las razones son varias: menor preocupación por parte de las órdenes religiosas en la *cura animarum*, escisión entre devoción y práctica o convivencia social, camino de la laicización de esta última.[3] Sin embargo, en España las órdenes religiosas no parecen haber cedido el terreno de esa implicación social y, especialmente, doméstica. Volúmenes como éste que comentamos y los ya citados de otros mendicantes españoles tuvieron un alcance real en ese terreno. Incluso, andando el tiempo, buena parte de textos pertenecientes a este género recala durante los años sesenta y setenta en la literatura más popular, la de cordel. No es por ello extraña la faceta de poeta de cordel de Espinosa.

En el mismo contenido de las *Reglas*, se percibe la huella aristotélica desde sus primerísimas líneas –las *Éticas* es la primera obra citada y presta fundamento para caracterizar a la esposa ideal–, común a tratados menos condicionados por una pastoral cristiana, como el de Alessandro Piccolomini, en el que se distinguen en términos políticos las relaciones que se pueden dar en el ámbito doméstico: por un lado, el civil, que vendría a estar representado por las relaciones entre marido y mujer; el regalista, entre padres e hijos; el tiránico, entre señores y siervos (Doni 246). En la estructura de nuestro libro se aprecia esto con claridad, las seis reglas se agrupan de dos en dos y presentan esas relaciones de índole jerárquica y 'gubernamental' entre marido y mujer, mujer y marido, padres e hijos, hijos y padres, señores y criados, criados y señores. El carácter 'patriarcal' queda aún más realzado, así como también el papel social de cada uno de los miembros de este montaje político y administrativo que es la familia, regido también por un contrato desde su propio fundamento y, en nuestro caso, desde las primeras líneas del tratado ("Quanto a la primera regla digo que, como el matrimonio o casamiento sea un contracto perpetuo mientra durare la vida y un ñudo ciego que sólo las uñas de la muerte lo pueden desatar después de hecho" [A₂v]). Se deslizan en las palabras de Espinosa ciertos tópicos políticos vinculados con lo que venimos diciendo, que son tanto más significativos cuanto los situamos en otros usuarios, como Erasmo; tal por ejemplo, la comparación de la unidad familiar con el cuerpo místico ("Las

que se refiere a la repercusión de Guevara, puede tomarse como botón de muestra el uso que de él hacen algunos epígonos de Erasmo, como Pedro Luján (Rallo 3 et ss.).

3 Según señala Zarri 1987: 137. Retomo en estas líneas lo dicho en Cátedra 2001b: 95–99.

mugeres sean subjectas a sus maridos, assí como a señor, porque el marido cabeça es de la muger, assí como Christo lo es de la Yglesia" [A₅v]).

A esto hay que añadir, y es la aportación de la pastoral mendicante subyacente a las *Reglas*, una idea de necesidad de renovación o más bien recomposición de los estados de los laicos, que, como en la mayoría de estos textos, sean en verso o en prosa, va más allá de la asepsia política, y se sustenta sobre una visión pesimista del presente, no sabemos nunca en relación con qué pasado, seguramente el evangélico. De ahí la denuncia de la corrupción actual –"todos los estados de la república christiana, de holanda muy delicada en sus principios, van a parar en nuestro siglo en estopa y en tascos llenos de aristas" (sign. A₂r)–, que venía justificando la proclama y la pastoral del miedo desde la Edad Media y realzaba alguno de los doce abusos de este siglo, entre los que se enumeran, por lo que a nosotros interesa, la impiedad de los laicos, la desvergüenza de los jóvenes y de las mujeres, entre otras, camino no sólo para la justificación del mal humano sino también para el castigo divino (Cátedra 1990: 37–38 y 89–90). Repertorio de pecados sociales y modo de razonar que, por supuesto, era inherente a la predicación evangélica de los mendicantes, con ejemplos tan influyentes como Vicente Ferrer, que no deja de estar presente en el pensamiento de su hermano de orden. Precisamente, estas *reglas* o *avisos* se insertan en esa línea, que tuvo gran implante en la literatura popular impresa también en verso, siempre renovadas en virtud de cambios de géneros, al fin desplazamientos hermenéuticos generalizados en estos tiempos.

No obstante, en esa pastoral del comportamiento que cultivaron, sobre todo, los mendicantes, y especialmente los dominicos, encontramos bastantes elementos de una participación activa en la sociedad por parte de estos directores de almas, en la medida que supieron organizar y divulgar esos modelos aristotélicos de los que se beneficiaron los modernos del humanismo –Pontano, Piccolomini, Sperone, Lanteri, Leonardi, etc.–, y también la tradición escolástica. Sobre ella, por supuesto, se sustenta Espinosa, como otros mendicantes, como el dominico Bartolomeo della Spina, autor de la *Regola del felice vivere de li christiani del stato secolare secondo diversi gradi & conditioni di persone e massime delli maritati*, librito impreso en Venecia por los hermanos Sabbio, 1533, y que tiene en común con el nuestro los fundamentos y una serie de líneas estructurales, con no pocos detalles, por más que no creo que Espinosa dependa, sin embargo, del italiano, sino más bien de esos modelos comunes; o, por añadir un ejemplo quizá más cercano, el del franciscano Cherubino de Siena con su *Regola della vita spirituale e della vita matrimoniale*, un verdadero *best-seller* del género, que anuncia, por cima de su andamiaje canónico y penitencial, la importancia que adquiere la pareja como unidad de convivencia, en lo espiritual y en lo físico.[4] Espinosa no puede tampoco esconder las huellas de Osuna o de Guevara, que no hay espacio para

---

4 Véase, sólo para el siglo XV y XVI, la lista de ediciones en Schutte 132–134; Zarri 488–494.

tratar aquí con el detalle que sí se podrá facilitar en la edición próxima de las *Reglas*.

El título es, en sí, bien significativo, si pensamos en la referencia del modelo de comportamiento de la comunidad religiosa; regla religiosa, regla laica. Pontano, por ejemplo, apuntaba la necesidad de que la esposa viviera según la regla del esposo.[5] Por eso no es nada extraño que nuestro Espinosa asevere, con muchos otros, que, puestos a obedecer, lo haga la mujer sin rechistar: "Lo que te mandare hazlo de buena gana y haz cuenta que te lo manda Dios, pues te lo dio [el marido] por cabeça y perlado, que assí puedes tú merescer obedesciendo a tu marido [. . .] como meresce la monja obedesciendo a su perlada" (A₈r).[6] Títulos y actitudes, en buena medida, que nos remiten a ese mundo ya mencionado de recomposición 'política' de la familia desde la arquitectura *regular* de las órdenes religiosas: nuestros mendicantes no dejarán de tratar el matrimonio como una orden más sobre la que se proyectan los avatares y, lo que es más importante, los votos y las 'liturgias' de las demás, miradas por Dios con tanta o más exigencia y benevolencia.

Uno de los elementos que hemos de tener en cuenta para definir la peculiaridad de la propuesta de los mendicantes, al menos los que son objeto de nuestras consideraciones, es la insistencia en los aspectos conflictivos de las relaciones matrimoniales y familiares. Quienes, como Erasmo, Vives o sus seguidores, cristianizando las propuestas de un Plutarco, eran defensores del matrimonio como núcleo no sólo de la 'económica', sino también de la espiritualidad, tendían a reducir los perfiles de la violencia sin ignorarla, o, en todo caso, amonestaban hacia un equilibrio político en la unidad familiar. Los frailes, sin embargo, tienen una visión más o menos negativa del matrimonio, como un estado secundario –aún menos considerable, tras del estado de los vírgenes y de los continentes–, imperfecto en comparación con el monástico, y atemperan una violencia que dan por hecha con consejos sobre cómo evitarla o cómo recibirla pacientemente.[7]

Atendiendo en esta apresurada revisión a aspectos retóricos, se puede afirmar que las *Reglas* llevan implícita una cierta polifonía. En un primer nivel tiene algo que ver con la busca consciente de una buena porción de textos impresos en el paso del siglo XV al XVI, resultado de la duda del propio autor sobre el perfil de sus (nuevos) lectores (Cátedra 2001a); así, en virtud de las aficiones de éstos, veíamos que el autor justificaba el carácter misceláneo de este libro en prosa y verso. Pero la polifonía que nos interesa más es la del monólogo didáctico diferenciado que implica el dirigirse en cada una de las *Reglas* a destinatarios distintos: el esposo, la esposa, los hijos. Es, naturalmente,

---

5   En su *Tratado de la obediencia*, citado por Sofaroli 271.

6   Guevara, al hablar del buen reparto de oficios entre marido y mujer, señala que "a la casa a do cada uno dellos hiziere su officio la llamaremos monesterio y a la casa a do fuere cada uno por su cabo la llamaremos infierno" (fol. 101v).

7   En el *best-seller* de Cherubino de Siena se dice que, aunque no sea el estado más perfecto, es el más abundante, por lo que es necesario escribir algo sobre él (Cherubino da Siena 4–5).

una modalidad retórica del discurso homilético, de la pastoral de los laicos, pero da al texto una serie de audiciones diferenciadas que multiplican sus lectores y amplían el destino variopinto del volumen, dando al estilo también esa peculiar polifonía del sermón, el discurso para todos, en cuyo ámbito genérico el fraile predicador se sitúa desde las primeras palabras de su libro, transcritas abriendo este trabajo. Puede, por tanto, cambiar el estilo indirecto a directo sin aviso expreso, que en la predicación iba indicado sin embargo por la *actio*. Por ejemplo, recomendando al marido en la primera regla que no salga por fiador dice: "No *salga* por fiador de otro en notable cantidad [. . .]; si *fías* a uno, sácaslo de la cárcel y de trabajo y *méteste* a ti en él" (A₅r–v); refiriéndose ya en la segunda regla para la mujer a la elección del marido, dice: "*Guárdese* que no lo tome nescio, porque en dándomelo nescio, *te* lo daré malicioso y celoso, y *traerás* una rueda de molino a la garganta todos los días de *tu* vida" (A₇r). En la cuarta regla, destinada a los hijos, el fraile comienza dirigiéndose a sus lectores –u oyentes de la lectura– niños directamente: "Para tractar de la quarta regla, que es saber cómo se an de aver los hijos para con los padres, mucho *te ruego, hijo*, que escuches *mis palabras y las escrivas en tu coraçón.*" Habremos de considerar también este volumen como uno de los libros de la literatura del didactismo, con destino infantil (Baranda). En este caso, además, y por lo que se refiere a la regla para los niños, el autor se beneficia de compendios como el *Tobías*.

Es el estilo propio del predicador el que nos permite sorprender no pocos destellos de brillantez, sirviéndose no sólo de un lenguaje claro y sugerente, en el que las sentencias y los refranes van de la mano con los apotegmas, las *similitudines* o los *exempla*. También, sin salir de este ámbito, el uso de la *evidentia* presta de tanto en tanto un gran auxilio para recrear situaciones que, en la pluma de otros tratadistas de la misma materia, quedan reducidas a la norma estricta de una recomendación. Verbigracia, cuando Espinosa habla de la violencia doméstica no puede menos que recomendar al marido un comportamiento moderado, incluso en casos de gran importancia: "No ponga las manos en su muger si no fuere por trayción que le cometa contra la fidelidad del matrimonio o por otro caso muy arduo; y aun entonces vayan los avisos delante y precedan los remedios dulces a los cauterios ásperos: y casos ay donde el sabio marido ha de hazer del ciego y del sordo y del mudo, si no quiere perder la muger o la vida o lo uno y lo otro" (A₆r). Esta especie de elegante sugerencia del *consentimiento*, contrasta con la enumeración, que bordea la condición de *evidentia*, en la que recrea realistamente los males de maridar con un hombre rudo:

> Yo muy gran lástima tengo de algunas casadas que les cayó en suerte por marido un albardón bestial, apassionado sin razón ni juyzio, desbaratado, cruel que, sin saber lo que haze ni lo que dize ni lo que manda ni lo que vieda da mala vida a la muger. Ya con palabras feas y desatinadas, ya con manos y pies como macho, ya la apalea, ya la arrastra, ya la arroja las escaleras abaxo, ya le quiebra una pierna o un braço, ya la hinche de cardenales, ya le tira el candelero o el plato a la cabeça, ya le arroja el jarro a los ojos. Y esto muchas

vezes sin razón y sin propósito y delante los criados y aun de otros que no son de casa. Y con unas locuras y agrazones que les toman, enciéndense y echan lumbre por los ojos y humo por las narizes y fuego por la boca y dizen y hazen desatinos y piensan que tienen razón quando más lexos están della. (A₆v)

Esta retórica del sermón no está reñida con los otros elementos que dan idea de la formación y de los recursos del predicador, como la integración natural de estos recursos dramáticos y, al tiempo, los más sofisticados modos del acceso a la Escritura y uso de la exégesis. De hecho, tras de cada una de las *Reglas*, subyace siempre un 'hipotexto' bíblico, que es el que, directa o indirectamente, de primera o de segunda mano, puramente tomado o enriquecido con la glosa ajena, sirve los modelos comportamentales para cada uno de los estados. Tras de los consejos a la esposa, están los castigos que dieron a Sara, como titula su obra Fernán Pérez de Guzmán, recordando el pasaje bíblico que está tras de muchos tratados sobre la mujer y el matrimonio (Hentsch). Pero Espinosa se sirve en otras ocasiones de otros cuerpos de consejos tomados de los *Proverbios* de Salomón, en el caso, por ejemplo, del adoctrinamiento de los criados.

Buena parte de los consejos, e incluso de las estructuras didácticas de estos textos, constituyen un material de acarreo que se ajusta según las necesidades. La elaboración de estos volúmenes dentro de la pastoral de los laicos no implicaba una revisión actualizada de sus temas. Por ello es difícil delimitar con detalle las aportaciones textuales de Espinosa en el maremágnum de tratados especializados. Indudablemente, ha leído autores de actualidad como Vives o como Osuna; quizá tiene en cuenta la obra ya citada de Guevara; pero, sobre todo, serán textos de la tradición dominicana los que le prestan buena parte de sus argumentos. En ocasiones, uno es capaz de percibir, incluso, una dependencia no tan extraña como la de Francesco Barbaro en *De re uxoria*, aunque seguramente la coincidencia en el tratamiento de la violencia doméstica, los celos y las actitudes 'liberales' de la señora, con esa misma secuencia en nuestro texto, con cierta dependencia de Plutarco, ha pasado a no pocos tratados menos pregonados que el de Barbaro (Lenzi, Fernandes).

No obstante, buena parte del interés de estos textos no estriba tanto en su originalidad 'textual', cuanto en el desplazamiento hermenéutico necesario para que sean útiles en el aquí y ahora. Nada más actual, sin duda, que los consejos pastorales o confesionales, aunque la voz conservadora y fosilizadora en ocasiones tenga necesariamente la necesidad de mantener los preceptos inherentes a una práctica cristiana, canónica y éticamente delimitada y asentada.

En términos generales, por poner un ejemplo y referirnos en primer lugar a 'actitudes' pedagógicas, hay una preocupación por aspectos relacionados con la promoción social o el desarrollo de las actividades cotidianas relacionadas con la política de familia quizá actuales en la España del desarrollo urbano y pre-industrial. No dejarán de extrañarnos, así, determinadas posturas propias de voces patriarcales o interferencias de cuestiones fundamentales disputadas en la época; por ejemplo, lo referido al papel de la mujer en esa piramidal sociedad política que es la familia. Un botón de muestra sería la previsión sobre la formación de la mujer. Refiriéndose a la educación del niño, recomienda que se le enseñe a "leer y escrevir, que quien esto no sabe no se puede llamar persona y está subjecto a descubrir sus secretos a quien le leyere sus cartas o se las escriviere, y no halla la mitad de los partidos que podría hallar para bivir." Con más detalle, sin embargo, descalifica la misma opinión, caso de tratarse de la alfabetización femenina:

> Si no fuere tu hija illustre o persona a quien le sería muy feo no saber leer ni escrevir, no se lo muestres, porque corre gran peligro en las mugeres baxas o communes el saberlo, assí para rescebir o embiar cartas a quien no deven, como para abrir las de sus maridos, y saber otras escripturas o secretos que no es razón, a quien se inclina la flaqueza y curiosidad mugeril. Y assí como arriba te avisé que al hijo le muestres leer y escrevir, assí a la hija te lo viedo, porque cosas ay que son perfeción en el varón, como tener barvas, que serían imperfeción en la muger. Lo que a ellas podría aprovechar el leer es rezar en unas horas; y a esto digo que tengo por mejor una onça de lo que sale del alma y allá dentro se contempla, que un quintal de lo que está escripto si en sola la letra se para, como lo dize muy bien el glorioso sant Hieronymo.
>
> [fol. sign. B$_5$r y B$_6$r]

Es interesante, por lo menos, la concepción de la educación como un medio de mantenimiento o de ascenso social. Y, aunque, hay un mínimo resquicio para el aprendizaje de la lectura por parte de las mujeres, es cierto que se viene a descartar con la recomendación de la interioridad oracional. El dominico, además, no deja de oponerse a una línea de incorporación 'profesional' de la mujer a la sociedad letrada y al ámbito de la escritura. Nos recuerda la avalancha de opiniones del mismo tenor que recomiendan, desde la Edad Media, la moderadísima alfabetización femenina.[8]

Por poner otro ejemplo, e ir cerrando esta revisión primera de las *Reglas*, de las más interesantes son las dedicadas a la función de los criados en la familia, las dos últimas. Espinosa nos pone, de entrada, ante la situación de crisis de la sociedad patriarcal que se venía dando desde el siglo anterior y que ha servido para calibrar modernidades como la de *Celestina* o, incluso, el *Lazarillo*. Del entramado aristotélico, que servía como referente universitario a la hora de tratar académicamente el asunto de la servidumbre y de las relaciones que la regían –piénsese, por poner un ejemplo español, en la obra de Fernando de Roa y en su *repetición* sobre la materia–, Espinosa actualiza una realidad que no deja de recordarnos facetas variadas del *servicio* en la España de los años treinta al cincuenta, implicando la cuestión de la pobreza, el provisional estatuto de los criados, muchos de ellos emigrantes de su tierra, y otras realidades sociales que cuajaron en géneros como la picaresca y en no pocas denuncias en todos los ámbitos de difusión de opiniones, incluyendo la

---

[8] Por lo que se refiere a esta postura y a la significación de este pasaje en su contexto, véase Cátedra y Rojo, capítulo II.

literatura de cordel.[9] De la crisis es, como digo, buen testigo Espinosa, quien arranca la "quinta regla, de cómo se han de aver los señores para con los criados", así:

> Según está ya estragado quasi todo el estado de los sirvientes, antes avrían los señores de hazer los servicios de sus casas con los ojos que consentir que los criados los hiziessen con las manos, porque oy día es tan grande la sobervia y divinidad de los moços y, por otra parte, tanta su ignorançia, torpedad y grossería, que una mixtura como ésta no ay sabio que la sufra. (C₂r)

Las dotes del predicador, habilidoso domeñador de la retórica, no dejan de animar después este cuadro en términos cuyo interés desde cualquier atalaya, incluida la lazarillesca, servirá para que se disculpe tan larga cita como la que sigue:

> Que nascidos de padres pobres y baxos de sangre y de condición, en casas pagizas de triste aldea, criados en handrajos y con camisas de estopa, llenas de tascos y de aristas, remendadas cinqüenta vezes y algunas dellas con pedaços viejos de las xergas de sus albardas, por no tener otra cosa con qué remendarlas; toda su vida descalços por los lodos y las nieves, las piernas pobladas de cabrillas, los çancajos llenos de cretas, mantenidos con somas de perros o por Pascua con pan de centeno, comiendo entre cuatro una arencada, mantenidos con ajos y puerros, que aún en la sepultura estarán hediendo a ellos, beviendo agua turbia de charcos llenos de renacuajos; venidos a las ciudades o a la corte, en viéndose vestidos con un jubón de fustán y unas calças con buenos muslos y una gorra y unos çapatos picados y una espada al lado, con seys ducados que traen a cuestas, no ay príncipe en el mundo tan grande ni diablo en el infierno tan sobervio ni torre en España tan alta. Luego se olvida de quién fue y se desconoce; y si alguna vez le viene a la memoria el acordarse de cúyo hijo es y quién ha sido y la mucha pobreza y malaventura en que se ha criado, luego le da con las puertas en los ojos al tal pensamiento y no lo dexa entrar en casa; y, si ha entrado, ha palos lo echa della. Y como se vee con unas ropas tan diferentes de las passadas, finge en sí grandeza, haze nuevo linage, fíngese noble y de gran merescimiento, haze molinos y torres de viento. No se contenta con baca ni carnero el que por gran fiesta comía de un tasajo de oveja mortezina de dos años cozida con mercuriales. Quiere pan de blanco, tierno y afloreado a quien le rugían las tripas de hambre antes que lo alcançasse de baço. No quiere bever vino común el que antes no alcançava vinagre. Haze del delicado y le haze mal el calor o el sereno de la noche quien en invierno ni en verano no entrava en casa, guardando en el campo los puercos o el ganado. Y si le mirasses las manos, le hallarías los callos del arado o del açada, tan duros y tantos y tan impressos, que podría también almohaçar la mula con sus callos como con el almohaça. Y siendo esto así, no ay ya moço que quiera ser moço, sino señor; ni ay señor que pueda ya bivir con ellos. Y ellos llámanse merced unos a otros y entonan tan alto, que no ay

---

[9]   Traté el asunto en Cátedra 2002: cap. V y, en parte, VI. Desde luego, con la atención puesta en la picaresca, hay que tener muy en cuenta la aportación de Cruz.

nadie que les pueda llevar el canto. Y esta locura y desvariada presunción más reyna en esta nasción de castellanos y en la gente baxa que en otra ninguna.

(C$_7$v–C$_8$v)

España estaba poblada de esos aprendices de escudero o de señor Lázaro en ciernes, si hemos de creer en la experiencia de Espinosa. Ésta es, como el buen manejo de la retórica que vemos tiene, un medio más para convencer y autorizar su discurso. Por medio de un realismo derivado de esa notable habilidad retórica y el contraste entre dos tiempos, Espinosa concreta en sus dos períodos paralelos los cambios que se aprecian en el individuo que, una vez salido de su medio rural, emigrado a los espacios urbanos y puesto a *servir*, se transforma. Esta realidad social había preocupado al dominico por los años veinte del siglo, en su *Desprecio del mundo*, al que me referiré enseguida. Como de pasada, y refiriéndose a la necesidad de que los criados no dejen solo al amo en los viajes, hace presente, acaso, un suceso que marcaba la imaginación del tiempo como fue el de la muerte de Juan de Vivero: "No ha muchos años que mataron cerca de Olmedo un hombre principal por yrse su gente delante" (C$_5$r). No nos dejemos engañar, sin embargo, porque el testimonio personal es argumento de *experientia*, recomendadísimo en los manuales de predicación como uno de los medios más eficaces para la persuasión: "Como yo vi en cierta parte de España"; "menos ha de muchos días que, estando yo en el portal de una casa desta ciudad."

III

Retórica homilética, experiencia real, *económicas* y sociedad son también formas y asuntos propios de la literatura de cordel del siglo XVI, si bien es verdad que Espinosa no se ocupó de ello en sus poemas publicados como pliegos sueltos, aunque éstos no dejen de poder implantarse en ese cuerpo de tratados espirituales en verso de índole teórica o práctica que forman parte fundamental de esa literatura.[10]

La obra poética que hace cuerpo con las reglas ya ha sido detallada más arriba. Quisiera añadir ahora algo sobre ella, empezando por unas notas bibliográficas, que sólo pretenden recordar al lector la fortuna de estos textos.

La más antigua edición datada del *Desprecio del mundo* de la que tenemos noticia [*M*] fue de don Hernando Colón, y en el *Abecedarium* figura con el título *Desprecio del mundo o espejo*, atribuida a "un dominicano",[11] seguramente impresa en Medina del Campo, 1534. No conservamos ejemplar. Anónima aparece en un pliego s. i. t., para el que Rodríguez-Moñino arriesga la

---

[10] Estos textos son clasificados y estudiados de forma sistemática por Eva Belén Carro en su tesis doctoral, que se defenderá próximamente en el SEMYR, Departamento de Literatura Española e Hispanoamericana de la Universidad de Salamanca.

[11] Rodríguez-Moñino 1976: 156–58; 1997: n. 544.

localización y fecha de Lisboa, por Germán Galharde, hacia 1530 [*L*].[12] Este pliego transcribe solamente 46 coplas de las 113 de que consta la obra completa, sin las tres de introducción, denotando acaso un cansancio y una especialización en literatura de cordel, con la abreviación que exige el nuevo continente en cuatro hojas, privilegiando ya un determinado formato, sin embargo de que el texto es bien correcto.[13] Podría ser, por ello, una edición algo posterior. Dependerá de la edición anteriormente citada, a juzgar por el título, que difiere levemente en algunas de las ediciones conservadas, aunque parece que aquella estaba completa pues comienza con las tres coplas de prólogo. La última de las ediciones [*Z*] se publica atribuida a un también dominico Antonio Sarmiento, fue impresa en Zaragoza por Diego Hernández en 1546.[14] Esta edición es, desde el punto de vista textual, muy correcta. Está dedicada a doña Ana Sarmiento de Ulloa, que se titula en el pliego Condesa de Ribagorza. Tercera esposa de Alonso de Aragón, es razonable que utilice ese título y no otro sólo antes de 1528, fecha en la que muere el duque de Luna Juan de Aragón y el matrimonio pasaría a utilizar el primer título de la casa. Cuadra esto además con la cronología que sobre la actividad poética de nuestro Espinosa se derivaría de la fecha de la primera edición de la siguiente obra.

La misma temprana datación y circulación de estos poemas queda asegurada por las ediciones que conocemos de las *Lecciones de Job e Infierno de los dañados*. La primera, estudiada por Askins, se conserva entre los pliegos de la British Library, en un impreso de Toledo por Ramón de Petras, 1524 [*T*].[15] Al año siguiente, debió de imprimirse en Burgos la edición [*B*] que figuraba por duplicado en la biblioteca de Hernando Colón ("Job sancti lectiones in coplas").[16] En fin, la más tardía conocida [*S*], se imprimió en Sevilla por Estacio Carpintero, 1545.[17]

Así pues, a partir de las ediciones de los años veinte, en el caso de las *Lecciones de Job* repetidas, las obras en verso de Espinosa se difunden en el ámbito de los textos espirituales con formato de cordel, para mantenerse durante los años treinta, declinando su fortuna editorial y acaso también el interés de estos textos en los cuarenta. Por ello la incorporación al volumen que aquí examinamos no dejaría de ser un anacronismo o bien el intento de aprovecharse de una reactivación de la edición de cordel de estas materias, perceptible sin salir de la misma imprenta burgalesa. En este ambiente, es un hecho la vuelta a la composición de textos en verso por parte de los frailes en el marco de la literatura de cordel o de los libros populares más baratos. Quizá la recuperación de la fuerza pastoral de la imprenta esté relacionada no sólo con la maduración de esa función en el ámbito de la literatura de cordel, sino también

---

12 Rodríguez-Moñino 1997: n. 543; 1962: n. VI y 54–55.
13 O, si se quiere, "denota ya un estado de popularización en el cual se ha suprimido todo lo que no era texto moral para la masa" (Rodríguez-Moñino 1962: 57).
14 1997, n. 545; 1962, 157.
15 Rodríguez-Moñino 1997: n. 930. Askins 171–72.
16 Rodríguez-Moñino 1997: n. 930.5; Askins 172.
17 Rodríguez-Moñino 1997: n. 933.

por el papel que ha adquirido como medio de confrontación religiosa después de la experiencia de la Reforma. En 1552, y en la misma imprenta de Burgos, como señaló Fernández Valladares, se publicaron varias obras más de carácter pastoral o polémico dedicado a los laicos por un fraile predicador, como el nuestro, y un clérigo. Nuestras *Reglas*, en primer lugar; la *Invectiva contra el heresiarca Lutero* de Mansilla, libro que, pese a los preliminares en latín y la dedicatoria al Conde de Feria, tiene en sus versos manriqueños un insobornable aire coplero y quizá, sobre todo, sea un excelente espécimen de la importancia de la *voz panfletaria* en el terreno de la literatura de cordel;[18] y con éstos la *Ensalada en metro que contiene los siete vicios capitales por metáphora* de Pedro Marín, clérigo de Luque, un verdadero pliego suelto (Fernández Valladares). Pero quizá el que más nos interese en el contexto de nuestras *Reglas* sea otra de las recuperaciones de la imprenta burgalesa del mismo año, el *Documento e instrución provechosa para las donzellas desposadas y rezién casadas*, compuesto por un anónimo religioso muchos años antes, pues que Hernando Colón poseyó otra edición,[19] y que se hubo de difundir al menos con una tercera de Alcalá.[20]

Unas palabras sobre este *Documento*. El anónimo autor, amigo según se dice del marido, envía cortésmente sus coplas a la doncella desposada como un sartal de cuchillos para que cercene buena parte de sus comportamientos, en suma de su independencia. La primera parte de la obrita contiene consejos para la doncella desposada, antes de casada, que tienden a reprimir todos aquellos vicios de soltera que, como para Espinosa, hacen a la mujer no recomendable para el matrimonio ("Cortaréys el escrivir | cartas con las alcahuetas | y también el rescebir | las c'os truxeren secretas;" "cortaréys de ser placera | ni de andar por los rincones; | cortaréys ser ventanera | a fin de ver los garçones; | y cortad otras passiones | que hazen fea la dama | y cortad otros colchones | sino los de vuestra cama;" "cortaréys las estaciones, | aunque hos digan ser benditas; | cortad las visitaciones | y el dormir por las hermitas, | porque cierto son malditas | y por Dios muy reprovadas | y vemos ser infinitas | las donzellas engañadas"). Estos versos anteriores y otros del *Documento* nos apuntan un interés especial que va más allá de las *reglas de estado*, pues que concreta muchas de sus moniciones o denuncias al ámbito concreto de difusión, como, por ejemplo, cuando dedica una ristra larga de (malditos) versos, no exentos de gracia empero, al uso del débito matrimonial entre desposados, antes de las velaciones o, incluso, cuando sólo se han casado por palabras de presente ("Las donzellas de Castilla | son ya tan desvergonçadas, | que apenas por maravilla | procuran de ser guardadas; | verlas eys tan mesuradas | en el tálamo vestidas | y las más dellas preñadas, | o preñadas o paridas").

---

[18] Véase la edición en facsímile de Pérez Gómez. Utilizo, naturalmente, la categoría estudiada en el fundamental libro de Angenot, asociación que me ha señalado Bénédicte Vauthier.

[19] Askins 1186–1203: n. 75 (en el estudio, 164–65). Rodríguez-Moñino 1976: 175; 1997: n. 847.5.

[20] Rodríguez-Moñino 1997: n. 849.

La segunda parte también aconseja cercenar no pocas cosas, empezando por la libertad, pues que la mujer como hija de Eva está sujeta al varón; cercenar la cómoda habitación de la casa de los padres, cercenar el amor de la madre; desde luego, la familiaridad con varones ("Cortaréys a otro varón | conoscer el *viritorum* | por la sancta professión | hecha en *sancta sanctorum*; *peccatum est peccatorum* | entre los buenos casados | e *contra honestate morum* | siendo por Dios ayuntados" [¡¡!!]). Siguen las recomendaciones de comportamiento, relación con el marido, gobierno de la casa, relaciones exteriores, entre ellas la frecuentación de los frailes, que recomienda no llamar *padres de confesión*: "Si los viéredes venir | cerrad las puertas tantos | no los consintáys subir | para que hablen con vos; porque, aunque vengan dos, | uno sube preguntando: | '¿Está acá el siervo de Dios?', | aunque no l'anden buscando." Narra en las siguientes coplas el acoso de los frailes, "los quales por adquerir | procuran de ser donosos," para concluir: "Mirad, mirad que refrán | de fingida devoción | darles en limosna el pan | y también el corazón." Desde luego, el *religioso* que compone el poema, si es que lo era, no debía pertenecer al estamento más tradicional de los mendicantes. Aunque él mismo habla en primera persona cuando dice que los religiosos han de evitar estas visitas, más bien, si juzgamos por la fecha de composición del texto, anterior a 1536, podría tener algunas simpatías por la religiosidad erasmiana y creía también que *monacatus non est pietas*; quién sabe si, además, era más bien uno de los varones espirituales de esa hornada, antes que fraile. En cualquier caso, se puede deducir de los pocos versos que transcribo una cierta distancia humorística –incluso en el juego del latín mezclado para hablar de sexo, como en un sermón *joyeux*– que apuntaría a la doblez de la personalidad de este ¿fraile fingido?, que se permite enviar a la desposada de un amigo una obra como ésta, en la que implícitamente la acusa de ser ligera, ventanera, lujuriosa, al hacerle servicio de estos cuchillos simbólicos, con una carta en prosa con convenciones estilísticas de la epístola amorosa. Los límites dialógicos son muy difíciles de establecer, aunque sí que se destila una ironía consciente que apunta a la risa carnavalesca, no por ello transgresora de todo el poema, pues que hay consejos en la más pura tradición de las reglas para estados de matrimonio, como las mencionadas al revisar la obra de Espinosa. Además, el autor se sitúa en ocasiones en el terreno de la *voz panfletaria* al aire de la rancia tradición misógina.

En la línea de éstas sigue el *Documento*, recomendando el retiramiento, la asistencia a la iglesia, la humildad en el lugar sagrado, no procurando los mejores sitios; condena el juego de fortuna con hombres y avisa de los peligros de fiestas en casa ajena, donde "suelen ser juntados | los galanes con vihuelas | y fingen andar penados | o que tienen mal de muelas," donde la referencia ambigua a *pena* realza la segura a la enfermedad de amor como la de Calisto, una nueva cita que nos remite al mundo también literario de estas instrucciones, cuya vitalidad pastoral no desdice tampoco de una cierta gracia sermonera y una capacidad de envolver en la ficción creíble de las situaciones humanas la sarta de consejos tradicionales. Acaso esto sea inherente a la condición de popular o divulgativa de esta literatura popular impresa, que hay que localizar en un ámbito principalmente homilético, a veces sermonero, que tiene no poco de la impronta del estilo *humilis* de la pastoral cristiana. En el caso del *Documento*, una cierta chabacanería; en las *Reglas*, todo el andamiaje retórico y lingüístico, que sin duda también podría comprobarse en otras reglas de estado para laicos.

En esta disolución de fronteras entre los distintos 'niveles' o 'espacios' del libro y de los lectores del siglo XVI hay que situar la obra de Espinosa, al menos en su último intento de recuperación. El volumen es el resultado de yuxtaponer sin más a las *Reglas* una serie de textos que parecen tomarse directamente y en el mismo orden de las ediciones anteriores sueltas, en versiones no peores que las mejores conservadas. Pero no se advierte el más mínimo cambio en el texto, si no es el ajuste de autoría y la reelaboración del prólogo que en la edición *Z* del *Desprecio del mundo* aparecía dedicado a la Condesa de Ribagorza, y que ahora pasa a prestar materiales al prólogo general de la obra, dirigido a don Pedro Sarmiento, como se advierte con esta muestra:

Reglas	*Dedicatoria en Z*
Hanse enflaquescido y azedado tanto los estómagos de los hombres para las cosas divinas, muy illustre señor, a causa de estar hechas a las humanas [...] A cuya causa los letrados y predicadores y aquellos a quien toca proponer al pueblo la doctrina divina y darles los manjares spirituales y a comer aquel celestial Cordero tienen necessidad de dárselo bien guisado y con salsas y saynetes como a enfermos de la salud del alma [...] Ni *Desprecio del mundo* se puede presentar mejor que a quien tan menospreciado lo tiene.	Está ya tan prostrada la gana de los mantenimientos spirituales en nosotros, muy illustre señora, y nuestros estómagos tan azedos para lo divino, por estar tan hechos a lo humano. [...] Por cuya causa los letrados y predicadores tienen necessidad de guisar la comida spiritual con nuevas invenciones y hazer salsas y buscar nuevas maneras para que las enfermas ánimas coman a poder de regalos [...] Y también porque *Desprecio del mundo* no se podía ni devía más justamente intitular que a quien tan despreciado y acoceado lo tiene como V. S.

La sola comparación demuestra la dependencia. Lo más probable es que se haya adaptado el segundo en la nueva forma del primero; el tejido, sin embargo, es de tan buena trama en los dos que fuera extraño no tratarse de la misma persona el autor de uno y otro. Tales aprovechamientos, sobre todo de prólogos, y dolosamente, no son nada extraños en el Siglo de Oro, pero en este caso consideramos que Espinosa está reivindicando unas *obrecillas* poéticas juveniles –la cronología demostraría que esta afirmación es más que el consabido tópico– en un momento editorialmente apropiado para su revitalización. Pero se conforma con publicarlas tal cual y sólo con un esfuerzo podemos imaginar que el volumen de 1552 cumpliera con un ciclo pedagógico y espiritual bastante completo, en el que las reglas *ad status* se complementan con una invitación al

Desprecio del mundo, a la práctica devota por medio de la adaptación de las litúrgicas *Lecciones de Job* y algún que otro texto más oracional o escatológico.

Antes de dedicar unas páginas a estas obras, dejemos apuntado algo sobre el problema de la autoría del *Desprecio*, que en la edición zaragozana aparece atribuido a Antonio Sarmiento. Los primeros autores o bibliógrafos de la orden tienen en cuenta a Espinosa, como prior de muchas partes (López) y autor de comentarios a las *Súmulas* (López; Quétif y Echard); Nicolás Antonio conocía las *Reglas* y se las prohija.[21] Nada se señala sobre su faceta de poeta de cordel y, naturalmente, nadie plantea el problema de la autoría de los poemas, que sepamos, hasta que lo haga Isaías Rodríguez, como hemos señalado más arriba (nota 2).

El apellido Sarmiento surge una y otra vez relacionado con las obras publicadas a nombre de Espinosa. Es doña Ana Sarmiento la destinataria del *Desprecio*, don Pedro Sarmiento el de las *Reglas* con el resto de la obra poética, es, en fin, Antonio Sarmiento el autor del *Desprecio* según la edición zaragozana. Las demás sueltas de sus obras se presentan anónimas, o atribuidas a un anónimo dominico como máximo. El Pedro Sarmiento destinatario de las *Reglas* fue, en efecto, prior de Osma –el priorato era la primera dignidad de esa catedral–, tuvo sus momentos de esplendor precisamente por los años en que Espinosa le dedica las *Reglas*, a juzgar por los restos de su mecenazgo en la catedral de Burgo de Osma. Una lápida conmemorativa en uno de éstos nos conserva la fecha de su muerte, 1568, así como referencia a su hermano Gabriel Sarmiento, camarlengo de Adriano VI, y de la pertenencia por línea directa a la casa de los señores de Obierna.[22]

Aunque cabe la posibilidad de una errata fatal en la portada del pliego zaragozano, improbable si advertimos que se encontraría repetida en la rúbrica del prólogo, me pregunto si el Antonio de Espinosa que firma las *Reglas* no tendría parentesco o dependencia con ramas de los Sarmiento, que explicaría la elección de los mecenas, y si acaso no utilizaría este apellido antes de profesar o en los primeros tiempos de su profesión. Es posible, además, que el Sarmiento sea un alias; más improbable es que Espinosa prestara sus versos a un Antonio Sarmiento, que hasta ahora he sido incapaz de encontrar en las historias españolas de la orden de santo Domingo. Descarto el proceso inverso, que Antonio de Espinosa se adueñe de obra ajena; o bien que el impresor burgalés componga un volumen atractivo por varias razones con obras de distinta procedencia y las atribuya a un fray Antonio más conocido. Aunque es práctica documentada en esos tiempos, por ejemplo con las obras de san Francisco de Borja, que tantos sinsabores inquisitoriales le supuso,[23] habría que atribuir también al impresor o editor el arreglo y ajustes señalados del prólogo y

---

21 López fol. 414; Quétif y Echard II, 139, basándose en Altamira, que extractaba a su vez a Juan López y a Nicolás Antonio, le atribuye el comentario sobre las *Súmulas* y las *Reglas*.

22 Loperráez 62–65.

23 Véase Cátedra 2001b: 106–17.

explicar de otro modo las coincidencias, que más abajo se señalan, entre el *Desprecio* y las *Reglas*.

Así las cosas, considero que la serie de obras atribuidas a Antonio Sarmiento o al dominico anónimo son obra del también miembro de la orden de santo Domingo fray Antonio de Espinosa. Me refiero brevemente, primero, a las *Lecciones de Job* y su complemento, el *Infierno de dañados*, que debieron publicarse antes que el *Desprecio del mundo*, que reviso concluyendo este trabajo. El carácter de soliloquio de las primeras está en su mismo origen y función. Espinosa glosó en 28 coplas –las cuatro primeras hasta completar la suma de 32 son de prólogo– sólo parte de las *lectiones* que figuran en las *Horas* canónicas *de los finados*, concretamente la II (*Parce mihi, Domine* [Job 7, 16–21]), y la III (*Manus tue* [Job 10, 8–12]) del primer nocturno de maitines del oficio de difuntos; y la IX, del tercer nocturno (*Quare de vulva* [Job 10, 18–22]). Frente a esta selección, una parodia tan famosa como la de Garci Sánchez de Badajoz las contrahace todas.[24]

Seguimos preguntándonos si este tipo de trabajos poéticos, como son las glosas de textos de uso litúrgico en el ámbito de la devoción diaria, servían para una práctica sustitutiva de los textos originales en los libros de horas. La reducción de la práctica de las horas era aceptable para muchos autores de directrices sobre la oración, y ahorro los testimonios. Sin embargo, el prólogo de Espinosa a su versión de algunas de las nueve *lectiones* de los nocturnos de maitines nos centran mejor ese trabajo en un ámbito de soliloquio, como si se recuperara la impronta original del texto bíblico. Es evidente que la poesía, incluso la de cordel, sirve en las *glosas* de textos litúrgicos para, en algunas ocasiones, devolverlos a su espacio original y, en otras, desplazar su forma y función.

La moralización, empero, viene con el *Infierno de los dañados*, que se le añade a la zaga de las últimas palabras de Job en la lección IX. Las 44 coplas de este texto narran un pesado viaje por el infierno, tras ser arrebatado el autor por la Fe y la Esperanza en pleno sueño. Los pálidos ecos de Dante y de otros viajes al más allá merecen, como máximo, una nota a pie de página en las monografías especializadas. El poeta va descendiendo las gradas del infierno y asiste a la pena de judíos, lujuriosos, avaros, soberbios, entre otros que ya no distingue al final.

Antes que al *Infierno*, prefiero dedicar las páginas que me quedan al *Desprecio del mundo*, un largo poema de ciento trece coplas, precedidas de una tópica invocación de sólo tres solicitando luz a Dios y comprensión de "cuán cosa perdida sea | el mundo do me perdí", que no desdicen ni por el estilo ni por la materia de otros textos con implante en la poesía de cancionero y en la de copleros anónimos y conocidos del siglo XVI. El marco principal es una invectiva basada en la personificación del mundo, en la que se agrupan todos los tópicos que vemos en la literatura romance y latina especializada. La paradoja –"Tu concierto es no tenello, | tu tino, desatinarnos, | tu bien es estar

---

[24] Véase Gallagher 63–155.

sin ello, | tu ser es siempre perdello, | das vida para matarnos"– y los tópicos de ella derivados, como el *de vilitate conditionis humanæ* –"Tus muestras quán escogidas, | vedlo por la juventud, | y tus telas quán podridas | y quán mal eran texidas | nos muestra la senectud"–, el mundo al revés, como mesón de confusiones, además de los consabidos sobre la condición humana, el sueño de la vida, el capricho de la fortuna y el paso del tiempo, con el de *ubi sunt*, sostienen la invectiva (coplas 4–33) que sirve de introducción al análisis de las condición humana de acuerdo con la manida división en estados, empezando por el de los señores (coplas 34–46), y siguiendo por el de los ricos y de los "tratantes" (coplas 47–65), los pobres (coplas 66–79), los eclesiásticos (coplas 80–109); para, en fin, volver a la invectiva inicial (coplas 110–113).

Un par de citas permitirían al lector hacerse cabal idea del tono y de las fuentes de inspiración de nuestro dominico coplero, especialmente la poesía sobre la materia del siglo XV, Mena, Santillana, y los Manrique, Gómez y Jorge;[25] se percibiría también el uso de determinados recursos retóricos propios de esa poesía, como la comparación –"De todo quanto passó | passó también su memoria, | el tiempo lo sepultó, | ninguna gloria se vio | que della quedase gloria. | Como passa por la mar | de gran priessa la galea | sin rastro de sí dexar, | assí passó sin mostrar | lo passado qué tal era", escribe concluyendo la serie de coplas dedicadas a construir con los mimbres señalados el imprescindible *Ubi sunt?*–. Claro que por los mineros *de contemptu mundi* y de la organización con la imaginería de los *estados* se cuelan también temas de amplio implante clásico, como la sospecha del trato marítimo y condena de avaricia –"Verás los rezién casados | a sus mugeres dexar, | en las mares engolfados | y en mil peligros lançados | por interés de ganar"–, depreciado merced a su dolamiento medieval –"Quando vieres que la mar | alguna nao se tragó, | ten por cierto que el peccar | la hizo más anegar"–.

Desde luego, y fuera de los recursos acumulativos, tras del *Desprecio* no deja de poder reconocerse una organización penitencial, canónica. Si se revisan los pecados de los mercaderes, son los *casos de conciencia* los que tiene presente nuestro fraile. Esto da un poquitín de interés a este poema, colocándolo en una actualidad incluso económica –"Aquel pagar delantado, | aquel comprar al quitar, | aquel vender al fiado, | aquel tomar relançado, | el cauteloso tractar"–, y participando en esa línea adoptada por los frailes mendicantes en su predicación de condena de las prácticas del preliberalismo económico, común a otros textos coetáneos que están en la base de renovaciones como la *picaresca*. Por ello la sección dedicada a los pobres es también interesante, por presentarnos en fechas muy anteriores el mismo panorama tan realista que veíamos antes en las *Reglas*. Si allí se trataba de acentuar el contraste entre una realidad, la de la pobreza rural, frente al cambio radical con el deseo de hacerse alguien en el ámbito urbano por parte del inmigrante, y por eso se hace esa descripción tan pormenorizada y paralela, en las coplas 74–79 del *Desprecio* se impone una

---

25 La dependencia de Jorge la señaló Rodríguez-Moñino 1962: 57.

descripción de las miserias de la pobreza no voluntaria sin la más mínima acritud.

No podía faltar, desde luego, una revisión de los males de los eclesiásticos, un asunto que nos llama la atención si pensamos que nuestro poema se escribe en los aledaños del Saco de Roma y de las primeras revisiones de la ortodoxia de Erasmo, organizada ya la reforma. Espinosa empieza advirtiendo que no va a criticar ni la riqueza de la Iglesia, ni tampoco los aspectos *espirituales* –"que no me he buelto tan loco | que desto tenga querella"–, es decir que sin aludir a ello está desmarcándose de dos de las baterías polémicas de la reforma de Lutero. Por eso entre las losas de los pecados tradicionales del clero según los predicadores medievales, –soberbia, lujuria, ignorancia, avaricia, gula, falta de residencia, etc.– "los siete peccados | con ramos y circunstancias | siete mil son ya tornados", en clara alusión al *arbor peccatorum*, contrapuesto al de las virtudes, del que solían usar los canonistas y predicadores medievales como recurso mnemotécnico, así como también la imaginería de la consanguinidad en las genealogías de los pecados capitales, personificados como hijas del diablo; digo que entre esas losas, crecen a veces las hierbas de la condenable actualidad de la situación de la Iglesia, la censura del comportamiento del Papa, por ejemplo, y una serie de cuestiones actuales que parecen futuro guión ideal para tratar en concilio, adobado todo eso con un aire profético y bíblico. Todas estas materias, al menos en esos años veinte, fueron un común denominador para los mendicantes o los reformistas más exquisitos, para no siempre elegantes predicadores y erasmistas como Alfonso de Valdés, aunque andando el tiempo se convirtiera en materia tabú para casi todos los primeros.

Una revitalizada imagen para tiempos de crisis de raigambre evangélica y también estoica, la de la construcción de inmuebles, se repite en la condena del comportamiento de varios estados y sirve luego para la conclusión final (copla 111); podría servir para percibir la actualidad del *Desprecio del mundo*, una realidad, la de la expansión urbana de la primera mitad del siglo XVI, la de la transformación de los conjuntos arquitectónicos merced a los grandes mecenas, que, sin embargo, sirvió a reformistas y predicadores para metaforizar sobre la vanidad del mundo y 'realizar' el contraste entre pobres y ricos, que construyó la voz, desde el púlpito, y la lectura, en la literatura popular impresa. Ésta debe ser vista también como extensión de la pastoral, antes ejercida principalmente con el sermón, que, sin embargo, ahora se beneficia de estas nuevos medios de la difusión, en franca competencia con otros géneros. Se explican, así, esos pliegos sueltos burgaleses examinados más arriba a cargo de sacerdotes o frailes, y la misma labor de Espinosa, difundida sobre todo en pliego suelto. Y, en cierto modo, se explican las numerosas interferencias que la crítica ha puesto de manifiesto, incluso alguna menos atendida, como la credibilidad y el uso que en los ámbitos religiosos e, incluso, en el púlpito podían llegar a tener también productos amarillistas del género, como ciertas relaciones ejemplares de la segunda mitad de siglo.[26]

---

[26] Cátedra 2002: 90–91.

Y es que el valor *social* de la literatura de cordel tiene su raíz en el carácter *panfletario* de la misma –entendámonos, en su sentido más puramente formal de Angenot–. Pero es, justamente, ese mismo carácter el que presta enorme eficacia social a la predicación mendicante del siglo XV, sobre todo, y hasta Trento en el XVI, sin contar con los predicadores evangélicos de las corrientes espirituales afines, por recordar al maestro Eugenio Asensio. Una nueva sintonía ésta entre esos espacios complementarios, en la que habrá que seguir insistiendo para entender, por un lado, la función real y sustancial de las *lecturas populares* y por otro el asentamiento natural, cómodo incluso, de éstas, así como también la formación de su repertorio, espiritual, hagiográfico o ejemplar.

Obras citadas

Angenot, Marc, 1995. *La Parole pamphlétaire: contribution à la typologie des discours modernes*, Langages et Sociétés (París: Payot).

Askins, Arthur Lee-Francis, 1989. *Pliegos poéticos españoles de la British Library, Londres (impresos antes de 1601): edición en facsímile precedida de una presentación y notas bibliográficas*, Joyas Bibliográficas, Serie Conmemorativa, Segunda época, I–II (Madrid: Joyas Bibliográficas).

Baranda, Nieves, 1993. "La literatura del didactismo", *Criticón*, 58: 25–34.

Bujanda, J. M. de, et al., 1984. *Index de l'Inquisition espagnole, 1551, 1554, 1559*, I–VIII (Sherbrooke: Université de Sherbrooke; Ginebra: Librairie Droz).

Cátedra, Pedro M., 1990. *Los sermones atribuidos a Pedro Marín: van añadidas algunas noticias sobre la predicación castellana de san Vicente Ferrer*, Acta Salmanticensia: Textos Recuperados, 1 (Salamanca: Universidad).

——, 2001a. "Lectura, polifonía y género en *Celestina* y su entorno", en *Celestina: la comedia de Calisto y Melibea, locos enamorados*, ed. Gonzalo Santonja, Mitos Universales de la Literatura Española (Madrid: Sociedad Estatal España Nuevo Milenio), pp. 33–58.

——, 2001b. *Imprenta y lecturas en la Baeza del siglo XVI*, Publicaciones del SEMYR, Inventario, 2 (Salamanca: SEMYR y Sociedad de Estudios Medievales y Renacentistas).

——, 2002. *Invención, difusión y recepción de la literatura popular impresa (siglo XVI)* (Mérida: Junta de Extremadura).

——, y Anastasio Rojo, 2003. *Bibliotecas y lecturas de mujeres (siglo XVI)*, Instituto de Historia del Libro y de la Lectura, Serie Mayor, 2 (Madrid y Salamanca: Instituto de Historia del Libro y de la Lectura).

Cherubino da Siena, 1969. *Regole della vita matrimoniale di frate Cherubino da Siena*, eds. Francesco Zambrini y Carlo Negroni, Scelta di Curiosità Letterarie Inedite o Rare dal secolo XIII al XIX, Dispensa, 228 (Bolonia: Comissione per i Testi di Lengua).

Cruz, Anne J., 1999, *Discourses of Poverty: Social Reform and the Picaresque Novel in Early Modern Spain*, University of Toronto Romance Series (Toronto: University of Toronto Press).

Doni Garfagnini, Manuela, 1996. "Autorità maschili e ruoli femminili: le fonti classiche degli *economici*", en Zarri 1996: 237–51.

Fernandes, Maria de Lurdes Correia, 1995. *Espelhos, cartas e guias: casamento e espiritualidade na Península Ibérica 1450–1700* (Oporto: Instituto de Cultura Portuguesa, Faculdade de Letras da Universidade do Porto).

Fernández Valladares, Mercedes, 1999. "Un pliego suelto burgalés ahora nuevamente hallado: la *Ensalada de metros* de Pedro Marín", *Rivista di Filologia e Letterature Ispaniche*, 2: 95–107.

——, 2005. *La imprenta en Burgos (1501–1600)* (Madrid: Arco Libros).

Gallagher, Patrick, 1968. *The Life and Works of Garci Sánchez de Badajoz*, Colección Támesis, Serie A, Monografías, 7 (Londres: Tamesis Books).

Guevara, Antonio de, 1539. *Libro primero de las epístolas familiares* (Valladolid: Juan de Villaquirán).

Hentsch, Alice A., 1975 [1903]. *De la littérature didactique du Moyen Âge s'adressant spécialement aux femmes* (Ginebra: Slatkine Reprints [Halle: s.i.).

Lenzi, Maria L., 1982. *Donne e madonne: l'educazione femminile nel primo Rinascimento italiano*, Pedagogía, 22 (Turín: Loescher).

Loperráez Corvalán, Juan, 1788. *Descripción histórica del obispado de Osma con tres disertaciones sobre los sitios de Numancia, Uxama y Clunia* (Madrid: Imprenta Real).

López, Juan, 1613. *Tercera parte de la historia general de santo Domingo y de su orden de predicadores* (Valladolid: Francisco Fernández de Córdoba).

Mansilla, fray Cristóbal, 1961. *Invectiva contra el heresiarcha Luthero (Burgos, 1552) con el "In Ibin" de Ovidio en la versión castellana de Diego Mexía (Sevilla, 1608)*, ed. Antonio Pérez Gómez (Cieza: «. . . la fuente que mana y corre . . .»).

Martínez Vigil, Ramón, 1884. *La Orden de Predicadores: sus glorias en santidad, apostolado, ciencias, artes y gobierno de los pueblos, seguidas del ensayo de una biblioteca de dominicos españoles* (Madrid: Librería de don Gregorio del Amo).

Quétif, J., y J. Echard, 1721. *Scriptores ordinis predicatorum* (París: J. C. Ballard y N. Simart).

Rallo, Asunción, ed., Pedro de Luján, 1990. *Coloquios matrimoniales del licenciado Pedro de Luján*, Anejos del *Boletín de la Real Academia Española*, 48 (Madrid: RAE).

Reinhardt, Klaus, 1990. *Bibelkommentare spanischer Autoren (1500–1700)* (Madrid: CSIC).

Rodríguez, Isaías, 1971. "Espirituales españoles (1500–1570)", *Repertorio de Historia de las Ciencias Eclesiásticas en España*, 3: 407–609.

Rodríguez-Moñino, Antonio, 1962. *Los pliegos poéticos de la colección del Marqués de Morbecq (siglo XVI): edición en facsímile, precedida de un estudio bibliográfico* (Madrid: Estudios Bibliográficos).

—— 1976. *Los pliegos poéticos de la Biblioteca Colombina (siglo XVI): estudio bibliográfico*, ed. Arthur L-F. Askins, University of California Publication in Modern Philology, 110 (Berkeley: University of California Press).

—— 1997. *Nuevo diccionario bibliográfico de pliegos sueltos poéticos: siglo XVI*, eds. Arthur L-F. Askins y Víctor Infantes, Nueva Biblioteca de Erudición y Crítica, 12 (Madrid: Editorial Castalia).

Schutte, Anne Jacobson, 1983. *Printed Italian Vernacular Religious Books 1465–1550: A Finding List*, Travaux d'Humanisme et Renaissance, 194 (Ginebra: Droz).

Solfaroli Camillocci, Daniela, 1996. "L'obbedienza femminile tra virtù domestiche e disciplina monastica", en Zarri 1996: 269–83.

Zarri, Gabriella, 1987. "Note su diffusione e circolazione di testi devoti (1520–1550)", en *Libri, idee e sentimenti religiosi nel Cinquecento italiano*, ed. Rolando Bussi, Saggi, Istituto di Studi Rinascimentali Ferrara (Modena: Panini), pp. 131–54.

—— ed., 1996. *Donna, disciplina, creanza cristiana dal XV al XVII secolo. Studi e testi a stampa*, Temi e testi, Nuova serie, 36 (Roma: Edizioni di Storia e Letteratura).

The Bestiary Tradition in the *Orto do Esposo*

ALAN DEYERMOND

The transmission and use of bestiary material in medieval Portugal, as in Castile, confronts us with an immediate problem: although there are extant Catalan bestiary texts (translated from Italian; Panunzio), the rest of the Peninsula has nothing in the vernacular or in Latin – either extant texts or records of lost ones – that can be described as a bestiary in the accepted sense of the word.[1] We do, it is true, possess Castilian, Aragonese, and Catalan translations of Brunetto Latini's encyclopedic *Livres dou Tresor* (Baldwin 1982 and 1989, Prince, and Wittlin, respectively), a work that incorporates a version of the bestiary's immediate ancestor, the *Physiologus*, but without the Christian moralizations that are central to the purpose of the bestiary. Any Peninsular work that makes use of a bestiary animal with its moralization cannot, therefore, have relied on one of the translations of Brunetto Latini. It is also true that the *Aviarium*, the first book of the twelfth-century *De bestiis et aliis rebus* (wrongly attributed to Hugh of St Victor), sometimes copied independently, appears to have made a greater impression in Portugal than in the rest of the Peninsula.[2] Both a Latin and a vernacular text survive, the latter only in part but the former in full, in three manuscripts.[3]

Neither the Latin nor the vernacular aviary seems to have influenced Portuguese or any other Peninsular literature of the Middle Ages. How, then, can we account for the frequent appearance of bestiary animals – that is to say, creatures such as the phoenix and the unicorn, ordinary animals with their bestiary attributes, and animals with bestiary moralizations attached – in medieval Castilian and Portuguese works? The answer is to be found partly in the pervasive influence of the bestiaries in the church culture of the Middle Ages (notably in sermons and in ecclesiastical architecture), and partly in intergeneric borrowings between bestiaries and encylopedias, bestiaries and Aesopic fable collections, etc. It is, therefore, not surprising that bestiary animals play a substantial part in the *exempla* and comparisons of the *Orto do Esposo*, a

[1] See McCulloch 1970, George and Yapp, Hassig, and Baxter.
[2] The author is now generally believed to have been Hugues de Fouilloy (Hugo de Folieto); see, however, Baxter 96. Clark gives a full account of the *Aviarium*.
[3] The fragmentary vernacular text is edited by Azevedo and by Rossi et al. The Latin text is edited and translated by Gonçalves. See Martins 1956b and 1969, and Clark 286–88.

doctrinal and devotional work of the late fourteenth century.[4] The *Orto* was one of the first medieval Portuguese prose texts to be edited according to modern scholarly criteria (Maler 1956), but until the late 1980s it was relatively neglected, except for a series of short articles and sections of books by Mário Martins (1956a, 1956b, 1956c, 1975, 1977, and 1979), the earliest ones designed chiefly to introduce the *Orto* to the general educated reader, and for a long article by Frederick G. Williams (1968), a work of reference. The wealth of material provided by Maler in his second volume may have led most scholars to believe that nothing remained for them to do. It is also possible that they were deterred by his promise of a third volume with "estudos sôbre os manuscritos, fontes, língua do documento, os princípios em que assenta a presente edição, um glossário e um índice onomástico" (1956: I, xii) though the third volume, when it appeared eight years later (Maler 1964), turned out to be slender and to be devoted principally to the glossary; the promised studies are brief (twenty-five pages in total), and the onomastic index is lacking.

In the last decade and a half there has been a rapid growth of interest in the *Orto do Esposo*, manifested chiefly in conference papers that became articles and in graduate theses, using both standard and theoretically-based approaches to the text. One study appeared in 1987, five between 1992 and 1996, and at least eight since 1997. They deal with the image of the king (Nunes), satire (Odber de Baubeta; cf. Martins 1977), the role of women (Díaz-Ferrero and Murillo Melero), the Other World in *exempla* (Mattoso), the ideology, authority, and reception of the *exempla* (Pereira 1996), the vision of history in the *exempla* (Pereira 1997), the hagiographic *exempla* and the *Legenda aurea* (Machado 1996 and 1997a), the *Orto* and the medieval hermeneutic tradition (Machado 1997a and 1997b and – with special reference to the Bible – Madureira 1999; cf. Martins 1979), questions of genre (Madureira 1997), the teaching of doctrine (Fernandes), and the *Orto* in the context of the exemplary tradition (Madureira 2002; cf. Martins 1975).[5] The role of animals in the *Orto* has not received much attention, and the present article is intended to remedy that omission.

Some animals are mentioned only in passing, and without any connection to the bestiary tradition. For instance, warning that menstrual blood corupts, the author says that "se os cãães comẽ delle, tornã-sse rrauyosos."[6] The source is Innocent III's *De contemptu mundi* (Maler 1956: II, 69). Similarly, "assy como

   4   Augusto Magne, in his foreword to Maler 1956, dates the work between 1383 and 1417 (I, ix), and it is still often (e.g. Deyermond 87) described as being of the late fourteenth or early fifteenth century, largely because of the subtitle of Maler's edition, but Maler later concluded, on the basis of a historical reference in the text (I, 251–52), that "Temos [. . .] a certeza de que [. . .] foi terminado o mais tarde por volta de 1390, provàvelmente na segunda metade da década 1380–1390" (Maler 1964: 17).

   5   In the 2nd edition of Martins's book, published in 1980, this chapter is unchanged. I have not yet seen Nunes, Fernandes, or Carreto; in the last case, the title does not indicate – to me, at least – the subject of the article.

   6   Book IV, chap. 4; Maler 1956: I, 99.25–26 (Maler numbers the lines of each page). All future references to the text of the *Orto* will be to his edition, by book, chapter, and page plus line(s).

nõ pode o gato estar acerca do fogo que se nõ queyme, bem assy nõ pode estar o homẽ muyto a par da molher que nõ caya ẽ peccado da luxuria" (IV.57; 310.5–7). The dog reappears in a simile: "asy como fezerõ creer hũũs ribaldos a hũũ rustico por hũũ carneyro que era cam pera lho fazerẽ perder", and the story is then developed, with dialogue (IV.14; 138.7–25).

The animal may form part of a Biblical allusion:

> Assy como ho orto do parayso terreal he muy gracioso per razom dos cantares das aues que cantam ẽ elle muy docemente, bem assy ẽo orto da Sancta Scriptura ha muy doces soons e cantares daues que a fazem muy delectosa, onde diz o propheta Ezechiel: As aues do ceeo cantarõ. E diz Salamõ ẽnos Cantares do Amor: A uoz da turtur he ouuyda ẽna nossa terra.
>
> (II.11; 30.33–31.3)

Maler correctly notes that the last sentence is a quotation from the Song of Songs, "Vox turturis auditur est in terra nostra" (2:12), and it may well come direct from the Bible (the *Orto* makes substantial use of the Song of Songs, using the title "Cantares do Amor" each time).[7] It is, however, worth noting that the *Aviarium* uses this quotation to introduce one of its chapters on the turtle-dove (Chap. 28 in Clark 152, chap. 27 in Gonçalves 88).

Similarly, there is some correspondence between the *Orto*'s passage on the elephant (III.11; 63.9–34) and the bestiary's account of the animal: both tell the reader that elephants live for three hundred years and that the Persians use them in war, placing wooden castles on the animals' backs. The passages as a whole are, however, very different: the *Orto* presents its information on the elephant in a list of features attributed to *auctores*: "diz Aristoteles [. . .] E dizem os sabedores [. . .] segũdo diz Isydoro [. . .] E diz Plinio [. . .] Onde diz Solin [. . .] E diz Plinio [. . .] E diz Plinio." Reliance on named authorities is common in the *Orto*, but this frequency of reference is exceptional. Maler shows that the immediate source is Bartholomeus Anglicus, *De proprietatibus rerum*, XVIII.41–43, but that "o nosso autor não toma os capítulos em ordem; primeiro traduz um trecho do 42, depois um do 43, volve ao 41, outra vez ao 43, e acaba no 41" (1956: II, 48). Here the coincidence between the bestiary and the *Orto* is almost certainly due to the use of common sources by the bestiary and Bartholomeus Anglicus, though the sentence about the elephants in war may have been taken by Bartholomeus from the bestiary, and it is just possible that the Portuguese author's vague attribution "os sabedores" may reflect awareness of this.

In a dozen or so other cases, however, the *Orto*'s account derives ultimately from the bestiary (quoted below in T. H. White's familiar translation), even though this is mediated through *De proprietatibus rerum*. The passage on the tiger is a good example: after two introductory sentences that, as Maler shows (II, 67), derive from Bartholomeus, we are told that:

---

[7]   The Song of Songs was one of the most influential books of the Bible in medieval European culture: see Dronke, Hunt, Astell, and Matter.

quando o caçador lhe quer tomar os filhos, uay ao luguar hu os ella tem, em quanto ella hy nõ esta, e toma-os e leva-os ẽcima de hũũ caualo muy ligeyro. E, quando ella os nõ acha, sente o rrasto do caçador pello cheyro e entõ corre muy fortemẽte depos el, o caçador, quando o sente yr depos sy, lança hũũ dos filhos da animalia ẽ terra. E ella toma-o e torna-o a seu luguar, e ẽ tanto foge o caçador. [...] E, quando o caçador quer leuar todollos filhos daquella animalia, leua consigo grandes espelhos a lança-os no caminho a aquella animalia. E ella, quando chega ao espelho e vee ẽ elle a sua fegura, cuyda que he o filho, e, em quanto esta oolhando, escapa o caçador cõ os ella asy filhos [...] (IV.2; 95.9–22)

Now the Tigress, when she finds the empty lair of one of her cubs that has been stolen, instantly presses along the tracks of the thief. But this person who has stolen the cub, seeing that even though carried by a swiftly galloping horse he is on the point of being destroyed by the speed of the tigress, cunningly invents the following ruse. When he perceives that the mother is close, he throws down a glass ball, and she, taken in by her own reflection, assumes that the image of herself in the glass is her little one. She pulls up, hoping to collect the infant. But after she has been delayed by the hollow mockery, she again throws herself with all her might into the pursuit of the horseman, and goaded by rage, quickly threatens to catch up with the fugitive. Again he delays the pursuer by throwing down a second ball, nor does the memory of his former trick prevent the mother's tender care. She curls herself round the vain reflection and lies down as if to suckle the cub. And so, deceived by the zeal of her own dutifulness, she loses both her revenge and her baby. (White 12–13)

The *Orto* here relies, as before, on Bartholomeus (XVIII.102), but it is clear that behind Bartholomeus is the bestiary, whose account he has tried to render more realistic by introducing the hunter's use of one cub to delay the tigress.[8] The *Orto*'s use of an adapted bestiary story contrasts sharply with the immediately preceding passage on the lion (94.25–95.5), which is from *De proprietatibus rerum*, XVIII.63 (see Maler 1956: II, 67), where there is only one point in common with the bestiary (the lion hides in the mountains), and what seems to be a confused reminiscence of the bestiary's statement that to escape the hunters the lion "disguises his spoor behind him with his tail" (White 8): "o leom faz arredor das animalias hũũ cerco con seu cabo, e cada hũa animalia nõ ousa a passar aquelle cerco [. . .]" (94.30–32).

The central part of the *Orto*'s description of the lynx (IV.17; 147.25–31) comes from the bestiary via Bartholomeus XVIII.67 (see Maler 1956: II, 94):

8   McCulloch 1968 studies the bestiary story of the tigress and the mirror.

lhante ao lobo e tem o lonbo malhado. | Lincis the Lynx is called this because he
Esta animalia que chamã lĩjs, he seme | is a kind of wolf [...]. The brute is
A ourina delle se torna ẽ hũa pedra | distinguished by spots on the back like
preciosa que chamã ligurio, ca esta | a Pard, but he looks like a wolf. They
animalia, porque sabe que da sua ourina | say that his urine hardens into a
se a de geerar esta pedra virtuosa, | precious stone called Ligurius, and it is
esconde a sua ourina so a area, por tal | established that the Lynxes themselves
que nõ achẽ os homẽs aquella pedra por | realize this, by the following fact. When
se nõ prestarẽ dela ou por se nõ fazer | they have pissed the liquid, they cover it
della pedra pera prestar aos homẽẽs. | up in the sand as much as they can.
Mas aly so a area se geera mais | They do this from a certain constitu-
tostemẽte aquella pedra. | tional meanness, for fear that the piss
should be useful as an ornament to the
human race. (White 22)

The moralizing sections that precede and follow this do not have an ultimate bestiary origin: what precedes (147.20–24) is attributed by Maler to Boethius, *De consolatione Philosophiae*, III, pr. 8, and what follows (147.32–35) seems to be the Portuguese author's brief comment.[9]

The *Orto*'s account of the basilisk (IV.18; 155.16–37) also alternates bestiary and non-bestiary material, but in a pattern different from that of the description of the lynx: it has bestiary material at the beginning and near the end (155.16–20 and 28–31), though the latter section is followed by two non-bestiary sentences. In between (155.20–28) comes material that has no connection with the bestiary. The whole is, as Maler shows (1956: II. 97–98), derived from *De proprietatibus rerum*, XVIII.15, so the alternation of bestiary and non-bestiary material is due to Bartholomeus.[10]

Diz Sancto Ysidoro que o basilisco he | The Basilisk [...] is the king of serpents
rey das serpentes, ca todas as serpẽtes o | – so much so, that people who see it
temem e fugẽ delle, porque elle cõ seu | run for their lives, because it can kill
cheyro e cõ seu baffo e ajnda tam | them merely by its smell. Even if it
solamẽte cõ sua vista mata toda cousa | looks at a man, it destroys him. At the
viua. E toda aue que uoa perante a vista | mere sight of a Basilisk, any bird
delle, morre queymada, posto que vooe | which is flying past cannot get across
alongada delle. [Three sentences of | unhurt, but, although it may be far
non-bestiary material.] Tam peçoento he | removed from the creature's mouth, it
o basilisco, que, seo alguẽ tanger cõ asta, | gets frizzled up and is devoured. Ne-
posto que seia muy longua, logo ẽ essa | vertheless, Basilisks are conquered by
ora morre aquelle que o tange. A | weasels. Men put these into the lairs in
donazinha o mata, ca o Senhor Deus, | which they lie hid, thus, on seeing the

---

9   On the lynx, see McCulloch 1970: 141 and George and Yapp 49–50.

10   For the basilisk, see McCulloch 1970: 93. 'E fuge delle': Note that this fear is attributed to other serpents in *Orto* (and in its source, *De proprietatibus rerum*, XVIII.15), whereas
the bestiary attributes it to men. Bartholomeus seems to have misunderstood the bestiary at
this point.

que he padre de todalas cousas, nõ leixou nenhũa cousa sem remedio. [Two sentences of non-bestiary material.]

weasel, the Basilisk runs away. The weasel follows it and kills it. God never makes anything without a remedy. (White 168–69)

Similar mixtures of bestiary and non-bestiary material are found in the *Orto*'s account of other animals: the siren (IV.20; 162), the panther (IV.21; 165–66), the stag (IV.24; 178), the dove (IV.24; 178–79), the hare (IV.27; 192–93; this animal is found only in the later bestiaries), the phoenix (IV.58; 311–12), and the animal called "aptalyon" in the *Orto* and "antalops" by the bestiary (IV.69; 345–46).[11] Two examples must suffice, one a real animal, the other mythical (though we must remember that this is not a distinction that most readers would have made).

In the description of the panther, part of the Christian moralization comes first:[12]

todo homẽ [...] deue de desprezar todollos odores deste mũdo e deue correr depos os odores de Jhesu Christo, asy como fazẽẽ as animaleas que seguẽ hũa besta que chamã pantera, segundo se contẽ em este falamẽto que se ssegue. Pantera he hũa animalia que tẽ a pelle de muytas collores fremossas e esplandecẽtes, ẽ tal guisa que parece toda chea de olhos. E esta besta nõ pare mais que hũa vez, porque, quando anda prenhe, a criança, que quer nacer, rasca o uẽtre da madre cõ as unhas, e ella cõ a door lança o folho fora e fica danada ẽ tal guisa que nõ pare mais. [...] E esta besta, depois que he farta, esconde–sse ẽ hũa coua e dorme per tres dias e desy leuãta–se do sono e dá uozes, e da sua boca saae hũũ muy nobre odor, ẽ tanto que pello seu bõõ odor se jũtam a ella todas animalias e andam ẽpos ella, afora o dragom tan solamẽte, que, quamdo ouuve a voz della, foge cõ espanto e

There is an animal called a Panther which has a truly variegated colour, and it is most beautiful and excessively kind. Physiologus says that the only animal which it considers as an enemy is the Dragon.

When a Panther has dined and is full up, it hides away in its own den and goes to sleep. After three days it wakes up again and emits a loud belch, and there comes a very sweet smell from its mouth, like the smell of all-spice. When the other animals have heard the noise, they follow wherever it goes, because of the sweetness of this smell. But the Dragon only, hearing the sound, flees into the caves of the earth, being smitten with fear. There, unable to bear the smell, it becomes torpid and half asleep, and remains motionless, as if dead. [...]

When the Panther-Christ was satiated with his incarnation, he hid himself

---

11 The antalops, with large serrated horns, does not look much like an antelope. See McCulloch 1970: 84–86 and George and Yapp 72–73. The *Orto*'s description of this animal is unusual in that it does not come from Bartholomeus. Maler discusses analogues and a possible source at some length (II, 183–84).

12 On the panther, see McCulloch 1970: 148–50, George and Yapp 53–54, and Hassig 156–66, 252–59, and illus.161–74.

mete-sse ẽna e nõ pode soffrer o odor della mas fica cauerna da terra e nõ pode soffrer o odor della mas fica tolheyto con elle, ca elle tem por peçonha aquelle bõõ odor da pantera.

E bem asy fez Jhesu Christo. Dormyo per tres ydades do mũdo ataa o tempo da graça. Em estas tres jdades foy escondido ẽna sua diuiindade. E, depois que ueo ẽno mũdo, preegou e e deu odor de misericordias e de virtudes [...] (IV.21; 165.24–35 and 166.2–14)

away in Jewish mockeries: in whippings [...] and transfixed by the lance. Dying, he reposed in the den-tomb and descended into Hell, there binding the Great Dragon. But on the third day he rose from sleep and emitted a mighty noise breathing sweetness. [...]

And just as there comes an odour of sweetness from the mouth of the panther so that all beasts meet together to follow it, both those which are near and those which are far, so also the Jews [...] and also [...] the Gentiles [...], on hearing the voice of Christ, follow him [...].

The Panther [...] only has babies once. The reason for this is obvious, because, when three cubs have struck root in the mother's womb and begin to wax with the strength of birth, they become impatient of the delays of time. So they tear the infant-burdened womb in which they are, as being an obstacle to delivery. This pours out or rather discharges the litter, since it is spurred by pain. Thus, when the seed of generation is infused into it at a later date, this does not adhere to the damaged and scarred parts and is not accepted, but vainly jumps out again. (White 14–17)

Maler shows the resemblance between the first part of the *Orto*'s passage and *De proprietatibus rerum*, XVIII.80, but does not give a source for the second part. It is possible, therefore, that the Portuguese author drew directly on the bestiary for this part, a possibility strengthened by his treatment of the phoenix.

For the phoenix passage, we have available for comparison the Portuguese manuscripts of the *Aviarium* (chap. 50; Gonçalves 150), but the main bestiary tradition is closer to the *Orto* passage, so I quote White's translation:[13]

---

[13] On the phoenix, see McCulloch 1970: 158–60 and Hassig 72–83, 223–27, and illus. 67–77.

como quer que digua Ualerio que a molher he tanto aadur de achar como a aue Finiz, quee nõ he mais que hũa ẽ todo o mũdo, pero bem creo que mais auer ẽno nũdo de boas molheres que hũa soo.

Esta aue que chamam Finiz he grande e tem crista assy como paao. E da parte deanteyra era esplandecente come ouro e da parte detras auia as penas collor de purpura [...] E, segundo conta o filosopho que chamã Fissiolago, depois que esta aue ha nhentos ãnos, sabe que o tenpo da he chegado, uay-se a hũũ chamõ Lybano e toma e ẽche suas aas de uergas muy delgadas de muytas e desuayradas especias de muy bõõ odor [...] e fere tanto em seu peyto cõ o bico, ataa que lança fogo e põõe-se contra o olho do sol e entom põõe-se sobre aquellas uergas delgadas que estã ajũtadas, e acende-sse o fogo ẽ ellas e queyma-se ella aly toda. E, depois que he queymada de todo e tornada ẽ ciinza, cria-sse hũũ uermẽ pequeno daquella ciinza, que he de muy bõõ odor, e ao segundo dia figura-se ẽ aue e ao terceyro dia he fecta aue perfecta e acabada [. . .] (IV.58; 311.21–312.6)

Fenix the Bird of Arabia is called this because of its reddish purple colour (*phoeniceus*). It is unique; it is unparalleled in the whole world.

It lives beyond five hundred years. When it notices that it is growing old, it builds itself a funeral pyre, after collecting some spice branches, and on this, turning its body toward the rays of the sun and flapping its wings, it sets fire to itself of its own accord until it burns itself up. Then verily, on the ninth day afterward, it rises from its own ashes!

[A different account follows, in which the phoenix does not burn itself but uses the aromatic branches as a coffin.] From the liquid of its body a worm now emerges, and this gradually grows to maturity, until, in the appointed cycle of time, there it is again in its previous species and form! (White 125–26)

An odd feature of the *Orto*'s passage on the phoenix is that the moralization (312.13–23) returns to Valerius Maximus and a virtuous woman, saying nothing about the obvious resurrection symbolism. The most striking element is, however, its attribution of the central part of the description to "o filosopho [. . .] Fissiolago," that is to say, *Physiologus*, the ancestor of the bestiary. Medieval writers often do not distinguish between the *Physiologus* and the bestiary phases of the tradition, and I think it likely that in this case some of the *Orto*'s account comes from the bestiary – probably, in view of the differences, a reminiscence of a passage read or heard, rather than a direct reliance on a written source. Maler recognizes that this passage, unlike many others, does not derive from Bartholomeus:

A ave Fênix vem tratada por Bartolomeu Anglico no *De propr. rerum*, [XII.14], e a nossa narração tem muitos pormenores em comum com aquela descrição. Mas vê-se logo que não pode ser a fonte do *Orto*; não há a mesma correspondência quase literal neste caso como nas citações anteriores do livro de Bartolomeu. (II, 165)

and he comments on the belief that "Physiologus" was the name of an author, but he does not consider the possibility that the bestiary was a source here, and he does not mention the Latin or the vernacular aviary in this context. Yet the very words "segundo conta [. . .] Fissiolago" should have alerted him, since "Physiologus says" is a formula used a number of times in the bestiary (one such use is, as we have just seen, at the beginning of the passage on the panther).

Cases in which the *Orto* draws on the bestiary – usually via Bartholomeus Anglicus but perhaps, once or twice, directly – are, then, frequent. On the other hand, some animals that are prominent in the bestiary have little or none of their bestiary description in the *Orto*. The lion is the most striking case: we have already seen that hardly any bestiary material is present in the substantial account in *Orto*, IV.2; the second long passage on the lion (IV.27; 193–94) has none. One of the bestiary's most famous animals, the unicorn, appears in the *Orto* (IV.8; 114–15), but in a non-bestiary context: an allegorical *exemplum* is set in motion by a unicorn who pursues a terrified man. The *exemplum* occurs also in four Castilian works, the *Lucidario, Barlaam e Josafat*, the *Espéculo de los legos*, and the *Enxienplos muy notables*; without the unicorn, it is in *Calila e Dimna* and a Castilian sermon by St Vicent Ferrer.[14] The story existed in Latin before it passed into the vernacular: Fernando Magán finds (454) that the *Lucidario*'s source is Vincent of Beauvais, *Speculum historiale*, though Maler (II.78–79) gives the *Orto*'s source as the sermons of Jacques de Vitry.

One conclusion that emerges from the examples discussed above is that the bestiary moral does not usually appear in the *Orto* passages. This is not to be wondered at, since, as Maler has established, the immediate source for most of the passages is *De proprietatibus rerum*, and this encyclopedic work, though by no means devoid of Christian teaching, does not in general incorporate the moralizations from the bestiary. (We should note in passing that the relationship between encyclopedias and the bestiary is complex: one late family of bestiary manuscripts draws quite heavily on Bartholomeus (George and Yapp 5), and we have already seen that a large part of the *Livres dou Tresor* derives from the *Physiologus*.) When the Portuguese author wants to add a moral to the zoological information, he usually takes one from Bartholomeus or provides his own.

The second conclusion is that the *Orto do Esposo* is one of the most important collections of bestiary material in medieval Portugal. To describe it as a bestiary would be far-fetched, not because most of the material is filtered through *De proprietatibus rerum* but because it is scattered throughout Book IV (with a little material earlier in the work). There is no continuous block of bestiary material comparable to what we find in the Peninsular translations of the *Livres dou Tresor*. Nevertheless, the *Orto* is – among many other things – a collection, albeit discontinuous, of bestiary animals, and Mário Martins was

---

[14] See Magán (though he does not include the *Espéculo de los legos*, the *Enxienplos muy notables*, or the *Orto*) and Deyermond 85–88.

right to give it prominence in his article on "A simbologia mística nos nossos *Bestiários*" (1956b: 387–91).[15]

Thirdly, although most of the *Orto*'s bestiary material does indeed derive from Bartholomeus, there is some that does not, and the possibility that the Portuguese author drew directly, though only occasionally, on a bestiary deserves to be taken seriously.[16]

Works Cited

Astell, Ann W., 1990. *The Song of Songs in the Middle Ages* (Ithaca: Cornell UP).

Azevedo, Pedro de, ed., 1925. "Uma versão portuguesa da história natural das aves do séc. XIV," *Revista Lusitana*, 25: 128–47.

Baldwin, Spurgeon, ed., 1982. *The Medieval Castilian Bestiary from Brunetto Latini's "Tesoro": Study and Edition*, Exeter Hispanic Texts, 31 (Exeter: Univ. of Exeter).

——, ed., 1989. *"Libro del tesoro": versión castellana de "Li Livres dou Tresor,"* Spanish Series, 46 (Madison: HSMS).

Baxter, Ron, 1998. *Bestiaries and their Users in the Middle Ages* (Thrupp, Glos.: Sutton Publishing with Courtauld Institute).

Carreto, Carlos Fonseca Clamote, 1993. "Da cidade do texto à cidade celestial: a encenação do escrito no *Orto do Esposo*," in *A Cidade: Jornadas Inter e Pluridisciplinárias: Actas*, i (Lisboa: Univ. Aberta), pp. 383–407.

Cary, George, 1956. *The Medieval Alexander*, ed. D. J. A. Ross (Cambridge: Cambridge UP).

Clark, Willene B., ed. and tr., 1992. *The Medieval Book of Birds: Hugh of Fouilloy's "Aviarium,"* Medieval & Renaissance Texts & Studies, 80 (Binghamton, NY: MRTS).

Deyermond, Alan, 2002. "Medieval Spanish Unicorns," in *Two Generations: A Tribute to Lloyd A. Kasten (1905–1999)*, ed. Francisco Gago Jover (New York: HSMS), pp. 55–96.

Díaz-Ferrero, Ana Maria and Miguel Murillo Melero, 1995. "Algunas consideraciones en torno a la mujer en el *Orto do Esposo*," in *Medioevo y Literatura: Actas del V Congreso de la Asociación Hispánica de Literatura Medieval (Granada, 27 septiembre – 1 octubre 1993)*, ed. Juan Paredes Núñez (Granada: Univ. de Granada), ii, pp. 151–58.

Dronke, Peter, 1979. "The Song of Songs and Medieval Love-Lyric," in *The Bible and Medieval Culture*, ed. W. Lourdaux and D. Verhelst, Mediaevalia Lovaniensia, 1.7 (Leuven: Leuven UP), pp. 236–62.

---

[15] The "other things" include a great deal of material on Alexander the Great. Although the *Orto* is not mentioned in George Cary's fundamental study of *The Medieval Alexander* (1956), it merits attention, and I shall deal with the question elsewhere.

[16] I am most grateful to Dr Patricia Odber de Baubeta, without whose bibliographical knowledge and generous provision of material it would not have been possible for me to write this article.

Fernandes, Raúl Cesar Gouveia, 2001. "A pedagogia da alma no *Orto do Esposo*," in
    A Literatura Doutrinária na Corte de Avis, ed. Lênia Márcia Mongelli (São
    Paulo: Martins Fontes), pp. 51–105.
Género 1997. O Género do Texto Medieval, ed. Cristina Almeida Ribeiro and
    Margarida Madureira, Medievalia, 12 (Lisboa: Edições Cosmos).
George, Wilma and Brunsdon Yapp, 1991. *The Naming of the Beasts: Natural
    History in the Medieval Bestiary* (London: Duckworth).
Gonçalves, Maria Isabel Rebelo, ed. and tr., 1999. *Livro das Aves*, Obras Clássicas
    da Literatura Portuguesa, 61 (Lisboa: Colibri).
Hassig, Debra, 1995. *Medieval Bestiaries: Text, Image, Ideology* (Cambridge:
    Cambridge UP).
Hunt, Tony, 1981. "The Song of Songs in Courtly Literature," in *Court and Poet:
    Selected Proceedings of the Third Congress of the International Courtly Litera-
    ture Society (Liverpool 1980)*, ed. Glyn S. Burgess et al., ARCA, 5 (Liverpool:
    Francis Cairns), pp. 189–95.
Machado, Ana Maria, 1996. "A *Legenda aurea* nos *exempla* hagiográficos do *Orto
    do Esposo*," *Colóquio/Letras*, 142: 121–36.
——, 1997a. "A leitura hagiográfica no *Orto do Esposo* e a hermenêutica implícita
    na *Legenda aurea*," in *Género 1997*: 257–69.
——, 1997b. "O *Orto do Esposo* e as teorias interpretativas medievais," in *Actas del
    VI Congreso Internacional de la Asociación Hispánica de Literatura Medieval
    (Alcalá de Henares, 12–16 de septiembre de 1995)*, ed. José Manuel Lucía
    Megías (Alcalá de Henares: Univ. de Alcalá), II, pp. 925–35.
McCulloch, Florence, 1968. "Le tigre au miroir: la vie d'une image de Pline à Pierre
    Grigoire," *Revue des Sciences Humaines*, 130: 149–60.
——, 1970. *Medieval Latin and French Bestiaries*, University of North Carolina
    Studies in the Romance Languages and Literatures, 33, 3rd ed. (Chapel Hill:
    Univ. of North Carolina Press).
Madureira, Margarida, 1997. "Género e significação segundo o *Orto do Esposo*," in
    Género 1997: 245–59.
——, 1999. "Letra e sentido: a 'retórica' divina na *Orto do Esposo*," in *Actes del VII
    Congrés de l'Associació Hispànica de Literatura Medieval (Castelló de la Plana,
    22–27 setembre 1997)*, ed. Santiago Fortuño Llorens and Tomàs Martínez
    Romero (Castelló de la Plana: Univ. Jaume I), II, pp. 375–83.
——, 2002. "Sangue Redentor: o *Orto do Esposo*, o *Queste del Saint Graal* e a
    tradição exemplar medieval," in *Matéria de Bretanha em Portugal*, ed. Leonor
    Curado Neves, Margarida Madureira and Teresa Amado (Lisboa: Colibri), pp.
    241–59.
Magán, Fernando, 1996. "El *exiemplo* del unicornio en el *Lucidario* de Sancho IV,"
    in *La literatura en la época de Sancho IV: Actas del Congreso Internacional "La
    literatura en la época de Sancho IV," Alcalá de Henares, 21–24 de febrero de
    1994*, ed. Carlos Alvar and José Manuel Lucía Megías (Alcalá de Henares: Univ.
    de Alcalá), pp. 453–67.
Maler, Bertil, ed., 1956. *Orto do Esposo: texto inédito do fim do século xiv ou
    começo do xv: edição crítica*, I–II (Rio de Janeiro: Instituto Nacional do Livro).
——, ed., 1964. *Orto do Esposo*, III, Romanica Stockholmiensia, 1 (Stockholm:
    Almqvist & Wiksell).
Martins, Mário, 1956a."A filosofia do homem e da cultura no *Horto do Esposo*," in
    his *Estudos de Literatura Medieval* (Braga: Livraria Cruz), pp. 435–46.

——, 1956b. "A simbologia mística nos nossos *Bestiários*," *ibid.*, pp. 379–93.

——, 1956c. "À volta do *Horto do Esposo*," *ibid.*, pp. 423–34.

——, 1969. "*O Livro das Aves*," ch. 3 of his *Estudos de Cultura Medieval*, [I], Colecção Presenças, 7 (Lisboa: Verbo), pp. 413–16.

——, 1975. "As alegorias e exemplos do *Horto do Esposo*," in his *Alegorias, Símbolos e Exemplos Morais da Literatura Medieval Portuguesa* (Lisboa: the author), pp. 213–29, 2nd ed. 1980.

——, 1977. "A sátira no *Horto do Esposo*," in his *A Sátira na Literatura Medieval Portuguesa (Século XIII e XIV)*, Biblioteca Breve, 9 (Lisboa: Instituto de Cultura Portuguesa), pp. 125–30.

——, 1979. "Do *Horto do Esposo*, da Bíblia e da maneira de ler e meditar," in his *A Bíblia na Literatura Medieval Portuguesa*, Biblioteca Breve, 35 (Lisboa: Instituto de Cultura Portuguesa), pp. 51–59.

Matter, E. Ann, 1990. *The Voice of my Beloved: The Song of Songs in Western Medieval Christianity* (Philadelphia: Univ. of Pennsylvania Press).

Mattoso, José, 1995. "O imaginário do Alem-Túmulo nos *exempla* peninsulares da Idade Média," in *Medioevo y Literatura: Actas del V Congreso de la Asociación Hispánica de Literatura Medieval (Granada, 27 septiembre – 1 octubre 1993)*, ed. Juan Paredes Núñez (Granada: Univ. de Granada), I, pp. 130–46.

Nunes, Elisa Rosa Pisco, 1987. "Da imagem do rei no *Orto do Esposo*: contribuição para un estudo da personagem do rei na literatura da Idade Média," thesis (Univ. de Évora).

Odber de Baubeta, Patricia Anne, 1992. *Anticlerical Satire in Medieval Portuguese Literature* (Lewiston, NY: Edwin Mellen).

Panunzio, Saverio, ed., 1963–64. *Bestiaris*, Els Nostres Clàssics, A91–92 (Barcelona: Barcino).

Pereira, Paulo Alexandre Cardoso, 1996. "O *Orto do Esposo* e a construção da autoridade no *exemplum* medieval," Master's thesis (Univ. Nova de Lisboa).

——, 1997. "*Mudações da Fortuna*: o *exemplum* medieval e a retórica da história," in *Género* 1997: 239–48.

Prince, Dawn E., ed., 1995. *The Aragonese Version of Brunetto Latini's "Libro del trasoro,"* Dialect Series, 15 (Madison: HSMS).

Rossi, N., Jacirá Andrade Mota and Rosa Virginia Matos, eds., 1965. *Livro das Aves: reprodução facsimilar do manuscrito do siglo XIV*, Dicionário da Língua Portuguesa: Textos e Vocabulários, 4 (Rio de Janeiro: Instituto Nacional do Livro).

Vasconcelos, J. Leite de, ed., 1903. "*Fabulário português medieval*," *Revista Lusitana*, 8: 99–151 and 311–12; 9: 5–109.

White, T. H., tr., 1954. *The Book of Beasts, being a Translation from a Latin Bestiary of the Twelfth Century* (London: Jonathan Cape).

Williams, Frederick G., 1968. "Breve estudo do *Orto do Esposo* com um índice analítico dos 'exemplos'," *Ocidente*, 74: 197–242.

Wittlin, Curt, ed., 1971–76. Brunetto Latini, *Llibre del tresor*, Els Nostres Clàssics, A102 and 111 (Barcelona: Barcino).

As *Diffinçõoes de Calatraua* (1468), numa Versão Portuguesa

AIDA FERNANDA DIAS

Duas ordens religiosas de relevância internacional, Hospitalários de S. João de Jerusalém (também conhecidos por Cavaleiros de Rodes e depois de Malta), fundada pouco depois da primeira cruzada que libertou a Cidade Santa do jugo maometano (1099), e a Ordem do Templo, criada em 1118, estabeleceram-se na Península Ibérica no século XII.

A seu lado surgem, nesta região, outras ordens, estas de feição nitidamente nacional: Calatrava (1158), em Castela e em Aragão; Avis, em Portugal (já em 1176, o nosso primeiro Rei doa à Milícia de Évora o castelo de Coruche);[1] Santiago da Espada (de Cáceres ou de Uclés, criada em 1170) e Alcântara (em Leão), inicialmente uma confraria de armas de vários cavaleiros salmantinos, constituída em 1156, que se vê confirmada como ordem de cavalaria por Alexandre III, no ano de 1177.

Com Clemente V, a Ordem do Templo é extinta (1312) sob graves acusações. O Rei de Portugal, D. Dinis, recebe deste Papa uma bula pedindo-lhe a prisão de todos os templários (1308), mas o monarca, não desejando que os bens do Templo caíssem nas mãos dos hospitalários, eles também suspeitos de irregularidades, entende-se com Fernando IV e com Jaime II, reis de Castela e de Aragão, respectivamente, ganha-os para o seu plano e obtém de Roma, em 1312, que a determinação de os bens do Templo passarem para a Ordem dos Hospitalários não se entendesse com Portugal, Castela e Aragão. Passo imediato é levado a cabo pelo monarca português, ao solicitar à Santa Sé a fundação de uma nova ordem, a Ordem de Cristo, sucedânea do Templo, que adopta a regra cisterciense de Calatrava, abandonando a dos cónegos regrantes de Santo Agostinho, que pautara desde sempre os templários, colocando-se, no entanto, sob a dependência do abade de Alcobaça, fundação de raiz portuguesa, enquanto no reino vizinho Montesa substitui o Templo dois anos antes.

---

[1]   A Ordem de Avis, de fundação puramente portuguesa, tem as suas raízes na Milícia de Évora, milícia largamente protegida pelos monarcas portugueses desde D. Afonso Henriques, origem que tem sido muito debatida por diversos estudiosos, alguns dos quais a pretendem ver como uma criação de Calatrava. Não é este o lugar apropriado para nos ocuparmos deste complexo problema, pelo que remetemos os interessados para os trabalhos de Javierre Mur e de Oliveira que oferecem, segundo nós, as linhas correctas para a sua compreensão.

As ordens militares eram constituídas por freires combatentes (cavaleiros), vivendo em conventos, sujeitos a uma regra e a votos de religião, por vezes dependendo dos superiores da ordem a que se ligavam ou, de outra feição, vivendo totalmente independentes. Em todo o caso, tanto umas como outras reconheciam a obediência a Roma, que confirmava a sua fundação, aprovava a regra a que se consideravam ligadas (a de Cister ou a de Santo Agostinho), as submetiam ao direito comum dos religiosos e que, em casos extremos, podia decretar a sua extinção como aconteceu com a Ordem do Templo. Clérigos, cavaleiros, irmãos serventes, eram os membros de qualquer ordem, com funções bem específicas dentro de cada uma. Os primeiros eram os guardiães da linha espiritual, os cavaleiros, de armas em punho, defendiam inúmeros castelos e reinos ameaçados pelo poderio muçulmano, enquanto os irmãos scrventes eram os escudeiros dos cavaleiros, serviam o convento e estavam à disposição de peregrinos e de doentes nas albergarias e nos hospitais. Nos primeiros tempos de permanência no Oriente, as ordens militares estavam voltadas para o amor ao próximo, protegendo e defendendo os peregrinos e as instituições de caridade que os albergavam e os assistiam nas suas romagens. Só depois, sob a pressão do poderio maometano, pegaram em armas para o combater, tentando libertar os Lugares Santos das suas mãos. Onde a fé cristã sofresse a pressão dos mouros, lá estavam estes cavaleiros de Cristo, de espada em punho, afirmando publicamente a sua fé e filiação, enfrentado os inimigos da cruz, lançando-se, confiantes em Deus, no mais aceso das refregas, que opunham dois credos religiosos tão antagónicos: o Cristianismo e o Islão. Assim era lá, no Oriente, como foi na Península Ibérica, onde assinaláveis serviços foram prestados pelas ordens monástico-militares à Igreja e aos monarcas. O reconhecimento dos seus feitos e da sua dedicação aos ideais que serviam, aliado à consciência que o poder eclesial e o poder profano possuíam do seu serviço imprescindível em momentos cruciais, trouxeram-lhes a confiança de Roma e dos soberanos, traduzida em prerrogativas e em benessaes, mercês e doações de igrejas, de comendas, de vilas e de lugares. Tais privilégios não apenas foram aumentando cada vez mais o seu poder, mas ainda as solicitaram à fixação de populações em locais desertos que passaram a ser povoados e também cultivados. Forais e cartas de foro estipulam os direitos e deveres dos seus habitantes, concedendo-lhes regalias que, por exemplo, os isentam de portagens, lhes concedem o livre trânsito de gados, que se podiam alimentar em quaisquer pastos, e os libertam de tributos na aquisição de novos domínios. Colocados sob a protecção da Santa Sé, apenas Cister a que Calatrava estava "filiada" podia exercer sobre esta sua "filha" o direito de visita; nenhum prelado podia excomungar qualquer membro de Calatrava, mas, se o fizesse, não importa qual dos seus priores ou sacerdotes tinha faculdade de o absolver, desde que não fosse pena de excomunhão reservada a Roma. Gozavam ainda da prerrogativa de assistir ao conselho de el-rei que, por vezes, lhes confiavam missões de relevo, tais como missões diplomáticas, enquanto, por outro lado, a Santa Sé chamava os seus membros aos concílios e o Papa lhes comunicava a sua eleição. Tantas imunidades, tantas prerrogativas, tantas mercês, ajudaram a transformar os cavaleiros de Cristo em verdadeiros príncipes, com renovadas ambições que levaram ao seio das ordens conflitos e dessenssões gravíssimas pela posse de mestrados e de outras regalias que, a seus olhos, fortaleciam o seu poder. Na verdade, estes cavaleiros de Cristo, corrompidos pelo poder, batem-se com energia pela defesa das suas comendas, pela livre posse dos bens, de que podiam dispor, testamentariamente, a favor de pessoas seculares. Tais atitudes conduzem ao relaxamento das ordens, à quebra dos votos religiosos, situação que leva o Papado à sua abolição, permitindo que os freires pudessem contrair matrimónio. Obstava-se, por tal medida, ao agravar de situações laicizistas, ora frequentes, tornando extensiva a outras ordens a norma que, desde o início da fundação, fora apanágio da Ordem de Santiago: de facto, os seus membros puderam contrair o sacramento do matrimónio, devendo, todavia, guardar continência em certas festas religiosas. Por bula de 1440-02-20, Eugénio IV permitiu também às outras ordens militares a admissão de casados, tal como em Santiago. A laicização acentua-se até no vestuário, concedendo a Igreja que os freires usassem tecidos ricos, de cores variegadas, se ornassem com jóias de ouro e de pedras preciosas, atitudes totalmente opostas ao princípio do voto de pobreza, para as quais definições várias estabeleciam e ordenavam regras de conduta.

No século XV, surge a tendência de incorporar os mestrados à coroa e os monarcas pedem ao Papa para eles próprios e para os seus sucessores os mestrados, tornando-se, assim, os seus mestres, usufruindo dos poderes que aos mestres pertenciam. Com a extinção das ordens religiosas, também as militares se vêem desapropriadas dos seus bens e privilegios e passam a existir apenas como instituições honoríficas.

Sobranceira ao Guadiana, Calatrava constituía o ponto-chave para a defesa de Castela face ao inimigo almorávida. A localidade balançava nas mãos de cristãos e de mouros, uns e outros sempre cobiçosos da sua posse. Foi em 1147 que Afonso VII a conquistou, confiando a sua defesa à Ordem do Templo, cujos cavaleiros se haviam empenhado na luta, mas, volvidos dez anos, os templários, sentindo-se impotentes ante as investidas dos sarracenos e cientes da impossibilidade da sua defesa, confiam a Sancho III a delicadeza da situação. É neste momento, pode dizer-se, que reside o gérmen que vai dar vida a uma nova ordem, a Ordem de Calatrava. Como mesmo pessoas estranhas ao Templo não arriscassem assumir a sua defesa, apesar de Calatrava lhes ser oferecida pelo monarca a título hereditário, eis que chegam à corte castelhana dois freires cistercienses do Convento de Santa María de Fitero, vizinho de Navarra, de Aragão e de Castela. São eles D. Rimundo Serrat, seu abade, e um seu companheiro, Frei Diego Velásquez, que vêm a Toledo, junto de Sancho III, a fim de obter a confirmação do seu mosteiro, concedida por Afonso VII. É Frei Velásquez que leva o seu abade a oferecer-se ao monarca para defender Calatrava, pelo que o soberano, em 1158, faz doação de Calatrava e dos seus domínios à Ordem de Cîteaux, na pessoa de D. Raimundo, abade de Fitero. Este, rapidamente, recebe o apoio de D. João, arcebispo de Toledo, desloca os seus monges de Fitero para Calatrava, recruta homens para a formação de um exército, fixa populações em domínios vizinhos, poderio ante o qual os mouros se aquietaram. Estava fundada a mais antiga e mais poderosa ordem monástico-militar castelhana, a Ordem de Calatrava, que adopta a Regra de S. Bento e as Constituições de Cister, a qual passa à posse da coroa por acção dos Reis Católicos, Fernando e Isabel, nos finais do século XV.

Crê-se que muitos dos que haviam seguido o Abade de Fitero se uniram numa confraria militar, sob a autoridade de D. Raimundo, entregando-se à oração, à penitência, ao silêncio, adestrando-se, simultaneamente, no uso das armas, seguindo o exemplo do seu abade que, apesar de monge, não hesitou em pegar em armas, empenhado numa guerra justa, para que fora impelido pelo seu confrade Frei Velásquez que, naquela situação tão grave, vê reacender-se o ânimo de valente cavaleiro, de que dera mostras no século. Com a morte de D. Raimundo (1163 ou 1164), os membros da comunidade dividem-se quanto à sucessão do cargo: os freires desejam que seja ocupado por um religioso, os cavaleiros defendem que um dos seus fique à frente da Ordem. Prevalece esta posição, mas, reconhecida a fragilidade da novel instituição, o Mestre pede ao Capítulo Geral de Cîteaux (1164) a sua "filiação" ou a protecção da Ordem. Esta recebe Calatrava como uma filha, dá-lhe a Regra de S. Bento e, desde então, Calatrava passa a afirmar-se como uma *Militia Dei*. Alexandre III confirma esta união e, em 1187, Afonso VIII pede a incorporação definitiva de Calatrava na Ordem de Cîteaux, ficando sujeita à Abadia de Morimond, filiação que, volvidos alguns anos (1199), vem a ser reafirmada por Inocêncio III. Reavivam-se os ataques dos mouros, que vencem, em 1195, Afonso VIII na batalha de Alarcos e se apoderam do castelo de Calatrava e de outros pertencentes à Ordem, a qual se transfere para Salvatierra, onde permanece até 1211, ano em que os mouros a conquistam também. Vencendo os almóadas em Navas de Tolosa (1212), o monarca reconquista Calatrava, que volta a ser a sede da Ordem, até que, provavelmente entre 1217 e 1221 (este último ano é aquele em que pela primeira vez surge, na documentação, o nome de Calatrava la Nueva), o convento foi transferido mais para o sul, para o castelo conhecido por Calatrava la Nueva por oposição a Calatrava la Vieja, a primitiva cabeça da Ordem (O'Callaghan 1963; 3–11).

Porque o texto que publicamos a seguir constantemente nos põe em contacto com a vida interna da Ordem e porque apela para a sua orgânica e para os órgãos detentores de decisão, convém que, embora muito brevemente, consignemos alguns destes aspectos. Como "filha" de Cîteaux, Calatrava pauta-se pela Regra de S. Bento, como a viviam os cistercienses, embora adaptada, em alguns pontos, à sua especificidade de ordem militar de observância monástica; reconhece a força da *Carta de Caridade*, "documento essencial da legislação cisterciense", que se ocupa do estabelecimento das "filiações", da visita regular anual (Cocheril 1967–68: 32, n. 37); e do Capítulo Geral, que, tal como qualquer tribunal, possui poderes no judicial, no legislativo e no administrativo; reconhece também a Constituição da Ordem e acata as decisões votadas no Capítulo Geral. Figura máxima da autoridade em Calatrava era o *mestre*, eleito pelos cavaleiros, detentor do poder sobre o espiritual e o temporal. Seu lugar-tenente, assumindo as suas funções por sua impossibilidade ou por seu falecimento, estava o *comendador-mor*, a quem competia toda a organização militar da Ordem, que, por sua vez, encontrava no *claveiro* o seu substituto sempre que necessário, o qual tinha como coadjutor o *obreiro-mor*, de quem dependia a conservação de todas as construções pertencentes a Calatrava. Religiosos professos eram o *prior do Sacro Convento*, monge cisterciense, que tinha a seu cargo todo o lado espiritual tanto dos cavaleiros como dos freires professos, junto de quem estava outro religioso, o *sacristão-mor*, a quem estavam confiados todos os cuidados do culto. A defesa das fortalezas pertencia aos *alcaides*, enquanto os *comendadores* recebiam as comendas (constituídas por terras) em reconhecimento dos serviços prestados à Ordem, das quais usufruíam rendas; tinham junto a si determinado número de cavaleiros para servirem em caso de guerra, a que se podiam juntar habitantes da região. Tal como um verdadeiro monge, também os cavaleiros entravam na Ordem como noviços e, volvido um ano, faziam a profissão religiosa face ao Mestre, segundo a regra de Calatrava, que era a de Cîteaux, o que fazia deles *cistercienses*, ligados aos votos de obediência, castidade e pobreza. No Capítulo Geral, anualmente reunido, estavam presentes todos os dignitários e comendadores e aqui se aprovavam as *Definições*. Por outro lado, todos os membros da Ordem, cavaleiros e clérigos, eram chamados a Capítulo, presidido pelo mestre, no qual eram tratados todos os assuntos que a ela dissessem respeito (Cocheril 1967–68: 31–37).

De grande relevo para se conhecer o estado da Ordem no decorrer do tempo, são as *Definições* (também chamadas Estatutos e Regulamentos), concedidas aos cavaleiros pelos visitadores, quer fossem os abades da abadia-mãe, quer os seus representantes, quer os próprios mestres. Nelas se passa em revista toda a vida conventual nos seus mais variegados aspectos, à luz da Regra e de *Definições* anteriores, se for o caso. É por isso que, a séculos de distância e guiando-nos pelas *Definições* até nós chegadas (perderam-se as mais antigas), podemos conhecer a vida dos conventos e aquilatar da postura dos visitantes. Olhando as *Definições* que ora publicamos, vemos como, passo a passo, o visitador está atento ao espiritual e ao temporal. Tendo analisado com rigor os estatutos dos seus antecessores, propõe-se seguir a doutrina neles expendida, abandonar alguns ou introduzir alterações noutros. Assim, define, exorta, admoesta, ordena, estabelece doutrina sobre este ou aquele ponto, explicitando penas de penitência e de excomunhão para todos os que fossem "revees".

Estas *Definições* de Guilherme II de Morimond surgem num momento crucial de Calatrava. O mestre Pedro Girón, político influente e ambicioso, sonhou sentar-se no trono de Castela. Planeou então o seu casamento com a Infanta D. Isabel (a futura Rainha Isabel, a Católica), pelo que lhe era preciso obter a anulação dos votos, o que pede à Santa Sé, pedido a que junta um outro: que lhe sucedesse no cargo seu filho bastardo, D. Rodrigo Téllez Girón, uma criança de 8 anos. Roma satisfaz as suas pretensões. D. Pedro falece em 1466–05–02 e logo seu irmão, D. João Pacheco, Marquês de Villena,

dio forma cómo las villas e fortalezas del maestre de Calatrava se entregasen a
don Rodrigo Girón, su sobrino. Y él se partió para la villa de Almagro, donde
fizo juntar los comendadores; con los quales tovo tales formas, que eligieron
por maestre al dicho don Rodrigo, como quiera questa eleçión fuese contra las
ordenanças de la Santa Orden de Calatrava, así por la inhabilidad de su
naçimiento, como por la poqueza de su edad. (Carriazo 120)

E Calatrava pede a Morimond que aprove a eleição do juvenil Mestre. Daqui
decorre a visitação de Guilherme II que, em 1468–04–02, se encontra em
Almagro, lugar onde estes novos estatutos foram "dados, lidos e publicados"
pelo dito Abade, que procurou obstar a que Calatrava fosse governada pelo
"senhor Meestre moderno, pollo presente ao regim?to e gouernança de tanta
caualeria, assi polla menoridade delle ? sua ydade, como polla jmb[*e]çalidade
corporal menos poderoso ynualiado" (cap. lxiiij). Estabelecia, pois, a nomeação
de quatro governadores, eleitos anualmente, que gerissem a Ordem até que D.
Rodrigo Téllez Girón atingisse os 20 anos. Mas a sábia decisão não surtiu
efeito, porque outros interesses se moveram. Entra de novo em cena o Marquês
de Villena, que obtém do Papa Paulo II a sua nomeação como coadjutor do
sobrinho, tornando-se o verdadeiro mestre da Ordem até à sua morte em 1474
(O'Callaghan 1975: I, 269–70).

   É na Torre do Tombo que se guarda o original da versão portuguesa das
*Deffinitiones Guillermi Abbatis Morimundi date in tempore [. . .] Roderici
Tellez Giron magistri inclite militie de Calatrava* (Ms. da Livraria 1939 [v.
BITAGAP Manid 3523)], texto que se encontra representado em nove
manuscritos, um redigido em latim, publicado por O'Callaghan (1975: IX,
233–36) e os restantes em castelhano (*BETA* Manids 2521, 2574, 3205, 3206,
3495, 4106 e 4131). Destas *Definições* escreve O'Callaghan que foram as
últimas dadas por Morimond a Calatrava e que elas "são a base de toda a
legislação emitida, subsequentemente, pelos capítulos gerais da Ordem,
convocados pelos monarcas espanhóis", pelo que "a visitação de Guilherme II,
em 1468, marca o fim de uma época na história da afiliação da Ordem de
Calatrava a Cîteaux" (1975: I, 270). Hoje, pela primeira vez, vem a público esta
versão portuguesa que O'Callaghan desconhecia, ao publicar o seu valioso
trabalho de 1975 (Askins et al. 17–18).

   Podemos considerar que esta versão portuguesa é uma versão *literal* do texto
latino de 1468, que segue na quase totalidade, por vezes numa sequência
sintáctica que dificulta a compreensão. O manuscrito vem datado: *Acabouse
esta obra a xb de Mayo de mjl e quinhentos*, mas não conseguimos apurar se é
uma versão directa do texto latino original (cópias das *Definições* eram
enviadas a todas as casas-filhas de Calatrava e devemos ter em conta que as
portuguesas ordens de Avis e de Cristo se regiam pela Regra de S. Bento, tendo
a primeira estado sujeita à visitação), ou se é cópia de uma versão portuguesa já
existente. Só ao fim de 32 anos da sua promulgação em Almagro, se sentiria a
necessidade de uma versão no nosso idioma? Mais plausível parece aceitar que
seria em data mais próxima de 1468 que a versão houvesse sido efectuada,

fazendo-se agora, em 1500, uma sua transcrição por motivos que ignoramos. Também o nome do tradutor (ou copista?) permanece desconhecido, dado que quem quer que ele fosse se escondeu sob a capa do anonimato, numa postura completamente oposta à do copista da versão latina, Theobaldus de Marchina, capelão cisterciense e notário do abade Guilherme II de Morimond, que assim se declara e que acompanhou todo o processo da visitação (O'Callaghan 1975: I, 268).

296x205 mm são as medidas destas *Definições*, escritas em 19 fólios de pergaminho, com paginação moderna, antecedidas do título *Diffinçõoes / de calatraua*. Em letra gótica semicursiva foi lançado o texto, cujas rubricas estão escritas a vermelho, cor também utilizada em algumas capitais e letras caligráficas (outras são em azul ou na cor da tinta do texto, com o fundo preenchido a vermelho ou a amarelo) e ainda nos caldeirões. Alguns topónimos, onde a Ordem estava presente, surgem, no corpo das *Diffinçõoes*, também a vermelho. O fólio [1r] apresenta duas capitais, a primeira levemente filigranada, enquanto da segunda, mais trabalhada, saem arabescos com prolongamento ao longo da margem.

O tradutor das *Diffinçõoes* de 1468 (suponhamos que as traduziu em 1500) seguiu a par e passo o original, mas alguns pontos acusam desvios. Vejamos:

a.   fragmentação do cap.3 em dois;
b.   várias epígrafes são mais extensas, em diversos casos mais explícitas que no texto latino (v. g., caps.8, 19, 41, 42);
c.   o cap. 28, "Que reparen la yglesia de Alcañiz", falta no texto português, que salta do 27 para o 29, como se, propositadamente, fosse ignorado, continuando a acompanhar a sua fonte;
d.   o 52 tem, na versão portuguesa, o número 53, enquanto o nosso 52, "Que hos da Hordẽ gozẽ em sua vida do que em ella acrecẽtarẽ", não tem correspondência no latim. A partir daqui (cap. 52) não mais temos coincidência na numeração dos capítulos (ou seja, o texto português leva um capítulo de avanço);
e.   o cap. 66 latino está representado na versão portuguesa por texto desprovido de qualquer numeração, que, num caso e noutro, se apresentam como uma *addenda* ao cap. 63/64;
f.   a versão latina, terminada, oferece as habituais formas de datação e a indicação do redactor do texto, enquanto a nossa se espraia, sem numeração de capítulo, sobre o modo como há-de ser dado o hábito aos cavaleiros e freires de Calatrava e quem nele os há-de investir, seguindo-se, logo, as instruções para a profissão religiosa. E, como remate, a data (da tradução? Da cópia?).

Estas são as diferenças mais notórias que resultam do confronto do texto latino oferecido por O'Callaghan (1975: IX, 231–68) e as *Deffinçõoes* que agora se divulgam, volvidos 505 anos após a sua fixação por escrito em língua portuguesa.

Normas de transcrição
Respeitou-se rigorosamente o original, mas no sentido de uma maior inteligibilidade do mesmo, adoptaram-se os seguintes princípios: o caldeirão é representado por ¶ e o signo tironiano, equivalente à conjunção *e*, transcreve-se por *e*; em começo de capítulo, qualquer algarismo, em itálico e entre colchetes, colocado imediatamente a seguir à letra inicial, indica o número de linhas que esta abrange; uso de maiúsculas e de minúsculas, segundo o uso actual; pontuou-se com parcimónia; separaram-se lexemas que se encontram unidos e uniram-se elementos pertencentes a um vocábulo que dele se encontram desligados; as enclíticas mantêm-se unidas ou foram ligadas às palavras a cujo acento tónico se subordinam; no caso de se tratar do futuro do presente ou do condicional presente, conjugados pronominalmente ou na voz reflexa, as mesoclíticas transcreveram-se de igual modo, desligando-se delas as desinências verbais; utilizou-se o apóstrofo; desdobraram-se as abreviaturas, não pondo em itálico as letras daí resultantes; *til*, sobre vogal, conservou-se, mas não foi restituído, se falta no original; se em citações latinas foi resolvido por *m* ou *n*; *c* (com valor de sibilante pré-dorso alveolar surda) > *ç*, se seguido de *a,o,u*; com o mesmo valor, seguido de *e, i* > *c*; *s longo* > *s*; *i, j, y* conservaram-se, seja qual for o seu valor; *u / v*: *u*, com valor consonântico, e *v*, com valor vocálico, conservaram-se; < >: indica texto entrelinhado ou grafado nas margens pelo escriba; ( ): marcam emendas do escriba, por sobreposição de letras, rasuras ou por outras razões; [ ]: apontam para intervenção da editora; [*palavra ou letra] não em itálico indicam restituição da editora.

DIFFINÇÕOES DE CALATRAUA

[1r] **Começansse has difinçõoes de Dõ** / Guilhermo, abade de Morimundo, feitas nos tempos do preclaro e magni / fico Senhor Dom Ruy Tellez, Meestre da jnclita e nobre caualeria da Ordẽ / de Calatraua. E seguese ho prollogo.

F[*4*]rey Guilhermo, abade de Morimu / do da Ordem de Cistel, da diocesi de Laugres, padre--abade e / uisitador ĩmediato da inclita e nobre caualeria de Calatraua / da meesma nossa Ordem de Cistel da diocesi de Toledo, ao / preclaro e magnifico Senhor Dom Rodrigo Telez Girom da inclita e no / bre caualeria, polla diuinal graça Meestre, e aos generosos senhores / comendador-mayor e claueiro e samchristãao e obreiro e a todollos outros / senhores comendadores, caualeiros, priores, freires e aas outras perssoas / regulares da dicta nobre caualeria em qualquer lugar constituidos, aos / presentes e por uĩjr, saude e das piedosas e sanctas obras ujda pera / sempre merecer. Como polla diuida de nosso officio e paternal / actoridade a nós conuenha da dicta uossa Ordem e nobre caualeria / ordinaria visitaçõ, reformaçõ em hũu e no outro regimẽto, asi spi / ritual como tẽporal, donde nos auẽ que pollo officio de reformaçõ e / visitaçom a nós deuido, saudaueis fruytos uos ajamos de trazer. Depois / do nosso primeiro cabijdo em ho uosso conuento de Calatraua celebrado, / avida diligente emformaçõ sobre ho estado de hũu e

do outro regi / mento da dicta vossa nobre caualeria e das perssoas della,
escoldri / nhados e diligentemẽte consijrados e has difinçõoes e estatutos da
dicta / Hordem per nossos predecessores feitos e estabelecidos, por razoauel e /
euidente causa, nós moujdo, algũuas dellas deixadas, outras sô certas /
modificaçõoes ẽnouar, aprouar e confirmar, ordenamos, segundo ha nece /
ssidade das cosas e tẽpos de hũu animoso consentimẽto da mayor e mais / sãa
parte de todos uós outros ẽ nossa presença constituidos, has quaaes esta /
belecemos e definimos e hordenamos e queremos teer firmeza e força e /
aquellas mandamos ẽ hos tẽpos vijndoiros de todallas perssoas regulares / da
dicta Hordem e nobre caualeria asy como a cada huu conuier / firmemente sem
corrompimento seer guardadas e sô has penas em / ellas contheudas.

Capitollo primeiro. Das horas e cerimonias do conuento.
[1v] **E [4]m has primeiras cousas**, acatando / com ha face da vontade, nenhũua
cousa a Deus em este / mundo nom seer mais aceptauel que has deuotas e san /
ctas oraçõoes, estabelecemos, definimos e hordenamos que / ho seruiço diuino
em ha egreia do conuento de Calatraua deuota e jn / teiramente de dia e de
noute de todas e de cada hũua das pessoas re / gulares do dicto conuento seia
comprido, segundo ha regra dada de nossos / sanctos padres Beento e Bernardo.
E aalem desto, os sacerdotes que / nõ forem asignados nas missas conuentuaaes
duas ou tres uezes na / somana suas missas celebrem, sô pena de priuaçom do
vinho e da pi / tança, e hos que nom forem de missa todollos dias dos domingos
e festas / em que haa hi sermom, deuotamẽte confessados, ha sagrada
comunhõ / sô ha meesma pena recebam. E hos jejũus e ho silencio e todalas
outras / cerimonias, segundo ho antijgo costume da Hordem e de todos
mayormẽte / seiam guardadas. E ajnda sô pena de priuaçõ do auito todos
durmam / em dormitorio comũu, segundo ha forma da regra, aquelles soomẽte /
tirando que por justa causa ho prior ou ẽ sua absencia ho sobprior deerem /
licença, aos quaaes prior ou soprior todos sejam obedientes e dos quaaes / em
has cousas sobredictas ou em outras quaaesquer que forẽ defeituo / sos has
penas que merecerem recebam. E porque experimẽtalmẽte vimos / hos dictos
lugares ocupados e ajnda como se teme profanados, pollo qual / hos religiosos
menos deuotamẽte podem a Deus seruir, e mayormẽte polla / continuaçom de
homẽs leigos e molheres dissolutas ho dicto dormitorio / e hos outros lugares
entrando usam de suas dissoluçõoes, ao senhor meestre / em virtude de sancta
obediẽcia e sob pena de excomunhom mandamos que dentro / do nascimẽto de
Jhesu Christo primeiro vindoiro em tal maneira desponha / dos dictos lugares e
ordene que hos religiosos, que hi seruẽ a Deus, nenhũu jm / pedimento
padeçam, nẽ de hi em diante por elles hos dictos sagraaes / ou molheres seiam
consentidos passar. Por aquelle dicto do Euangelho / do lugar sobredicto nõ se
possa dizer: *Ha minha casa casa de oraçõ / sera chamada, mas uós ha fizestes*,
etc.[2] E porque ho dicto casteello / do conuento de Calatraua he cabeça de toda

---

2 *Domus mea domus orationis vocabitur; vos autem fecistis illam speluncam latronum*,
Mateus, xxi, 13.

ha Hordem e principio, ẽ ho / qual hos religiosos da dicta Hordem de continoo polla conseruaçom da / clara e nobre caualeria de Calatraua e pollas pessoas della jncessãtemẽte / rogam e ali todas e cada hũua das pessoas da dicta Ordem seu uoto / fezerom e fazem e depois de sua morte ahi seiam enterrados e sepul [2r] tados e asi meesmo todollos priuilegios e leteras e outras mujtas cousas, has / quaaes cousas todas e cada hũua dellas diligentemẽte consiradas, con / ueniente e muy neccessario parece que no dicto casteello, segundo do mo / do antijgo, seia constituido alcayde caualeiro da Hordem e polla conser / uaçõ e guarda de todalas cousas sobredictas, ho qual ao prior do conuento / e aos freires delle ajude e socorra em suas neccessidades, pollo qual / ao senhor meestre em virtude de sancta obediẽcia e sob pena de excomunhom estreitamẽte / mandamos que dentro do dicto termo do Natal de Jhesu Christo, em o dicto castelo, / caualeiro professo da Hordem, de perfecta e legitima hidade e a tanto / officio exercitar por seu comendador constitua, asi como nas *Difinçõoes* / da Hordem he estabelecido e ordenado. E aquelle que de presente tẽ tirando / e nenhũu outro segral em nenhũu tẽpo vijndoiro ao dicto officio d'al / caydaria presuma poer ou jnstituir em outra maneira, sẽtença de excomunhom / se conheça emcorrer. E em caso que ho senhor meestre dentro do termo sobre / dicto do Natal de Ihesu Christo primeiro vijndoiro aquesto que mandamos cõprir / menosprezar ou for negligente, passado ho dicto termo desde agora / por estonces e de estonces por agora, ho dicto lugar de Calatraua / jnterdizemos quanto tẽpo ho dicto alcayde ou outro qualquer segral em / lugar daquelle for posto. E mandamos ao prior e aos outros freires do / dicto conuento, sô as penas de desobediencia e excomunhom, cessem *a diujnis* / atee que aquello que mandamos seja comprido. Da qual sẽtença de excomunhom / nenhũu poderá seer absolto senõ for por nós, saluo no artijgo da morte.

Capitolo segundo. Da licença e da liçom dos freires.
O[*2*]**utrosi**, porque nenhũua cousa em tanto graao he jnmijga / ao religioso como seer fora da claustra vagando, estreitamẽte / defendemos que nenhũu religioso nõ seia ousado de sahir has portas / do conuento sem licença do prior ou em sua absencia do soprior. / Nem outrosi ha licença seia dada a nenhũu sem necessidade e u / tilidade. E, se algũus sem licença sahirem e presomirẽ a aluidro do / prior, sejam punidos e per semelhante sejam punidos aqueles que no tẽpo / a elles pello prior ou soprior atremado nõ tornarem. E por nenhũa / cousa acompanha mais ao religioso que ha occiosidade, e o samchristão / continuamẽte non resida no convento, estabelecemos e ordenamos que / hos liuros do dicto conuento pera ho estudo sejam postos em algũua cai / xa ou almario, do qual hũua chaue tenha ho prior, porque possa [2v] no tẽpo da liçom destribuillos aos que quiserem estudar.

Capitollo iijº. Como ho / senhor meestre ordene hũu yconjmo ou pitanceiro que receba has rendas do / conuento e quaaes seiam presentes aas comtas.
O[*3*]**utrosy**, aos antijgos statutos da Hordem nos cheguando, / definijmos e ordenamos que ho senhor meestre estabeleça / hũu yconjmo ou pitanceiro do

dicto conuento, ho qual fielmête / cobre e receba todallas rendas ao dicto conuento perteencentes, has quaaes / se ponhã em hũua caixa sô tres chaues, ha hũua das quaaes tenha / ho prior e a segunda, ho suprior e ho yconimo, pitanceiro e distribujdor, / ha terceira, ha qual caixa no³ sacrario com has reliquias e ornamêtos / da egreja queremos que seia posta e guardada. E ho distribuidor, sob / pena de furto, nenhũua cousa apropriará a si dos fruitos ao dicto conûeto / pertencentes, mas distribuilos ha razoauel e fielmête aos freires sem ẽ / gano e treyçom. Mas queremos que por seus trabalhos e gastos receba / em cada hũu anno daquellas rendas mjl marauedis. Em tanto que quatro / uezes no ano, das cousas recebidas e despesas por elle fiel conta dara / diante ho prior e hos outros religiosos do conuento, / chamados a aquesto / ho samchristãao e obreiro e ho seu comendador, se em suas proprias casas este / uerẽ, ou outro em lugar delles, se absentes forem. Por semelhante / maneyra e forma e diante has dictas pessoas sera teudo de dar conta / ho yconjmo pello dicto senhor meestre ordenado. Antes que seiam tomados / aos dictos officios, seerã theudos de jurar solenemête diante do prior / e conuento que hos officios a elles cometidos fielmente e sẽ enga / no executarom.

Capitollo quarto. Que ho claueiro dee hos mantijmẽtos / aos freires.
O[3]utrosi, porque *ho que ao altar serue do altar deue / viuer*,⁴ segundo ho costume da Hordẽ acostumado, / estabelecemos e ordenamos que ho claueiro d'agora e seus socessores / perpetuamête sejam theudos em cada ano de dar ao conuento xxxb cafizes / de trijgo, boom e limpo e nõ molhado, / e mjl ijᶜ arrouas de vinho, *scilicet*, as / biijᶜ de vinho puro e ha[*s] iiijᶜ de aguapee, e seera theudo de lhes dar / ho dicto vinho nas vindimas, na adegua de Miguel Turra. Pera ho qual / vinho seera ajnda theudo ho dicto claueiro de dar uasos e casa e coua / pera hos receber e teer. Seera theudo ajnda mais ho dicto claueiro de / dar em cada hũu ano quatorze cafizes de ceuada pera mãtijmẽto das / bestas que trazẽ has cousas neccessarias ao conûeto e ajnda mais cinquo cafizes / de ceuada ao prior pera suas bestas e outros çinquo ao destribuidor. [3r] E mais sera theudo de dar em cada hũu ano aos dictos prior e freires / do dicto conuento pera suas necessidades, *scilicet*, pera carne, pexe e azeite, / xiiij mil marauedis, ha qual suma pagará em tres terços do ano, em tal / maneira que hos freires em tẽpo theudo possam fazer promissom.

*Capitolo⁵ quinto. Como e quando e honde recebam os sacramen / tos hos comendadores da Hordem.*⁶
O[3]utrosy, porque de Nosso Senhor todo bem recebemos e da vida / eternal esperamos, asi he justo que com deuido seruiço lhe pague / mos e respondamos. Porende estabelecemos e definimos que todollos comẽ / dadores, caualeiros e

---

³   Orig.: entre *caixa* e *no*, *c* cortado.
⁴   Epístola de S. Paulo aos Coríntios, 1: ix, 13.
⁵   As formas *Capitl'* e *Capitol'* serão sempre transcritas por *Capitolo*.
⁶   No corpo deste capítulo, todas as palavras ou expressões impressas a *negrito* são, no original, grafadas a vermelho.

freires que no campo de Calatraua morã sejam / theudos de hir ao dicto conuẽto em has vigilias de Pascoa Mayor, Penteco / ste e do Natal e hi estar ao menos nos dias das solẽnidades[7] e cõ / fessarse e receber ha sagrada comunhõ. E hos defectuosos e negli / gentes em esto, sob pena de desobediencia, se auerã de absteer do / ujnho e pitança atee que ajam comprido has co<u>sas jaa mandadas. / E aquelle que por jnfirmidade ou outra cousa legitima for ẽbargado / sera theudo per seu mesegeiro jntimar sua excusaçõ ao prior do conuẽto. E cessando ho jmpedimẽto, pessoalmẽte irá ao dicto conuẽto sõ has dictas / penas. Mas de aquesta difinçõ se(j)am tirados aqueles que com o senhor / meestre em has dictas solẽnidades esteuerẽ. **Toledo**. Asi meesmo esta / belecemos e difinimos que hos comẽdadores e caualeiros de terra de Toledo / seiam theudos ẽ as dictas solẽnidades seer presentes cõ ho prior em ha / casa da Hordem ou com ho senhor meestre. **Hos** caualeiros de Çorita. Ou / trosi, hordenamos que por semelhãte maneira e forma e sõ aquela pena / serã obrigados hos caualeiros e comendadores de terra de Çorita, cõ seu / prior vĩjr ao castello de Çorita e com ho senhor meestre. **Ho Colado**. O / comẽdador do Collado sera theudo de vĩjr aa jgreia do dicto lugar ou / a Çorita, se quiser, ou com ho senhor meestre em has dictas solẽnidades, sõ ha / dicta pena. **Hos** caualeiros d'Andaluzia. Outrosi, estabelecemos / e definimos e ordenamos que hos caualeiros e comẽdadores e freires d'An / daluzia, *scilicet*, ho comẽdador de Torres, ho comendador de Sauiote, ho comẽdador de Binares, ho / comẽdador de Pena de Martos, seram theudos em as dictas solẽnidades seer / presentes ẽ ha maneira e forma premissas cõ ho prior de Jahem, se hi / for, ou cõ ho prior de Sã Benito de Porcuna ou cõ seu senhor ho meestre, sõ ha / dicta pena. **Jahem**. E ajnda os comẽdadores de Villa Franca e das / casas de Cordoua e de Lopeira, per semelhante maneira, serã theudos[8] [3v] estar com ho prior de Sam Benito de Porcuna ou cõ ho senhor meestre. **Porcuna**. E hos freires que sam em ha cidade de Seuilha e em seu termo / em has sobreditas solẽnidades com ho prior das casas de Seuilha ou / cõ ho senhor meestre, sõ ha meesma pena. **Seuilha**. Ho comẽdador-mayor sera teu / do seer presente em has sobreditas solẽnidades com seu prior. **Osuna**. / Em Osuna ou com ho senhor meestre, sõ ha dicta pena. **Dos** comẽdadores / de Aragom e Valença. Outrosi, estabelecemos, definimos e ordenamos / que todollos comendadores e caualeiros do regno de Aragõ, na maneira / e forma sobredicta e sõ ha dita pena, seram theudos de hir em has / dictas solẽnidades ao altar do castello de Alcanis e hi receber hos / sacramentos. E os comendadores do regno de Ualença pola maneyra / e forma semelhantes e sõ a meesma pena serã teudos hir aa egreia / da Hordem na cidade de Valença

7 Orig.: entre *das* e *solẽnidades*, encontra-se a palavra *mayor*, riscada.
8 Na margem inferior deste fólio, letra de mão diferente registou a notícia do falecimento (parece poder ler-se *Faleceu*) de D. Isabel de Albuquerque, mulher que foi do secretário Jorge Graces, ocorrida a 18 de Novembro de 1522. A leitura destas linhas, bem como das que se encontram no verso do último fólio do manuscrito (que nos parecem ser todas da mesma mão), foi-nos facultada pela disponibilidade e conhecimentos paleográficos de duas funcionárias da Torre do Tombo, Anabela Jara e Paula Cristina Silveira, às quais expressamos os nossos agradecimentos.

asi como dicto he. E quando hos co / mendadores do regno de Valença, segũdo dicto he, a Valença uierẽ, esta / belecemos e ordenamos que na casa da Hordem ajam pousada, se quiserem, / nõ obstante qualquer contradiçõ. E porque de tam saudauel e / sanctissimo mandamẽto muitos comẽdadores e caualeiros da dicta Hordẽ / e nobre caualeria menospreçadores achamos ẽ grande perjuizo e perijgo / de suas almas, porende a qualquer comẽdador ou caualeiro da dita Hordem / e nobre caualeria que de tal mandamẽto menospreçador for achado, ce / sante legitimo jmpedimẽto, quando quer que ho sobredito comprir menosprezar, / aalem da pendença jmposta, por cada uez, pena de cinquo florĩjs de / ouro lhe empoemos, sem nenhũua remissom, ao conuẽto ou ao priorado. / Pera aquello a elle asignado aplicado pera ha execuçõ do qual, sô pena / de desobediencia, ao senhor meestre executar mandamos.

Capitollo sexto. Das roupas e colores dellas e dos bentinhos e mãtos / brancos e dos jogos de dados e tauollas.
P[*3*]**or quanto** ho Sabedor he testimunha, *ha vestidura / do corpo demostra ho homẽ*,[9] estabelecemos / e definimos que ho senhor meestre e todollos comendadores e caualeiros / e freires da dicta Hordem sejam theudos de trazer honestas e conue / nientes uestiduras e de honestas coores, segundo que conuẽ a religio / sos, e naquella maneira jubõoes e calças e capirotes. Nẽ conuenha a / elles nẽ a nenhũu delles trazer uestiduras coloradas nẽ uerdes claro, / nẽ de amarello nẽ pauonado claro, sob pena de perdimẽto da uesti / dura, calças e capirotes. E por quanto entendemos que algũus [4r] caualeiros tijnham em seus ornamẽtos algũuas cousas curiosas, encar / gamos ao senhor meestre que sobre esto deujdamente proueja, segundo sua discrj / çõ de Deus a elle dada. Queremos ajnda e ẽ virtude de sancta obediẽcia / mandamos asi ao senhor meestre como a todalas outras pessoas regulares / da dicta Hordem que daqui em diante ẽ todo tẽpo e lugar tragam esca / pularios segundo sua regra, nẽ muy longos nẽ curtos, mas em tal / forma que sobre ello se possam cengir, em color brancos, de tres palmos / em longura, pendentes diante e de tras, e de palmo e tres dedos em / ancho. E em todallas roupas de cima, *scilicet*, mantos e roupas <e> quaaesquer / outras uestiduras tragam cruz vermelha per onde quer que forem, asy / em cortes de reis e senhores como nas guerras. E qualquer que ho contrayro / fezer, a aluidro do senhor meestre com conselho dos mais anciãaos caualeiros / e pessoas da Hordem, seja punido e perca ha vestidura, ha qual / auera aquel a quẽ ho meestre ho mandar executar. E nõ seiã ousados / hos tallez nẽ algũus delles de entrar no coro do conuento ẽ mentre / ho officio diuino se celebra, nẽ comugar nẽ confessar sem mãto brãco / da Hordem. E fazendo ho contrario, seiam punidos a alujdro e discriçõ / do senhor meestre ou ẽ sua absencia a alujdro do prior do conuento. Aalem / desto, porque entendemos que certos comendadores, caualeiros, priores, freires / nõ tijnham mantos brancos, ajnda que muytas uezes do senhor meestre ajam / sijdo sobre ello amoestados, de aqui adiante qualquer comẽdador, caualeiro, prior / ou freire, que em cabijdo

---

9   Ecclesiástico, xix, 27.

ou qualquer aucto sollẽne parecer sem ho dicto / manto ou se mostrar per esse meesmo caso, se(j)a teudo a jejũuar tres / dias em pam e agua. E, se de ho comprir se menosprezar, saibasse / ẽ sẽtença de excomunhom auer jncurrido. Asi meesmo de pessoas de fe dignas / da dita nobre caualeria somos jnformado que mujtos caualeiros ou religi / osos desta Hordem, contra toda onestidade, se mesturã em jogos de dados / e tauolas, ẽ hos quaaes jogos ho pior que he cometer perjuros e blasfe / mias ẽ detrimento de suas almas e em ujtuperio da dicta Hordem, pollo / qual a todos e a cada hũu das pessoas da dita Hordem, sob pena de de / sobediencia, deffendemos que daqui em diante dos taaes jogos desonestos / se cauidem. E qualquer que em ello for achado e mayormẽte perjuro / e blasfemo, a aluidro do senhor meestre seja punido, ha consciẽcia do qual / em has cousas sobreditas encargamos. Nom empero entendemos pollo / tal nosso mandamẽto que hos senhores comendadores, caualeiros antre si por / recreaçom algũus jogos honestos nom possam usar sẽ dano nenhuum [4v] e sem juramẽtos e blasfemias, vsando da virtude de tropila, segũdo / que ho determjna ho Filosofo nas *Eticas*.[10]

Capitolo septimo. Que ho senhor meestre dee uestiairo e mantos brancos aos freires.
O[3]utrosi, por quanto hos que tẽ vito e uestido de aquesto / som contentos, segundo ho antijgo costume da / dita Hordem, estabelecemos e diffinimos que ho senhor meestre de sua / mesa meestral mjnistre ao prior e freires do conuento uestiairo em ca / da hũu anno e mantos brancos, quando for mester, segundo ho antijgo / costume da dita Hordem. E hos outros da Hordem sejam theudos de os / comprar e teer, em ho qual deuẽ seer enterrados, saluo se pollas / ditas causas legitimamẽte se mostrar que ajnda lhes nom sejam ren / das asignadas.

Capitollo octauo. Em que maneira se faça processo, / por quanto em hos juizos cõtra hos que errarem, / que se ham-de dar, grande cautella se deue teer.
O[3]utrosi, / estabelecemos, diffinimos e mandamos que se algũu comẽdador ou prior / fezerem algũuas cousas pollas quaaes nõ sem causa deua seer despo / sto ou priuado de sua comenda ou priorado, que antes que seia procedido / aa deposiçom ou priuaçom delles ou de algũus delles, ho senhor meestre re / almente faça e seja teudo de fazer processo verdadeiro pollos caualeiros / e freires da dita Hordem, tementes a Deus, ho qual feito aja concedido / com hos antijgos da Hordem. E aquelle contra quẽ se faz chamado / simprezmente e de plano, sem estrepitu e figura de joizo, segundo ho / que pollo verdadeiro processo se achar, ho senhor meestre ao tal acusado / puna e comprimento de iustiça ãmjnistre. E, se bem lhe parecer, mais / manssamente cõ ho tal ho faça e ha pena de priuaçõ ou deposiçõ / remeta ou em outra ha cõmude ou possa cõmudar, segundo que / expedinte lhe parecer. Semelhante processo sera teudo ho meestre fazer / ante que possa ou queira socrestar ou em qualquer maneira

10 Aristóteles, *Ethica Nicomachea*, 4.8.3.

ẽbargar / hos bẽes e rendas perteencentes a qualquer de seus comẽdadores, saluo se / tal caso for pollo qual nõ sem causa hos fruytos deuã seer socrestados / asy como se fosse destruydor notorio ou manjfesto conspirador ou notoriamẽte / reuel e fora de obediencia. Em a qual causa, ho senhor meestre feita suma / ria jnformaçõ de consũu com seus caualeiros presentes e de conselho delles / possam hos taaes fruitos socrestar. Hos quaaes caualeiros sejam de Castilha, / se o senhor meestre for em Castilha. Se em Aragõ ou em Ualença for, esses / caualeiros sejam de Aragom e de Ualença. E porque entendemos [5r] que contra esta difinçõ muytas uezes ẽ menosprezo seia feito, muyto / estreitamente ao senhor meestre defendemos, sô pena de excomunhom, que daqui a / diante contra esta tã laudauel e saudauel difinçom ẽ qualquer / maneira atemptar nom presuma.

Capitollo noueno. Da enfer / maria do conuento.
O[3]utrosi, porque esguardamos / e per nossos olhos vimos ha enfermaria do conuẽto / estar nua de roupa, jnibimos, sob pena de excomunhom, nenhũu / do dito conuento nõ seja ousado vender hos leitos dos freires e caualeiros / que morrerem nẽ apropriar a sy, mas todallas cousas fiquẽ jnteiras / pera ha dicta emfermaria e de todas ho enfermeiro, asi como ho yco / nimo ou distribuidor dara conta. E donde algũuas cousas pera repai / ro d'outras conuẽ vender, esto mandamos que seia feito de conselho e / consentimẽto daquelles que has contas ham-de ouuir.

Capitollo decimo. Que ho meestre visite hos meestres de Avis e Montesa e Alcãtara.
O[3]utrosi, por quanto por defeito de visitaçõ muitos males / fiquem jmpunidos, estabelecemos e mandamos / ao senhor meestre que por si ou per algũus seus caualeiros com / algũus barõoes leterados visite ou faça visitar cada ano ou de dous / em dous annos hos meestres, conuentos e caualerias de Alcantara / e Avis e Montesa, asi como seus e de sua Hordem subditos.

Capitollo onzeno. Dos mouros seruidores dos freyres do conuento.
O[3]utrosi, porque ho conuẽto nõ padeça algũu defeito, esta / belecemos e difinimos que ho senhor meestre, como he a / costumado, ho proueja de mouros captiuos e seruidores, segũdo / ha maneira que se segue: ho primeiro, de hũu azemel que traga has cousas / necessarias ao conuento e outro pera que traga lenha e hũu cozinheiro / e outro forneiro e outro pera pastor do conuento e de ortelãao e de bar / beiro e de hũu que repaire hos lauores do conuento. E todos estes / ẽ nenhuua outra cousa seruirã, saluo nas cousas sobreditas.

Capitollo duodecimo. Do mestre, que ensine hos freires no conuento.
O[3]utrosi, porque vimos no cõuento nõ auer nenhũus le / terados, difinimos e mandamos ao senhor meestre / que, quanto mais asinha fazer se possa, preueja de hũu meestre / que aos freires nos prínçipios das sciencias hos possa e aja de

ẽsinar / e que faça fazer hũu relogio dentro de hũu ano, contado do dia da / dada das presentes.

[5v] *Capitollo terciodecimo. Dos visitadores e como ham de visitar.*
P[*3*]orque todo ho estado da dicta Hordem mais compridamẽte / seja sabido e a mujtos deffeitos em ella acon / tecentes seia socorrido e desuiado, estabelecemos e ordenamos / que o senhor meestre ordene dous caualeiros ou pessoas da Hordem visita / dores, hos quaaes serã theudos de dous em dous annos visitar ho / conuento e todos e cada hũu dos castellos, villas, muros, torres, / pontes, casas e todollos outros lugares das comendas e egrejas, e / asi meesmo hos moinhos, vinhas, prados, montes e outras quaaesquer / posissõoes da dita Hordem, porque aquellas que derribadas e mal la / uradas e sem repairo acharem, has façam reedificar, laurar e / repairar, mandando dentro de certo termo aaquelles cujos forẽ / hos ditos lugares e bẽes que realmente e de feito hos repairẽ e ree / difiquem e laurem. E compridos hos dous annos de sua visitaçõ / tornem a reueer e se acharem nõ estar laurado nẽ repairado / ho que mandarõ repairar e laurar, hos ditos visitadores das rendas, / fruitos e prebendas daquel ou daquelles que aquelas casas erã teudos / de fazer a suas mãaos tomẽ e recebam aquelas casas que a elles e / a cada hũu delles for ujsto seer mais necessario e conuenjẽte ao re / pairo e reedificaçõ e lauramẽto das cousas sobreditas. Nem con / sintã que em algũua casa da Hordem aja casa cuberta de retama / nẽ de palha, mas soomẽte de telha. E pera fazer todas e cada hũua / das cousas sobreditas, ho senhor meestre seia teudo de dar aos ditos ujsita / dores todo poder e faculdade, ha qual ajnda em quanto a nós / tange em estes escriptos lhes damos.

Capitollo quartodecimo. Dos visitadores de Aragom e de Vallença.
O[*3*]utrosi, pera euitar has despesas e porque hos comen / dadores nõ seiam mujto agrauados, difinimos / e hordenamos e mandamos que daqui adiante asi meesmo / sejam tomadas duas pessoas da Hordem ou dous caualeiros dos / comendadores e das outras pessoas da Hordem, estantes e moran / tes em as comendas dos regnos de Aragom e Valença, aos quaaes / fecto juramento ao senhor meestre que bem leal e fielmẽte visitarõ ca / da hũua das cousas que a Ordem tem em hos sobreditos regnos. / Aos quaaes sera dado poder tal qual se soye dar aos visitadores de / Castella, segundo ho modo e forma sobredita.

[6r] *Capitollo quintodecimo. Das despesas e salairo dos visitadores.*
P[*3*]orquãto *nenhũu he theudo militar a sua propria / despesa,*[11] definimos e estabelecemos que / quando hos ditos visitadores veerẽ a visitar ho conuento, / castellos e casas perteencentes aa mesa meestral, ho senhor meestre sera / theudo de lhes dar em hos ditos castellos e casas despesas compe / tente e onestamẽte. E quando visitar hos castellos, villas, casas, / possissõoes e comendas e outros lugares aa dita mesa nõ perten / centes, aquel cuios forem

---

11 Epístola de S. Paulo aos Coríntios,1: ix, 7.

hos taaes castellos, villas, casas, possi / sõoes, comendas ou lugares, sera teudo a lhes satisfazer despesas / emquanto por causa da visitaçõ ahi esteuerẽ. E sem esto darã / e pagarã realmente aos ditos visitadores, asi ho senhor meestre como / hos outros comẽdadores, meo florim por cada lança aos ditos visita / dores.

Capitollo sextodecimo. Que hos visitadores sejam visitados.
O[3]utrosi, porquanto aquelles que a outros reprehendem / de crime deuẽ seer muy sẽ culpa, amoestamos / ao senhor meestre que diligentemẽte inquira se hos dictos visita / dores fazem seu bem deuer e se repairõ bem suas casas, ho / qual se nõ fizerẽ, segundo sua discriçom e conselho, hos constranga / que façam ho a que som obriguados.

Capitollo decimo septimo. A quem e quando se haade fazer ha profissom.
O[3]utrosi, porque segundo a forma da Hordem todos / ao senhor meestre som theudos a fazer profissom, mã / damos ao prior do conuento que todos hos de novo entrãtes / em ha dita Hordem, dentro de dous meses depois do ano da aprouaçõ, / ao senhor meestre se presentem pera fazer ha dita profissom. E os que nom / quiserẽ ou pera esto comprir forẽ negligentes sejam priuados do vinho / atee que per obra ho cumpram. E porque entendemos que algũus / caualeiros, comendadores e freires dizem que nom som teudos de / fazer profissom a qualquer meestre, declaramos seer aquesto contra ho di / reito e costume da nossa Hordem. Porende, sob has penas de / excomunhom e desobediẽcia, mandamos que aquelles que ao senhor meestre de agora pro / fissom nõ fizerõ, que avida oportunidade, sem dilaçõ, ha façam e / de hi em diante asi se faça aos outros senhores meestres.

Capitollo decimo octauo. Honde se deuẽ enterrar e fazer capellas.
[6v] P[2]orque de todo direito somos obriguados ali seer sepulta / dos honde fazemos profissom, sob pena de desobediẽcia e de / excomunhom, inibimos que nenhũua pessoa da Hordem, meestre, comẽdador, caualeiro e / freire, nõ escolha sepultura de fora da Hordem nẽ edifique capela, / porque de todo em todo estabelecemos que todos em aquelles lugares se / iam enterrados. E, se edificar quiserẽ capeellas, has façã em / hos quaaes hos sacramẽtos ecclesiasticos som obrigados de receber. / E, se o contrairo fizerem, ho senhor meestre asi por elle meesmo fecto tã / bem has capeellas como has rendas torne e reuogue ao conuento / e has dictas igreias seiam tornadas. E pera que asi se guarde emcar / gamollo ao senhor meestre.

Capitollo decimo nono. A quẽ se confe / ssem hos da Hordem e que hos Mendigantes nõ possã vĩjr a esta Ordẽ.
P[3]orque de diuerssos Sũmos Pontifices aos abades de Mo / rimundo he concedido que nenhũu da Hordẽ de / Calatraua, de qualquer dignidade que seia, seia ousado confe /sarsse senõ ao prior por elles instutuido ou aos seus delegado[*s], he ou / torgado e inibido que a nenhũu da Ordem conuenha confessarsse / a nenhũu de outra Ordem nẽ a clerigo secular por uirtude de

quaesquer / leteras appostolicas das nossas plena mençõ nom fazentes de verbo a verbo. E asi / meesmo por diuerssas razõoes se defende dos dictos Sumos Pontifices / que nenhũu da Hordem dos Mendigantes à nossa Ordem seja re / cebido, nõ obstante quaaesquer graças aos Mendigantes polla See Appostolica / outorgadas e outorgadoiras. Porende, sô pena de desobediencia e / penas em has ditas bullas contheudas, que som excomunhom e jndignaçom / dos Apostolos Sam Pedro e Sam Paulo, jnibimos ao senhor meestre, comendadores, / caualeiros, priores e freires e a todollos da dita Hordem que algũu ou / algũus delles nõ sejam ousados de confessarsse, saluo ao prior do cõ / uento ou a seus dellegados.

Capitollo vicessimo. Que ho senhor meestre / tenha priores de sua Hordem.
P[3]orque das diuersas / religiõoes diuersas som ha[*s] cerimonias e esta / tutos, difinimos e mandamos ao senhor meestre que, segũdo ho costu / me de seus predecessores e nõ por outros algũus, que faça seruir em sua ca / peella e todallas cerimonias seerlhe-ã mjnjstradas per priores e cape / llãaes seus professos e nom per outros algũus de qualquer condiçom / que seiam, sô pena de desobediencia. Ao senhor meestre, sô a meesma pena, / ajnda mandamos que a seus priores e capellãaes em seu mantijmẽto e / [7r] vestir por sua honrra e honestidade sufficientemente proueja asi como ã / tijguamẽte foy acostumado. Hos quaaes priores e capellães ẽ cada hũu / dia aa mesa do senhor meestre serã presentes a benzer e dar graças, segundo / ho modo laudauel da Hordem.

Capitollo uicessimo primeiro. Do conto dos / freires conuentuaaes.
O[3]utrosi, porque sem deujdo numero / de religiosos nõ pode competentemẽto ho seruiço / diuino no conuento seer celebrado, estabelecemos e difinimos / que esteem em elle de continoo e seiã presentes ao menos vinte freires / conuentuaaes com ho prior continuamẽte. E, se pollo presente nom forem / dentro de dous meses da dada das presentes, mandamos ao senhor meestre / que moços pera esto ydoneos e sufficientes receba ao avito. E por / que, segundo ha sẽtença do Apostolo, *nõ nos deuemos enrriquecer ali honde / outros padecẽ e ham trabalhado,*[12] jnibimos sô pena de excomunhom que dos / denheiros ao conuento pera a vistiaria dos freires e suas neccessidades / ordenados nenhũua cousa seia amjnjstrada a algũu prior ou freire, / amjnjstraçõ ou priorado fora do conuento aviente, mas sejam contentos / hos taaes freires emtanto que no conuẽto morarẽ de simprez victo asi / como hos outros nenhũua outra cousa pedintes.

---

12 "Ephesians, 4.28", segundo O'Callaghan 1975: ix, 247.

Capitolo vi / cessimo segundo. Que hos nouos caualeiros aprendã a regra no conuento.[13]

O[*3*]utrosi, porque ligeiramẽte lança de si ho jugo aquelle / que trazer nõ ho acostuma, difinimos e hor / denamos que todo caualeiro que receber ho avito seja teudo / e obrigado, logo como ho receber, de estar hũu anno dentro no conuẽto / permanescendo a aprender ha regra e saber has cerimonias e asperezas / da Hordem. Ho qual, se ho fazer nom quiser, nom lhe seja permjtido / gozar de algũua comenda, saluo se perventura por graujdade da / pessoa outra cousa se requirisse, sobre ho qual ho senhor meestre com seus / conselheiros ẽ suas consciẽcias julgarã. E, se ho caualeiro teuer / comenda, sera theudo do seu proprio se proueer. Em outra maneira / ho claueiro lhe daraa de comer e beber e ho senhor meestre ho uestido, / segundo que aos outros freires. E hos que has cousas premjssas / nom comprirẽ, mandamos ao senhor meestre, sob pena de desobediẽcia, / que dentro de hũu mes da dada das presentes, hos constrãga / com effeito a comprir ho que lhes he mandado.

Capitollo xxiij. A persoas / de que idade se dara ho avito e has comendas.

O[*2*]utrosi, porque ho nõ auer experimẽtado, muitos fracos / [7v] apostatas faz, estabelecemos e ordenamos que daqui adiante nenhũus nõ / sejam recebidos ao avito regular da dita nobre caualeria, atee que ajã / comprido hos dez annos, nẽ lhe seia dada nenhũua comenda atee que / ajam comprido hos dezasete annos e ouuer algũu tẽporal exercicio.

Capitollo xxiiij. Que ho mestre dee has despesas aos comendadores que vierẽ / ao cabijdo e pollos feitos da Hordem.

O[*3*]utrosi, ordenamos que, segundo antijguamẽte foi acostumado, / ho senhor meestre dee has despesas a seus comendadores, / caualeiros, priores e freires em tẽpo do cabijdo que uierẽ e este / uerem e asi meesmo aaquelles que a elle uêm pollos feitos da Hordem, / se nom for por seu proprio jnteresse.

Capitollo xxb. Que ho samchristãao / aja hos dizimos dos comenssaaes e hos liuros dos que se finarem.

O[*3*]utrosi, estabelecemos e hordenamos que, asi como de antijgo / foi acostumado, ao samchristãao do conuento de Ca / latraua sejam pagas as dizimas de todollos comenssaaes, / familiares e pastores, asi do meestre como de todollos caualeiros da Hordẽ / que morã no campo de Calatraua. E ajnda seiam dados ao dicto / samchristãao todollos liuros do dito senhor meestre e caualeiros que finarẽ em / ha sobredita Ordem segundo he costume, tirando hos liuros do prior / do conuento, hos quaaes queremos e mandamos que fiquẽ ao seu su / cessor. Pero mandamos ao dicto samchristãao que todolos serujços que /

---

[13] Orig.: na margem direita, registaram *No*, com uma abreviatura sobre a vogal, semelhante a *s longo*. Pensamos que se deve tratar da abreviatura de *nouos*, palavra que se encontra abreviada, na epígrafe deste capítulo, reportando-se aos "nouos cavaleiros", tal como aí se pode ler.

per seus antecessores ẽ ho conuento foram acostumados fazer que elle os / faça. E per este meesmo texto estabelecemos e ordenamos que to / dalas dizimas de todollos comẽssaaes e pastores, asi do senhor meestre co / mo dos outros comendadores, seiam dadas em Amdaluzia, asi como / de costume antijgo foy, ao prior de Sam Beento de Porcuna.

Capitollo xxbj. A quem e a quaaes se deem has comendas.

O[*3*]utrosi, porque segundo hos mericimentos das pessoas, hos / beneficios se deuẽ destribuir, estabelecemos e / ordenamos que has comendas daqui adiante sejam dadas / aos antijgos comendadores bem merecentes ao meestre, dentro / de vinte dias do dia da uacaçõ contados. E esto sob pena de de / sobediencia, saluo se ha necessidade ou proueito da Hordem / ou razom constrangesse outra cousa fazer sse mãdar. Empero / em tal maneira que dos proueitos da comenda uagante aalem / daquelles dias nenhũua cousa poderá receber. Nẽ poderá [8r] nenhũu caualeiro daqui adiante teer aalẽ de hũua comenda asi / como de direito e estatutos da Hordem se deue fazer, se nõ como dicto / he ha utilidade da Hordem outra cousa requira ou ha generosida / de do tal caualeiro, sobre has quaaes cousas ha consiencia do meestre / encargamos.

Capitollo xxbij. Que os caualeiros e priores esteem ẽ suas comẽ / das e priorados.

P[*3*]orque por absencia dos comendadores / que nõ curam de estar nẽ fazer residencia em / suas comendas como de direito a esto som obrigados e teudos, / has casas e castellos dellas sejam caydos e cayã e estam pera cair, estabelecemos e ordenamos que todollos caualeiros, comẽdadores e priores / da dita Hordem daqui adiante morẽ e façam residencia ẽ as casas / donde suas comendas e priorados nome e cõnome tomã. Ho qual, / se nõ fizerem, pollo senhor meestre e pollos visitadores seiã constrangidos / e amoestados, primeira e segunda uez. E, se peruentura cõ anjmo / enduricido nõ obedeerẽ, seiam pollo meesmo feito excomũgados, da qual excomunhom nom poderam seer absoltos se nõ se primeiro por ẽ / menda pagarẽ ao prior do conuento dous mil marauedis, pera repairaçõ / e compra de ornamentos e liuros aa egreja do conuento aplicados. / Daqueste estatuto sejam tirados aquelles soomẽte que pollo senhor / meestre e Hordem forã chamados ou hos que cõ o senhor meestre estar quiserẽ.[14]

Capitollo xxix. Que gozem em sua vida do que acrecentarem.

Q[*3*]uerendo e cobijçando prouocar aos comendadores / e caualeiros e priores da Hordem a acreçentar / hos bẽes della, estabelecemos e ordenamos que, se acontecer / que o senhor meestre ou comẽdador, caualeiro, samchristãao, prior da dicta / Hordem a suas despesas algũus bẽes de raiz a essa Hordẽ

---

14 O escriba saltou do capítulo xxbij para o xxix. No original latino, que estamos seguindo, o capítulo 28 faz-se acompanhar do seguinte título em castelhano: "Que reparen la yglesia de Alcañiz".

perteencẽtes / ou outras quaaesquer cousas comprar, remijr ou ẽ outra qualquer / maneira reduzir aa Hordem, que taaes bẽes durãte sua vida lhe / fiquẽ jnteiros e possa gozar delles, tirando se for achado conspirador. / Empero de tal maneira que depois de sua morte aa meesma Ordem / torne. Se peruentura ẽ sua comenda ou priorado algũu algũua / cousa de seus proprios edificar ou fizer repairar e a outra comẽda / ou priorado for trasmudado, todos aquelles bẽes fiquẽ jnteiros pera / ha comenda ou priorado.

Capitollo xxxº. Que ho meestre dee ho priorado de Sancta / Maria de los Lhanos a dous freires.
O[*2*]**utrosi**, porque hos bẽes da / Hordem asi como aas pessoas della som dados, [8v] asi he justo que per elles seiam mjnjstrados e hos siruã. Porende estabelecemos / e ordenamos que o senhor Meestre, que agora he, e socessores deem ha jrmjda / de Santa Maria de los Lhanos a dous freires de sua Hordem, hũu dos quaaes / seia principal e ho outro seu companheiro, hos [*quaaes] ahi cumprã deuotamẽte / ho officio diuino. E porque de presente somos enformado que a dita / jrmida he trasladada a mãaos de segraaes, a outras que nom sã da Or / dem, amoestamos o senhor Meestre e aos outros senhores comendadores e caualeiros / da Hordem que emquanto em elles for cõ effeito trabalhẽ aa recuperaçõ / da dita jrmida.

Capitollo xxxj. Que ho meeestre faça repairar has egreias / da Hordem.
O[*3*]**utrosi**, porque segundo auemos entendido em / gram confusom da Hordem has casas e capellas dela / em has cidades de Valença e Seuilha e em Porcuna e em outros / muytos lugares som caydas e derribadas e quasi de todo em todo destruj / das, porende amoestamos ao senhor meeestre e ajnda estreitamẽte lho requirimos, / mandando que acerca da reformaçõ e reedificaçõ das ditas casas entẽ / der queira.

Capitollo xxxij. Que hos comendadores deem hos mantij / mentos aos priores da Hordem.
O[*3*]**utrosim**, porque segundo / hos antijgos statutos e diffinçõoes da Ordẽ sãta / e deuotamẽte por nossos predecessores, os abades de Morimũdo, / e pollos senhores meestres desta nobre caualerja, em ho tẽpo que as comẽdas / foram jnstituidas, muy discretamẽte foy hordenado que em ellas fossem / instituidos priores pera ho serujço das egreias dellas e pera mjnistrar / hos sacramentos aos comendadores a que hos ditos priores erã deputados, / hos quaaes comendadores lhes aviam de proueer das cousas necessarias / que, por<que> agora nõ se faz, muytos dos priores grande myngua e proueza / padecem em grande vituperio da Hordem. Porende a todos e a cada hũu / dos comendadores que a suas comendas, priorados som deputados, ẽ virtude / de sancta obediẽcia, mandamos que daqui adiante ẽ tal manejra aos ditos priores / das cousas necessarias a seu mãtijmẽto e uestir cõ hũu serujdor e hũua / mula prouejam. Vista ha calidade dos lugares e da terra que nenhũua / necessidade padeçã. E, se aquesto fazer non quiserem, mandamos ao senhor / meestre que

com diligencia hos amoeste e ha amoestaçõ feita, se em / sua reuelia perseuerarẽ, saibanse pollo meesmo feito sentença de excomunhom / auer jncurrido, da qual nõ poderã seer absoltos senõ pollo prior do conuẽto / e por aquelle prior a quẽ aujã de satisfazer e proueer primeiramẽte feita ha / satisfaçom e nom em outra maneyra.

Capitollo xxxiij. Que os mouros [9r] *da Hordem nom seiã forros sem / ho capitollo geeral.*

O[2]utrosi, porque hos meestres / e comendadores estabelecidos[15] em has / caualerias pera que afficadamente entendã na augmentaçõ e crecimẽto / dellas, porende jnibimos ao senhor meestre e a seus comendadores, sô pena de / desobediẽcia, que aos mouros ou sarracenos, escrauos da Hordem, a outras pessoas / de fora da Ordem nõ presumã dar, ajnda que seiam feitos christãaos e que / nẽ hos taaes feitos christãaos possam seer tornados ẽ sua liberdade sem / licença do cabijdo geeral. E qualquer cousa que em contrairo for feita / seia irrita e nõ ualha. Porende ao senhor meestre, em virtude de santa / obediẽcia, mandamos estreitamẽte aos visitadores da Hordem mandem que se / hos taaes mouros sem licença do cabijdo geeral liures acharẽ, ajnda / que christãaos seiam, hos captiuẽ e aa serujdõoe da Hordem hos tornem / aos quaaes visitadores sobre aquesto nossa autoridade plenaria outorgamos.

Capitollo xxxiiij°. Que ho meestre faça capitollo geeral no conuento / ao menos hũua uez no ano.[16]

O[3]utrosi, porque / pollos cabijdos geeraaes he ho estado da Hordem co / nhecido, hos costumes se reformã e hos uicios se corregem, / estabelecemos e hordenamos e estreitamẽte ao senhor meestre mandamos que, agora / e daqui adiante ao menos hũua uez no anno, em ho lugar da Hordem / e dia por elle asignado, tenha cabijdo geeral a todos e a cada hũu dos / comendadores, caualeiros, priores e freires de sua Hordem. Em ho qual / todos e cada hũu, depois que lhe for jntimado, seerã theudos de parecer / pera dar conta e razom de todallas cousas que ali lhe forem demãdadas. / Em ho qual cabijdo ajnda hos visitadores pollo senhor meestre deputados / seram theudos de dizer e declarar ho estado e desposiçom das comẽdas, / priorados e casteelos e dos outros lugares sô sua uisitaçõ estantes. E asy / meesmo hos costumes das pessoas por elles visitadas. No qual cabijdo / seram lijdas has diffinçõoes e seia visto se jnteiramẽte sejam guardadas / e aos traspassadores e negligentes dignas penas seiam postas. E, se ho *quod abssit* ho senhor meestre em has cousas premissas ou ẽ / outras notaueis deffeituoso for achado, seia amoestado umjl e carido / samente pollos principaaes comendadores de sua Hordem, que se queira ẽ / mendar. E, se emmẽdar nõ se quiser, seja jntimado e denũciado / por elles ou por algũu delles ao abade de Morimũdo, que per estonces for /. Mas requeremos

---

15 Orig.: *estabelecidas*.
16 À margem desta linha, do lado direito, registou-se a palavra *Cabijdo*, não como palavra pertencendo ao texto, antes chamando a atenção para o conteúdo do capítulo.

e amoestamos ao senhor meestre que santa e casta e piedosa / mente queira viuer e ao prior de seu conuento soporte e ajude, [9v] seendo forma e regra de virtudes. Sera ajnda theudo ho senhor meestre em seu / cabijdo geeral asignar dia e lugar em hos quaaes dentro ẽ hũu ano / jnteiro outro cabijdo celebrará. E, se algũu comendador, cavaleiro, prior / ou freyre nõ parecer no dito cabijdo per si, cessante legitimo jmpedimẽto / ou por seu procurador honde legitimamente for jmpedido, sera teudo sô / pena de desobediencia abstersse do vinho em toda sesta feria atee ho / seguinte cabijdo, saluo se ho senhor meeestre com elle despenssar. E, se al / gũu ao dito cabijdo pollos visitadores for citado e hi nõ parecer nẽ / legitimamente se escusar, asi como conuencido das cousas a elle / postas ao aluidro do senhor meestre e da mais sãa parte de seus comenda / dores, seja punido, feito empero contra elle processo juridico, segundo ha / forma ẽ cima escprita. Seram ajnda obrigados todollos comendadores, / caualeiros, priores e freires, asi hos presentes como hos absentes, aas hor / denanças e statutos que ho senhor meestre com seus comendadores em aquel / capitollo fezerem, em tanto que h<a>as presentes nossas diffinçõoes em / nenhũua cousa *directe uel indirecte* sejam contrairas.

Capitollo xxxb. Como hos bẽes de raiz da Hordẽ nõ seiã emalheados / sem ho capitollo geeral.
O[*3*]**utrosy**, porque da premudaçõ / e ẽalheamento dos bẽes de raiz da Ordẽ parece / ella[17] muytos danos aver jncurrido e mujtos bẽes auer perdido, / jnibimos que has semelhantes premudaçõoes, ou per outro qualquer nome seiã / ditas de aqui adiante, nõ se façam, saluo de consentimẽto do cabijdo / geeral de todollos comendadores, caualeiros, samchristãao e freires guar / dados sobre esto hos estatutos apostolicos e sô has penas ẽ elles cõtheudas.

Capitollo xxxbj. Que o meestre dee has cousas neccessarias aos noujços-caualeiros / atee que seiam prouijdos de comendas algũuas.
O[*3*]**utrosy**, estabelecemos, difinimos e hordenamos que, quando quer que / ho senhor meestre moderno ou vijndoiro receber algũus caualeiros ao / avito da Hordem ou profissom, sera theudo proueer deujda e hones / tamente de sua mesa meestral de todalas cousas necessarias, assi como / de comer como de uestir, como ẽ outras quaaesquer cousas atee que per / elle seiam preuijdos [*sic*] algũua comenda. E ajnda em ho caso ẽ ho qual / por algũua fortuna fossem deitados de suas comendas.

Capitollo xxxbij. Que hos freires tragã roupas honestas e a / uitos em ha maneira que ho samchristãao.
P[*2*]**orquãto** das cousas / de fora julgamos da onestidade de dentro, difinimos e mãdamos [10r] que todollos priores e freires pera missa deputados tragã seu avito na / maneira que ho samchristãao de agora ho soye trazer, *scilicet*, onestas

---

17 Antes desta palavra, o copista repetiu a última da linha anterior.

e / longas roupas, jubõoes e capirotes con corta corrueta ochia [*sic*][18] e a quẽ / esto fazer seiam constrangidos pollo prior ou subprior do conuento.

Capitollo xxxbiij. Como ho meestre ou hos caualeiros presos em terra / de mouros ham-de seer remijdos.

C[*3*]omo na necessidade hos bẽes dos religiosos ham-de seer comũes, difinimos / e mandamos que, quando quer que acaescer hos caualeiros e co / mendadores da Hordem em companhia ou por mandado do senhor meestre / hiir aa guerra, se aa guerra ha Hordem for obriguada, ẽ aquella batalha / algũu caualeiro ou comendador seja tomado, que ho senhor meestre e os outros / comendadores sejam theudos e obriguados ao caualeiro ou caualeiros to / mados de seus proprios aueres hos remijr. Asi que ho senhor meestre pague ha / meatade da rendiçõ e os caualeiros ha outra meatade. E ho caualeiro / ou caualeiros asi presos serã theudos, segundo suas faculdades, ẽ sua re / dempçõ contribuir. Mas se ha guerra nõ for de necessidade, saluo da uontade do senhor meestre, ho senhor meestre ao caualeiro asi em ha guerra / preso sera theudo remijr. E, se aconteça que ho senhor meestre em aquella / guerra a que ha Hordem he obrigada seja preso, todos e cada hũu dos / comendadores, cada hũu segundo sua faculdade, serã obrigados a o remijr e ẽ ha meesma for(m)a de sua faculdade pera sua redempçom / sera theudo contribuir.

Capitollo xxxjx. Que ha noua eleiçõ dentro / de tres meses seia notificada ao abbade de Morimũdo.

P[*3*]orque ao abade de Murimundo dignamẽte perteence ha jnsti / tuçõ ou destituiçõ e confirmaçõ do nouo meestre, estabelecemos e / diffinimos, sob pena de excomunhom e de priuaçõ, *scilicet*, ao nouo meestre mandamos que / nos tẽpos por uĩjr haa-de seer ẽlegido que, dentro de tres meses do primeiro / dia da sua eleiçõ contados, pera auer ha confirmaçõ, (a)o[19] abade de Mu / rimundo ou (a)o[20] seu logoteente ha tal eleiçõ em Murimũdo faça pre / sentar.

Capitolo xl. Que ho meestre nouamente electo possa dar comẽdas / e priorados ãte de seer confirmado.

O[*3*]utrosy, estabelecemos, diffinimos / e hordenamos que desde agora em diante ho senhor meestre nouamẽte eleito pella mayor e mais sãa parte de sua caualeria / e ajnda antes de sua confirmaçõ e de conselho de seis homẽs mais anciãaos / dos comendadores poderá dar a quẽ quiser comendas ou priorados durãte / aquelle tẽpo vagantes. E a colaçom asi feita em tãto sera avida [10v] por rata e firme como se de meestre confirmado fosse dada.

---

18 No texto latino, podemos ler: *ut puta honestas et longas robas, diploides et capucia cum curta corneta*. Cornetum, i 'ponta do capuz'. A versão portuguesa duplica *r* e, em vez de *n*, apresenta *u*, gralha frequente nos textos manuscritos e mesmo nos impressos em caracteres góticos. Desconhecemos o sentido de *ochia*.

19 O copista escreveu primeiro *do*.

20 O copista seguiu o critério apontado na nota anterior.

Capitollo xlj. Que nenhũu dos da Hordẽ nom proceda nẽ posa / proceder contra outro da Ordẽ senam perante / ho meestre della.

O[*3*]utrosy, porque non conuẽ / aos religiosos seer contenciosos, mas sumariamẽte / e de plano em suas causas diante seus ordinairos proceder, jnibimos / que nenhũu comendador da dita caualeria, caualeiro, samchristãao, prior / ou freire nõ seia tam ousado de citar nẽ prouocar nenhũu professo / da dita Hordem ou em qualquer maneira contra elle proceder diante / qual requer juiz ecclesiastico ou secular, sem primeiro requerir ao senhor / meestre que lhe ministre justiça. E, se algũu presumir fazer ho contrairo, / pollo meesmo feito seia excomũgado. E, se amoestado desistir ou dei / xar nõ quiser, seia priuado de todollos fruitos, censos e rendas a sua comẽ / da pertencentes atee que de taaes cousas se aja desistido. E entretanto / hos ditos fruytos e rendas receba ho comẽdador, caualeiro. samchristãao, / prior ou freire a quem asi deixar presumir.

Capitollo xlij. Que hos / priuilegios esteem no conuento sob quatro chaues / e a quẽ conuem teellas.

P[*3*]orque asi como a perssoas de fe / dignas ouvimos mujtos priuilegios, cartas, leteras aa Hordẽ e / caualeria perteencẽtes nõ soomẽte de mujtos caualeiros, comẽdadores, priores, / mas ajnda de mujtos seculares som deteudos. Porende deffinimos e esta / belecemos e hordenamos que qualquer comendador, caualeiro ou prior que leteras, / priuilegios, cartas e estormẽtos aa dita Ordem e caualeria perteencentes / deteem, quaaesquer que seiam, logo hos restituuã e seiam teudos de os / restituir sob pena de excomunhom. Ou aquelles que has reliquias, cartas / e priuilegios no conuẽto som theudos guardar hos quaaes asi meesmo / ao cartorio do conuẽto sem dilaçõ seram theudos de reportar. E mã / damos ajnda ao senhor meestre que todollos segraaes que taaes cartas e priuilegios / teuerẽ baroilmẽte hos constranga a lhas auerẽe de restituir e comprir faça / sem dilaçõ algũua. Queremos ajnda e sô has ditas penas mãdamos / ao senhor meestre que sem outra dilaçõ has chaues dos dictos priuilegios ou leteras / da dita nobre caualeria, asi como antijguamẽte foy costume e he, has / dee a pessoas da Hordem que has soyem conseruar, *scilicet*, que ho senhor meestre te / nha ha primeira e ho claueiro ha segunda e ho samchristãao ha terceira / e ha quarta guarde ho obreiro.

Capitollo xliij. Que recebam hũus / hos outros ẽ suas comendas caridosamente.

O[*2*]utrosy, porque antre hos religiosos mayormẽte deuẽ has obras [11r] da caridade reluzir, qualquer comendador que ao caualeiro ou freire / da Hordem que per sua casa ou comenda passar e caridosamẽte ho nõ re / ceber e segundo sua faculdade has cousas neccessarias lhe nõ mjnjstrar / pollo meesmo feito, sob pena de desobediencia, sera theudo de jejũuar / tres dias em pam e agua.

Capitollo xliiij. Que ho claueiro com ho / samchristãao e com ho obreiro veja certas contas / do conuento e outras cousas.

O[*3*]utrosy, jnquirindo ho estado / do conuento quanto ao regimẽto das cousas temporaaes, por / auer mais certa enformaçõ, mandámos que fossem trazidas has contas / do dito conuento de mujtos anos passados, has quaaes por estar escpritas / ẽ vulgar acerca da examjnaçõ dellas nenhũua cousa fazer podeemos / e ajnda porque em mujtas grandes e arduas cousas ocupado acerca / dello nõ podemos entender. E porende ao senhor caualeiro[21] adjũto a si al / prior [22]do conuẽto, samchristão e obreiro has ditas contas ouvessem de ueer / lhes cometemos, ao qual em virtude de santa obediẽcia mandamos que per si / ou per outra perssoa ydonea da Hordem per elle asignada das cousas so / breditas se enforme, mayormẽte daquellas que de quatro anos aca sõ / feitas. E ajnda asi meesmo dos arrendamẽtos feitos a sagraaes contra / ho antijgo costume e diffinçõoes da Ordẽ. Somos ajnda jnformado que / ho dito conuento estaa obriguado a grandes diujdas, pollo qual ho dito / senhor claueiro se enforme das mjnjstraçõoes e officiaaes do dito conuẽto, / desde ho tempo sobredito. E, se achar taaes enganos ou malicias seerem / cometidas, que hos constranga a restituir sô pena de excomunhom, ha qual / desde agora por estonces e de estonces por agora poemos, se tal ẽgano / ouuerem cometido, da qual sẽtença de excomunhom nõ poderam seer absoltos / atee que restituuã has cousas tomadas. Jnquira ajnda ha verdade em ha / maneira que hos bẽes do dito conuẽto pollos ditos officiaaes asi como nos / foy feita relaçõ a segraaes se ajam comunjcado. E outrosi, aỹeda / nos foy feita relaçõ do pitanceiro que tenha hũu priorado e sem iso / receba has distribuiçõoes em ha maneira que hos outros freires no conuẽto. / E outrosi, ajnda leua hos salairos acostumados de dar ao pitanceiro e / ao enfermeiro por seus trabalhos, ajnda que nenhũua outra cousa faça no / dito officio, porque hos bẽes delle como dito he som arendados a segraaes. Outrosi, ajnda mandamos ao dito senhor claueiro estreitamẽte e de consũu / cõ hos sobredictos prior, samchristãao e obreiro se enforme dos costumes e / vida do dito pitanceiro e de como pertorba hos freires do dito conuento [11v], emjuriandoos, e segundo seus demeritos ho puna. Ao dito senhor claueiro / ajnda mandamos que ẽ hũu cõ hos sobredictos asi ajuntos de todallas / cousas sobreditas e de cada huua dentro de espaaço de dois meses faça / execuçom plenaria. E em caso que sejam negligentes amoestamos ao / senhor meestre que pera que elles esto façam baroilmente hos constranga sô has / penas da Hordem. Asi meesmo aos sobredictos claueiro, prior, samchristão / e obreiro amoestamos que nos tẽpos por vĩjr acerqua do dito conuento e / de seu regimento ajam cuydado de despoer, que de hi em diante hos / freires que seruẽ a Deus pacifica e mansamẽte possam viuer e ha vi / da bẽ-auenturada merecer.

Capitollo xlv. Que ho meestre tenha camareiro e moordomo dos da Hordem.
O[*3*]**utrosy**, por quanto dos antijguos, justos, louuaueis e apro / uados costumes sẽ causa evidente apartarsse he cousa pro / fana e a todo direito disona e desconcordante, estabelecemos e man / damos que ho senhor meestre nom possa auer nẽ teer moordomo nẽ camareiro / saluo que seiam freires caualeiros

---

[21] Orig. lat.: *domino clavario.*
[22] Orig.: *adjũto asinal prior*; texto latino: *adiunctis sibi priore.*

de sua Hordem. Sejam aquelles que / elle escolher, hos quaaes se forẽ absentes ou algũu delles, nenhũu / ẽ seu lugar do officio delles ao seruiço do senhor meestre possa seer recebido, se / nom caualeiro ou perssoa da Hordem e aquesto sô pena de desobediencia.

Capitollo xlvj. Como nenhũu nõ procure leteras nẽ fauores, mas que / ha eleiçõ se faça liuremente.

P[*3*]**orque** toda eleiçom deue / seer liure e sem nenhũua ympressom, ynibimos / que nenhũu caualeiro, comendador ou freire da dita Hordem / procurar nẽ receber per si nẽ per outro possa leteras, ameaças nẽ fauores / de quaaesquer princepes nẽ potestades ecclesiasticas ou segraaes, pera que / elle ou outro seia obrigado, pedido ou nomeado aa dita dignidade / meestral. E, se algũu contra esta prohibiçom ou jnibiçõ algũua cou / sa fezer ou tentar de fazer, seia pollo meesmo feito *ynabile jn perpetuum* / aa dita dignjdade meestral e careça da uoz ẽ cabijdo e da eleiçom do / meesmo meestre. E pollo meesmo feito seja priuado de suas comedas, / se has tẽ.[23] E seia pollo meesmo feito *jnabile in perpetuum* aa dita dignidade meestral e careça e seia priuado de suas comẽdas, se has tem. E seia pollo meesmo feito excomũgado. Esta meesma pena aja / e seia punido ho que ha sua uoz deer a algũu nõ professo em ha dita / Hordem ou haquel que por elle tal rogar que seia pedido / da qual / nõ possa seer asolto, saluo de nossa espicial licença ou de nossos [12r] successores do nouamẽte electo e dos electores.

Capitollo xlvij. Da e / leiçom do meestre, quãdo ha Hordem esteuer uaga.
O[*3*]**utrosy**, porquanto sobre ha eleiçõ do nouo meestre ẽ hos tẽpos / passados mujtas enormjdades e defeitos e batalhas e guerras / e contendas foram, nõ soomẽte antre hos caualeiros da Hordem, mas ajnda antre segraaes, porende aas taaes cousas cobijçando ẽ ho tẽpo / por vĩjr de contrariar e remediar, estabelecemos e diffinimos que / quando quer que ho meestre da dita Ordem acontecer desta vida passar / queremos, e sô has penas de desobediencia e excomunhom mandamos a todas / e a cada hũua das pessoas da dita Hordem que em ha morte do senhor / meestre forem presentes que sem algũua dilaçõ ho façam saber e jntimar / ao comendador-moor ha morte do dito meestre, ha qual jntimaçõ feita / elle meesmo, comẽdador-moor de Calatraua, se no campo de Calatraua / se achar ou ajnda onde quer que esteuer, seja theudo dentro de seis dias / jnmediat[*os*][24] seguintes chamar todollos caualeiros, comendadores, samchistão / e freires da dita Hordem da Calatraua e no conuẽto de Calatraua e nõ / em outra parte, em tanto que hos caualeiros ajam segura chegada ao / dito conuento. E, se nõ ha ouuerẽ, ha mayor parte poderá escolher / lugar de eleiçõ ẽ no campo de Calatraua asentado pera ha eleiçom / ou postulaçom do nouo

---

[23] Na margem esquerda desta linha, lê-se: *asi esta no proprio*, palavras que foram pedidas pela necessidade de explicar a repetição de texto que se verifica entre as linhas 28 e 32 do original, que aponta para lapso do copista. O original latino, que temos para confronto, não apresenta tais repetições.

[24] No texto original, parece estar registado um *r*.

meestre se fazer. Se dentro dos ditos seis dias ho / dito comendador-moor nõ esteuer no campo de Calatraua, ou estando / hi ou ẽ outro lugar, nõ chamar aos que ham-de seer chamados aa eleiçõ, / segundo dito he, quer ho saibam quer nom, pollo meesmo feito seia tor / nado ho tal chamamẽto ao claueiro de Calatraua ou a qualquer dos / anciãaos caualeiros por estonces. Estabelecemos em ho dito campo de / Calatraua e a cada hũu delles ho hũu ao outro non esperando em tal / maneira que aquello que por hũu se fezer nenhũu perjuizo ao outro traga. E por qualquer delles que for feito ho chamamẽto, todollos comendadores, / caualeiros, samchristãaos, priores e freires da dita Hordem serã theudos / sem nenhũua dilaçom vĩjr ao conuento e nõ a outro lugar, saluo no / caso sobredito, a fazer ha noua eleiçõ dentro do termo a elles pollos / ditos comendadores per qualquer delles asignado, em tanto que mayor / termo de dez dias pera vĩjr nõ lhes poderá asignar, contados do dia da / morte do meestre defunto, permaneçã em continuaçõ dos seguintes dias, atee / que seia çelebrada ha eleiçom. E aquelle que nom parecer per si / nem per seu procurador, no tẽpo a elle asignado, sera priuado por aquella <vez> [12v] de sua uoz. Hos comendadores e freires, segundo dito he, ajuntados, / ajnda se todos nõ forem, poderã fazer eleiçom guardados hos costumes / e constituçõoes da Hordem. E ho que em tal maneira por elles ou polla / mayor parte for elegido por verdadeiro e jnduujdado meestre sera avido. E a / quelles comendadores que teem castellos em guarda seram theudos de vĩjr / ao dito chamamẽto, sô fiel guarda leixados seus castellos e feita ha / eleiçom asi como he dito. E ho comendador-moor ou outro dos sobre / ditos comendadores, se ho meestre defuncto for trazido aa sepultura, sera / teudo ho pendam da Hordem trazer e restitujlo ao meestre nouo. E seram / teudos todollos caualeiros, per si ou per seus procuradores, hir cõ ho senhor / meestre nouo electo ao senhor rey de Casteella a lhe fazer menagẽ na maneyra / e forma acostumadas. Seram ajnda teudos hos mesmos caualeiros, / comendadores e freires e outros quaaesquer subditos da dita Hordem fazer / ha menagẽ acostumada ao dito meestre nouo. Qualquer que ẽ outra / maneira se antremeter hos ditos chamamẽto e eleiçõ e fora do conuẽto / e qualquer que a este nosso estatuto reuel e desobediente for pollo mees / mo feito seia excomũgado, da qual sẽtença de excomunhom nõ poderá seer / absolto, saluo por nós e por nossos successores e [cõ] consentimẽto do / nouamento electo e da mais sãa parte dos electores, saluo no ar / tijgo da morte tã soomẽte.

Capitollo xlviij. Que seia notificada ha / eleiçom aos caualeiros d'Aragom e nõ sejam chama / dos se per caso nõ forẽ presẽtes.
P[2]orque ho que a todos tange / de todos deue seer aprouado, estabelecemos e ordenamos que feita / ha dita eleiçõ, ho dito comẽdador-moor ou claueiro ou outro que preceder / na eleiçõ ou cabijdo, logo notifique todo ho asi feito ao comẽdador-moor / de Alcaniz e aos outros caualeiros, comendadores e priores dos rregnos / de Aragam e Valença, se absentes forem, como nõ seia neccessario que aa / eleiçom seiam chamados. Empero, se no campo de Calatraua se acharẽ, / aueram uoz na eleiçõ. E ho chamamẽto pella semelhante maneira sera /

tornada ao comẽdador-moor de Alcanis, asi como ho claueiro e ajnda os / mais anciãaos comẽdadores de Aragam e Valença, se presentes forem. / E seram ajnda teudos todollos comendadores do regno de Aragom e / Valença e todollos outros que forem absentes obediẽcia e menagẽ fazer ao / nouo meestre, sô pena deuida aos que aa dita eleiçõ forẽ chamados e nõ vierem.

Capitollo xlix. Como se façam has permudaçõoes das comendas ou priorados da Hordem.
[13r] O[2]utrosy, pera euitar toda mazella e symonia e engano, esta / belecemos e deffinimos que se acontecer que algũus comendadores / ou priores queirã permudar suas comendas ou priorados que primeiramẽte hos / renũcijem simprezmente nas mãaos do senhor meestre e que o senhor meestre logo e / sem engano proueja a elles das comẽdas e priorados asi permudados, sobre / ho qual sua consciẽcia encargamos.

Capitollo l. Que os que adoecerem / chamẽ a outros da Hordẽ, seus vizinhos / mais cercanos.
O[3]utrosy, estabelecemos / e mandamos que quando quer que algũus comẽdadores, samchristãao, priores, freires per algũu outro da dita Or / dem que graue jnfirmjdade padecer forẽ chamados, elles seiam theudos de / vĩjr e hos bẽes conseruar e guardar a proueito daquele ou daquelles / que em elles teuerẽ direito. E esto sob pena de restituçõ, da ẽmenda e / satisfaçom de todo ho que por sua culpa se / achar furtado ou tomado. / E mandamos ao enfermo que a aquestes asi chamados dee poder de / fazer has cousas sobredictas.

Capitollo lj. Que ha Ordem tenha pro / curadores em corte de Roma [. . .] chancelaria d'El-Rey pera seus negocios.
O[3]utrosy, porque contra a Ordem, asi ẽ corte de Roma como / na corte d'El-Rey de Casteella, e ẽ sua chancelaria / mujtas cousas se podẽ procurar em perjuizo da dita Hordẽ, estabelecemos e difinimos que, asi como antijguamente ẽ ha Hordem / foi acostumado, seiam estabelecidos dous caualeiros ou perssoas da dita Hordem / por procuradores em has ditas cortes, pera procurar, tractar, proseguir e / exercitar todollos feitos, lides e negocios moujdos e por mouer, has quaaes / pessoas da Hordem primeiramẽte jurarõ aos Sanctos Euangelhos de Deus / que ho officio a elles cometido fielmẽte exercitarõ. E que non guaanharõ nẽ / permitirã guaanhar e jmpetrar algũua cousa que seia em perjuizo dos / priuilegios, liberdades e jnmunjdades da Hordem. E seram theudos de dar conta e razõ do officio, de sua procuraçom, quando quer que forem requiridos. E seram teudos ho senhor meestre e seus comendadores a elles e a seus uogados satisfazer razoadamẽte de despesas e salarios, ho senhor meestre ha mea / tade e hos comẽdadores e caualeiros e samchristãao ha out ra meatade.[25]

---

[25] O texto latino, a seguir a este capítulo lj, introduz o capítulo 52 ("De la eleccion del comendador mayor"), quando o manuscrito da Torre do Tombo apresenta com o n.º 52 o capítulo *supra*, para o qual não vemos correspondência no texto latino.

Capitollo lij. Que hos da Hordẽ gozẽ em sua vida do que em ella acrecẽtarẽ.
Q[*3*]**uerendo** e cobijçando prouocar aos comendadores, caualeiros / e priores da dita Hordem a augmentar os bẽes / della, estabelecemos e ordenamos que, se acontecer que ho senhor meestre / ou comendador, caualeiro ou samchristãao ou prior da dita Ordẽ a suas despesas [13v] algũus bẽes mouijs aa dita Hordem perteencentes ou outras quaaesquer / cousas guaanhar, remijr ou em outra maneira aa Hordem retrouxer, / que taaes bẽes, durante sua vida, tenhã jnteiramẽte e delles possã gozar, / saluo se conspirador for achado, em tal maneira que depois de sua / morte aa dita Hordem tornẽ. Se porventura em sua comẽda ou / priorado algũu algũua cousa a sua propia custa edificar ou fezer repai / rar e a outra comenda ou priorado for trasladado, todos aquelles bẽes / queden e fiquẽ jnteiros pera ha comẽda ou priorado.

Capitollo liij. / Que ho comendador-moor seja electo asi como ho meestre.
I[*4*]**tem**, asi como / em has antijguas Diffinçõoes he avido que ho comẽdador-moor seia elegido como ho senhor meestre, asi queremos e mandamos que / nos tempos por vĩjr seja feito.

Capitollo liiij. Que todos seiã obediẽ / tes / ao meestre e que nenhũu nõ se leuante contra / elle.
P[*3*]**orque** testemunha / ho Euangelho *todo regno ẽ si meesmo diuj / so sera destroido*,[26] aprecebemos e amoestamos a todos hos da / Hordem que ao senhor meestre omjldes, fiẽes e obedientes seiam e esteem, / ynibindo sob pena de conspiraçõ e priuaçom de todo honor a todos / e a cada hũu dos senhores comendadores e caualeiros, priores e freires / que daqui adiante, sob nenhũua color nẽ por virtude de quaaesquer leteras, / ajnda que sejam d'el-rey, presuma leuantarse contra ho senhor meestre nẽ fazer / lhe qualquer guerra ou nojo. E, se algũu ho contrairo fezer, pollo mees / mo feito seia excomũguado e priuado de qualquer dignjdade ou comẽ / da ou priorado ou amjnistraçõ, se algũua teuer. E seia jnabile pera auer / has taaes cousas em hos tẽpos por uĩjr. Nem queremos que ho dito senhor / meestre sobre aquesto possa despenssar sem consentimẽto do abade de Mu / rimũdo. Mas, asi como nas outras Diffinçõoes he contheudo, se algũuas / cousas forem de ẽmendar em ho senhor meestre seia amoestado caridosamẽte / e com omjldade hũua uez e outra que se queira ẽmendar. E, se ho recu / sar fazer, seia denũciado ao abade de Morjmũdo que uenha a visitar.

Capitollo lb. Que nenhũu da Hordem procure por seer jsento.
O[*3*]**utrosy**, estabelecemos, difinimos e ordenamos que nenhũus / caualeiros, priores nẽ freires da dita Hordem, asi / daqueste regno de Casteella como dos regnos de Aragom e Va / lença, nõ ualha nẽ possam jmpetrar bullas algũuas de exempçom / do dito senhor meestre nẽ ajnda das jmpetradas possam usar sob pena / de excomunhom. E, se dellas ou de algũuas dellas usarẽ, pollo meesmo feito [14r] percam hos fruytos e rendas das suas comendas ou comenda que

---

[26] Mateus: xii, 25; Lucas: xi, 17.

ouuerẽ. / E, se perseuerarẽ em ho dito uso, depois que forem amoestados pollo / dito meestre seaam priuados das ditas comendas.

Capitollo lvj. Dos / que forẽ concubinarios.
P[*3*]orque he testemunha Jeronjmo, / *ha continencia he companheira dos anjos*,[27] aa qual / cada hũu religioso he obrigado de sua profissom, estabelecemos / e diffinimos e estreitamẽte jnibimos que nenhũua regular perssoa da dita / nobre caualeria ouse teer cõcubina nẽ molher jnfamada em algũua / casa da Ordem nẽ em outra algũua honde pessoa da dita Ordẽ morar. / E, se algũu comendador ou caualeiro de contrairo for conuencido, pola / primeira uez sem despenssaçõ, estee no conuento per hũu mes jnteiro, / jejũuando dous dias na somana em pam e agua ou ẽ aquelles dous / dias recebendo disciplina no cabijdo. E, se retornar, estee dous meses / fazendo ha dita penitencia. E, se peruentura nõ se emmẽdar, ho senhor / meestre ho corregua de conselho de seus mais anciãaos caualeiros e comẽda / dores, asi que ha alma se faça salua. Se peruentura for sacerdote, por / ha primeira uez que for convencido, estee no conuento per meyo anno, / em ha maneira sobredita. E, se tornar polla segunda, uez estee hũu / anno jnteiro. E, se se nõ emmendar, seja priuado do priorado, se o teuer, / porque sobre aquesto ho senhor meestre faça seu bõo deuer aqui e ante Deus / sua consçẽcia encargamos, ao qual empoemos como elle meesmo aos outros / deua seer ley e mais graues penas merece se for achado culpado.

Capitollo lvij. Que hos da Hordem nõ viuam senã com ho meestre.
O[*3*]utrosy, por quanto asi ha razã da ygualdade como / hos direitos diuinos e naturaaes nos obriguã / seruir aaquelles a que fazemos obediẽcia e de quẽ recebemos / hos bẽes temporaaes, porende jnibimos e mandamos que nenhũu / caualeiro, comendador nẽ freire da dita Hordem tenham nẽ possã / auer viuenda nẽ acostamento ao modo de Casteella com alguuns, / saluo com ho dito senhor meestre. E, se ho contrairo for feito d'algũu, / pollo meesmo feito perca hos fruytos e rendas de suas comendas. / E de hi adiante estee no conuento ẽ pam e agua. E, se a sua perfia / tornar, mais largo tẽpo per meyo anno e seja priuado de suas co / mendas. Mas queremos que esta pena nõ se estenda nẽ possa estẽ / der aos comendadores, caualeiros dos regnos de Aragom e Valẽça, / se por el-rey dos ditos regnos ou de seu logotẽete forẽ chamados a seu serujço.

[14v] *Capitollo lviij. Que hos que comprarẽ algũus bẽes ẽ sua vida hos dẽe / pera ha Ordem.*
P[*3*]orque aquello que ho religioso acquire / ou guaanha, sô nome da Hordem, ho deue guaanhar / e acquirir. E asi como entendemos certos comendadores, caualeiros / e freires em Villa Real e em outros lugares que aa Hordem nõ pertencem / dos bẽes da dita Hordem pera seus filhos e seruidores acquirirã e aquirem muitas / e desuairadas possyssõoes em grande dano e perjuizo da dita

---

[27] *Epistola* 49 (48).14.8.

Hordem e / detrimẽto de suas almas. Porende porque daqui adiante taaes cousas / se nõ façam, sô pena de excomunhom, ho jnibimos. E asi meesmo ho mãdamos / ao senhor meestre que diligentemẽte sobre esto se enforme. E aquelo que achar / comprado ao direito e possissom da dita Ordem ho torne. E nas que / ao diante se comprarẽ em tal maneyra proueja que ha Ordem nom seja / defraudada. Concedemos e outorgamos ẽpero que de licença do senhor meestre / possam e valhã aquelles compradores em sua vida ho uso e fruyto / das ditas posissõoes reteer, empero em tal maneira que depois da morte / delles aa Hordem se torne.

Capitolllo lix. Que nenhũu nõ compre / casa nẽ outras heranças em Villa Real nẽ esteem nẽ morem nella.

O[*3*]**utrosy**, porque hos feitos passados e presẽtes nos fazem seer mais / sabedores acerqua das cousas por vĩjr, pollas quaaes / vimos e esguardamos que has moradas daquelles comẽdadores, que / fezerom em ha dita cidade real, som principaaes causas do desẽparo e / destruiçõ das casas da dita Hordem que som jntituladas, em has / quaaes segundo has antijguas diffinçõoes deuẽ recedir[28] ao menos / nos lugares principaaes da dita Hordem, senõ quando ẽ ho seruiço do / senhor meestre estouuerẽ. Sô pena de excomunhom a elles ynibimos que na cidade / nõ morem nẽ casas algũas nõ tenham pouoradas. E, se algũas / teem, dentro de seis meses do tẽpo da dada desta diffinçõ contados, de / aqui adiante em ellas nõ fiquẽ. Nẽ di em diante comprarã per si ou per / outros algũas herdades, mas morẽ em has casas que em nome do senhor / meestre e da Hordem tẽe ou em hos lugares principaaes dessa Ordẽ de Calatraua. / E, se algũus non comprirem esta nossa diffinçõ ou ẽ qualquer maneira / contra ella forẽ, ou ẽ engano della algũa cousa fezerẽ, encargamos / ha consciencia do dito senhor meestre e requirimoslhe que proceda aa suspenssã / dos fruytos e rendas da comenda do tal reuel. Ho qual, se asi ẽ sua / contumacia ou negligencia permanecer cõ louca ousadia e ẽ qualquer / outra maneira, depois de hũu mes feita ha dita suspenssom pollo [15r] senhor meestre que proceda estonçe aa priuaçõ de sua comenda ou priorado / do reuel.

Capitollo lx.º Que ho prior do conuento aja a penssom / dobrada segundo que ha dos clerigos.

O[*3*]**utrosy**, porque de / toda ha cura spiritual do conuento principalmẽte ao / prior do conuento jncube e perteence, justo he que graciosamẽte / com elle seia feito e mais auondosamẽte seia prouido. Pollo qual / estabelecemos e hordenamos que de todas pecunias que antre os freires / do conuento em qualquer maneira daqui adiante se distribuirẽ, elle / meesmo prior tanto como dous freires receba. E mandamos estrey / tametẽ ao yconjmo ou pitanceiro e aos outros distribuidores das / taaes pecunias que ao prior, sem algũa contradiçõ, compridamente / satisfaçã do asi dobrado realmẽte e com effecto, e em outra

---

28 Por cima deste lexema, mão diferente escreveu *morar*, tendo em vista aclarar o sentido de *recedir*, representado no original latino por *residere*.

maneira / saibansse sentẽça de excomunhom auer jncurrido, da qual de todo ẽ todo / nõ poderã seer absoltos sem primeiro auer feito satisfaçõ. Estabe / lecemos e ajnda mandamos que ha cama do prior com todas suas / cortinas e sauãas e alfayas e ajnda has cousas vtenssiuijs e / seus liuros e todolos outros bẽes mouijs e ha mula, ha qual de sua / liberdade deu e concedeo ho senhor comendador-moor, fiquẽ a seu / successor, se nõ se em sua vida das cousas ataaes desposer. / Poderaa ajnda de seus bẽes, asi como ho samchristãao, ẽ ha morte / despoer. E quem sem sua licença dos ditos bẽes asi preso / mir apropriar, sera avido por excomũgado pollo meesmo feito nẽ / poderá seer absolto sẽ restitu[*i]r ho que jnjustamẽte tomou. Seme / lhante pena de excomunhom encorra ho que daqui adiante do officio do / prior ẽ qualquer manejra se entremeter ou pertoruar ou jnquietar / sem nossa espicial licença.

Capitollo lxj.º Que hos caualeiros / priores e freires de Aragom consentam estas / Diffinçooems.
O[2]**utrosy**, diffinimos e ordenamos que / hos caualeiros, priores e freires de Aragom e Valença, que / som abssentes, seiam obrigados dar seu expresso consentimento a / estas nossas [*Diffinçooems] dentro de tres dias contados do dia da notificaçom / delles, sob pena de excomunhom, ha qual pollo meesmo feito se em cõ / tumaçia algũu durar encorreraa, ha qual nestes escpritos pro / nunçiamos.

Capitollo lxij.º Que todollos da Hordem tenhã has / Difinçõoes dentro de viij.º meses.
O[2]**utrosy**, estabelecemos, / diffinimos e mandamos a todos e a cada hũu [15v] dos comendadores, caualeiros, samchistãao e priores da dicta Hordẽ / de Calatraua que elles e cada hũu delles ajam e façam escreuer / has presentes Diffinçõoes e esto sob pena de desobediencia e que / esto seia feito dentro em oito meses.

Capitollo lxiij.º Que nenhũu que nõ seia nobre ou fidalgo nõ seia / recebido ao aujto da Hordem.
O[3]**utrosy**, porque / da nobreza e bondade dos antecessores amoesta e nece / ssita hos successores a nobremẽte viuer, estabelecemos e mandamos / que nenhũu que nõ seia nobre e generoso, que quer dizer ao modo / de Espanha fidalgo, de aqui adiante seia recebido aa dita Ordem / de caualeria sob pena de excomunhom. E porque esta diffinçõ foy / fundada em a primeira criaçom desta Hordem em grande limpeza /[29] e ygualdade, aynda que de poucos tẽpos aja sijdo quebrantada / recebendo conuerssos, nõ sem grande detrimento da honestidade desta / nobre caualeria e em perijgo das almas daquelles que has taaes / cousas consentirõ, ao senhor meestre, sob pena de excomunhom, da tal sẽtença / mandamos que todos e cada huu dos taaes da Hordẽ que tẽ e ma / yormẽte

---

[29] Na margem esquerda desta linha, em letra de outra mão, lemos, com dificuldade: *per outra [via]*.

aquelles que depois da vltima ynibiçom de nosso prede / cessor foram recebidos, hos quaaes de presente profissom nõ fezerõ. E, se hos taaes teuerẽ comendas, lhes seiam tiradas e dadas a / outros nobres e bem merecentes. Ao senhor meestre, sô has ditas penas, / que daqui adiante hos taaes nõ presumã receber e mayormête / em seus officios principaaes, asi como na chancelaria, cõtadoria / nẽ em outro nenhuum officio judicatorio, mas ẽ hos taaes / officios seiam recebidos fiees, bõos catolicos antijguos e temen / tes ao senhor Deus.

Capitolo lxiiij.º Que seiam electos quatro ca / ualeiros ou perssoas da Hordem pera que juntamête cõ ho meestre entendam na gouernança da Hordem.
O[*3*]**utrosy**, porque acerca da / sêtença do sabedor, *honde hos mujtos conselhos / ha, hi ha saude,*[30] nós de todo coraçom ho prospero e sauda / uel estado da Hordem sobredita e caualeria ẽ has cousas spirituaaes / e têporaaes com paternal effeito desejando, conse[de]rando ho senhor / Meestre moderno, pollo presente ao regimêto e gouernança de tanta cauale / ria, asi polla menoridade delle ẽ sua ydade, como polla jmb[*e]çalidade / corporal menos poderoso ynualiado; e hos senhores comêdador-moor, / claueiro, samchristãao e obreiro e òs outros comendadores e caualeiros [16r] da dita Hordem, em virtude da sancta obediêcia, mandamos que, ho mais / cedo que fazer sse possa, asi desponham e eficazmête trabalhê de cõ / suum cõ ho senhor Meestre em pessoa propria, que delles elejam e deputem / quatro caualeiros ou pessoas da Hordem que pera ho senhor Meestre da go / uernança da dita nobre caualeria sofficientes e ydoneos sejam. / Os quaaes caualeiros ou pessoas da Hordem, ante da eleiçom, / cõ ho senhor Meestre juramêto solempne auerã de receber que taaes / pessoas da Hordem ẽlegeram, as quaaes ẽ sua consciêcia sufficiêtes y ydoneos a seu parecer serã. Hos quaaes caualeiros ou pessoas / da Hordem como dito he emlegidos cõ ho senhor Meestre e pera seu con / selho deputados ao regimêto e gouernãça de toda ha dita caualeria / ante todalas cousas serã teudos de aceptar juramêto que o tal / officio de gouernança fielmente exercitaram. Hos quaaes asi co / mo dito he deputados e ajnda com ho senhor Meestre adjuntos tã inteiro poder e auctoridade aueram, qual aueria ou deveria auer ho Meestre / em hidade perfeita, constituido em todas e cada hũua das cousas / que ao meestrado da dita nobre caualeria pertencẽ, spirituaaes e têporaaes. Sem hos quaaes ditos gouernadores deputados, ho senhor / Meestre nenhũua cousa poderá fazer em qualquer negocio da dicta / caualeria atee tanto que chegue aa hidade de xx annos. Ho / qual têpo comprido, estabelecemos e ordenamos que ho dito senhor Meestre / ho juramêto a nós feito outra uez nas mãaos do comendador- / -moor e do prior do conuento faça. Primeiramête por ele meesmo, / senhor Meestre, quando aa hidade dos xiiij annos vier, feita solepne / profissom asi como he costume na Ordem, asi meesmo queremos / que ho senhor Meestre, compridos os xx annos de sua ydade, como dito he, / em todalas cousas que ouuer de fazer, segundo ho louuauel costume / da dita Hordem e has leys per nossos predecessores antijguamête / feitas, use do

---

30 Provérbios: 11, 14; 24, 6.

conselho das pessoas da Hordem. Ajnda queremos, e ajnda polla actoridade que auemos, estabelecemos e ordenamos / que hos ditos quatro deputados, cõ ho senhor Meestre e aa gouernança e / regimento do dito meestrado electos, ho officio da sua gouernaçõ / por hũu anno jnteiro exercitarã. Ho qual termo comprido, outros / quatro em lugar destes ao officio sobredito da gouernãça da / dita caualeria em ha maneira sobredicta pollo senhor Meestre e co / mendadores e caualeiros da Hordem seiam emlegidos, empero [16v] em tal maneira que hos dictos quatro gouernadores do presente ano ao dicto / officio de gouernança nõ poderam seer tomados por dous anos nẽ emle / gidos. Empero sem isto queremos que em tal caso que aos electores / for ujsto proueitoso ho hũu dos sobreditos quatro gouernadores ho ano / seguinte cõ hos outros que se auerã de ẽleger poderá ficar, ho qual / em ha maneira sobredita, segunda vez emlegido, atee hos quatro / annos seguintes no dito oficio de gouernança poderaa seer emlegido. / E esta ley de ano em ano estabelecemos e hordenamos seer guar / dada atee que, como dito he, ho senhor Meestre aja comprido hos xx anos / de sua hidade. Ho qual tẽpo acabado, desde agora por estonces / e estonces por agora, ao dito senhor Meestre cometemos ha gouernança / e regimento de toda ha dita nobre caualeria, amoestando aquelle / que todallas cousas ouuer de fazer, asi como dito he, use do conselho dos / caualeiros e pessoas da sua Hordem.

Capitollo lxv. Que hos / da Hordem possam ao tẽpo de sua fim despoer de seus bẽes mo / uijs jnuentairo.
O[*3*]**utrosy**, como ho senhor meestre, caualeiros, / comendadores, samchristãao, priores do dito conuẽto / nõ podem hos officios a elles cometidos sẽ seruidores e fa / mjliares exercitar, porque de neccessidade hos ham de teer e lhes pa / gar seu salario e mujtos outros cargos soportar e aas uezes fazer / diuidas, despenssamos com hos dictos senhor meestre e caualeiros, comẽ / dadores, samchristãao e priores graciosamẽte e de consentimẽto e suppli / caçõ do dito senhor meestre que ho senhor meestre, caualeiros, comẽdadores, sãchristão / e priores e cada hũu delles possam e valham fazer jnuentairo de / todollos bẽes por elles e por cada hũu delles acqujridos, asi ẽ ouro, / prata, moeda, cauallos, mullas, armas, gaado, trigo, ceuada, porcos, / cabras, uacas, carneiros e outras quaaesquer cousas mouijs, sô ho / dito jnuẽtairo e reportorio postas, possam dar e pagar a seus de / uedores, serujdores e famjliares ou nos repairos de suas casas, / se em sua vida negligentes forem, e hordenar suas exequias / e funeralias; e ẽ outra maneira esmolas e repairos, mayormẽte / das egreias de sua Hordem e redempçõ de captiuos que estam ẽ terra / de mouros e em outros pios e honestos usos, asi como de bẽes de / Hordem discretamẽte despoer e ordenar segundo suas consciencias, / has quaaes em aquesto encargamos. E, se peruentura aqueecer / [*em branco*] algũu dos sobredictos caualeiros, comẽdadores, samchristãao e priores [17r] nenhũu jnuentairo feito e desposiçõ de seus bẽes ẽ ha maneira / premissa de aqueste mudo passar, estabelecemos e hordenamos / que ho comendador a elle uezinho cercano possa e ualha o dito / jnuentairo fazer, com conselho do prior e do samchristãao do

conuĕto, / se ho defuncto for de Casteella. E se de Aragom e Ualença, cõ / conselho dos visitadores dali, de todollos bĕes mouijs, como dito he, / per elles acquiridos, has diuidas do defuncto possam pagar e has / exequias e funeralias fazer. E, segundo Deus e sua consciĕcia, aa sa / ude e remedio da alma do defuncto e por redempçom de seus pe / cados, todalas cousas despoer e ordenar ĕ suas consciencias, has / quaaes, como dito he, em aquello encargamos. E, se ho senhor meestre / em ha maneira suso dita morrer, ho prior e samchristãao do conuĕto / poderam fazer e hordenar jnuentairo e todalas outras cousas / por saude de sua alma, asi como de suso estaa hordenado e decla / rado. Empero queremos e de consentimento e jnstancia do dicto senhor / Meestre constitujmos e ordenamos que dos ditos bĕes do defunto fiquĕ / a seu sucçessor dous pares de boys, xx cabras, duas porcas / e has cousas utĕsiuijs da casa do defunto, comenda, samchristia / ou priorado, tirando ajnda ha cama do defuncto, sauãas, cuber / turas, paramentos ou vestiduras, aquellas que em mentre viuja / caualgando comsigo trazia e fazer trazia. As quaaes cousas / todas deuem seer pera ha enfermaria do conuento e ali seer postas / depois do defunto, tirados ajnda hos direitos do comendador-moor / e samchristãao. E, porque em esta nossa despenssaçõ de consentimĕto / e jnstancia do senhor Meestre, ante sabida e feita, nenhũua pessoa / da dita Hordem e nobre caualeria de macula de propriedade nõ possa / seer notada ĕ ho despoer dos bĕes movijs sobredictos, como dito he / acquiridos, em virtude de santa obediĕcia e em quanto ha diujnal ofen / sa temem encorrer, mandamos que daqueles bĕes que per elles se po / dem despoer em ha forma sobredita nenhũu[*as] leteras ou estormĕtos / publicos per maneira de testamĕto ouse nĕ presuma fazer, mas / soomĕte simplezes cedulas per maneira de memorial, escpritas de / suas mãaos e signadas pera ha desposiçõ dos ditos bĕes movijs, / asi como dito he ho façam. E em outra maneira fazendo ho con / trairo, saibansse auer encorrido em sĕtença de excomunhom.

Capitollo lxbj. Donde e ante quĕ foram feitas e consentidas estas Difinçõoes.
[17v] **O[3]utrosy**, porque demasiadamĕte has leis se pooĕ, se ha de / uida execuçom nõ fossem[31] trazidas, requirimos e / amoestamos ao senhor Meestre, comendadores, caualeiros, samchristãao, / priores e a todollos freires da dita Hordĕ de Calatraua que todas e cada / hũua das premissas, Diffinçõoes e os costumes louuaueis da sua Ordĕ /, em hũu com os estatutos dos padres antijgos das premissas nõ / discrepantes, segundo que a cada hũu delles tange, ĕquãto a diujna / vingança cobijça emaderlas conseruĕ, guardem e façam guardar. Ma / yormente porque ho senhor meestre tem cura de todollos outros, a elle estrej / tamente mandamos que, na obseruançia das ditas Diffinçõoes e costu / mes aprouados de sua Ordem, cõ efficaçia trabalhe, aos traspasado / res penas deuidas empoendo, porque do mũdo honrra e gloria / do Senhor Deus vida eternal aja de conseguir. Dadas, lijdas e pu / blicadas per nós, ho sobredito abade de Morimũdo, foram as presentes / Diffinçõoes em ha capeella de Sam

---

31 Orig.: *fessem.*

Beento, constitujda no paaço do / senhor meestre em a villa de Almagro, teendo nós hi cabijdo, a dous dias do mes d'Abril, anno do Senhor de mjl iiijᶜ lxbiijᵒ annos, presentes e / consentintes per si e per seus procuradores a esto legitimamẽte fun / dados, ho jllustre e magnifico Senhor Dom Ruy Telez Girom, Meestre da / dita caualaria, e os senhores comẽdador-moor, claueiro, prior do conuẽto, / samchristãao, obreiro e todollos outros comẽdadores, caualeiros, priores, / freires da dita caualaria a esto espicialmẽte chamados, ẽ fiel / testemunho das quaaes todas nosso seello aas present es mandamos poer.

Seguesse hũua oraçõ da diffinçõ dos quatro caualeiros gouerna / dores. He sobre ha eleiçom delles.

O[*3*]**utrossy**, ha eleiçom dos quatro gouernadores da caualaria³²/ da qual a[*r*] riba faz mençõ que em nossa presença esperauamos que / se fizera a jnstancia do senhor Meestre e claueiro e samchristãao e de outros / caualeiros atee ho domjgo de Quasimodo primeiro vindoiro, ha / mandamos alargar, dentro do qual termo ao senhor Meestre e aos outros / senhores caualeiros, comendadores ha dita eleiçõ mandamos que ajam / de fazer, sob pena de excomunhom *de lata sententja*. Ha qual, des agor[*a*] por / estonces e d'estonces por agora, em elles e em qualquer delles poe / mos em caso que nom comprirẽ ha dita eleiçõ. Ajnda queremos / que has chaues dos priujlegios e cartas da Ordem, dentro do dito termo / daquelles que has acostumauã guardar seiã cobradas, sob has pe [18r] nas das quaaes, saluo no artijgo da morte nõ poderã seer absoltos / senam por nós ou per nossos comjssairos.

*Como hamde dar ho abito aos caualeiros e freires de Calatraua / e quem lho haa de dar.*³³

H[*2*]**o que haade receber ho abito pera** / seer caualeiro e freire da Ordem de Calatraua deuesse / confessar primeiro com pessoa da Hordem que tenha poder pera ho / absoluer. E, confessandoo, vistao das roupas que sooye trazer e tem / e uenha ao cabijdo ou egreia, onde ho haa de receber ante o senhor / meestre, cõ hũu caualeiro e pessoa da Hordem por padrinho seu. E faça uenja ante ho senhor meestre, e ho senhor meestre lhe perguntaraa: – Que pedijs? E elle responderaa: – Senhor, ha misericordja de Deus e / ha uossa e de uossa Hordem. E logo enderençaraa ho corpo e / estaraa hos giolhos ficados ante o senhor meestre. E o meestre lhe pergũ / tará e dira: – Amigo, esta misericordja que pedijs he sãa pera ha alma, / pero he muy forte e aspera pera ho corpo por mujtas cousas que / avees de guardar e comprir, ca algũuas uezes quererees comer / e faruos ham gejũuar, e outras uezes quererees dormjr e faruos hã / vigiar e auerees mester de uestir e nõ uollo daram e asi outra / cousa algũua e nõ ha auerees. E pollo contrairo, aas uezes, quando / nõ quiserdes comer volo darã e quãdo quiserdes velar, mãdaruos hã / dormir e outras cousas contra uossa vontade uos darã e mãdarã. / E cõbijruos ha haa a [*sic*] todo seer obediente e

---

³² Orig.: *cauaual.ᵃ*.
³³ O texto que se segue não se encontra no original latino.

fazer ho que uos mãdarẽ. / Esto ueede uós se ho poderees fazer e comprir. Responda: – Si for / com a ajuda de Deus e uossa e de uossa Ordem. Dizerlhe ha mais / ho senhor meestre: – Amen. Desto uos conuẽ que renũçiees todo quãto / teuerdes e sejaaes pobre e depois nõ teendo·cousa algũua por uosa / sem licença mjnha e de meus successores depois de mj. E auees / de seer obediente toda uossa vida a mj e a elles e auees de renũ / ciar todo uosso auer por uontade ẽ mjnhas mãaos e sojugaruos / de todo em todo a mjnha obediẽcia e mandado e depois dos ditos meus / successores. Esto ueede se ho renũciaaes e prometees asy. E elle / responderaa: – Senhor, asy ho renũcio e prometo. E digalhe ajnda / mais: – De me dezer verdade e desenganarme a mj e a mjnha Ordẽ / destas tres cousas. ¶ Ha primeira: se fostes prometido a outra Hordẽ[34] [18v] antes que a esta. Se pasastes palauras de matrimonio com algũua / molher, porque em tal caso nõ podees seer recebido a esta religiã. / E posto que ho uós neguees e encubraaes, sabendose e deman / dandouos uos entregarã e daram. ¶ Ha segunda: se fostes[35] / moordomo d'algũu senhor e lhe deuees ou a outra algũua pesoa / algũua cousa a que uos conuenha pagar ho que deuees, ca doutra / guisa cada que elles uos demandarẽ, asi meesmo uos entreguarã / pera que lhes fizesseis pago. ¶ Ha terceira: se teendes algũua[36] / jnfirmidade asi como lepra ou gota caduca, porque se fosseis / jnutil pera ha Ordem e, se podese pegar aos outros, que por esto / ou por qualquer destas cousas ou outras taaes nõ podees seer / recebido. E ajnda que uos recebam encobrijndoo, depois que se / soubesse uos deitaria da Hordem. E sob tal condiçõ e protestaçõ / agora uos receberey e darey ho abito. Porende uós dizee ha uer /dade. Responda: – Sob tal condiçom e protestaçõ ho quero / receber. E digalhe mais: – Tambem uos conuẽ que saibaaes / como nesta Ordem permanecendo auees de comprir e guardar tres / cousas. ¶ A primeira, como dito he, auees de seer obediente a mj[37]/ e aos ditos meus successores em todo ho que uos mandarmos toda uo [38]/ ssa vida. ¶ A outra que auees de seer casto e continẽte, guardãdo [39]/ castidade toda uossa ujda. ¶ A terceira que auees de seer pobre de / spiritu e nõ auees de teer cousa sem licença mjnha e dos ditos / meus successores. Porende ueede se aquesto podees guardar e / comprir. Responda: – Sy, com ha ajuda de Deus e uossa e / de uossa Hordem. E estonces digalhe: – Pois conuem que / jurees a Deus e a Santa Maria e aos Santos Euangelhos que daqui adiante / bem e fielmẽte e a todo uosso poder achegarees todo proueito / e honrra e bem em que justamente poderees a mj e a mjnha Ordẽ / e arredarees della e de mỹ todo dampno, mal e desonrra que /

---

[34] No original, desde o início da sua linha 15 até ao fim do fólio, o texto é acompanhado por um parêntese recto. Na última linha do mesmo, por baixo de "Ha primeira", no pé da página, foi desenhada uma mão, guarnecida por um punho, com um longo indicador apontando para a primeira palavra. Na margem direita, ao lado desta mesma linha, escreveu-se, a vermelho: *primeira / pergunta*.

[35] Orig.: na margem esquerda, ao lado da l. 4, registaram, a vermelho: *segunda / pergunta*.

[36] Orig.: na margem esquerda, ao lado da l. 8, registaram, a vermelho: *terceira / pergunta*.

[37] Orig.: na margem esquerda, ao lado da l. 18, registaram, a vermelho: *primeira*.

[38] Orig.: na margem esquerda, ao lado da l. 20, registaram, a vermelho: *seguda*.

[39] Orig.: na margem esquerda, ao lado da l. 21, registaram, a vermelho: *terceira*.

souberdes, cõ todas vossas forças. E esto uós jurailo asi. Respõ / da elle:
– Senhor, si, juro. E digalhe ho senhor meestre: – Deus uollo dej / xe comprir. E
respondam todos: – Amen. Deus uolo deixe todo cõ / prir a honrra de uosso
corpo e saluaçõ de uossa alma. E logo / ho que diz ha missa beenza ho abito,
dizendo asi. Versso: *Adiutorium nostrum jn nomine Dominj. Qui*[40]*// Sit nomen
Domini benedictum. Ex hoc.*[41] *Dominus uobiscum.*[42] Oremus. [19r] **Domine
Ihesu Christe, qui tegimen nostre** / *mortalitatis induere dignatus es,
obsecramus inmensam tue / largitatis habundantiam, ut hoc genus uestimenti
quod Sancti / Patres ad ignocentie et humilitatis indicium abrenuncian / tibus
seculo ferre sanxerunt. Tu ita bene+dicere*[43] *digneris, ut hic famalus tuus qui
hoc usus fuerit Te induere mereatur. Qui uiuis et regnas cum Deo Patre in
unjtate*, et cetera. Deite ha agua beenta sobre ho abito e desnũe ho nouiço do
que / tem uestido, dizendo: – *Exuat te Dominus ueterem hominem / cum
auctibus suis, amen.* E vistanlhe ho abito da Hordem dizẽdo: – Uistate ho
Senhor nouo homẽ, ho qual segũdo Deus he criado em / justiça e verdade e ẽ
santidade e em boom fim. Amen.

Como hamde fazer profissom hos da Hordem de Calatraua.
C[3]**omprido** ho ano da prouaçõ, ho que ouuer de fazer profissom / uenha ao
cabijdo ou aa egreia honde ho senhor / meestre esteuer capitularmẽte, e cõ hos
mantõoes brancos segundo / hamde estar e receber ho avito e faça uenia ante ho
senhor meestre, ho qual lhe pergunte: – Que pedijs? Responda: – Senhor, estabi
/ lidade e firmeza. E ho senhor meestre: – Deus uos dee perseuerãça. Respõ /
dam todos: – Amen. Logo leuantarse ha e, ficando os giolhos / ante ho senhor
meestre, ponha suas mãaos juntas antre has do meestre / e diga:
–**Eu, .N.**, faço profissom a Deus e a uós e vos prometo / obediencia e
conuertimento de meus costumes de bem em / milhor, por todollos dias de
mjnha vida atee ha morte.
E logo diga ho senhor meestre: – Deus uos dee Vida perdurauel. E / respondam
todos: – Amen.
E darlhe ha ho senhor meestre paz. E elle beijarlhe ha has / mãaos e leuantarsse
am.

Acabouse esta obra, a xb de Mayo de mjl e quinhentos.[44]

---

[40] Subentenda-se: *fecit caelum et terra.*
[41] Subentenda-se: *nunc et usque in saeculum.*
[42] Subentenda-se: *et cum spiritu tuo.*
[43] Orig.: entre *bene* e *dicere* foi desenhada uma cruz, indicando que a bênção se deve dar
à medida que se pronuncia esta palavra.
[44] No verso deste fólio, e sem qualquer relação com o texto, em letra muito sumida, com
espaços por vezes ilegíveis, dá-se notícia de desastres climatéricos, que provocaram, por duas
vezes, graves inundações na região do Ribatejo, uma delas datada de 1527. Também se refere
o nascimento de uma filha do autor destas notas, no mesmo ano, e se registaram diversas
datas, não especificando o que nelas aconteceu.

Obras Citadas

Askins, Arthur L-F., Aida Fernanda Dias e Harvey L. Sharrer, 2002. *Fragmentos Medievais Portugueses da Torre do Tombo* (Lisboa: Torre do Tombo).

BETA (*Bibliografía Española de Textos Antiguos*). 1997–, comp. Charles B. Faulhaber, Ángel Gómez Moreno, Ángela Moll Dexeus e António Cortijo Ocaña. Em PhiloBiblon. 1997–.

BITAGAP (*Bibliografia de Textos Antigos Galegos e Portugueses*). 1997–, comp. Arthur L-F. Askins, Harvey L. Sharrer, Aida Fernanda Dias e Martha E. Schaffer. Em *PhiloBiblon*. 1997– .

Carriazo, Juan de Mata, ed., 1941. Mosén Diego de Valera. *Memorial de diversas hazañas: Crónica de Enrique IV*, Colección de Crónicas Españolas, 4 (Madrid: Espasa-Calpe).

Cocheril, Fr. Mauro, 1959. "Calatrava y los Órdenes Militares Portuguesas", *Cistercivm*, 59: 331–34.

——, 1966. *Études sur le Monaquisme en Espagne et au Portugal* (Lisboa: Patronage de l'Institut Français au Portugal).

——, 1967–1968. "Les Ordres Militaires Cisterciens au Portugal", *Bulletin des Études Portugaises*, 28–29: 11–71.

Javierre Mur, Áurea, 1952. "La Orden de Calatrava en Portugal", *Boletín de la Real Academia de la Historia*, 130: 323–76.

Marques, Maria da Alegria, 1998. *Estudos sobre a Ordem de Cister em Portugal* (Lisboa: Edições Colibri; Coimbra: Faculdade de Letras da Universidade).

Nascimento, Aires Augusto, 1999. *Cister: os Documentos Primitivos* (Lisboa: Edições Colibri).

O'Callaghan, Joseph, 1963. "Sobre los Orígenes de Calatrava la Nueva", *Hispania* (Madrid), 23: 495–504.

——, 1975. *The Spanish Military Order of Calatrava and Its Affiliates*, Variorum Collected Studies Series 37 (Londres:Variorum Reprints).

Oliveira, Miguel de, 1956. "A Milícia de Évora e a Ordem de Calatrava", *Lvsitania Sacra* (Lisboa), I: 51–64.

PhiloBiblon, ed. Charles Faulhaber, Arthur L-F. Askins e Harvey L. Sharrer. 1997–. Versão Internet, frequentemente actualizada: http://sunsite.berkeley.edu/ PhiloBiblon. Também em CD-Rom: 1999. *PhiloBiblon*, ed. Arthur L-F. Askins, Charles B. Faulhaber e H. L. Sharrer (Berkeley: The Bancroft Library,University of California).

Pimenta, Maria Cristina Gomes, 1997. "A Ordem Militar de Avis (durante o Mestrado de D. Fernão Rodrigues de Sequeira)", *Militarium Ordinum Analecta* (Porto: Fundação Eng. António de Almeida), I: 127–219.

Silva, Isabel Luísa Morgado da, 1997. "A Ordem de Cristo durante o Mestrado de D. Lopo Dias de Sousa (1373?–1417)", *Militarium Ordinum Analecta* (Porto: Fundação Eng. António de Almeida), I: 5–126.

Tarouca, Carlos da Silva, 1947. "As Origens da Ordem dos Cavaleiros de Évora (Avis), segundo as Cartas do Arquivo do Cabido da Sé de Évora", *A Cidade de Évora*, 13–14: 25–39.

Damião de Góis's Translation and Commentary on Cicero's *De Senectute*

THOMAS F. EARLE

In 1538 Damião de Góis, at the time a student in Padua, wrote two translations which he published through the Venetian firm of Stephano Sabio. They are probably the least well-known of all his works. One of them, a version of the book of Ecclesiastes, disappeared from view completely as soon as it was written. Only one copy of it is known to have survived, in the Codrington Library of All Souls College, Oxford, where it lay, misleadingly catalogued and probably unread for centuries until its chance discovery in 2000. History has been slightly kinder to the translation of *De senectute*, though it too remains an extremely rare book. It survives in All Souls, where it is bound together with Ecclesiastes. Despite the fact that the two translations were intended to form a pair *Catam Maior, ou da Velhiçe* (the title Góis gave to *De senectute*) can also be found, on its own, in the Marciana in Venice. No Portuguese library open to the public has a copy of the 1538 edition, but there is a manuscript of it in the Biblioteca Municipal do Porto.[1] It was reprinted in the nineteenth century and twice very recently.[2]

Góis's translations from Latin have found few readers, yet they have considerable historical interest. It has to be said that, of the two, his Ecclesiastes is the greater achievement. It was a courageous act to make any translation from the Bible into Portuguese, while the introduction and notes which accompany the text reveal an intellectual curiosity and tolerance quite possibly unmatched in sixteenth-century Europe. Góis's enthusiastic admiration for the commentary on the Bible of Rabbi Abraham Ibn Ezra, and his attempt to reach some kind of accommodation with the work of Luther, place him in the front rank of

---

A shorter version of this article (Earle 2003) was published in the context of the Góis commemorations.

[1] MS 671. There is a detailed account of it in Vasconcelos 47–50.

[2] For the nineteenth-century edition see Góis 1845. There is a plain text version, without chapter or paragraph numbers, in Matos 2002, and another, better edition by João José Alves Dias (Góis 2003). Both these modern editions are based on a copy of the 1538 edition in private hands.

sixteenth-century Biblical exegesis, not necessarily in terms of profound scholarship, but certainly in openness of spirit.[3]

Cicero was a much less dangerous writer than King Solomon, in the
sixteenth century normally regarded as the author of the book of Ecclesiastes.[4]
Yet in its own way the version of *De senectute* is also a considerable achievement. Every translator has a dual role to play as he puts into his own language
thoughts originally formulated in a different linguistic and cultural environ-
ment. Góis took these two roles very seriously, because in addition to writing a
faithful and elegant translation he also provided a full commentary on Cicero's
dialogue, giving the Latinless Portuguese reader some insight into the social,
political and intellectual life of ancient Rome. He was in a good position to
write such a commentary, because in Padua he had access to the full range of
humanistic scholarship. Not only that: he had recently spent some months in the
company of Erasmus, one of the greatest of Renaissance translators.

So it is that it is possible to view *Catam Maior, ou da Velhiçe* both as a contribution to Portuguese letters and as an exercise in Ciceronian scholarship. The
translation scores highest when viewed from the purely Portuguese perspective.
Damião de Góis was not the first to translate the dialogue, though he may not
have been aware of his predecessors' work. Only the prologue of Vasco
Fernandes de Lucena's fifteenth-century version survives, in a seventeenth-century copy.[5] Nearer Góis's own time, Duarte de Resende claimed to
have translated *De senectute*, along with a number of other books by Cicero, but
to have refrained from publishing it after becoming aware that a version in
Spanish had already appeared, in Seville in 1501.[6] What he did publish, in
Coimbra in 1531, reveals an attitude to translation rather similar to Góis's own.
However, his work does not form part of an ambitious literary programme, as
Góis's does, and is accompanied by only minimal annotation.[7]

Nor does Resende have Góis's understanding of the political significance of
translation. He dedicated his translations to his relative, the courtier, historian
and poet Garcia de Resende. Góis was much more ambitious, and chose as his
patron D. Francisco, the first count of Vimioso. D. Francisco had had a distinguished career as a soldier in North Africa and then as "veador da fazenda" or
financial administrator to two kings in succession, D. Manuel and D. João III. In
addition to his major military and political roles he was also a poet and man of
letters. When Góis composed the translation he was approaching old age, "ao
extremo da booa, e viril idade", as he remarks in the dedication, and was in that

³ There is a fuller account of the translation in Earle 2001 and (in Portuguese) in Earle
2002: 3–43.
⁴ For the popularity of Cicero in the sixteenth century, in the most respectable intellectual circles, see Ramalho.
⁵ Piel xliii–xlvi.
⁶ See 'Carta sua a Garcia de Resende' which is included in his translation (Buescu 38).
⁷ For a discussion of Resende as translator see Buescu 25. Before publishing his work he
had spent a number of years in the East, as factor of Ternate, and he could not have had the
prestigious contacts among European humanists that Góis enjoyed.

as in other ways like Cato himself, the chief speaker and undoubted hero of
Cicero's dialogue.[8] In his *Crónica do Príncipe D. João*, published in 1567, Góis
identifies the count with Cato explicitly: "a quem com rezam podemos chamar
outro Catam Censorino no saber, e prudençia, porque tal ho foi elle viuendo,
assi nas cousas da paz, quomo da guerra".[9] Here, then, Góis participates in that
humanistic enterprise of matching the elite of his own time with the great
figures of classical history. It was a way of emphasizing the achievements of the
Portuguese and of promoting himself as their spokesman.[10]

Góis had in addition a more personal political agenda in dedicating his work
to D. Francisco. At the head of the dedication he refers to him as "Dom
Françisco de Sousa, Conde do Vimioso", but that was not the way in which he is
normally known to history, "Dom Francisco de Portugal". Góis's carelessness
with names is notorious and will be referred to again below. However, on this
occasion he undoubtedly had a reason for the choice of name: his hatred of the
ducal house of Bragança.

In the passage from the *Crónica do Príncipe D. João* just mentioned Góis
explains the count's genealogy. He was illegitimate, the son of D. Afonso,
bishop of Évora, usually known as D. Afonso de Portugal (a surname associated
with the house of Bragança), who himself, according to the chronicler, was also
illegitimate. The future bishop was the offspring of the unhallowed relationship
between the heir to the duchy, another D. Afonso, and D. Beatriz, the daughter
of Martim Afonso de Sousa. The surname Sousa is then that of the count's
grandmother, not his father's or his grandfather's. Góis gives him this name as a
way of distancing him and his achievements from the hated dukes.

Góis's antipathy to the Braganças is well known. Whatever its origin, it got
him into severe difficulty, especially later in life. He was obliged to emend his
chronicle of the reign of D. Manuel after publication because the sensibilities of
the dukes had been offended.[11] The translation of *De senectute* was a publication sufficiently obscure not to raise any adverse comment, but the Count of
Vimioso's surname turned out later to be a contentious matter. It is not normally
believed that the alterations which Góis made to his second chronicle, *do
Príncipe D. João*, have any political significance.[12] However, it is likely that
they do, since revised sheets included in some copies have the count named as

8   Cato Maior, or the elder (243–149 BC), famous for his probity and decided views, also
combined military and political distinction with an interest in literature.

9   Rodrigues 47. Cato was censor (a political office) in 184 BC. Góis speaks about the
count again in his chronicle of D. Manuel (Góis 1949–1955: IV, 241).

10   Góis would seem to have remained on good terms with D. Francisco in spite of the fact
that one aspect of the dedication badly backfired. Góis told the count how superior his translation was to any collection of moral sayings, without perhaps knowing that the count had
prepared just such a collection, which subsequently became famous. See Earle 2002: 12.

11   For an account of this, see Góis,1949–1955: I, xxv–xxxviii.

12   See for example the exhibition catalogue *Damião de Góis* 2002: 96: 'As variantes
desta *Crónica* [. . .] no geral são redaccionais e não alteram substancialmente o texto'.

D. Afonso de Portugal and his grandparents' illicit liaison made more respectable by reference to a possible secret marriage.[13]

Góis's translation is, therefore, not just an innocent humanistic exercise but one which is engaged with important political issues. He also had a religious agenda, since for him translation was a way of understanding universal religious truths. His best known book, *Fides, religio moresque Aethiopum*, is another translation, or a series of translations, this time into Latin, of a number of letters and other texts from Ethiopia, the most important of which is the long statement about the Ethiopian Church which Góis claims to have received from Zagazabo, the ambassador in Lisbon. To Góis the essential role of the translator was to transmit the truths of religion, wherever they were to be found, to readers who otherwise would have no access to them. So he translates Zagazabo's sometimes surprising account of Christianity in Ethiopia, or a book of the Bible, or Cicero's dialogue about old age and the life after death, which to him was also a guide to moral and spiritual truth. As a humanist, strongly influenced by Erasmus, he was inclined to give the Old Testament and classical philosophy equal significance, and in the prefatory material to his version of *Ecclesiastes de Salamam* he hints how this could be done, without ever quite stating it openly.

In the dedication to *De senectute* Góis approaches the question of the religious significance of Cicero's work through a discussion of the nature of translation itself. Taking his authority Erasmus, with whom he had stayed in Freiburg in 1534, he puts it on an equal footing with original compostion. He does not discuss Erasmus's work as a translator, not even his famous version of the New Testament, though he refers indirectly to the fifteenth-century scholar Theodore of Gaza, in whose Greek rendering of the *De senectute* Erasmus had an interest.[14] For Góis the great translators are St Jerome and Cicero. St Jerome had made the Latin version of the book of Ecclesiastes which Góis took as the base text for his translation, while for Góis the principal value of Cicero's dialogue was as a translation of Plato. Góis certainly exaggerated this aspect of *De senecutute* when he said of it:

> Darêmos as graças a Platam, e a Marco Tullio [Cicero] pello artefiçio, e polida ordem que em no tirar e colligir quasi todo de verbo a verbo das obras do dicto philosopho teve.[15]

Later in the dedication Góis repeats the same idea: "este livro, tirado como iaa dixe da fonte da lingua græga, que foi Plato". Yet it is obvious that Cicero did not take "quasi todo" from Plato. His treatise about old age is set about a century before his own time, at a period when Greek influence in Rome was less

---

13 See Rodrigues 46–47.

14 Erasmus had spoken to Góis about the importance of putting Latin texts into Greek, as well as *vice versa*, and this very likely a reference to Theodore's translation, which was printed in 1520.

15 Góis's text is transcribed in accordance with the principles specified in *O Livro de Eclesiastes* (Earle 2002: 47–53). Abbreviations are expanded silently.

than it subsequently became. It is true that Cato, the principal speaker, devoted his old age to the study of Greek literature (XI. 38, fol. 19v), but the majority of the instances of healthy and virtuous old age which he cites are taken from Roman history. The whole work can be seen as an attempt by Cicero to assert Roman values. Nevertheless, there are Platonic sources for the argument in favour of old age as a period of life untroubled by sexual desire and, more importantly, for Cato's belief in the immortality of the soul.[16]

Góis overstresses Plato's role as the inspiration for the *De senectute* because of his own unbounded admiration for him as a philosopher. In the brief dedication he twice refers to him and his work as "divino", probably in the belief that Plato, and Cicero too, had read the Old Testament. In a marginal note at XXII.80 (fol. 38r) he refers to this notion, and on the previous page of the commentary the word "divino" comes up again in Góis's praise of Plato's *Phaedo*: "veja o prudentissimo Dialogo do divino Platam, que se chama Phædo de immortalitate animorum".[17] It may be, however, that Góis's admiration for Plato was not the result of wide reading. His enthusiasm for the *Phaedo* is at least an indication that he had first-hand knowledge of that book, but Cicero's Greek sources were known to Renaissance scholars and Góis could have copied some of his information about Plato from their commentaries on *De senectute*.

Nevertheless, the prestige of Plato, and of Cicero, put Góis on his mettle and he took his labours as translator very seriously. In the dedication Góis quotes Erasmus as having said to him that there was nothing "mais abominavel que o calumniar das linguas, declarando-as sem o sabor, doçura, e doctrina que nellas ha (fol. 2v)", and Góis responded well to the challenge.

De senectute was a much easier book to translate than Ecclesiastes. Though not free from linguistic difficulty it presented fewer and less thorny problems of interpretation than the Old Testament.[18] Attempts to establish with certainty which edition Góis followed are doomed to failure, because Cicero's text was a favourite one, constantly republished in a multitude of slightly differing versions. The most recent editor of the translation believes that because Góis admired Erasmus he must have used one of his editions, perhaps Cicero 1528.[19]

[16] In Chapters III (fol. 6v–7v), where the source is Book 1 of the *Republic*, and XXI (fol. 36v–37v), where the main source is the *Phaedrus*. Góis's work was published before it became customary to divide Cicero's text into chapters, in Roman numerals, and paragraphs, in Arabic numerals. Here I use the modern system of reference so that readers can compare Góis's translation with any of the numerous editions of *De senectute* currently available. Folio numbers are those given in Góis 2003.

[17] See also V.13 (fol. 9v) where he quotes Cicero's remark in *De natura deorum* (though without acknowledging the source) that if the gods came to earth they would speak like Plato. It is likely that Góis copied this from his favourite commentator on Cicero, Martinus Phileticus. See Cicero 1523, fol. 210v.

[18] In a letter to Clenardus (Kleynaerts) of 1537 Góis discusses a problem that had arisen with regard to Cicero's use of negatives. Torres convincingly identifies the passage in question as VI, 17 (1982: I, 310).

[19] See Góis 2003: 12–14.

That is not impossible, but he must also have had before him one of the many versions containing the commentary by Martinus Phileticus just referred to.

Góis's translation has to be seen in the context of the limitations of sixteenth-century scholarship. Nevertheless, his version of *De senectute*, like that of Ecclesiastes, is accurate, fluent and not overly in awe of the Latin original. In both his translations Góis differs most from modern practice in his very frequent resort to repetition and glosses.[20] A good example is Laelius's objection to Cato's enthusiasm for old age in III, 8:

> Est, ut dicis, Cato; sed fortasse dixerit quispiam tibi propter opes et copias et dignitatem tuam tolerabiliorem senectutem videri, id autem non posse multis contingere.

Góis translates:

> Assi he como dizees, señor Catam, mas poderaa dizer alguem, que vos pareeçe a velhiçe boa de sofrer pellas muytas honras, e abundança de riquezas, que tendes, com que a podees façilmente passar, o que a todos nam pôde acontecer. (fol. 7r)

Góis's version is fluent and accurate, but free. Freedom can be seen very obviously in his care to use the forms of address appropriate in his day to a young man addressing a much older and more distinguished person. The ancient Romans had no such convention and used the second person singular indiscriminatingly. Góis's Lælio, however, uses the polite second person plural and, disarmingly, the title *señor*. There is freedom of a different kind in his treatment of the Latin word *tolerabiliorem*. That is perfectly adequately covered by *boa de sofrer*, but Góis seems to feel the need to make the meaning of the original clearer to the reader by adding the phrase "com que a podees façilmente passar".

Such additions are very frequent in the translation. They are seldom tendentious, but rather have a didactic quality, as if Góis is anxious that no point made by Cicero should be missed. In the same chapter (III.7) Cato mentions the relief felt by those who have experienced a decline in libido: "qui se et libidinum vinculis laxatos esse non moleste ferrent". Once again the translator expands:

> os quaes davam graças a Deos por se veerem livres, e soltos das luxurias, e viços da mançebia (fol. 7r)

Here the prejudices of the age begin to show. Cicero's half apologetic and understated "non moleste ferrent" gets the much more emphatic "davam graças a Deos", with monotheistic overtones quite lacking in the original. And the "libidinum vinculis" are treated in the manner of the Christian moralist "das

---

20 Examples are given below, and further instances are cited in Osório.

luxurias, e viços da mançebia". But instances like this are rare and Góis does not usually impose his own views on the text.

De senectute is one of the most attractive of Cicero's writings, in which he at times achieves great eloquence. In a passage in XI.38 he describes the slipping away of old age into death with a chain of repeated sibillants:

> Ita sensim sine sensu aetas senescit nec subito frangitur, sed diuturnitate exstinguitur.

Góis does not attempt this virtuoso effect, but his version, for all its glosses, remains suitably dignified:

> E desta maneira vivendo, pouquo a pouquo, sem se sentir emvelheçe a idade: nem se quebra, e gasta subitamente, mas per longuo tempo s'apagua, e feneçe. (fol. 20r)

Góis was at the mercy of sixteenth-century editors of Cicero and not every gloss is his own. In IV.10 (fol. 8r) the detail about Cato having been aedile and praetor is to be found in Cicero 1523 and in other pre-modern editions. So is the phrase "quod enim homini naturaliter insitum est" in IX.27 (fol. 15r).[21] But he had a tendency to expand and embroider the original, tempered by a deep regard for his author whose moral and spiritual insights he tried to translate as accurately as he could.

It is possible, therefore, to discern contradictory impulses in Góis's transla-tion of Cicero, and they are present also in the dedication and commentary. A study of them reveals the kind of reader he believed himself to be writing for and the frame of mind he expected that reader to adopt when approaching the translation. It will also reveal the extent of Góis's scholarship and his under-standing of classical antiquity.

In Góis's time the writing of a commentary was not a straightforward task, but was the subject of some controversy. It was a controversy that had engaged his friend and mentor Erasmus, who himself had edited *De senectute* on a number of occasions and had decided views about how to expound the text.

By the early sixteenth century *De senectute* had become a standard work and had attracted the attention of a number of commentators. The work of at least three of these was known to Góis. Martinus Phileticus, or Philerticus, was an Italian professor of both Greek and Latin who worked in Rome in the 1460s and 70s. His commentary on Cicero's dialogue was first published in 1481 and on many occasions subsequently. Phileticus was the authority on whom Góis relied most, but he was also aware of Petrus Marsus, another Roman humanist, and of the Frenchman Iodocus Badius Ascensius (Josse Bade).[22]

---

[21] Góis renders it: 'Aquillo que he naturalmente dado ao homem'. In XX.72 (fol. 34v) he translates two Latin accretions: 'Omnium aetatum certus est terminus' and 'et tamen mortem contemnere'.

[22] Several editions of these commentaries exist. For Phileticus and Ascensius I use Cicero 1523.

These three writers typified what Erasmus most disliked about traditional exegesis. Each of their commentaries is immensely long, longer than the dialogue which they are intended to expound. Their appearance on the printed page is rebarbative in the extreme. Cicero's text is squeezed into the centre of the page and is surrounded on all four sides by the commentaries (two, sometimes three were printed together) in tiny print and made even more difficult to follow by a plethora of abbreviations.

Both by his editorial practice and in his prefaces to his editions Erasmus attacked this kind of thing. In 1498 he wrote: "Pro Petri Marsi commentis, utinam exquisitis potius quam immanibus, crebras annotatiunculas ascripsimus", thus counterposing his own notelets, as he calls them, to Marsus's huge (immanibus) commentary.[23] His own contribution is indeed minimalist, a few very brief comments on Cicero's use of language and, in the margins, further notes, which he calls "argumentula", drawing attention to key stages in the development of Cicero's arguments.

In terms of size Góis's *Da Velhiçe* lies somewhere between these extremes. Like his fifteenth-century predecessors, he uses the margins of his translation for notes on the text, which sometimes fill them so that certain pages have a very dense appearance. But the margins are narrow, and the reader is left in no doubt that the translation of Cicero is more important than the reflections of the translator. Góis was aware that he was not writing a commentary in the traditional sense, and on one of the very rare occasions when his remarks spill over the margins of the text onto the foot of the page he writes: "Este lugar requere ser mais declarado que annotado, pello que nelle usarei licentia de commentador" (XIII, 45, fol. 23r). Here is Erasmus's opposition between "commentis" and "annotatiunculas", though without his humour.

Other issues divided editors of texts besides quantity of annotation and the typographical appearance of their work. In an interesting essay Grafton brings into sharp focus the conflicting aims of fifteenth- and sixteenth-century editors of Cicero. To one group of scholars the text was "an ideal thing outside of any particular time, space, or individual experience – a central core of moral and literary instruction". To another it was a repository of information about the ancient world whose ideal expositor would transmit "sophisticated techniques for resolving difficulties in the ancient sources" (Grafton 25–26). The distinction is a clear one, perhaps too clear for an author like Góis who was temperamentally inclined to compromise. And indeed both approaches to editing Cicero are to be found in his exegesis of *De senectute*.

Góis's initial decision to translate the dialogue was made on the basis that it was a work in every way parallel to Holy Scripture. According to St Jerome's view, which he shared, Ecclesiastes (which in the 1538 edition of Góis's translation precedes *De senectute*) is intended for a man in the prime of life. It should,

---

23 See the preface to Iacobus Tutor, dated 1498, in Cicero 1534. This preface immediately precedes the text of the *Officia*. Other instances of Erasmus's aversion to Marsus's work are quoted in D'Amico 31.

therefore, be accompanied by a work whose function is to prepare the reader for death, just as Solomon, traditionally regarded as the author of Ecclesiastes, followed it with the Song of Songs. That highly erotic outpouring is, according to St Jerome, concerned with the relationship of the soul with its maker and so appropriate reading for the elderly. However, Góis goes into very little detail about how Cicero's work on old age was to be equated with the Song of Solomon. Nor are the comments already discussed profound statements about the supposed divinity of the philosophy of Plato. Perhaps he felt, as Erasmus did about the New Testament, that the word of God spoke for itself and needed no elaboration.[24]

Such an attitude to Cicero's text would place Góis in the first of Grafton's two groupings of classical scholars. However, the fact that Góis should publish a translation of Cicero presupposes an audience without Latin and with little or no knowledge of the history and institutions of ancient Rome. He admits as much in the dedication, at the same time neatly sidestepping the potential insult to the dedicatee, the Count of Vimioso (fol. 3r–v).[25] So his commentary is replete with historical information about the many people mentioned in the course of *De senectute* and with details of Roman political and cultural life. Such information, which Góis was in most instances careful to date, has the effect of distancing the text from the reader. It becomes less an inspired utterance of universal relevance in time and geographical setting, and more a historical document whose comprehension depends on a knowledge of the particular context in which it was written.

The sophisticated humanists of Grafton's essay would not, however, have found very much to excite them in Góis's commentary, which for the most part is elementary and based on easily available sources. Besides the three fifteenth-century commentators already referred to, these were principally Livy, for Roman history, Justinus's third-century Latin epitome of Pompeius Trogus, for Greek history, and Aemilius Probus's biographies of famous Greek commanders.[26] Other writers mentioned are Pliny the Elder, Silius Italicus and the geographer Pomponius Mela.[27]

Most of Góis's notes were prompted by what he found in the earlier commentators, but unlike them he was discriminating. He was interested primarily in the

[24] See his *Paraclesis*, in Gerhard 1967: 6: 'Hoc quod optamus non alia res certius praestet quam ipsa veritas, cuius quo simplicior, hoc efficacior est oratio' (Let nothing more faithfully proclaim what we wish (the conversion of souls to Christ) than the truth itself, whose language is most effective when it is simple).

[25] He compares the count to Titus Pomponius Atticus to whom Cicero had dedicated his dialogue. Atticus did not need a translation from Greek, says Góis – his very name proved his knowledge of Athenian culture – nor did the count need a translation from Latin. But his name gave lustre to Góis's project.

[26] These last two works were printed together. See Justinus in Works Cited. Probus's work is sometimes ascribed to Cornelius Nepos.

[27] All three writers provided Góis with geographical information. He may also have used the Latin Ptolomy of 1535 with its marginal notes by Michael Villanovanus in which he matched classical placenames with their modern equivalents (Ptolomy 1535).

biographies of people mentioned by Cicero, in Roman political institutions and in topography, establishing the whereabouts of places mentioned in his text. These are the main themes of his commentary and he does not digress into the pedantic disquisitions about the meaning of words and their origin which so burden the work of his predecessors.

One of the characteristics of *De senectute* which must give any commentator trouble is its allusive quality. The main character of the dialogue, Cato, is an old man who has led a remarkably full life. An aspect of his healthy old age is his excellent memory, which leads him to refer glancingly to many of the people he had met in more than sixty years of active life. The decision about how much biographical detail about them to include is a difficult one, and Góis is sometimes led astray by the desire to tell a good story.

In IX.27 Cato refers disparagingly to the Cretan athlete, Milo, who could not bear to contemplate the inevitable physical decline of old age. The fifteenth-century commentators regard the story as largely self-explanatory, which it is, but Góis cannot resist the well-known tale of how Milo once killed a bull with a single blow, carried it round the stadium at Olympus "e naquele dia o comeo todo" (fol. 15r–v). Góis also allows his personal interests, in this case in music, to overburden his notes. In VIII.26 Cicero makes Cato say that Socrates studied music in his old age. This led Phileticus to comment pedantically that another famous Greek, Themistocles, was criticized for his lack of musical ability: "cum clarissimarum rerum gestarum excellentissimus esset et militiae peritissimus, cum in convivio lyram recusasset, habitus est indoctior." Despite the fact that Cicero does not mention Themistocles in this context, Góis translates part of the note, and adds some extra comments of his own (fols 14v–15r).[28] His own interest in music is well known and at least two of his compositions have survived.[29]

Góis's notes about Roman history are usually concise, admirably so when dealing, for a supposedly uninstructed audience, with the duties of the various Roman magistrates (Chap. IV, fol. 8r). But again his own interests can lead him astray. His longest note, the one for which he asked for "licentia de commentador", is about religion, a topic for him of lasting fascination. But Cato had referred to the coming of the cult of the "Magna Mater" to Rome almost in passing, as a way of dating his quaestorship in 204 BC (XIII.45, fol. 23r).

Góis himself was also interested in dating events, and in this his commentary is a foretaste of the chronicler he was later to become. Cicero dates events in Cato's life in the traditional Roman style, by reference to the consuls for the year in question. He does not use a numerical dating system – no more does

---

[28] Phileticus derived the material for his note from another philosophical dialogue by Cicero (*Tusculan Disputations*, I.ii.4) without acknowledging the source. See Cicero 1523 fol. 214r. Góis translates: "Themistocles, que sendo doctissimo, e em feito d'armas peritissimo, porque em hum convite recusou de tanger, sendo lhe apresentada a viola, se lhe teve a imprudentia". A few lines earlier Góis had used "indocto" to describe those unskilled in music, a translation of the Latin "indoctior".

[29] For Góis's interest in music see the following note.

Livy – but he invariably gives a date "ab urbe condita". This information he could find easily in his friend Glareanus's chronological tables which were appended to the magnificent 1535 Froben edition of Livy, perhaps the very edition of the historian, equipped with an excellent index, that Góis himself consulted.[30]

Góis's only excursion into technical scholarship, into attempting to solve interpretative difficulties in ancient texts in the way recommended by Anthony Grafton's humanist, is in the area of chronology. What exactly did Cicero mean when he said of Nestor, the sage of Homer's epics, that he had seen "the third age of man" (X.31, fol. 16v)? Góis asks himself whether an age was of 30 or 100 years. The discussion is less scholarly than it might seem, because the same issue had been raised by the fifteenth-century commentators on Cicero who, as we have seen, Góis uses but never names. Phileticus had come out in favour of 30, but Badicus Ascensius quotes Ovid in favour of 100. In his *Metamorphoses*, XII, ll. 187–88 Ovid makes Nestor say: "vixi/annos bis centum iam tertia ducitur aetas".[31] Góis is clearly divided between respect for ancient authority and an awareness that the Greeks were often "fabulosos em suas fições". He tries to resolve the issue by a commonsense argument, that a man of Nestor's age "poderia mal sofrer os trabalhos da guerra". It does not say much for Góis's critical powers, however, that he should have accepted as possible that anyone could live to the age of 200. He returns to the same question in XIX.69 (fols 33v–34r), where he points out that the oldest man known to Cato died at the age of 120, and that therefore Nestor must have been younger than that.

On this point Góis came in the end to a sensible, if not profound conclusion. Cicero's text led him into other intellectual areas, not all of which fired him with enthusiasm. It is surprising to find him so indifferent to classical literature, for instance. He twice misspells the title of Plautus's comedy *Pseudolus* as *Pseudo*, an error which occurs in the translation and in the commentary and is unlikely to be a misprint (XIV.50, fol. 25r). The marginal note suggests that Góis had as much interest in the dramatist's place of birth as in anything else about him.[32] In VII.22 (fol. 13r) he gives a summary of Sophocles's *Oedipus Tyrannus*, itself translated from a note by Phileticus, without realizing (as Phileticus did) that Sophocles wrote two surviving tragedies on the Oedipus myth and that Cato is referring to the second of them, *Oedipus Coloneus*, traditionally supposed to have been the work of the dramatist in extreme old age.[33]

In 1982 the historian Borges de Macedo published a penetrating account of Góis's chronicles, particularly the *Crónica de D. Manuel*. He draws attention to

[30] See Glareanus in Works Cited. Most, though not quite all, of the dates given by Góis correspond exactly with those in the *Chronologia*. Góis met the Swiss Glareanus in 1533. See Matos (1991) 440 and Torres I, 293, who also supplies a list of Gois's surviving compositions. In 1547 Glareanus published one of them in his *Dodecachordon*.

[31] For the notes of both commentators see Cicero 1523, fol. 215v.

[32] Góis's statements about Terence's *Adelphi* are correct (XVIII.65, fol. 32r), but derive from Phileticus and Badius Ascensius, Cicero 1523 fol. 225r.

[33] For Phileticus's views, see Cicero 1523: fol. 213r.

Góis's frequent errors of fact, particularly in his handling of names, his use of sources without attribution, his fondness for picturesque detail and for comparisons drawn from personal experience (not always relevant) and his credulity, which even his contemporaries noticed.[34] It is undeniable that all these intellectual faults can be found in the commentary. Yet it, and the chronicles, have their value. Borges de Macedo himself draws attention to Góis's literary sensibility, which in the chronicles manifests itself in his comments on the style of other historians (187, 191). It is a pity that Góis allows himself little latitude in this regard when commenting on the work of Cicero, for his observations on language and style are usually acute.

In VII.21 Cato, defending old men against the charge of loss of memory, says that history knows no case of an old man forgetting where he had buried his treasure. This remark produces a torrent of absurd pedantry from Phileticus, about the origin of the Latin word "thesaurus".[35] Góis, however, cuts through all of that and reveals his understanding of Cicero, and his own sense of humour, by stating: "Isto he modo de falar zombando dissimuladamente" (fol. 12v). In other places he helps the Portuguese reader by pointing out how the Latin second person singular can sometimes be used impersonally (as in English) and is equivalent in Portuguese to the third person (IX.27 and 28, fol. 15r–v). These instances of literary awareness are few in number and relatively trival, but they show, as does the generally excellent translation, that Góis was a writer of real sensitivity to nuance.

Góis's lack of prejudice remains of value also. He could admire Plato while never hesitating in his Christian faith, and on a less exalted plane could steer a path between the different styles of exegesis of a classical text that were available to him. He may at times be superficial, but he is always tolerant . . . a great virtue.

Yet in one respect at least the translation remains mysterious: its printing history. Judging by the number of surviving copies, the print run must have been very small. More copies may come to light in time, but at the moment only three copies of De senectute are known – and only one of Ecclesiastes. Góis must have thought it prudent to keep Ecclesiastes more or less a secret, but De senectute is a far less controversial work. It is possible that both translations were written at least in part as exercises (Góis was a student of Latin in Padua), intended to be read by a narrow circle of like-minded friends. But Góis clearly had aims that went further, and in the case of Cicero there is no obvious reason why he should not have authorized a wider distribution. It is a pity that he did not. Portuguese is not a literature rich in translations of the classics. If the translation of De senectute had had greater exposure it could have brought Portuguese culture closer to the European mainstream.

---

34 Macedo 172, 183–84, 190, 198, etc. Nascimento modified Macedo's strictures while accepting that the faults mentioned can be found in Góis's Urbis Olisiponis descriptio (53).

35 Cicero 1523, fol. 213r.

Works Cited

Buescu, Maria Leonor Carvalhão, ed., Duarte de Resende, trans., 1982. Marcus Tullius Cicero, *Tratados da Amizade, Paradoxos e Sonho de Cipião* (Lisbon: Imprensa Nacional-Casa da Moeda).

Cicero, Marcus Tullius, 1523. *Tullius De Officiis, De Amicitia, De Senectute, necnon Paradoxa eiusdem: opus Benedicti Brugnoli studio emaculatum: additis graecis que deerant: cum interpraetione [. . .] Martini Philetici et Ascensi in Senectute* (Tusculani: apud Benacum in aedibus Alexandri Paganini).

——, 1528. *Marci Tullii Ciceronis Officia, De Amicitia, De Senectute, Paradoxa, Somnium Scipionis. De Senectute et Somnium Scipionis etiam ex Thedorae Gazae versione. Omnia denuo vigilantiori cura recognita, per Des. Erasmum Rot. [. . .]* (Basileia: in Officina Frobeniana).

——, 1534. *M. T. Ciceronis Officia, De Amicitia, De Senectute, Paradoxis et Somnium Scipionis, vigilantiori denuo cura per D. Erasmum Roterodamum, et Conradum Goclenium recognita* (Antwerp: Michael Hellenius).

Damião de Góis 2002. *Damião de Góis: Humanista Português na Europa do Renascimento*, Exhibition Catalogue (Lisbon: Biblioteca Nacional).

D'Amico, John F., 1988. *Theory and Practice in Renaissance Textual Criticism: Beatus Rhenanus between Conjecture and History* (Berkeley: University of California Press).

Earle, T. F., 2001. "*Ecclesiastes de Salamam*: An Unknown Biblical Translation by Damião de Góis", *Portuguese Studies*, 17: 42–63.

——, ed, 2002. Damião de Góis. *O Livro de Eclesiastes* (Lisbon: Fundação Calouste Gulbenkian).

——, 2003. "Damião de Góis, *De Senectute* de Cícero e Erasmo", in *Actas do Congresso Internacional Damião de Góis na Europa do Renascimento* (Braga: Faculdade de Filosofia da Universidade Católica Portuguesa), pp. 671–78.

Gerhard, B., ed. 1967. Desiderius Erasmus, *In Novum Testamentum Praefationes* (Darmstadt: Wissenschaftliche).

Glareanus, Henricus, 1535. *Chronologia, sive temporum supputatio in omnem Romanam historiam*, in *T. Livii Patavini [. . .] Decades tres cum dimidia* (Basle: Froben).

Góis, Damião de, trans. 1538. *Livro de Marco Tullio Ciçeram chamado Catam maior, ou da velhiçe, dedicado a Tito Põponio Attico* (Venice: Stevão Sabio).

——, 1845. *Livro de Marco Tullio Ciceram, chamado Catam Maior, ou da velhiçe, dedicado a Tito Pomponio Attico* (Lisbon: Typographia Rollandiana).

——, 1949–1955. *Crónica do felicíssimo rei D. Manueli*, Acta Universitatis Conimbrigensis, 1–4 (Coimbra: Por Ordem da Universidade).

——, 2003. *Livro de Marco Túlio Cícero chamado Catão Maior ou da Velhice dedicado a Tito Pompónio Ático*, ed. João José Alves Dias (Lisbon: Biblioteca Nacional)

Grafton, Anthony, 1991. *Defenders of the Text: The Traditions of Scholarship in an Age of Science, 1450–1800* (Cambridge, MA: Harvard University Press).

Hoven, René, 1969. "Notes sur Érasme et les auteurs anciens", *L'Antiquité Classique*, 38: 169–74.

Justinus, Marcus Junianus, 1522. *Trogi Pompei externae historiae in compendium ab Iustino redactae. Excellentium imperatorum uitae authore Aemylio Probo* (Venetiis: In aedibus Aldi et Andreae Asulani soceri).

Macedo, Jorge Borges de, 1982. "Damião de Góis et l' historiographie portugaise", in *Damião de Góis, humaniste européen*, ed. Marcel Bataillon and José V. de Pina Martins (Braga: Barbosa & Xavier), pp. 55–243.

Matos, Luís de, 1991. *L'Expansion portugaise dans la littérature latine de la Renaissance* (Lisbon: Fundação Calouste Gulbenkian, Serviço de Educação).

Matos, Manuel Cadafaz de, 2002. "O impressor Stephano Nicolini da Sabio, o relacionamento em Veneza com o humanista europeu Damião de Góis e a versão portuguesa do *De senectute* (em 1ª edição semi-diplomática)", *Revista Portuguesa da História do Livro*, 9: 137–222.

Nascimento, Aires Augusto, ed., 2002. Damião de Góis. *Urbis Olisiponis Descriptio* (Lisbon: Guimarães).

Osório, Jorge A., 1985–1986. "Cícero traduzido para português no século XVI: Damião de Góis e o *Livro da Velhice*", *Humanitas*, 37–38: 191–266.

Piel, Joseph M., ed., 1948. *Livro dos Oficios de Marco Tullio Ciceram* (Coimbra: Acta Universitatis Conimbrigensis).

Pompeius, Trogus. See Justinus, Marcus Junianus.

Probus, Aemilius. See Justinus, Marcus Junianus.

Ptolomy, 1535. *Claudii Ptolemaei Alexandrini Geographicae enarrationis libri octo*, ed. Michael Villanovanus (Lyons: Ex officina Melchioris et Gasparis Trechsel, 1535).

Ramalho, América da Costa, 1988. "Cícero nas orações universitárias do renascimento", in *Para a história do humanismo em Portugal*, I (Coimbra: Instituto Nacional de Investigação Científica, Centro de Estudos Clássicos e Humanísticos da Universidade de Coimbra), pp. 31–47.

Rodrigues, Graça Almeida, ed. 1977. Damião de Góis. *Crónica do Príncipe D. João* (Lisbon: Universidade Nova de Lisboa).

Torres, Amadeu, ed., 1982. *As cartas latinas de Damião de Góis*, in *Noese e crise na epistolografia latina goisiana*, I–II (Paris: Fundação Calouste Gulbenkian, Centro Cultural Português).

Vasconcelos, Joaquim de, 1893. *Catalogo da Bibliotheca Publica Municipal do Porto* (Oporto: Civilização).

Muestrario de incunables catalanes de la Biblioteca Colombina

MARÍA DEL MAR FERNÁNDEZ VEGA

En 1539 muere Fernando Colón y deja como herencia la mayor biblioteca europea renacentista junto con una renta que debía dedicarse al mantenimiento y aumento de la colección que él personalmente se había encargado de formar a lo largo de su vida. En la creación de esta biblioteca privada se dieron una serie de factores que la convirtieron en única e irrepetible: la preparación cultural de su fundador, bibliófilo experto y de amplia erudición; su interés personal y directo en cada una de las etapas de formación, clasificación y sistematización; sus recursos económicos sin límites que le permitieron comprar todo cuanto se puso a su alcance. Llegó a poseer una colección en la que se cifraba casi toda la cultura de la época, lo que hizo surgir el problema de la organización de la biblioteca. De este modo, sus esfuerzos se polarizaron en dos frentes, por una parte hacer acopio de todos los libros disponibles, por otro reducirlos al tamaño de un inventario.

La colección de incunables que logró reunir demuestra la intención de que su librería llegara a "tener todos los libros que se pudieren aver". Afirma Norton que, junto a una rica serie de manuscritos y ediciones impresas de obras cultas, la biblioteca colombina "excelled in its selection of the vernacular works which were issuing in great numbers from the contemporary Spanish, Italian and French presses" (161). Sin embargo, la compra de incunables demuestra un interés destacable por obras impresas con anterioridad, no sólo por las novedades. Cabría preguntarse si los incunables que Fernando Colón adquiere, impresos hacía más de cuarenta años, permanecían a la venta de modo habitual o si bien Colón fue el primero en afanarse por rebuscar en los almacenes de las librerías e imprentas en busca de obras arrinconadas por el paso del tiempo.[1] En el caso de los fondos catalanes, es necesario hacer notar que de los veintisiete incunables en lengua catalana que Fernando Colón adquirió, veinticuatro fueron comprados en 1536, durante su última estancia en Barcelona.

El título del presente artículo pretende recordar Askins 1988.

[1] Desde mediados del siglo XVII, la rareza y singularidad de los impresos anteriores al 1500 establece una distinción entre éstos y los publicados después de 1500. Se trata de una convención bibliográfica ya que los impresos de las primeras décadas del siglo XVI no presentan diferencias significativas respecto a los producidos en el siglo XV.

El acopio de los más de 15.000 títulos que logró reunir no se realizó sin su esfuerzo personal. Durante tres décadas se dedicó personalmente a buscar libros, escogerlos y catalogarlos siguiendo un sistema innovador para el periodo que él mismo ideó. Los reunió en un edificio que abrigaría no sólo su biblioteca sino también sus otras colecciones. Al inicio de su pasión bibliográfica solía comprar libros en los lugares donde vivía. Más adelante aprovechó sus desplazamientos con la corte de Carlos V para recorrer las librerías de media Europa. Ya en sus últimos años, la mera adquisición de libros era la razón principal de sus viajes.

Como bien manifiesta Bouza Álvarez, "una librería altomoderna era algo más que un lugar destinado a custodiar un conjunto de libros para su preservación o para su conocimiento; ante todo, porque teóricamente *la biblioteca ideal era más el orden y el asiento de libros que los propios volúmenes de que estaba compuesta*" (126, énfasis mío). Aquí radica la gran aportación colombina: los repertorios como instrumento del orden renacentista del que Colón estaba saturado. Los catálogos fueron muy elementales en un principio, a cada libro le era asignado un número por orden de registro y, aparentemente, colocados según ese número. Así, inicialmente existían dos índices básicos: *Regestrum A*, número de registro y una breve descripción de cada volumen, y *Abecedarium A*, un inventario alfabético de títulos, autores e íncipits junto con el número que lo ponía en relación con el *Regestrum A*.[2] La pérdida en un naufragio en 1521 de todos los libros conseguidos en Italia, del número 925 al 2562, desbarató la estructura del catálogo y Colón prefirió iniciar un nuevo sistema con significantes mejoras respecto al anterior. Los dos nuevos índices se llamaron *Regestrum B* y *Abecedarium B*.[3] Los números del

---

2   Para una explicación detallada y exhaustiva de cada uno de los repertorios colombinos, remitimos al estudio de Marín Martínez, que incluye completa descripción de los manuscritos, las intrincadas relaciones entre ellos y los puntos que quedan por resolver. El *Regestrum B* indica el autor, título, fecha y lugar de impresión, íncipit y decipit principales, además de la fecha y lugar de compra con el precio de cada libro. Juan Pérez explica en su *Memoria* la función y uso de este repertorio: "Es índiçe de los libros no por orden alfabética sino numeral, quiero dezir de los números que tienen los libros de la librería, de esta manera: que escomiença por los numeros e diz 1 es tal libros y hízolo tal auctor, tiene tal principio y tal fin, tiene tales epigramas y tal impresión, es en tal forma de libro, costó tanto en tal parte, de manera que se ponen allí todas las señas del tal libro y todo lo que es razón que de él se sepa para registrallo" (Marín Martínez 71).

3   El *Abecedarium B* y su *Supplementum* es un repertorio pormenorizado y exhaustivo de los títulos, autores e íncipits de todas las obras con que contaba la colección. Cada entrada contiene datos sobre un libro determinado, el título, autor o íncipit seguido de algunos signos y números que afectan a cada libro asentado. Las explicaciones complementarias son escasas y suelen limitarse a la lengua en que están escritas, su calidad de manuscrito, si está o no en verso. En ocasiones, junto a este primer número aparece un segundo precedido de una letra inicial, a veces 2 ó 3. Gracias a Juan Pérez sabemos que se trata del lugar y año de impresión. Característica de estas anotaciones de Colón son una serie de símbolos ideográficos que completaban la descripción bibliográfica: servían para indicar si la obra en cuestión es en cuarto, en octavo, en folio, si está escrito en un "renglón largo" o a dos columnas, si tiene

"sistema B" son hoy en día los fundamentales para identificar los libros que entraron en la biblioteca y a su vez, nos dan una idea aproximada del momento de su compra. Colón logró describir con todo detalle 4.231 obras aunque se vio obligado a desistir y abandonar el *Regestrum* porque, según justifica Juan Pérez, "despues crecieron los libros en gran cantidad, no se pudo llevar adelante y dexóse de escribir más, salvo que se prosiguió por los números solamente, hasta el postrero que esta en la libreria" (Marín Martínez 71). Para las 11.000 obras que no se llegaron a describir en el *Regestrum B*, el único método que resta es acudir al *Abecedarium B* y al *Supplementum B*. Este sistema registró 15.381 títulos a finales de 1537, pero por estas fechas se sintió de nuevo insatisfecho con una organización que asignaba el número de registro por criterios meramente cronológicos y decidió reestructurarla teniendo en cuenta las materias. La biblioteca al completo fue entonces recolocada y reclasificada. Un tercer sistema numérico se estableció y aplicó a todos los volúmenes. No se trató en esta ocasión de un cambio total y absoluto de la numeración, sino de un nuevo sistema de concordancias.

Las anotaciones de Fernando Colón en el *Regestrum* y en el *Abecedarium B* permiten vislumbrar la aparición de tempranas ediciones en catalán y sumar un buen número de títulos al corpus de incunables catalanes conservados. En cada uno de los libros que pasó a engrosar su librería se ocupó de apuntar el lugar de adquisición, la fecha y el costo, tanto en la moneda del lugar como en su equivalente castellano. Estos datos de compra han servido a sus biógrafos para reconstruir los itinerarios que siguió en sus numerosos periplos, precios de libros y el valor de las monedas de varios países en la época (Wagner 1973, 1984). Ordenando de forma cronológica las anotaciones fernandinas podemos entresacar sus estancias en tierras de Cataluña y Valencia, donde se procuró un pequeño número de obras en lengua catalana. Las compras catalanas de Colón se realizaron en fechas muy concretas: junio de 1512, agosto de 1513 y junio de 1536, y sólo en esta última el lote de libros resultó considerable, aunque no se puede comparar con las grandes cantidades de libros que solía adquirir en Francia y en Italia. La mayoría de sus adquisiciones tuvieron lugar en Barcelona, puerto predilecto para sus viajes fuera de la Península y por ello su estancia era siempre de corta duración.

La primera compra de libros en catalán la realiza en junio de 1512 al pasar por Lérida camino a Italia. No se conservan documentos que permitan aventurar la existencia de un impresor establecido en Lérida en junio de 1512, fecha en la que Fernando Colón realiza sus compras. Henrique Botel abandonó su actividad en 1498 y hasta bien mediado el siglo no se conoce a ningún otro impresor que ocupara su lugar. Sin embargo, la compra que realiza Colón y que anota en el *Regestrum* demuestra la existencia de una librería u otro modo de comercio de libros. Adquiere ocho libros en lengua catalana y uno en castellano, *El recibimiento que hizo el rey de Francia en Saona al rey don Fernando (Abc. B.*

o no capítulos epitomáticos, prólogo y epílogo. Todos ellos los hemos desarrollado convenientemente entre corchetes.

3856). Colón anotó en el *Regestrum B* las compras realizadas en la ciudad de Lérida y apunta el lugar de impresión de cada uno de ellos: Barcelona, Valencia, Perpiñán, Tolosa, etc., ninguna en Lérida.[4] De ellos, tres son incunables. *Tratado de la pestilència* de Taranta (n. 25), impreso en Barcelona en 1475, *Pronosticatio de la vida de los hombres* (n. 24), al parecer salido del taller de Mayer (Bohigas 1961, 1969) en Tolosa en torno a 1485 y la *Història de la Passió de Nostre Senyor Jesu Christi en cobles* (n. 14), impresa en Valencia en 1493. La diversidad de los lugares de impresión demuestra un activo mercado de libros en Lérida y una infraestructura comercial bien establecida.

Durante el camino de vuelta se detiene en Barcelona, Tarragona y Valencia. Las compras en estas fechas aún no son tan numerosas como lo serán en el futuro y de este viaje sólo consta la compra de veintiún títulos en total, de los cuales doce son catalanes, ocho castellanos y uno italiano. Lleva a cabo la mayoría de las compras en Tarragona, donde adquiere nueve de las obras en catalán, tres en Barcelona y una en Valencia, todas ellas con fecha de agosto de 1513, por lo que sabemos que su estancia no fue larga en ninguna de estas ciudades. Sin embargo, hemos de observar que los números de registro que emplea no son correlativos y no corresponden al orden de visitas a las distintas ciudades. Es muy posible que, como en otras ocasiones, no llevara consigo el *Regestrum* y anotara las obras algún tiempo después. En Tarragona destaca la obtención de un incunable del *Corvatxo* en traducción al catalán de Narcís Franch (n. 5 del Repertorio, infra). Se han perdido todos los ejemplares de esta edición y sólo conocemos su existencia gracias a los catálogos colombinos.

En su tercer recorrido por Europa, Colón emplea unos tres años, de 1529 a 1531. Génova y Venecia son grandes centros de imprenta y Colón consigue inmensos lotes de libros en estas ciudades entre agosto 1529 y enero 1530. Desde allí se dirige a Roma y otras ciudades italianas, volviendo al norte de Europa hacia 1531.[5] En las fechas en que efectúa este tercer viaje Colón adquiere algunos libros en catalán. Lo más probable es que realizara sus compras en distintas ciudades italianas. Por estas fechas había abandonado el trabajo del *Regestrum B* pero conocemos el lugar de adquisición de los ejemplares conservados por la nota de compra que Colón apuntaba en el último folio de cada libro. El *Art de aritmetica* de Pello [n. 28*] fue adquirida en Génova en diciembre de 1530. Esta obra no está escrita en catalán, como Colón indicó en el *Abecedarium B*, sino en dialecto de Niza, por eso la hemos incluido al final de este repertorio con un asterisco y entre corchetes, al igual que la

---

4 En el último de sus viajes, Colón compra un ejemplar de *Preservació de la pesta* de Climent de Soldevila. Esta obra, desconocida en la actualidad, se anota en el *Abecedarium B* con el número 14794 y allí se indica que fue impresa en Lérida en 1507. Según Norton (n. 363; Lost 37), es la única evidencia que poseemos sobre la existencia de imprenta en la ciudad de Lérida en estas fechas.

5 Klaus Wagner y Luis Carrera localizan 885 impresos italianos en total, de los cuales 140 son incunables seguros y bastantes más son probables. Dichos autores aportan una ficha bibliográfica completa de cada ejemplar.

gramática latina de Bernardo Villanueva [n. 29*] comprada en Barcelona en junio de 1536.

En el cuarto de sus grandes viajes, Colón recorre tierras francesas entre 1535 y 1536. Durante su estancia en Montpellier y Lyón,[6] entre junio y agosto de 1535, se dedicó únicamente a aprovisionarse de grandes cantidades de libros. Camino de Francia, dispuesto a hacer compras astronómicas, pasa por Barcelona el 15 de mayo de 1535 y la suma de sus compras no llega a la decena. Algunas obras en castellano pasan a engrosar el conjunto.[7] Para los textos latinos parece preferir las importaciones: el impreso registrado *Abc. B.* 13183 (Mattheus de Afflictis, *Decisiones Neapolitanae*, Lugduni: Harsy, 1532) se conserva en la Biblioteca Colombina con la nota autógrafa de Colón que corrobora su adquisición en Barcelona, y es posible que fuera en esta misma ciudad donde consigue una obra de Erasmo impresa en Basilea, *De sarcienda ecclesie concordia super salmo LXXXIII, Abc. B.* 13187. En catalán adquirió cuatro libros, de los cuales tan sólo las *Metamorfosis* de Ovidio, en traducción de Alegre, es un incunable (n. 21); *Coplas a la Concepció* de Andreu Martí Pineda (*Abc. B.* 13185), *Scala Dei*, de Eiximenis (*Abc. B.* 13186) y *Carole et Benvengude* (*Abc. B.* 13188).

En el camino de retorno, Colón se detiene en Barcelona en junio de 1536. De manera aproximada podemos cifrar en 450 los volúmenes que compra en Barcelona durante este mes de junio, entre los cuales se cuentan 176 nuevas entradas de títulos catalanes en el *Abecedarium B*. Un gran número de obras de esta última remesa se ha perdido, pero sabemos de su existencia gracias a los catálogos colombinos. Mientras que en visitas anteriores, siempre muy breves, Colón se había centrado en adquirir obras catalanas que difícilmente se podían encontrar en otras ciudades, en esta ocasión junto a los títulos catalanes se encuentran más de ochenta obras latinas y cerca de doscientas castellanas.

A continuación se presentan los datos de veintisiete incunables catalanes y los dos que Colón anotó como escritos en lengua catalana pero que no lo son. En cada una de las entradas aportamos las tres numeraciones que Colón les asignó en las diferentes etapas de clasificación de su biblioteca.

REPERTORIO DE INCUNABLES CATALANES COLOMBINOS

1. Alcanyís, Lluís. *Regiment preservatiu i curatiu de la pestilència.* [s.l.: s.i., s.a.] = Valencia: Nicolau Spindeler, c. 1490.

Abc. B 14593 [A 0000; C 09774]

* [Abc. B. col. 1100] Mirant natura humana sots mesa atants innumerables .14593.

---

6   Babelon y Dehérain cifran en 276 los fondos franceses de la biblioteca Colombina.
7   *Abc. B.* 13184, *Despertador del alma dormida* (Valencia: 1532); *Abc. B.* 13189, Bernardi Pérez, *Anti Alcoran 26 sermones en castellano* (Valencia: 1532) y quizás el *Abc. B.* 13193 *Triunfo de los nueve de la fama en español* (1530).

* [Supl. f. 27va] Ludovici alcagniz regimen pestilentiae .14593. [4º, renglón largo]

Ejemplar colombino: falta.

Se considera que este tratado se escribió e imprimió en 1490 durante la epidemia de peste que padeció Valencia en aquel año. Mariano Aguiló y Fuster (1923) indica que en el *Compendio de todas las epidemias padecidas en Valencia* de Bartolomé Ribelles (Valencia: J. Orga, 1804) se alude a aquel año de pestes pero no se menciona este pequeño opúsculo. Según Aguiló y Fuster, esta pequeña obra presenta los mismos caracteres que el *Tirant lo Blanch*, publicado en 1490 y que, asimismo, carece del nombre del impresor. El ejemplar que formó parte de su biblioteca personal se conserva hoy en la Biblioteca de Catalunya. Serrano Morales supone que esta obra fue publicada a expensas del editor Juan Rix de Cura, ya que su inventario testamental (489–97), que se llevó a cabo en Valencia los días 1, 5 y 21 de octubre de 1490, registra más de trescientos ejemplares de *Regiment de la pestilencia*.

Referencias bibliográficas: Aguiló Fuster 1923; BITECA: texid 1012; IBE 229; Fernández Vega n. 3; Fuster I: 47–48; G.W. 841; Goff A-361; Haebler 12; Martí Grajales 35–6; Ribelles I: n. 1; Serrano Morales 494, nota 1 y 533; Vindel III: 33.

2. Alegre, Francesc. *Passió de Jesucrist.*
[s.l.: s.i., s.a.] = [¿Barcelona: Pere Miquel, c. 1496–1500?]

Abc. B 14788 [A 0000; C 09774]

* [Abc. B. col. 460] Despullada dels bons q̃ en passat tenia so forçada sentir .14788.
* [Abc. B. col. 646] Franciscus alegre hispanus passion de xpo conformada cõ los dias de la semana en catalan .14788. [4º, renglón largo, con cap. epitomáticos]

Ejemplar colombino: falta.

El único ejemplar conocido de esta edición se conserva en la Biblioteca Universitaria de Valencia (CF 4 /20). La presente *Passió de Crist* es una obra frecuentemente olvidada en las bibliografías: Aguiló y Fuster no indica dónde vio el ejemplar que comenta, pero por los detalles que aporta parece referirse al conservado en la Biblioteca Universitaria de Valencia; Haebler no la incluye en su *Bibliografía*. El colofón no ofrece información de lugar ni fecha pero Aguiló y Fuster considera que los tipos son catalanes y lo más probable es que fuera impresa en el último quinquenio del siglo XV; el IBE la considera impresa en Barcelona por Pere Miquel en torno a 1493–1495 y reproduce el íncipit de la obra, que coincide con el apuntado por Colón.

Referencias bibliográficas: Aguiló Fuster 892; Askins. Muestrario: 1B; BITECA: texid 1014; cnum 38; manid 1032; IBE 233; Fernández Vega n. 4; Palau I: 6578; Torres Amat 12.

3. Alegre, Francesc. *Vida de Josaphat*.
Barcelona: [s.i.], 1494.

Abc. B 03962 [A 4954; C 09812]

* [Abc. B. col. 646] Franciscul alegre hispanus vida de S. Josafat en català .3962.
* [Abc. B. col. 963] Josaphat sancti. historia en catalan . 3962.
* [Abc. B. col. 1788] Vensudes les tenebres del mõ .3962.
* [Regestrum B. 3962] La vida de Sant Josafat ẽ lengua catalana cõpuesta por Francisco alegre diuisa in .29. cap. epitho. et num. quorum tab. est in fine. prohemium I. Vensudes les tenebres. primum captũ I. ētre los altres. vltm. D. de tal sẽtẽtia. in fine est car. I. La ternal. estãpada en barcelõ 1494. costo ê barcelõ . 1. real de plata por agt º. de . 1513. es in qr º.

Ejemplar colombino: falta.
Ni Gallardo, ni Miquel y Planas pueden aportar más información que la que ofrece Fernando Colón en el *Regestrum*, admitiendo que no se ha visto en su momento. Palau (I: 6579), empero, da a entender que vio el ejemplar de Colón ya fuera del recinto sevillano, cuando fue ofrecido "al Marqués de Jerez, durante su última estancia en Barcelona, 1925–1926"; afirma que "en el ejemplar de la Biblioteca Colombina había la nota de Fernando Colón, *Costó en Barcelona un real de plata, por Agosto de 1513*"

Askins (1988: 43) puntualiza que Palau (I: 6582) incluye en su lista de obras de Alegre una "*Suma gloria de Venecia en metros italianos* (= Reg. B, nº. 3956, comprado por Colón en Barcelona 'por agosto de 1513'). En el *Abc*. col 646, Colón confecciona dos listas para Francisco Alegre, la una 'Francisco Alegre hispanus' y la otra de 'Francisco Alegre italus', lo cual daría a entender que se trataba de dos autores."

Referencias bibliográficas: Askins. Muestrario: 1D; Askins. Pre-1537 catalan prints nota 7; Fernández Vega n. 5; Gallardo II: 3962; Miquel y Planas I: col. 220; Palau I: 6579.

4. Alegre, Francesc. *Vida de Nostra Senyora en vint actes*.
[s.l.: s.i., s.a.] = ¿Barcelona: finales del XV?

Abc. B 14791 [A 0000; C 09774]

* [Abc. B. col. 646] Franciscus alegre hispanus Vida de nra dona en .20. act en català .14791. [4º, renglón largo]
* [Abc. B. col. 1640] Si la deuotio de aquells qui an mogũt tã noble .14791.

Ejemplar colombino: falta.

Referencias bibliográficas: Askins. Muestrario: 1C.

5. Boccaccio, Giovanni. *El Corvatxo* Trad. Narcís Franch.
Barcelona: s.i., 1–10–1498.

Abc. B 03961 (1) [A 4953; C 09812]

* [Abc. B. col. 362] Cornaxo en catalan .3961.
* [Abc. B. col. 901] Jo. Bocatius cornaxo de malis mulieribus en catalan .3961.
* [Abc. B. col. 1130] Narcis Franch cornaxo en catalan .3961.
* [Abc. B. col. 1644] Si qual senulla persona collant .3961.
* [Regestrum B. 3961] Cornatxo. jo. boccatii traductu per narcis franch de toscano ẽ catala et tractat de malis mulieribus. I. si quals vulla persona .D. sera en contra per orõ. I. protesta aquell Imp. ẽ barcelona año 1498. octobris. 1 costo en tarragona 15 dineros por agosto de 1513. est ẽ qro.

Ejemplar colombino: falta.
Se han perdido todos los ejemplares de la edición incunable que poseyó Colón. BITECA (texid 1415) describe un manuscrito que se conserva en la Biblioteca Nacional de Madrid, ms. 17675.

Referencias bibliográficas: ASKINS. Pre-1537 catalan prints nota 7; BITECA: texid 1415; Fernández Vega n. 6; Gallardo II: col. 541.

6. Carroç Pardo de la Casta, Francesc. *Moral consideració contra las persuassions, vicis y forces del amor*.
[s.l.: s.i., s.a.] = Valencia: Lope de Roca, c. 1490–1496.

Abc. B 14471 [A 0000; C 09774]

* [Abc. B. col. 1020] Lo temps de la vana e periglosa joventud era ia de mi .14471.
* [Supl. f. 15va] Francisci Carroz Moral consideracion de amor en catalan .14471. [4º, renglón largo]

Ejemplar colombino: falta.
Ribelles (II: 153) asegura que la impresión de esta obra, en caracteres góticos, es de Valencia y de principios del siglo XVI. Ribelles comenta que Villanueva "conjetura que dicha impresión es del año 1480 al 1490 y Haebler, en la pág. 35 de la segunda parte de su *Bibliografía Ibérica del siglo XV*, cree que fue hecha algunos años después, o sea en 1496." Palau (III: 45664) describe el ejemplar que se conserva en la Biblioteca Provincial de Palma de Mallorca y, al igual que Haebler, considera que fue publicado en Valencia por Lope de la Roca, hacia 1496. *El Cátalogo de los Incunables de la Biblioteca Pública de Palma de Mallorca* de Pastor García (93) se inclina por 1490.

Referencias bibliográficas: Aguiló Fuster 1872; BITECA: texid 1439; IBE 1492; Fernández Vega n. 17; GW. 6142; Haebler 122; Palau III: 45664; Ribelles II: 666.

7. Catalunya. *Usatges de Barcelona i Constitucions de Catalunya amb Capítols de Corts Generals*.
Barcelona: [s.i., s.a.] = ¿Pere Miquel y Diego Gumiel?, c. 1485.

Abc. B 14778 [A 0000; C 10259]

* [Abc. B. col. 192] Barchinonẽsis quiuitatis utsatges et cõstitutiones en 10 libres de pere albert en catalan .14778. [fol., 2 cols., con cap. epitomáticos]
* [Abc. B. col. 1589] Sapien tuyt que nos en jaume per la gratia de deu .14778.

Ejemplar colombino: Sevilla, Bibl. Colombina, 118–6–33.

Pocos son los ejemplares de estos *Usatges* que tienen colofón por lo que se ha generado toda una serie de especulaciones respecto a las posibles fechas de edición y al nombre del impresor. Según Brocá ("Taula" VIII) se realizaron dos tiradas: una de ellas corta, en pergamino, de la que quedan sólo dos ejemplares y otra en buen papel. De la tirada en papel destaca la copia conservada en la Biblioteca del Seminario de Barcelona, ya que es de las pocas que conserva un colofón en el que se indica el lugar y la fecha de impresión. Brocá considera que es posible pensar que "lo colofó fos posat no mes qu'als exemplars destinats a la venda, com si quins debien esser per persones i entidats officials (Rey, Diputaçions, Tribunals, etc.) no deguessin portar cosa que de prop ó de lluny fes olor de comers y propósit de lucre." La Biblioteca Colombina lo considera impreso en 1485, aunque carece de colofón, como tantas otras, y está falto asimismo de la primera hoja. Nicolás Antonio elude la cuestión de la data. Tampoco Arbolí y Faraudo se aventura, aportando únicamente la opinión de Brunet, quien considera que esta obra salió a la luz en Barcelona después del mes de octubre de 1481, ya que el texto cita una prágmatica de Fernando II dada en dicha fecha. Salvá no duda de que se publicara en esta ciudad de Barcelona alrededor del año 1485. Cebriá se limita a considerarlo anterior al 1503. Mariano Aguiló y Fuster parece coincidir con la opinión de Torres Amat que es el único en asegurar que fue impresa en 1481. Finalmente Aguiló y Fuster transcribe la descripción que hizo Salvá en su *Catálogo* y señala sus discrepancias en cuanto al número de páginas y signaturas. La foliación contiene numerosas erratas lo que puede llevar a confusión.

Respecto al impresor, se plantean otras tantas posibilidades: muchos aseguran que fue Pedro Miguel, pero existe la posibilidad de que Diego Gumiel le ayudara. BITECA describe la edición de 1495 impresa por Pere Miquel en Barcelona que se conserva en el Archivo de la Corona de Aragón. Indica BITECA que en 1918 había 25 copias conocidas de la edición de 1495. El ejemplar colombino carece del folio inicial y comienza con esta rúbrica: "Taula e sumari molt vtil dels titols en gene/ral e en special de totos los vstgesde barcelo/na constitucions e capitols de corte con sueturs scrites de Cathalunya e comemoracions de Pe/re albert contegudes enlos deu libres dela pre/sêt compilacio ab la qual quiscu pora facilment/veure e trobar tot lo effecte deles coses conten/gudes en aquelles."

Referencias bibliográficas: Aguiló Fuster 1289; Arbolí II: 173–74; BITECA: texid 1323; manid 1288; Brocá "Taula" II; IBE 5954; Fernández Vega n. 143; Goff U-78; Haebler 652; Palau IV: 60359; Segura, Vallejo y Sáez 157; Vindel I: 99.

8. Colón, Cristóbal. *Carta* [*a Luís de Santangel*].
[s.l.: s.i., s.a.] = ¿Barcelona: Pere Posa,1493?

Abc. B 14743 [A 0000; C 09774]

* [Abc. B. col. 369] Cristophori colón letra enviada al escriva de racio a. 1493 en catalan .14743. [4º, renglón largo]
* [Abc. B. col. 1617] Senyor per quanto se hauren plaer [*sic*] de la gran. .14743.

Ejemplar colombino: falta.
La carta al "Escrivano de Ración" fue escrita durante el viaje de retorno de América. Al llegar a Barcelona Colón se la entrega al impresor Pere Posa, pero de esta primera edición en castellano sólo queda un ejemplar conservado en la New York Public Library. Palau (III: 57081) declara la existencia de una edición de la *Carta* traducida al catalán, basándose en los datos que vemos en los asientos transcritos arriba, y dando el impreso como de Barcelona por Pere Posa en 1493 (Haebler, 216; Vindel, I: 137, 81). Las anotaciones de Fernando Colón no mencionan impresor, lugar ni año: lo que se indica en la columna 369 del *Abecedarium B* sólo es que la carta original fue enviada en el año 1493 sin aportar ningún dato sobre lugar o fecha de impresión. Es posible que Palau dedujera que el mismo impresor decidió publicarla en castellano y catalán a la vez. De cualquier manera, como apunta Palau (III: 57096), la traducción alemana de 1497 se declara preparada tanto sobre esta catalana como sobre una edición latina de Leander de Cosco, Roma, 1493 (Palau III: 57081), lo cual apoya aún más la existencia de una versión catalana hoy desconocida. Fernando Colón poseyó además versiones de esta carta en otras lenguas, pero, sorprendentemente, no en castellano. De las dos latinas, una de ellas fue impresa en Venecia (Abc. B 3028) y otra impresa en Barcelona (Abc. B 5205), también en italiano (Abc. B 1074).

Referencias bibliográficas: Fernández Vega n. 20.

9. Colonna [Romanus], Egidius. *Regime dels Princeps*.
Barcelona: Nicolau Spindeler, 2–11–1480.

Abc. B 14671 [A 0000; C 10158]

* [Abc. B. col. 528] Egidius romanus De regimine principiũ en catalan 14671 .Ba.1480. [fol., renglón largo, con cap. epitomáticos]
* [Abc. B. col. 576] Es necessari la mesura de la paraula .14671.

Ejemplar colombino: falta.
Según Bohigas y Soberanas (*Exposició* 55) el *Regime dels Princeps* fue el primer libro impreso en Barcelona en lengua catalana. Aguiló y Fuster (1883) ofrece la descripción completa de un ejemplar de la edición de Nicolau Spindeler pero sin localizar la biblioteca de dónde lo toma.

Referencias bibliográficas: Aguiló Fuster 1883; Askins. Muestrario: 5–A; BITECA: texid 2530; IBE 76; Fernández Vega n. 21; Gallardo IV: 4519; G.W.

7220; Goff A-90; Haebler n. 154; Hain 110; Penney. HSA. New York 140; Vindel I: 35–36 10 y VIII: 65.

10. Eiximenis, Francesc [pseudo]. *Llibre des difunts*
[s.l.: s.i., s.a.] = ¿Tolosa: Enrique Mayer, 1486?

Abc. B 14938 [A 0000; C 10208]

* [Abc. B. col. 671] Francisci ximenez libre des defuntus por questiones en catalan .14938. [fol., 2 cols., con cap. epitomáticos]
* [Abc. B. col. 976–A] La conmemoracio de tots los feels deffuncts fo en .14938.

Ejemplar colombino: falta.
Pere Bohigas realiza un intenso estudio tipográfico en un intento de identificar a los impresores de dos incunables catalanes en propiedad de la Biblioteca de Catalunya en "El impresor de la M,[42] 89 mm" Aporta una esmerada descripción de los ejemplares de su estudio gracias al cual descubrimos el texto de esta obra. Continuando con su estudio, Bohigas publica "Incunables catalanes atribuibles a Henry Mayer," donde logra identificar al impresor. Consúltese, asimismo, Fábrega i Grau.

Referencias bibliográficas: Aguiló Fuster 390; Fernández Vega n. 32; Massó: Francesch Eximeniç 151.

11. Eiximenis, Francesc. *Llibre de les dones*.
Barcelona: Joan Rosembach, 8–5–1495

Abc. B 14672 [A 0000; C 10258]

* [Abc. B. col. 671] Francisci ximenez Libre de les dones en catalan .14672.ba.1495 [fol., 2 cols., con cap. epitomáticos]
* [Abc. B. col. 671] Franciscus Zabarela libre de les donnes en catalan 14672 .ba.1495 [fol., 2 cols., con cap. epitomáticos]
* [Abc. B. col. 824] Jesuchrist eternal deu e incõmutable principi de tota .14672

Ejemplar colombino: falta.

Referencias bibliográficas: Aguiló Fuster 435; BITECA: textid 1504; manid 1471; IBE 2268; Fernández Vega n. 33; Goff X-7; Haebler 706; Hain 16235; Massó: Francesch Eximeniç 112; Palau V: 85208; Penney. HSA. New York 194; Vindel I: n. 100.

12. Eiximenis, Francesc. *Psaltiri en Loor de Deu i menyspreu del mon*
Trad. Guillem Fontana.
Gerona: Diego de Gumiel, 28–3–1495.

Abc. B 14738 [A 0000; C 09827]

* [Abc. B. col. 671] Francisci ximenez psaltiri en loor de deu et menyspreu del nõ en catalã 14738. gi.14[¿95?]
* [Supl. f. 10va] Creador de totes coses qui est deu tot .14738.

Ejemplar colombino, único conocido: Barcelona, Bibl. Catalunya, Esp. 9–8 au
Mariano Aguiló y Fuster (n. 6) comenta la pérdida del ejemplar colombino que por aquellas fechas ya no se conservaba en Sevilla. El IBE (n. 2270) localiza únicamente un ejemplar en la Biblioteca de Catalunya, el mismo que Massó (Francesch Eximeniç 186=193) y Palau (V: 85210) habían descrito como perteneciente a Narciso J. de Liñan, de Madrid. Wittlin concluye que la copia de la Biblioteca de Catalunya es el "perdido" ejemplar colombino. Madurell i Marimon (*Documentos* 199) presenta los documentos que nos indican que se tiraron 2.000 ejemplares de este *Psalterium*, pero parece no quedar completo más que el de la Biblioteca de Catalunya.

Referencias bibliográficas: Aguiló Fuster 6; BITECA: texid 1509; manid 1499; Fernández Vega n. 34; IBE 2270; Massó: Francesch Eximeniç 186=193; Palau V: 85210.

13. Eiximenis, Francesc. *Regiment de la cosa pública o Dotzè del Crestiá.*
Valencia: Lambert Palmart, 15–3–1484.

Abc. B 15200 [A 0000; C 10277]

* [Abc. B. col. 671] Francisci ximenez dozeno libro de regimiento de principes y de comunidades llamado el Crestia en catalã 15200 .V.1484 [fol. marca real, 2 cols., con cap. epitomáticos]
* [Abc. B. col. 1209] O regiment excellent e governacio passant . 15200.

Ejemplar colombino: falta.
Es destacable el gran formato de la obra: más de doscientas hojas *in folio*. Parece que son las autoridades municipales quienes toman la iniciativa autorizando la edición de la copia manuscrita que poseía el cabildo y ofreciendo su apoyo en la publicación de una edición tan costosa. Roiç de Corella intervino directamente al igual que había hecho un año antes al imprimir, a instancias suyas, *Primer llibre del Crestià* también en los talleres de Palmart.

Referencias bibliográficas: Aguiló Fuster 386=1885; BITECA: textid 1502, manid 1465; IBE 2263; Fernández Vega n. 35; Goff X-8; Haebler 701; Hain 16238; Massó: Francesch Eximeniç 33; Vindel III: n. 17; Ribelles I: 92; Serrano Morales 447.

14. Fenollar, Bernat Pere Martínez, Joan Escrivà y Joan Roíç de Corella. *Història de la Passió de Nostre Senyor Jesu Christi en cobles.*
A expensas de Jacobo de Vila. Valencia: Pedro Hagenbach y Leonardo Hutz, 1–11–1493.

Abc. B 03855 [A 4935; C 09905]

* [Abc. B. col. 024] Ab plor tan gran .3855.
* [Abc. B. col. 219] Bernardi Fenollar contemplatio ad Jesum en coplas catalanas .3855.
* [Abc. B. col. 358] Corella orõ ad mariam en coplas catalanas .3855.
* [Abc. B. col. 373] Passio en coplas per fenollar y martinez (tachado) .3855.
* [Abc. B. col. 435] Daquella tan alta tan fort y gran çoca .3855 .14734.
* [Abc. B. col. 626] Fenollar et aliorũ triũ Passio xpi en coplas catalanas .3855 .14734 . ba. 1518 [4º, renglón largo]
* [Abc. B. col. 956] Joan Scriva. Contemplatio ad iesum en coplas catalanas .3855.
* [Abc. B. col.1460] Qui deu vos contempla .3855.
* [Supl. f. 9rb] Passio en coplas catalanas por fenollar y martinez .3855.
* [Regestrum B. 3855] La passio en coplas catalanas de arte major trobada por bernat fenollar. I. moltrant un gran planyer D. per tots temps amen In fi est protestatio fenollar .I. de aquesta Item alian martin .I. esta Item secutur contemplatio a Jesus est en coplas edita per Joc fernan e fenollar .I. qui deu bos .D. dels salvats oratio ad mariam per mossen corella .I.ͣ ab flor tant grã .D. en lo cercle tan firme este Jacobi de vila .I. a de gloria in prõ. totius operis est Car. mossen fenollar .I. daquella tã alta. Itẽ aliud martinij .I. a vos q̃ itez alius fenollar .I. [?] silus docts. Itẽ aliud martinij .I. les altes Imp. ẽ Valencia año 1493. est in qro. costo ẽ lerida 40 mrs por junio de 1512.

Ejemplar colombino: Sevilla, Bibl. Colombina, 14–3–6.
Indica Palau que "este curioso incunable existe en las Bibliotecas de la Universidad de Barcelona y Valencia. También en la Biblioteca Colombina de Sevilla, en cuyo ejemplar se consigna de mano de Hernando Colón su nota de compra: *Costó en Lerida, 40 maravedis, por Junio 1512.*" Sin embargo, el ejemplar de la Colombina no presenta dicha nota autógrafa de Colón, quizá porque se encuadernara posteriormente a la descripción de Palau y haya perdido las hojas de guarda originales. Se conoce la fecha y lugar de compra por las anotaciones del *Regestrum*.

Referencias bibliográficas: Aguiló Fuster 893 = 2098; Arbolí III: 69–70; BITECA: texid 1533; manid 2053; copid 1112; IBE 2401; Fernández Vega n. 44; Fuster I: 51–54; Gallardo II: 2170; G.W. 9737; Haebler 259; Martí Grajales 213–19; Palau V: 87667; Ribelles I: 100–102; Segura, Vallejo y Sáez 458; Serrano Morales 577; Vindel III: 39.

15. Ferrando II. *Interpretació de la sentència sobre les remenses.*
Barcelona: Joan Rosemblach, 28–3–1498.

Abc. B 14585 [A 0000; C 10208]

* [Abc. B. col. 629] Ferdinandi regis hispanie. interpretatio de la sententia entre los seniors e los pagesos dada año de 1493. en catalan .14585. [fol., renglón largo]

* [Abc. B. col. 837] In cristi nõie pateat cũctis ꝗ cũ inter seniores .14585. 14779.

Ejemplar colombino: falta.

Las sentencias son uno de los elementos más característicos de la legislación catalana. Las otorgaba el rey para decidir cuestiones de gran importancia, como el grave conflicto de los labradores de *remensa* y sus señores. El catálogo de Arbolí ya no lo incluye como impreso existente en la biblioteca sevillana, pero disponemos de la descripción que de ella realizó Aguiló y Fuster (1295): "Interpretacio feta per lo senyor Rey en la sentẽcia per la maistat // donada entre los seniors e los pagesos olim de remêsa: e altres cõ // presos en dita sentencia per la potestat ab aquella per la altera re // seruada feta en Barchña atres de noembre. any. Mil. cccc. lxxxxiij. Un grabado del escudo de armas de los Reyes Católicos después de la conquista de Granada, sostenido por el águila coronada. Debajo, en cuatro reglones, el título que antecede. Lo restante de la hoja en blanco. En 12 hojas sin foliar; signaturas a. b. Acaba: . . . Scribi feci & clausi die sexta de//cimamẽsis nouẽbris ãno a natiuitate dñi millesimo ꝗ drĩgẽtesimo nonagesimo tertio. Deo gratias. De mano de Colón: *Este libro costó 10 dineros en barçelona por Junio de 1536*. Sin nombre de impresor. Probablemente del mismo año de 1493, en Barcelona. Existe un ejemplar en la Biblioteca Colombina."

Referencias bibliográficas: Aguiló Fuster 1295; Askins. Muestrario: 13 A; Brocá "Taula" CXCIII; Fernández Vega n. 188; IBE 5220; Rubió *Documentos* n. 149; Salvá I: 688 3647.

16. *Llibre de sant Amador*.
[s.l.: s.i., s.a.] = ¿Tolosa: Enrique Mayer, 1486?

Abc. B 14513 [A 0000; C 09839]

* [Abc. B. col. 563] Era vn home en roma que avia nom perconius .14513. 14937.
* [Supl. f. 2ra] Amadoris historia en catalan 14513 [4º, renglón largo] 14937 [fol., 2 cols.]

Ejemplar colombino: falta.

Es una traducción del latín al catalán. Se conoce un incunable de 1486 impreso por Enrique Mayer en Tolosa junto con la *Revelació de la Verge María*, obra que Massó i Torrents atribuye a Eiximenis, (Barcelona: Bibl. Catalunya, Bon. 10–V–11).

Referencias bibliográficas: Aguiló Fuster 390; BITECA: texid 2428; Fernández Vega n. 199.

17. *Llibre de sant Amador*.
[s.l.: s.i., s.a.]= ¿Tolosa: Enrique Mayer, 1486?

Abc. B 14937 (1) [A 0000; C 10208]

* [Abc. B. col. 563] Era vn home en roma que avia nom perconius
.14513.14937.
* [Supl. f. 2ra] Amadoris historia en catalan 14513 [4º, renglón largo] 14937
[fol., 2 cols.]

Ejemplar colombino: falta.

Referencias bibliográficas: BITECA: texid 2428; Fernández Vega n. 200.

18. Malla, Felip de. *Memorial del pecador remut.*
[s.l.: s.i., s.a.] = Barcelona: Joan Rosembach, c. 1495.

Abc. B 14670 [A 0000; C 10210]

* [Abc. B. col. 1323] Philippi de malla memorial del pecador remut en catalan
14670 [Fol., 2 cols. con cap. epitomáticos] li. po. de 250 cptos
* [Abc. B. col. 1288] Per tal com solament aquell temps de la vida y
peregrinaciõ .14670.

Ejemplar colombino: Sevilla, Bibl. Colombina, 12–5–23.
Se trata de un tratado ascético escrito entre 1419 y 1424. La Pasión de Cristo es
el tema central de meditación a través de una serie de visiones alegóricas. Esta
es una edición rarísima en la que no consta el lugar, el nombre del impresor ni la
fecha. Según Salvá, la letra, el papel y sobre todo las iniciales son idénticas a las
del Eiximenis, *Libre de les dones*, impreso por Rosembach en Barcelona el año
de 1495. Mariano Aguiló y Fuster (n. 389) también lo supone impreso por
Rosembach, ya que, según nos dice, "no sé que otro impresor usase en portada
alguna tarjeta cerrada por otro cuadrilongo, como se ve en esta obra, en el *Libre
dels Angels* (Barcelona, 21 Juny de 1494) y en el *Pere d' Argilata* (Perpinyá),
ambas impresas por Rosembach." La nota de compra de Colón indica que le
costó 5 reales en junio de 1536 y lo compró en Barcelona.

Referencias bibliográficas: Aguiló Fuster 389; Arbolí V: 23–24; BITECA: texid
1728; Fernández Vega n. 61; IBE 3732; Goff M-102; Haebler 390; Palau VIII:
148076–77; Segura, Vallejo y Sáez 779; Vindel I: 112.

19. Menaguerra, Ponç de. *Lo cavaller.*
Valencia: [s.i.] = Nicolás Spindeler, 1493.

Abc. B 14621 [A 0000; C 09839]

* [Abc. B. col. 1052] Manifiesta sperientia nos a claramẽt mostrat la. .14621.
* [Abc. B. col. 1345] Ponç de Menaguerra lo cavaller en catalã .14621 .va. 1493
[4º, renglón largo]

Ejemplar colombino: falta.
El único ejemplar conocido, falto de la primera hoja, fue adquirido por la
Hispanic Society of America en 1911.

Referencias bibliográficas: Askins. Muestrario: 24; BITECA: texid 1759; Fernández Vega n. 65; Goff M-48; Haebler 419; Palau IX: 162774; Penney, HSA, 352; Vindel III: 100 43.

20. *Obres de la Concepció en coplas*.
Valencia: Llambert Palmart, 14–4–1487.

Abc. B 14914 [A 0000; C 09559]

* [Abc. B. col. 628] Ferdinandi Diaz. obra de la côteption en coplas catalanas por muchos hechas año 1486 .14914. [4º, renglón largo] faltabale el quaderno .1. y dende alli adelante
* [Abc. B. col. 1020] Lobrer etern fundant natura humana feu la semblant 14914

Ejemplar colombino: falta.
Gallardo (II: cols. 793–797, 2046) ofrece una minuciosa descripción de su ejemplar de las *Obras de la Concepció en coplas*. Askins (1988: 12B) encuentra curiosa la coincidencia de la falta de la primera hoja entre el ejemplar de Colón y el que describe Gallardo, que fue de su propiedad y que hoy conserva la biblioteca de la Hispanic Society: "*Le ha faltado siempre la portada*; pero tenía la hoja final del cuaderno 1º, y me la han arrancado. . . ." La Hispanic Society of America señala como fecha de edición de este incunable 1486, año en que se celebró el concurso literario como indica el título. Al no conservar la última hoja se ha perdido el colofón con el pie de imprenta; sin embargo, en una nota final hay una transcripción manuscrita del colofón: en esta transcripción la fecha dada es 1487.

Referencias bibliográficas: Aguiló Fuster 2095; Askins. Muestrario: 12 B; BITECA: texid 1496; Fernández Vega n. 26; IBE 2096; Gallardo II: cols. 793–797, 2046; G.W. 8343; Haebler 228; Martí Grajales 191–2; Palau IV: 73676; Penney, HSA, 172; Ribelles I: 139 59; Serrano Morales 450; Vindel III: 24.

21. Ovidi Nason, Publius. *Metamorfosis* Trad. Francesc Alegre.
Barcelona: Pere Miquel, 24–4–1494.

Abc. B 13182 [A 0000; C 10192]

* [Abc. B. col. 646] Franciscus alegre hispanus ouidio methamorphoseos en catalan . 13182 .ba.1494 [fol., 2 cols, con cap. epitomáicos, con índice]
* [Abc. B. col. 1255 (tachado)] Ouidius. Metamorphoseos cõ moralizaciones en catalã 13182.
* [Abc. B. col. 1287] Per que desigue lo meu entendre scriuit . 13182.
* [Abc. B. col. 1293] Perque desigue lo meu entendre scriuit . 13182.
* [Supl. f. 55rb] Ouidius Metamorphoseos cõ moralizaciones en catalan . 13182.

Ejemplar colombino: falta.
Francesc Alegre, traductor al catalán de las *Metamorfosis*, dedica su trabajo a
Juana de Aragón, hija de los Reyes Católicos. Alegre no solo es autor de la
versión catalana sino también de las alegorías que le siguen. En el epílogo se
nos informa de otras traducciones al castellano, al italiano y al catalán. Se
conserva el contrato firmado el 7 de marzo de 1494 entre Francesc Alegre y
Pere Miquel para la impresión de mil ejemplares de la obra.

Referencias bibliográficas: Aguiló Fuster 2771; Askins. Muestrario: 27;
BITECA: texid 1792; Fernández Vega n. 72; IBE 4252; Haebler 507; Palau XII:
207474; Penney, HSA, 401; Vindel I: 152–53 y VIII: 91.

22. Perellós, Ramón de. *Viatge d'en Ramón Perellós al Purgatori de Sant
Patrici.*
[s.l.: s.i., s.a.] = ¿Barcelona: Enrique Mayer, 1486?

Abc. B 14937 (2) [A 0000; C 10208]

* [Abc. B. col. 1274] Patritii sancti Purgatorio en catalan 14937 [fol., 2 cols.]
* [Supl. f. 13va] En lo temps q sanct Patrici bisbe preicava .14488. [errata =
14937]
* [Supl. f. 21vb] In nomine sancte et indi[uide trinitatis] en layn de la nat.14937

Ejemplar colombino: falta.
Miquel y Planas reproduce la primera página del incunable de 1486 (*Bibliofilia*
I: col. 230a), comenta las noticias disponibles sobre la edición (cols. 482–84),
ofrece un cuadro explicatorio sobre la fortuna de la leyenda de San Patricio en
la literatura española (cols. 498–99) y reproduce el texto completo en el
volumen de *Llegendes de l'altre vida* de la *Biblioteca catalana*. Resultan
fundamentales para la identificación del impresor sendos estudios de Pere
Bohigas (1961 y 1969).

Referencias bibliográficas: BITECA: texid 1900; Fernández Vega n. 79.

23. Roíç de Corella, Joan. *Vida de la gloriosa santa Anna.*
[s.l.: s.i., s.a.] = Valencia: Fernández de Córdoba, c. 1485.

Abc. B 14756 [A 0000; C 09555]

* [Abc. B. col. 442] De la ciutat de bethleem fou natural aquesta .14756.
* [Abc. B. col. 953] Jo. ruiz de corela Historia de santana en catalan .14756. [8°,
renglón largo]

Ejemplar colombino y único conocido: Sevilla, Bibl. Colombina, 14–2–7 (5).
Ferrando y Escartí consideran que esta *Vida de la gloriosa santa Anna* fue el
primer libro de Corella que se dio a la imprenta, "potser el 1485 i probablement
a les premses d'Alfons Fernandes de Córdova – que havia treballat associat amb
Palmart en la impressió de la *Biblia*" (102). En su artículo Ferrando y Escartí
exponen la trayectoria de la obra literaria de Corella estrechamente ligada al

establecimiento de la imprenta en Valencia. El ejemplar colombino se conserva en un volumen facticio en el que se han encuadernado un total de 11 obras en italiano y catalán, todas ellas en 8º. El impreso que nos ocupa es el quinto y conserva de mano de su propietario los números de registro del sistema B y C en lo que era la hoja de guarda. Aguiló y Fuster lo considera "impreso en Valencia y por Palmart, de 1480 a 1485. Es precioso librito, el más antiguo que he visto de su tamaño." Sin embargo, tanto BITECA como el IBE adjudican la impresión a Alonso Fernández de Córdoba. En el verso de la última hoja blanca, lo que hubiera sido la última hoja de guarda, la nota de compra de Colón: "Este libro costo .4. dineros en barçelona por Junio de 1536. y el ducado vale .288. dineros."

Referencias bibliográficas: Aguiló Fuster 1071; Arbolí VI: 196–197; BITECA: texid 1891, manid 2207; Fernández Vega n. 91; IBE 4945; Gallardo IV: 3727; Grajales 414–20; Segura, Vallejo y Sáez 1060; Palau XVII: 275467.

24. *Pronosticació de la vida dels homes.*
[s.l.: s.i., s.a.] = Tolosa: Enrique Mayer, c. 1485.

Abc. B 03858 [A 4863; C 03350]

* [Abc. B. col. 133] Aquest es lo libre lo qual .3858.
* [Abc. B. col. 1397] Pronosticatio ẽ català de la vida de los hõbres .3858.
* [Regestrum B. 3858] Tractado ẽ català de la vida de los hõbres segõ los sines y los planetas. I. aquest es lo libre . D. principi est dit It' aliũ I. [¿los plros?] D. amicho amen deo gratias. costo.6. mres ẽ Lerida año de 1512. por Junio est in qrº.

Ejemplar colombino: falta.
Palau no llegó a ver el ejemplar conservado en la Colombina y se limita a repetir los datos que ofrece el *Abecedarium B*. Indica además la existencia de otra edición que se conoce únicamente por la cita de Nicolás Antonio: Toledo, J. Varela, 1510, 4º. Arbolí y Faraudo describe brevemente el ejemplar que se conservaba en la Colombina y que ya entonces calificaba de "muy raro": "Tractat de prenostication de la vida natural d'ls homens segons los signes e planetas celestials e propietats lurs demonstren [a continuación el texto]. En 4º, de una hoja blanca y nueve impresas sin foliar, sig. A–B, let gót., 31 lín. por pág., sin nota de imprenta. Es un folleto muy raro, escrito en catalán, sobre Astrología judiciaria. C.- *Este libro costó en Lérida 6 mrs. Año de 1512 por junio*. Está registrado 3858."

Referencias bibliográficas: Arbolí VII: 64; BITECA: texid 2625; Fernández Vega n. 238; Palau IV: 73968.

25. Taranta A. *Tractat de pestilència* Trad. Joan Villar.
Barcelona: [s.i.], 1475.

Abc. B 14869 [A 0000; C 09839]

* [Abc. B. col. 960] Jo Villar compendiũ contra la pestilentĩa en catalan 3857.14869 [4º, renglón largo, con cap. epitomáticos]
* [Abc. B. col. 1180] Nos altres fem testimoni del que vist 3857.14869
* [Abc. B. col. 1775] Vale sei de taranta. de epidimia en catalã Jo. Villar interp.14869 . ba.1475 [4º, renglón largo]

Ejemplar colombino: falta.

Romero de Lecea (269) se refiere a este impreso como uno de los incunables perdidos que conocemos sólo a base de referencias, "pero no cabe aventurar por cuál de los dos talleres tipográficos (Botel o Salzburgo-Hurus) fue impreso. El *Catalogue* del British Museum supone que puede estar impreso por el de Juan de Salzburgo y Pablo Hurus." Por otra parte Hernández Morejón (I: 255) afirma que lo "ha leído en la Biblioteca Real" de Madrid y que era muy oportuna la publicación en aquel año de 1475 en que la peste asolaba el país" (Palau, XXII: 327568). Comenta Cardoner (57, nota 50) que "volent demostrar Santpere i Miquel que aquesta [se refiere a una edición de 1507] era una segona edició i que l'obra ja havia estat impresa en 1475, el que demostra és que en aquesta darrera data fou feta la traducció al català." Hemos de convenir con Santpere i Miquel que los datos colombinos confirman sus opiniones y sí existió una edición de la obra en 1475.

Referencias bibliográficas: Aguiló Fuster 1923; Fernández Vega n. 98; Nicolas Antonio *Vetus* II: 306 651; Palau XXII: 327568; Vindel *Manual* 649.

26. *Treslegats de Santa Clara.*
Barcelona: [s.i.], 1498.

Abc. B. 14786 [A 0000; C 09774]

* [Abc. B. col. 307] Clare sancte. Treslegats q̃ senales sues fides en catalã .14786. ba.1498 [4º, renglón largo]
* [Abc. B. col. 1755] Totas les anotacions axi naturales cõ artifici .14786.

Ejemplar colombino: falta.

Referencias bibliográficas: Askins. Muestrario: 8; Fernández Vega n. 248.

27. Via, Francesc de la. *Llibre de Fra Bernat o tractant dels engans que les dones males solen fer.*
[s.l.: s.i., s.a.] = ¿Barcelona: Pere Posa, 1498 ad quem?

Abc. B 14606 [A 0000; C 09562]

* [Abc. B. col. 651] Francisci de la via libre de fra bernart en coplas catalanas .14606. [4º, renglón largo]
* [Supl. f. 24va] Lay quant los gats van en amor cridant .14606.

Ejemplar colombino y único conocido: Sevilla, Bibl. Colombina, 2–2–13.
El *Libre de Fra Bernat* es un cuento inmoral en verso, lleno de sucesos

grotescos e irreligiosos. Cuenta las burlas de una monja a sus tres enamorados: un caballero, un clérigo y el propio Fra Bernat. Palau indica la existencia de una edición impresa en Barcelona por Pedro Posa, 1482, pero el ejemplar colombino no contiene nota de imprenta ni año. Miquel y Planas no duda de su atribución a Pere Posa en razón a la "L" inicial, que es exactamente igual a la utilizada por este impresor en la *Imitació de Jesucrist* de 1482. Mariano Aguiló y Fuster (n. 2106) remite a "la noticia que de este libro dio D. José María de Álava a los eruditos traductores de la *Historia de la Literatura española*, por M. G. Ticknor, inserta en el primer tomo, pág. 539, y la descripción anterior que el P. Méndez pone del mismo, pág. 378 de su *Typographia*." Miquel y Planas (*Bibliofilia* I: cols. 547–580) ofrece una reimpresión del ejemplar colombino. La nota de compra de Fernando Colón indica que "este libro costo ansi enquadcrnado 4 dineros en barcelona por Junio de 1536 y el ducado vale 288 dineros."

Referencias bibliográficas: Aguiló Fuster 2106; Arbolí VII: 157–58; Bohigas 1976 87; BITECA: texid 1969; manid 1885; Fernández Vega n. 109; IBE 6056; Gallardo III: 2628; Palau VII: 133268; Segura, Vallejo y Sáez 1236; Vindel I: 30.

[28.*] Pello, Francesc. *Art de aritmética i de geometria.*
Turín: Benediti, Nicolo, 28–9–1492.

Abc. B 09029 [A 0000; C 09903]

* [Abc. B. col. 663] Franciscus Pellus art de arithmetica et de geometria seu conpendio de abaco en catalan .9029 .ta.1492 [4º, renglón largo]

Ejemplar colombino: Sevilla, Bibl. Colombina, 12–6–17
Tanto Goff como el IBE consideran que el *Art de arithmetica* de Francesch Pello está escrito en dialecto de Niza y, de hecho, el impreso contiene, al final, unos versos laudatorios de Niza, *la qual es cap terra nova en Provensa Contat es renomat per la terra universa.*" Resulta curioso que Colón haya considerado, o confundido, con catalán la lengua de este texto impreso en Turín y comprado en Génova, como nos indica la nota de compra: "Este libro costó 39 dineros en Genoua demediado deziembre de 1530 y el ducado de oro uale. 864. dineros."

Referencias bibliográficas: Arbolí V: 294; Fernández Vega n. 76; IBE II: 4409; Goff P -260; Segura, Vallejo y Sáez 953; Palau XII: 216954

[29.*] Vilanova, Bernat. *Notes seu grãmatica Rudimentorum grammatices.*
Valencia: Nicolás Spindeler, 4–2–1500.

Abc. B 14607 [A 0000; C 00269]

* [Abc. B. col. 220] Bernardo Villanova notes seu grãmatica .14607 .Va. 1500 [4º, renglón largo]
* [Abc. B. col. 721] Grammatica est ars recte loquendi recte scribendi recteque .14607.

Ejemplar colombino: Bibl. Colombina, 6–3–10.

La rúbrica inicial está en catalán, "Notes Ordenades per lo reuerent mestre Bernart Vilanoua alias Nauarro," pero el texto está escrito en latín, ya que es un tratado de gramática latina. Hay una nota de compra escrita por mano de Colón: *Este libro ansi encuadernado costo 24 dineros en barcelona por Junio 1536 y el ducado vale 288 dineros*. Arbolí transcribe la fecha de compra como 1530, pero, vista la nota manuscrita, el dígito final podría ser un seis y a ello debemos añadir que, por las fechas de compras del lote anterior y posterior a éste, tiene que ser 1536.

Referencias bibliográficas: Aguiló Fuster 2022; Arbolí VII: 199; Fernández Vega n. 110; IBE 6088; Haebler 683; Palau XXVII: 365648; Ribelles 295; Segura, Vallejo y Sáez 1241; Serrano Morales 536; Vindel III: 86.

Obras citadas

Abecedarium B, ver Colón, Hernando.

Aguiló y Fuster, Mariano, 1923. *Catálogo de obras en lengua catalana impresas desde 1474 hasta 1860* (Madrid: Sucesores de Rivadeneyra).

Arbolí y Faraudo, ver Biblioteca Colombina.

Askins, Arthur L-F., 1988. "Muestrario de incunables hispánicos extraviados de la Biblioteca Colombina," en *El Libro Antiguo Español: Actas del Primer Congreso internacional (Madrid)*, eds. María Luisa López-Vidriero y Pedro M. Cátedra (Salamanca: Universidad de Salamanca; Madrid: Biblioteca Nacional de Madrid, Sociedad Española de Historia del Libro), 37–53.

——, 1992. "Two Miscellany Volumes of Pre-1537 Catalan 'Popular Press' Prints Once in the Colombine Library, Seville," en *El Libro Antiguo Español: Actas del Segundo Congreso Internacional (Madrid)*, eds. María Luisa López-Vidriero y Pedro M. Cátedra (Salamanca: Universidad de Salamanca; Madrid: Biblioteca Nacional de Madrid, Sociedad Española de Historia del Libro), 285–300.

Babelon, Jean, 1913. *Bibliothèque Française de Fernand Colomb*, Suppléments de la *Revue de Bibliothèques*, 10 (París: Librairie Ancienne de Honoré Champion).

Beltrán, Vicente, Gemma Avenoza y Beatrice Concheff (†), 2003. *Bibliografía de Textos Catalans Antics* (http://sunsite.berkeley.edu/PhiloBiblon/phhmbi.html).

Biblioteca Colombina, 1888–1947. *Catálogo de sus libros impresos publicado [. . .] bajo la inmediata dirección de su bibliotecario [. . .] Servando Arbolí y Faraudo, con notas bibliográficas del Dr. D. Simón de la Rosa y López*, 7 vols. (Sevilla: Imp. de E. Rasco).

BITECA, ver Beltrán, Vicente.

Bohigas, Pere, 1961. "El impresor de la M⁴², 89mm," *Gutemberg-Jahrbuch*, 37: 55–59.

——, 1969. "Incunables catalanes atribuibles a Henry Mayer," *Gutemberg-Jahrbuch*, 41: 96–98.

——, y Amadeu J. Soberanas, 1976. *Exposició commemorativa del V centenari de la imprenta: el llibre incunable als Paisos Catalans* (Barcelona: Diputació Provincial de Barcelona).

Bouza Álvarez, Fernando, 1992. *Del escribano a la biblioteca: la civilización escrita europea en la Alta Edad Moderna (siglos XV–XVII)*, Historia Universal, Moderna, 5 (Madrid: Síntesis).

British Library, London, 1989[2]. *Catalogue of books printed in Spain and Spanish books printed elsewhere in Europe before 1601 now in the Bristish Library* [Denis E. Rhodes].

Brocá, Guillem Maria de, 1907 [¿1909?]. *Taula de stampaçions de les Constituçions y altres drets a Cathalunya y de les costumes y ordinaçions de sos diverses paratges* (Barcelona: Fills de Jaume Jesús).

Cardoner i Planas, Antoni, 1973. *Història de la medicina a la Corona d'Aragó, 1162–1479* (Barcelona: Scientia).

Catálogo general 1899–1990. *Catálogo general de incunables en bibliotecas españolas*, coord. Francisco García Craviotto (Madrid: Ministerio de Cultura, Dirección General del Libro y Bibliotecas).

Colón, Fernando, 1905. *Regestrum librorum don Ferdinandi Colon*, Reproducido por Archer M. Huntington, *Catalogue of the Library of Fernand Columbus, Reproduced in Facsimile from the Unique Manuscript in the Colombine Library of Seville* (Nueva York: HSA).

——, 1992. *Abecedarium B y Supplementum*, Ed. facsímil de los manuscritos conservados en la Biblioteca Colombina de Sevilla (Madrid: Fundación Mapfre América, Cabildo de la Catedral de Sevilla).

Dehérain, Henri, 1914. "Fernand Colomb et sa Bibliothèque," *Journal des Savants*, 12: 342–51.

Fábrega i Grau, Ángel, 1955. "Els primitius textos catalans de l'*Art de bé morir*," *Analecta Sacra Tarraconensia*, 28: 79–104.

Fernández Vega, María del Mar, 1997. *Los libros catalanes de la biblioteca de Fernando Colón (1488–1539): catálogo descriptivo*, University of California, Berkeley, tesis doctoral inédita.

Ferrando, Antoni y Vicent Joseph Escartí, 1992. "Imprenta i vida literària a València en el pas del segle XV al XVI," *Gutenberg-Jahrbuch*, 67: 100–113.

Fuster, Justo Pastor, 1827–1830. *Biblioteca valenciana de escritores que florecieron hasta nuestros días, con adiciones y enmiendas a la de D. Vicente Ximeno*, Colección Biblioteca Valenciana, 2 vols. (Valencia: Imprenta y librería de José Ximeno).

Gallardo, Bartolomé José, 1863–1889. *Ensayo de una biblioteca de libros raros y curiosos, coordinados y aumentados por D. M. R. Zarco del Valle y D. J. Sancho Rayón*, 4 vols. (Madrid: M. Rivadedeneyra).

Gesamtkatalog der Wiegendrucke, 1968– . Hrsg. von der Kommision für Gesamtkatalog der Wiegendrucke 2, Aufl. (Stuttgart: Anton Hiersemann).

Goff, Frederick R., 1984. *Incunabula in American Libraries: A Third Census of Fifteenth-Century Books Recorded In North American Collections* (Nueva York: Bibliographical Society of America).

Haebler, Konrad, 1917. *Bibliografía ibérica del siglo XV* (La Haya: Martinus Nijhofl).

Hain, Ludwig, 1838. *Repertorium bibliographicum in quo libri omnes ab arte typographica inventa usque ad annum MD typis expressi ordine alphabetico vel simpliciter enumerantur vel adcuratis recensetur* (Stuttgardiae: Sumptibus J. G. Cottae).

Harrisse, Henry, 1871. *Don Fernando Colón, historiador de su padre* (Sevilla: D. Rafael Tarascó).

——, 1887. *Excerpta Colombiniana* (París: H. Welter).

Hernández Morejón, Antonio, 1842. *Historia bibliográfica de la medicina española* (Madrid: Jordán).

IBE, ver *Catálogo General de Incunables en Bibliotecas Españolas*.

Madurell i Marimon, José María, 1955. *Documentos para la historia de la imprenta y la librería en Barcelona (1474–1553)*, introd. Jordi Rubió y Balaguer (Barcelona: Gremios de Editores, de Libreros y de Maestros Impresores).

Marín Martínez, Tomás, 1970. *Memoria de las obras y libros de Hernando Colón del Bachiller Juan Pérez* (Madrid-Sevilla: CSIC).

Martí Grajales, Francesc, 1927. *Ensayo de un diccionario biográfico y bibliográfico de los poetas que florecieron en el Reino de Valencia hasta el año 1700* (Madrid: Tipografía de la Revista de Archivos, Bibliotecas y Museos).

Martín Abad, Julián, 2001. *Post-incunables ibéricos* (Madrid: Ollero & Ramos).

——, 2003. *Los primeros tiempos de la imprenta en España (c. 1471–1520)*, Arcadia de las Letras, 19 (Madrid: Ediciones del Laberinto).

Massó Torrens, J., 1909–1910. "Les obres de Fra Francesch Eximeniç (1340?–1409?): essaig d'una bibliografia," *Anuari de l'Institut d'Estudis Catalans*, 3: 588–692.

Miquel y Planas, Ramon, 1920. *Bibliofilia: recull d'estudis, observacions, comentaris y noticies sobre llibres en general y sobre qüestiones de llengua y literatura catalanes en particular*, 2 vols. (Barcelona: Fidel Giró).

Norton, F. J., 1978. *A Descriptive Catalogue of Printing in Spain and Portugal, 1501–1520* (Cambridge: Cambridge University Press).

——, 1973. "Lost Spanish Books in Fernando Colon's Library Catalogues," en *Studies in Spanish Literature of the Golden Age presented to Edward M. Wilson*, ed. R. O. Jones, Colección Támesis, Serie A: Monografías, 30 (Londres: Tamesis Books), pp. 161–71.

Palau y Dulcet, Antonio, 1948–1977. *Manual del librero hispanoamericano: bibliografía general española e hispanoamericana desde la invención de la imprenta hasta nuestros tiempos con el valor comercial de los impresos descritos*, 28 vols. (Barcelona: Librería Palau).

Penney, Clara Louisa, 1965. *Printed Books 1468–1700 in the Hispanic Society of America* (Nueva York: The Society).

Regestrum B, ver Colón, Hernando.

Ribelles Comín, José, 1929. *Bibliografía de la lengua valenciana, o sea, catálogo razonado por orden alfabético de autores, de los libros, de los folletos, obras dramáticas, periódicos, coloquios, coplas, chistes, discursos, romances, alocuciones, cantares, gozos, etc. [. . .] que escritos en lengua valenciana y bilingüe, han visto la luz pública desde el establecimiento de la imprenta en España hasta nuestros días*, 4 vols. (Madrid: Tipografía de la Revista de Archivos).

Romero de Lecea, Carlos, 1982. "Amanecer de la imprenta en el Reino de Aragón," en *Historia de la imprenta hispana*, Culturas y Sociedad, Investigación (Madrid: Editora Nacional), pp. 221–359.

Salvá y Mallén, Pedro, 1872. *Catálogo de la Biblioteca Salvá, escrito por D. Pedro Salvá y Mallén, y enriquecido por la descripción de sus muchas otras obras, de sus ediciones etc.* (Valencia: Imprenta de Ferrer de Orga).

Segura Morera, Antonio, Pilar Vallejo Orellana y José Francisco Guillén, 1999. *Catálogo de incunables de la Biblioteca Capitular y Colombina de Sevilla*

([Sevilla]: Cabildo de la Santa Metropolitana y Patriarcal Iglesia Catedral de Sevilla).

Serrano y Morales, José Enrique, 1899. *Reseña histórica en forma de diccionario de las imprentas que han existido en Valencia desde la introducción del arte tipográfico en España hasta el año 1868, con noticias bio-bibliográficas de los principales impresores* (Valencia: F. Doménech).

Vindel, Francisco, 1930–1934. *Manual gráfico-descriptivo del bibliófilo-americano (1475–1850)*, 12 vols. (Madrid: Imp. Góngora).

Wagner, Klaus, 1973. "Las Aldinas de la Biblioteca Colombina: contribución al estudio de los precios de libros a comienzos del siglo XVI," *Archivo Hispalense*, 170: 209–14.

——, 1984. "El itinerario de Hernando Colón según sus anotaciones," *Archivo Hispalense*, 203: 81–99.

——, y Luis Carrera, 1991. *Catalogo dei libri a stampa in lingua italiana della Biblioteca Colombina di Siviglia*, Strumenti / Istituto di Studi Rinascimentali, Ferrara (Ferrara: Franco Cosimo Panini Editore).

Wittlin, Curt J., 1987–1988. "Un centenar de oraciones del 'Psalterium (alias Laudatorium)' de Francesc Eiximenis traducidas al catalán por Guillem Fontana en 1416, con una oración original," *Boletín de la Real Academia de Buenas Letras de Barcelona*, 41: 163–90.

Between Ballad and Parallelistic Song:
A Condessa Traidora in the Portuguese Oral Tradition

MANUEL DA COSTA FONTES

Ballads became popular in the court of Alfonso V of Aragon, and later in the Castilian courts of Henry IV (1454–1474) and his successors, the Catholic Monarchs (1474–1516). Thus, some ballads made their way into *cancioneros* or compilations of courtly poetry (R. Menéndez Pidal II, 19–29), and their popularity among the learned continued to increase. At the beginning of the sixteenth century, they began to appear in numerous, relatively inexpensive *pliegos sueltos* or broadsides (Rodríguez-Moñino 1997), and after the publication of Martín Nucio's *Cancionero de romances impreso en Amberes sin año* (c. 1548), several *romanceros* or book-sized ballad collections appeared (Rodríguez-Moñino 1973). Many ballads never reached print, however. A few, such as *Silvana* and *Delgadinha*, which deal with father-daughter incest, may have been omitted "por razones de autocensura" (Díaz-Mas 327).[1] Others may have been regarded as too common or uninteresting, or simply may have escaped the attention of editors.[2] Fortunately, the modern oral tradition preserves several such ballads, filling an important gap in our knowledge of the early tradition. One of them is *La condesa traidora*, which survives in Northeastern Portugal, Galicia, and among the Sephardim who settled in Morocco. Together with its style, this geographic distribution suggests that it dates to the Middle Ages, and that the Sephardim already knew it prior to their exile of 1492.

The Sephardic versions rhyme in *i–o*, as does the single Galician version, a fragment from Ourense which, as we shall see, derives from the Portuguese tradition. My purpose here is to show how, besides witnessing the conservative character of the Portuguese tradition, *A Condessa Traidora* testifies to a phenomenon that is unique to Portugal, namely the special, extensive manner in which some modern ballads perpetuate medieval parallelism. In addition to some versions in *i–o* (RPI, M7), the Portuguese tradition also preserves the

---

[1] As Marques demonstrated, the public has done something similar with some versions of *Delgadinha*, eliminating the incest motif.

[2] In many instances, medieval and Renaissance writers allude to these "lost" ballads by title, or by citing one or two verses, but fail to provide complete texts (R. Menéndez Pidal II, 405–16). For a convenient list of 39 "lost" early ballads, see Deyermond 1995: 157–85.

ballad in *á–o* (RPI, M8), and in parallelistic strophes with rhymes in *í–o*, *á–o*,
í–a, and *á–a* (Galhoz 1987–88: no. 261; 1995: 241–43).

To date, the ballad is documented only in Trás-os-Montes (counties of
Chaves, Vinhais, and Vimioso). The versions in *í–o* can be divided into two
subtypes, the second of which is always shorter. The single published version of
the first, more developed form was collected in the village of Tuizelo (Vinhais).
The count travels on a horse and the countess on a nag. They decide to take their
siesta under the shade of a green pine tree. The old count falls asleep immediately and his young wife goes into a valley, shouting to her boyfriend. Whoever
wants her white legs and beautiful body must kill the sleeping count. She has
thrown his weapons into the river and untied his horse, shooing it away:

> Coração, coração lindo,   qu'assi m'andas aborrido!
> 2 Vai-se o conde e a condessa,   ambos vão por um caminho.
> O conde vai num cavalo   e a condessa num rocino;
> 4 ambos vão tomar a sesta   à sombra de um verde pino.
> O conde já era velho,   logo sai adormecido,
> 6 a condessa é mui nova,   gran traição lhe há fazido.
> Botou por um vale abaixo,   dando vozes ao amigo:
> 8 –Quem quiser minh'alvas pernas   e o meu corpo varrido,[3]
> vá matar o conde velho,   que lá fica adormecido.
> 10 Deixei-o limpo das armas,   e botara-lhas ao rio,
> soltara-lhe o cavalo   e botara-lho a fugir.   (Rodrigues 9)

The collector fails to mention that the first verse is probably a refrain to be sung
either between hemistichs or each verse. It is related to the ballad in that
boredom and unsatisfied lust cause the countess to betray her elderly husband.

In the corresponding Sephardic versions, all from Morocco, the count and
the countess interrupt their journey to rest at night-fall. The fact that the count
falls asleep quickly implies that he is too old and tired to fulfill his marital
duties with his alert, restless wife. There is no specific *amigo*, as in the Portuguese version. Here the countess offers the old count's arms, horse, and her
beautiful body to anyone who kills him. A nephew overhears and reprimands
her. In this version, she attributes her words to too much wine.

> Pase el conde y la condesa,   los dos van por un camino.
> 2 La condesa iba en mula   y el buen conde en su rocino.
> ¿Dónde los cogió la noche?   Detrás de un verde pino.
> 4 El conde tendió su capa,   la condesa su mantillo
> Al conde, como era viejo,   el sueño le ha vencido.
> 6 La condesa, como es joven,   gran traición le ha prometido.
> –¿Quién quiere matar al conde,   que aquí lo traigo dormido?
> 8 Le daría yo de albricias   mis armas y mis rocinos,
> y en cima de todo esto   este mi cuerpo garrido.–

---

3 Read "garrido," which appears in many early songs; see also v. 9b in the Sephardic
version, below.

10 Oyéndolo iba el sobrino   que está allá detrás de un pino.
    –Mal hayas tú, la condesa,   y quien haya amor contigo,
12 si por un punto de nada   mataras a tu marido.
    –Perdón, perdón, mi sobrino,   que no sé lo que yo digo,
14 que bebí un poco de vino   y el tino se me ha perdido.
                                            (Anastácio 1992: 210)[4]

The nephew accuses the countess of wishing to kill her husband for a trifle: "un punto de nada" (12). Other versions prefer "un pique de nonada" (Bénichou 145; Anastácio 1992: 213–14), which means the same thing: one version specifies that the countess's motive is lust: "por un pique de amor / quieres matar a tu marido" (Anastácio 1992: 214). The conclusion is very unstable: in one version, the nephew reminds the countess of the time when her husband was still young; in another, he decapitates her (Anastácio 1992: 213–14).

The second, less developed Portuguese subtype is really a fragment, corresponding to the beginning of the ballad (vv. 2–4). A Frenchman and his wife, apparently on their return from a pilgrimage, set up tables with bread and wine and rest under the shade of a pine:

        Quem poneu aqui esta mesa   de bom pan e de bom vino?
    2   L'um francês e a francesa   que vinham de São Domingo.
        Ele se poneu a descansar   à sombra do verde pino.
    4   Ramo verde, ramo verde,   criado na verde oliva!
        Lo francês come pan albo,   la francesa come trigo;
    6   lo francês vai num cavalo   e la francesa num pulhino.
                                            (Martins II, 137)

The fourth verse, rhyming in *i–a*, is lyrical and may be regarded as an interpolated refrain. Martins explained that this version, which a fellow priest sent to him from Segirei (Chaves), was sung by groups of farm workers at the end of the day, just before supper. This makes sense, given the initial question about the tables with bread and wine. More recently, however, informants maintained that it was sung after supper (Anastácio 1992: 222, n. 37), at the end of harvest days (Chaves) or threshing (Vinhais). It seems that all the unedited versions collected belong to this category, as do all but four of those that have been published.[5]

These short, truncated versions developed for functional reasons: the ballad was changed because of its association with a meal after a long day's work (Anastácio 1992: 222). The first form, which resembles the Sephardic versions more closely, says nothing about the nationality of the protagonists, a

---

[4] J. Benoliel collected this version in Tangier between 1904 and 1906. It is at the Menéndez Pidal Archive, Madrid (CMP, M12.1), which holds a total of five versions.

[5] Short versions: Anastácio 1989: 350; 1992: 223; Lopes-Graça and Giacometti 23 (=Martins); Martins 1928–39: II, 137. Long versions: Rodrigues 9 (one in *i–o* and one *á–o*). Parallelistic versions: Galhoz 1987–88: no. 261; 1995: 242–43. For a list of unedited versions, see Anastácio 1992: 215–16, n. 14.

pilgrimage or a meal, omitting the references to the table (1) and the types of bread they eat (5). Thus, these two verses seem to have been added to the ballad in order to adapt it to its function. On the other hand, the work song[6] eliminates the rest of the poem: it does not suggest that the count is older than his wife and omits her treacherous attempt to have him killed (5–11), unpleasantness that would not enhance a meal.

The only Galician version known to date is a three-verse fragment. It depends on the abbreviated Portuguese form, which it follows closely except for the last verse, where the distinction between the bread eaten by the Frenchman and his wife is sharper. In the Portuguese song, his bread is white, and hers is wheat. In the Galician version the man eats black bread, suggesting that the woman does not much care for him:

> ¿Quen puxo eiquí estas mesas   de buen pan y de buen vino?
> 2 Un francés y una francesa   . . .
>   . . .   . . .
>   O francés come pan negro   e a francesa pan de trigo.
>   (Valenciano et al., no. 22)

This change may have been influenced by *Maravilhas do Meu Velho* (RPI, X27), a song that also exists in Galicia (Valenciano et al., no. 101), in which a young woman imposes certain conditions on the old man who wishes to marry her. One of the conditions is that she alone will eat the white bread, whereas he will have to accept bread made from the bran that is left over after the flour is sifted:

> Se eu casar contigo, velho,   há-de ser co'a condição
> 6 de eu comer o bom pão alvo   e tu, velho, o de rolão.
>   (Tomás 174)

The Portuguese tradition also preserves the first, full form of *A Condessa* in another, alternating rhyme (*á–o*). The only version collected, also from Tuizelo (Vinhais), omits the introductory refrain (1) and verse 7, but then corresponds, line by line, to the version in *í–o*:

> Coração, coração lindo,
> qu'assi m'andas aborrido!
> 2 Vai-se o conde e a condessa,   Vai-se o conde e a condessa,
> ambos vão por um caminho.   ambos vão por um atalho.
> O conde vai num cavalo   2 O conde vai num rocino
> e a condessa num rocino;   e a condessa no cavalo;
> 4 ambos vão tomar a sesta   ambos vão tomar a sesta
> à sombra de um verde pino.   à sombra do verde cravo.
> O conde já era velho,   4 O conde já era velho,

---

6   Although sung after supper, the poem was associated with harvest days.

logo sai adormecido,   logo sai atormentado,
6   a condessa é mui nova,   a condessa é mais nova,
gran traição lhe há fazido.   gran traição lhe hai armado:
Botou por um vale abaixo,
dando vozes ao amigo:
8   –Quem quiser minh'alvas pernas 6   –Quem quiser alvas pernas
e o meu corpo garrido,   e o meu corpinho galhardo,
vá matar o conde velho,   vá matar o conde velho,
que lá fica adormecido.   que lá fica adormentado.
10   Deixei-o limpo das armas,   8   Deixei-o limpo de armas,
e botara-lhas ao rio,   botara-lhas ao lago,
soltara-lhe o cavalo   soltara-lhe o cavalo
e botara-lho a fugir.   e botara-lho a andar.
                (Rodrigues 9)   (Rodrigues 9)

Rodrigues printed this version in *á–o* right after the one in *í–o*. He entitled it "Outra versão," explaining afterwards: "Estas duas romanzas são cantadas combinadas. O povo trasmontano denomina-as por 'cantigas dobradas'." Although these are two separate ballads – and I classified them as such in my Luso-Brazilian ballad catalogue (RPI, M7–M8) – Rodrigues' informants regarded them as a single poem, combining them in some fashion. When he published a clearly parallelistic version of *A Condessa* in 1933, which I will examine later, Father J. M. Miranda Lopes observed: "A este género de romances chamam *cantigas dobradas*" (emphasis mine; cited in Galhoz 1995: 243),[7] agreeing with Rodrigues.

It is unclear how the two ballads were combined, however. They could have been sung by alternating verses (by singing one verse in one rhyme and then in the other) but they were probably sung as a whole, one after another, either by one or two different groups, for that is the manner in which Rodrigues printed them.[8]

Medieval parallelism, of course, was not usually this simple; it involved shorter strophes (usually more than two) and refrains. Nevertheless, no matter how combined, when sung together – as they were supposed to be – the two versions are clearly parallelistic.[9] Furthermore, as we shall see, a portion of the ballad in question was also sung in another, more complex parallelistic manner.

---

[7]   I will edit and discuss this version later.

[8]   The ballad could be sung by alternating single verses or two or more verses in one rhyme with the second rhyme, but Rodrigues did not print it thus.

[9]   Based on my assertion that, sung sequentially, the two ballads were parallelistic (Fontes 1982: 91), Anastácio imputed to me "uma concepção pessoal, particular, acerca do que é o paralelismo," and then maintained that in order to be parallelistic, a poem required an interlocking structure in which the repetition of a previous verse connected the strophes to each other (1992: 218 and n. 24). This form, however, applies only to some poems, whose structure Bell explains as follows: "They consist of two, four, or more distichs with a refrain, of which the second and fourth, while often altering the sound from *i* to *a* (*pino* to *ramo*, *amigo* to *amado*), repeat the sense of the first and third, the first line of the third taking up the last of the first, and so on to the end, where the position of the song (always accompanied by

Other examples of the complete, parallelistic repetition of a ballad in a different rhyme are *A Malcasada* (*é–o* and *á–o*; RPI L7–L8), *A Filha do Ermitão* (*í–a* and *á–a*; RPI X13–X14), and *O Cordão Verde* (*í–a* and *á–a*; RPI, S7–S8). This phenomenon is exclusive to Portugal. Anastácio stated that it is not uncommon to find the same ballad with more than one rhyme (1992: 220–21), which is true, but such ballads belong to a different category. Among the Sephardim, for example, we find *El alcaide de Alhama* in *á–a*, and in a form that combines *í–a* + *á–a* (CMP, C7–C8); *La consagración de Moisés* exists in *á–o* and *ó* (E11, E12); *Hero y Leandro* in *ó* and *á–o* (F2, F3); there are no fewer than three forms of *La adúltera*: *á–a*, *í–a*, and *é–a* (M3, M4, M5). Nevertheless, these ballads do not "parallel" each other verse by verse. They are quite different, and no one has ever suggested that they ought to be sung in combination.

Such repetition of a ballad can be traced to the fifteenth and sixteenth centuries, when poets renewed some old ballads by composing them in different rhymes. However, although there was some parallelism, it was always partial. One version of *Moro alcaide, moro alcaide*, in *í–a*, is as follows:

>   Moro alcaide, moro alcaide,   el de la barba vellida,
> 2   el rey os manda prender   porque Alhama era perdida.
>   –Si el rey me manda prender   porque es Alhama perdida,
> 4   el rey lo puede hacer;   mas yo nada le debía,
>   porque yo era ido a Ronda   a bodas de una mi prima,
> 6   yo dejé cobro en Alhama,   el mejor que yo podía.
>   Si el rey perdió su ciudad,   yo perdí cuanto tenía:
> 8   perdí mi mujer y hijos,   la cosa que más quería.
>
>   (Menéndez y Pelayo no. 84)

The version in *á–a* has some parallelistic verses, but the interpolated ones (in italics) certainly are not:

>   Moro alcaide, moro alcaide,   el de la barba vellida,
> 2   el rey te manda prender   por la pérdida de Alhama,
>   *y cortarte la cabeza   y ponerla en el Alhambra,*
> 4   *porque a ti sea castigo   y otros tiemblen en miralla,*
>   *pues perdiste la tenencia   de una ciudad tan preciada.–*
> 6   *El alcaide respondía,   de esta manera les habla:*
>   *–Caballeros y hombres buenos,   los que regís a Granada,*
> 8   decid de mi parte al rey   como no le debo nada;
>   yo me estaba en Antequera   en bodas de una mi hermana:
> 10   *¡mal fuego queme las bodas   y quien a ellas me llamara!*

its music -*son*) is found to be very much the same as it was after the first two verses, as far as the sense is concerned" (x, referring to no. 16 on pp. 10–11, a good example of four strophes with rhymes in *í–o* and *á–o*). Obviously, a poem need not use this complex, interlocked parallelistic structure in order to qualify as parallelistic. For a detailed explanation of various parallelistic structures found in early poetry, see Lanciani and Tavani 509–11.

> *El rey me dio su licencia,   que yo no me la tomara:*
> 12 *pedila por quince días,   diómela por tres semanas.*
> *De haberse Alhama perdido   a mí me pesa en el alma,*
> 14 que si el rey perdió su tierra,   yo perdí mi honra y fama;
> perdí hijos y mujer,   las cosas que más amaba;
> 16 *perdí una hija doncella,   que era la flor de Granada.*
> *El que la tiene cautiva,   marqués de Cádiz se llama:*
> 18 *cien doblas le doy por ella,   no me las estima en nada.*
> *La respuesta que me han dado   es que mi hija es cristiana,*
> 20 *y por nombre le habían puesto   doña María de Alhama;*
> *el nombre que ella tenía   mora Fátima se llama.*
> 22 *Diciendo esto el alcaide   le llevaron a Granada,*
> *y siendo puesto ante el rey,   la sentencia le fue dada:*
> 24 *que le corten la cabeza   y la lleven al Alhambra:*
> *ejecutóse la justicia,   así como el rey lo manda.*
> (Menéndez y Pelayo no. 84*a*)

The poet who composed the new version did not merely wish to repeat the old ballad with an alternating rhyme, but creatively expanded the poem with new details. In addition to increasing the Moor's grief by turning his daughter into a captive and Christian convert, he changed the the old ballad's fragmentary character by adding the Moor's execution. Since the two versions differ considerably, people could not combine them in a parallelistic manner, even if they desired.

I chose to compare these two versions because Menéndez Pidal cited *Moro alcaide* as an example of double composition, but the same could be done with the other early ballads of the sort found in *Primavera* (nos. 13–13*a*; 19 and 25; 30*a*–*b*; 85*a*–*b*; 92–92*a*; 96*a*–*b*). The parallelism is always partial, indicating that they were not meant to be sung together. In 1595, Ginés Pérez de Hita gave four such examples in his *Guerras civiles de Granada* (168–70, 252–55, 275–77, 308–11), but he presented them as different ballads, and said nothing about combining them; neither did Menéndez Pidal.

The phenomenon under scrutiny, then, is exclusive to Northeastern Portugal. Rodrigues did not specifiy whether his two versions of *A Condessa* in *í–o* and *á–o* were sung sequentially or combined in some other manner, but two versions of that ballad, both from the county of Vimioso, show that the latter was also possible. They were collected by Father Lopes, who sent the first to Leite de Vasconcellos and published the second in the bi-monthly newspaper *Trás-os-Montes* in 1933. The version sent to Vasconcellos – left out of his *Romanceiro*, perhaps because of its parallelistic character – follows:

> Vai o conde e a condessa,   ambos vão tomar a sesta
> 2 à sombra do verde prado;   . . .
> o conde vai no rocino   e a condessa no cavalo.
> 4 Vai o conde e a condessa,   ambos vão por um caminho,
> vão ambos tomar a sesta   à sombra dum verde pinho;
> 6 o conde vai no cavalo   e a condessa no rocino.

Vai o conde e a condessa   pela fresca madrugada,
8   foram-se ambos a beber   a uma fonte de água clara,
e dentro da fonte andava   uma cobrazinha brava:
10 e quando queriam beber   e a água s'impolvorava.
Vai o conde e a condessa   pelo calor que fazia,
12 foram-se ambos a beber   a uma fonte de água fria
e dentro da fonte andava   uma cobrazinha viva,
14 ...   e ela s'impolvorava
e ela então entrava   e ela então saía,
16 e a água s'impolvorava,   conde e condessa bebia.
Variant: 10a. Queriam ambos beber.   (Galhoz 1987–88: no. 261)

To show the structure of this poem better, I have reorganized it. I took the second half of the first line from Rodrigues' version in *á–o* (1b), replaced 10a with the variant listed in the original, and eliminated 14b (repetitious and clearly out of place):

A.

Vai o conde e a condessa, (1a)   [ambos vão por um atalho].
2   Ambos vão tomar a sesta (1b)   à sombra do verde prado. (2a)
O conde vai no rocino   e a condessa no cavalo. (3)

4   Vai o conde e a condessa,   ambos vão por um caminho. (4)
Vão ambos tomar a sesta   à sombra dum verde pinho. (5)
6   O conde vai no cavalo   e a condessa no rocino. (6)

Vai o conde e a condessa   pela fresca madrugada, (7)
8   foram-se ambos a beber   a uma fonte de água clara, (8)
e dentro da fonte andava   uma cobrazinha brava. (9)
10 Queriam ambos beber (var.)   e a água s'impolvorava. (10)

Vai o conde e a condessa   pelo calor que fazia, (11)
12 foram-se ambos a beber   a uma fonte de água fria, (12)
e dentro da fonte andava   uma cobrazinha viva, (13)
14 e ela então entrava   e ela então saía. (15)

E a água se impolvorava,   conde e condessa bebia. (16)

Thus, the poem can be divided into two three-line strophes with alternating rhyme in *á–o* and *í–o*, and two four-line strophes rhyming in *á–a* and *í–a*. Although the last line stands alone, this is not inappropriate, as we shall see.

The second version, first published in octosyllabic strophes, can be reorganized as follows:

B.

Vai o conde e a condessa,   ambos vão por um caminho.
2   Ambos vão tomar a sesta   à sombra do verde pinho.
O conde vai no cavalo   e a condessa no rocino.

4   Vai o conde e a condessa,   ambos vão por um atalho.

      Ambos vão tomar a sesta   à sombra do verde prado.
6   O conde vai no rocino   e a condes[sa] no cavalo.

      Foi-se o conde e a condessa   pela fresca madrugada.
8   Ambos foram a beber   a uma fonte de água clara.
      O conde vai no rocino   e a condessa no cavalo.

10   Foi-se o conde e a condessa   pelo calor que fazia.
      Ambos foram a beber   a uma fonte de água fria.
12   O conde vai no cavalo   e a condessa no rocino.

      E dentro da fonte andava   uma cobrazinha brava.
14   Uma cobrazinha viva   e a água se empolvorava.
                               (Galhoz 1995: 242–43, n. 22)

The structure here is more regular than in the first version because the strophes do not vary in length. There are five two-line strophes: the first four use the line describing the count's and countess' mounts as a refrain. An attempt to alternate the rhyme of this refrain (*rocino* / *cavalo*) breaks down in the third strophe, which ends with the same word as the second (*cavalo*). The last strophe omits the refrain – logically, since the protagonists have dismounted.

Although the second version has regular strophes and the first does not, and regularity could be regarded as preferable, it seems impossible to me to determine which of the two presents the best or even the original structure. Perhaps it was acceptable to sing the poem in the two manners; they are both beautiful.

Like the truncated versions of *A Condessa* in *í–o*, the parallelistic adaptations use only the beginning of the ballad, discarding reference to the count's advanced age and his wife's treachery. They are clearly inspired in both forms of the full ballad, retaining lines in *í–o* and *á–o*, to which they add lines in *á–a* and *í–a* as well. This expansion, of course, was prompted by the poem's parallelistic structure.

The snake in the fountain could be a loose motif, for it appears in other parallelistic songs from Trás-os-Montes. After singing his version of *A Condessa*, Father Miranda Lopes' informant continued to sing another poem with a different melody, explaining that it came right after. This poem, entitled *O Perdigão*, is about a love-stricken male partridge who drinks from a fountain in which there is a snake. I have reorganized the strophic divisions, which in the original began with lines 10, 14, and 19:

      Olha o perdigão,
      que de amores ele andava!

      E foi a beber
      a uma fonte de água clara
5   e dentro dela andava
      uma cobrazinha brava,
      e ela [a] mim se me enviava.
      E pousa na flor,
      que na rama não entrava.

10 Olha o perdigão,
que de amores ele andava!

E foi a beber
a uma fonte de água fria
e dentro dela andava
15 uma cobrazinha viva,
e ela a mim se me envia.
E pousa na flor,
que na rama não podia.

E pelo verde monte
20 lá vai o perdilhão,
com a sua perdiz nova
metida na gaiola!   (Galhoz 1995: 243)

The alternating verses regarding the fountain and the snake are similar to those in the lyrical *Condessa*, paralleling, almost textually, the corresponding verses in the first version of that poem:

Perdigão   e foi a beber   a uma fonte de água clara
               e dentro dela andava   uma cobrazinha brava. (3–6)

Condessa   foram-se ambos a beber   a uma fonte de água clara,
               e dentro da fonte andava   uma cobrazinha brava. (*A*, 8–9)

Perdigão   e foi a beber   a uma fonte de água fria
               e dentro dela andava   uma cobrazinha viva. (12–15)

Condessa   foram-se ambos a beber   a uma fonte de água fria
               e dentro da fonte andava   uma cobrazinha viva. (*A*, 12–13)

In version *B*, the verses in question (8, 11, 13) are distributed between the third, fourth, and fifth strophes.

Three versions of *O Perdigão* use distichs instead of the longer strophes above (Leite de Vasconcellos 1975–83: I, 293–94). Besides referring to the snake, in the last two distichs they also mention the murky water found at the end of the parallelistic *Condessa*:

O perdigão, que de amores ali anda,
pousa na flor, que não pousa na rama.

O perdigão, que de amores ali ia,
pousa na flor, que na rama não podia.

O perdigão, que de amores andava,
pousa na flor, que na rama não pousava.

Fora-se a buber a uma fontezinha fria,
dentro andava uma cobrezinha biba.

Fora-se a buber a uma fonte de água clara,
dentro andava uma cobrezinha braba.

Ela entraba, ela saía,
Toda a i-água[10] empolboria.

Ela saía, ela intraba,
toda a i-água impolboraba.
(Leite de Vasconcellos 1975–83: I, 294)

Version *B* of *A Condessa* refers to the murky water only once, and very briefly (14b: "e a água se empolvorava"). Again, version *A* is much closer to the other song, stating that the snake went in and out of the water: "e ela então entrava / e ela então saía. // E a água se impolvorava, / conde e condessa bebia" (13–14).

These textual coincidences might suggest that the snake motif constitutes a contamination with *O Perdigão*, but as Galhoz pointed out (1987–88: I, lxiii), that motif also appears in *Naquela Fonte*, another parallelistic song from the region, in which a girl asks her mother for permission to go to a fountain where a snake goes in and out of the water. Although there is nothing about murky water here – unfortunately, other versions have not been collected –[11] the textual coincidences with *A Condessa* and *O Perdigão* are obvious:

a)   Naquela fonte da torre alguida,[12]
     ó minha mãe, deixai-me ir a ela.

     Nela entraba e nela saía,
     nela andaba uma cobrezinha viva.

b)   Naquela fonte, que eu não vi ne[13] na sei,
     disse o meu amor que eu a enramei.

     Pois nela entrava e nela saía
     uma cobrezinha viva.

     Naquela fonte de àguinha clara
     disse o meu amor que eu a enramara.
     (Leite de Vasconcellos 1975–83: I, 289)

Galhoz has also published a new version of *As Meninas* with the same motif.[14] This song, which, as Carolina Michaëlis pointed out (II, 935–936)

---

[10] Here and in the strophe below the original says "*ai* água," which is evidently wrong. People must have sung "a i-água," thus avoiding hiatus with the enclitic *i* that characterizes the spoken language of Northern and central Portugal (a phenomenon that also occurs in Galician).

[11] The original presents the text below as two separate versions (*a, b*), but the second one seems to complete the first.

[12] "Alguida" = "erguida."

[13] Read "nem."

[14] It had been sent to Leite de Vasconcellos but somehow was left out of his posthumous *Cancioneiro*.

represents a survival of the early *Tres morillas m'enamoran*, has been perpetuated in Spain as well (Frenk nos. 16A–B). In the first two modern Portuguese versions, three girls decide to pick plums and apples, but discover that someone else has already done it:

> As meninas todas, três Marias,
> foram-se a colher as andrinas.
> As meninas todas, três Joanas,
> Foram-se a colher as maçanas.
>
> Quando lá chigaram, acharam-nas colhidas.
> Quando lá chigaram, acharam-nas talhadas.
> (Leite de Vasconcellos 1975–83: I, 284)

In the new version, the three girls then drink from a fountain with a snake that muddies the water:[15]

> Foram-se a beber   a uma fontezinha fria.
> Foram-se a beber   a uma fontezinha clara.
>
> Dentro dela andava   uma cobrazinha viva.
> Dentro dela andava   uma cobrazinha brava.
>
> Ela saía e ela entrava   e toda a água empolvorava,
> Ela entrava e ela saía   e toda a água empolvoraria.
> (Galhoz 1995: 247)

The snake-in-the-fountain motif can also be documented in two Asturian ballads. In some of the hexasyllabic versions of *Don Bueso y su hermana* (*A Irmã Perdida*; RPI, H2; CMP, H2),[16] after Don Bueso brings his lost sister home, her mother asks the girl why she is so pale, and she replies:

> Madre, la mi madre,   mi madre querida;
> que hace siete años   que yo no comía,
> sino amargas hierbas   de una fuente fría,
> do culebras cantan,   caballos bebían.   (J. Menéndez Pidal 116)

The Asturian *El galán de esta villa* refers to a singing snake in a fountain as well:

> –¡Ay! diga a la blanca niña,   ¡ay! diga a la niña blanca,
> ¡ay! que su amante la espera,   ¡ay! que su amante la aguarda

---

15 I have rearranged the poem in order to display its parallelistic character better; the original was in single hemistichs.

16 This ballad also exists in octosyllabic form (see CMP, H3). Since the ballad is always octosyllabic in the Luso-Brazilian tradition, I did not classify the hexasyllabic versions as a separate text-type in RPI, but I indicate after pertinent listings, in parenthesis, which Castilian versions fall into this category.

al pie d'una fuente fría,   al pie de una fuente clara,
que por el oro corría,   que por el oro manaba,
donde canta la culebra,   donde la culebra canta.–

(Menéndez y Pelayo 209)

Although these snakes sing, and in these two ballads they do not slither in and out of the water and muddy it, the motif of the snake in the fountain was doubtless widespread in the Northwestern part of the Iberian Peninsula. The textual parallelisms between *A Condessa*, *O Perdigão*, *Naquela Fonte*, and *As Três Meninas* suggest a contamination between the ballad and one of those three songs. Nevertheless, since the motif under scrutiny is so widespread, the contamination in question, if it occurred, probably replaced similar verses, thus constituting a mere substitution. Without the fountain motif, this form of *A Condessa* would be reduced to a pointless *siesta* in the boondocks . . . a lame and incomplete poem that would make little sense.

The fountain itself, of course, is a commonplace in the popular lyric, both early and modern. Lovers often meet in a fountain because of the symbolism involved. Without water, there is no life. Gushing from Mother Earth, water issuing from the fountain stands for fertility, life-giving sexuality (Deyermond 1979: 266), and renewal (Asensio 240). The snake, which recalls the Biblical serpent that tempted Eve, is also a phallic symbol.[17] Since the fertilizing, life-giving water is associated with the female principle (Cirlot 365), the restless snake that goes in and out of the fountain, clouding the water, suggests intercourse. This change probably develops from the *siesta* in the original ballad. The count is no longer old and rather than falling asleep immediately – leaving his young, restless wife awake – he makes love to her. Satisfied, the countess no longer needs to replace her husband with a younger, more energetic lover, and the rest of the original ballad is eliminated.

Amazingly, then, *A Condessa Traidora*, a medieval ballad which the Sephardim perpetuate in *í–o*, exists in Northeastern Portugal in no fewer than four separate forms. The first one, in *í–o*, corresponds to the Sephardic poem. The second, which re-elaborates the whole ballad in *á–o*, was meant to be sung together with the first. Based on the beginning of the version in *í–o*, the third form transforms the ballad into a work song by turning the protagonists into French pilgrims who interrupt their journey for a meal. The fourth combines the beginning of the versions in *í–o* and *á–o* in parallelistic strophes and expands it with the motif of the snake in the fountain, thus transforming the ballad into a love song.

These subsequent developments are uniquely Portuguese. The most interesting are perhaps the second and fourth, because their parallelism suggests medieval origins. It recalls the Galician-Portuguese *cantigas de amigo* of the thirteenth and fourteenth centuries, which, though cultivated by troubadours,

---

[17] For detailed discussions of this motif, see Cirlot 285–90 and Devoto 22–44. As for the fountain, see also Fontes 1998.

were of folk provenance. As we have seen, some of those parallelistic love songs still survive in the region.[18]

It is precisely the strength of this parallelistic tradition in Trás-os-Montes which led to the creation of the ballad's second and fourth forms. The functions of ballads and parallelistic poems as work songs played a crucial role in these developments. Whereas the cumulative repetition of ballads used as *cantigas da segada* complemented the slow, monotonous task of harvesting with sickle, the faster *cantigas dobradas* or parallelistic songs more appropriately served the rapid pace of threshing.[19] The version of *A Condessa* in *á–o* was created in order to be sung together with the original one, in *í–o*, as another *cantiga dobrada*, thus expanding the repertory of threshing songs. The creation of the love song that represents the fourth form constitutes a subsequent develop-ment.[20] Since this parallelistic, alternate combination of a ballad with two or more rhymes is unmatched elsewhere, the development is unique to the oral tradition of Northeastern Portugal.

Works Cited

Anastácio, Vanda, 1989. "O Livro de Horas da Segada," *El Romancero: tradición y pervivencia a fines del siglo XX: Actas del IV Coloquio Internacional del Romancero (Sevilla-Puerto de Santa María-Cádiz, 23–26 de Junio de 1987)*, ed. Pedro M. Piñero, Virtudes Atero, Enrique J. Rodríguez Baltanás, and María Jesús Ruiz (Seville-Cádiz: Fundación Machado–Universidad de Cádiz), 343–52.

——, 1992. "A Condessa Traidora," *Estudios de folklore y literatura dedicados a Mercedes Díaz Roig*, ed. Beatriz Garza Cuarón and Yvette Jiménez de Báez, Estudios de Lingüística y Literatura 20 (México, DF: El Colegio de México), 209–31.

Asensio, Eugenio, 1970. *Poética y realidad en el cancionero peninsular de la Edad Media*, Biblioteca Romanica Hispánica, 2.34, 2nd ed. (Madrid: Gredos).

Bell, Audrey F. G. ed., 1925. *The Oxford Book of Portuguese Verse, XIIth Century–XXth Century*, 2nd ed., ed. B. Vidigal (Oxford: Clarendon Press).

Bénichou, Paul, 1968. *Romancero judeo-español de Marruecos*, La Lupa y el Escalpelo 8 (Madrid: Castalia).

---

[18] See also Leite de Vasconcellos 1882 and 1975–83 1: 281–99; Guerreiro 45–48; Nunes 90–94. Parallelistic songs have also been discovered in Beira Baixa, the Algarve, and the Azores (Galhoz 1960 and 1987).

[19] As Galhoz indicates, these songs predominated in threshing, but their use did not exclude short or abbreviated ballads and other types of songs (1995: 244–48).

[20] While hypothesizing that the ballad could have been originally parallelistic, Anastácio apparently forgets her conclusion that the version in *á–o* was independent of that in *í–o* (1992: 229–30), thus contradicting her previous argument. Since the truncated, parallelistic *A Condessa* clearly depends on the full versions *í–o* and *á–o*, which it abbreviates and combines, it is unlikely to represent the ballad's early form.

Cirlot, J. E., 1991. *Dictionary of Symbols*, trans. Jack Sage, 2nd ed. (New York: Dorset Press).

CMP = Samuel G. Armistead, in collaboration with Selma Margaretten, Paloma Montero, and Ana Valenciano, musical transcriptions edited by Israel J. Katz, 1978. *El romancero judeo-español en el Archivo Menéndez Pidal (Catálogo-índice de romances y canciones)*, 3 vols (Madrid: Cátedra-Seminario Menéndez Pidal).

Devoto, Daniel, 1969. "Un no aprehendido canto: sobre el estudio del romancero español y el llamado 'método geográfico'," *Ábaco* 1: 11–44.

Deyermond, Alan, 1979. "Pero Meogo's Stags and Fountains: Symbol and Anecdote in the Traditional Lyric," *Romance Philology* 33: 265–83.

——, 1995. *La literatura perdida de la Edad Media castellana: catálogo y estudio*, I: *Épica y romances*, Obras de Referencia 7 (Salamanca: Universidad).

Díaz-Mas, Paloma, ed. 1994. *Romancero*, prel. study Samuel G. Armistead, Biblioteca Clásica 8 (Barcelona: Crítica).

Fontes, Manuel da Costa, 1982. "Três Romances Raros: *Quem Dever a Honra Alheia, A Condessa Traidora* e *A Filha do Ermitão*," *Quaderni Portoghesi* 11–12: 87–103.

——, 1998. "Early Motifs and Metaphors in a Portuguese Traditional Poem: *A Fonte do Salgueirinho*," *Luso-Brazilian Review*, 35: 11–23.

Frenk, Margit, 1987. *Corpus de la antigua lírica popular hispánica (siglos XV a XVII)*, Nueva Biblioteca de Erudición y Crítica 1 (Madrid: Castalia).

Galhoz, Maria Aliete Dores, 1960. "Chansons parallélistiques dans la tradition de l'Algarve: genres, structure, langage," *Boletim de Filologia* 19: 5–10 (= *Actas do IX Colóquio Internacional de Linguística Românica da Universidade de Lisboa*, II).

——, 1987. "Une note de plus pour l'étude du petit corpus de chansons parallélistiques de Marmalete," *Littérature orale traditionelle populaire: Actes du colloque (Paris, 20–22 novembre 1986)* (Paris: Fondation Calouste Gulbenkian, Centre Culturel Portugais), 39–58.

——, ed., 1987–88. *Romanceiro Popular Português*, 2 vols (Lisbon: Centro de Estudos Geográficos, Instituto Nacional de Investigação Científica).

——, 1995. "Mais Algumas Nótulas em Torno aos Contos de Trabalho de Trás-os-Montes," *Oral Tradition and Hispanic Literature: Essays in Honor of Samuel G. Armistead*, ed. Mishael M. Caspi (New York: Garland), 231–55.

——, 1999. "Estruturas Paralelísticas nas Cantigas dos Foliões nas Festas do Espírito Santo nos Açores." *Actas do 1.º Encontro Sobre Cultura Popular (Homenagem ao Prof. Doutor Manuel Viegas Guerreiro), 25 a 27 de Setembro de 1997*, ed. Gabriela Funk (Ponta Delgada: Universidade dos Açores), 45–48.

Guerreiro, Manuel Viegas, 1978. *Para a História da Literatura Popular Portuguesa*. Biblioteca Breve, Série Literatura 19 (Lisbon: Instituto de Cultura Portuguesa, MEC; Secretaria de Estado da Cultura).

Lanciani, Giulia, and Giuseppe Tavani, eds., 1993. *Dicionário da Literatura Medieval Galega e Portuguesa* (Lisbon: Caminho).

Lopes-Graça, Fernando, and Michel Giacometti, with João Gaspar Simões and Sebastião Rodrigues, 1962. *Vozes e Imagens de Trás-os-Montes (Livro-disco)* (Lisbon: Arquivos Sonoros Portugueses).

Marques, José Joaquim Dias, 1996. " 'E Acabou Tudo em Bem:' sobre uma Versão Algarvia do Romance de *Delgadinha*," *Estudos de Literatura Oral* 2: 157–76.

Martins, P.ᵉ Firmino A., 1928–1939. *Folclore do Concelho de Vinhais*. 2 vols (Coimbra: Imprensa da Universidade; Lisbon: Imprensa Nacional).

Menéndez y Pelayo, Marcelino, 1945. "Apéndice y suplemento a la *Primavera y flor de romances* de Wolf e Hofmann," *Antología de poetas líricos castellanos*, IX. Edición Nacional de las Obras Completas de Menéndez Pelayo, 25 (Santander: Consejo Superior de Investigaciones Científicas).

Menéndez Pidal, Juan, 1885, 1986. *Poesía popular: Colección de los viejos romances que se cantan por los asturianos en la danza prima, esfoyazas y filandone* (Madrid: Hijos de J.A. García; 2nd ed., in facsimile, ed. Jesús Antonio Cid. Madrid–Gijón: Seminario Menéndez Pidal–Gredos–GH Editores).

Menéndez Pidal, Ramón, 1953. *Romancero hispánico (hispano-portugués, americano y sefardí)*. 2 vols (Madrid: Espasa-Calpe).

Nunes, Maria Arminda Zaluar, 1978. *O Cancioneiro Popular em Portugal*. Biblioteca Breve, Série Literatura 23 (Lisbon: Instituto de Cultura Portuguesa, MEC; Secretaria de Estado da Cultura).

Pérez de Hita, Ginés, 1982. *Guerras civiles de Granada, Primera Parte*, ed. Shasta M. Bryant, Ediciones Críticas 2 (Newark, DE: Juan de la Cuesta).

Primavera = Wolf, Fernando J., and Conrado Hofmann, 1945. *Primavera y flor de romances*, ed. Marcelino Menéndez Pelayo, *Antología de poetas líricos castellanos*, VIII. Edición Nacional de las Obras Completas de Menéndez Pelayo, 24 (Santander: Consejo Superior de Investigaciones Científicas).

Rodrigues, Daniel, 1933. *Romanzas, Pastorelas e Cantigas de Amor*, offprint from *Labor* (Aveiro: Gráfica Aveirense).

Rodríguez-Moñino, Antonio, 1973. *Manual bibliográfico de cancioneros y romanceros impresos durante el siglo XVI*, coord. Arthur L-F. Askins, 2 vols (Madrid: Castalia).

——, 1997. *Nuevo diccionario bibliográfico de pliegos sueltos poéticos (siglo XVI)*, corr. and updated Arthur L-F. Askins and Víctor Infantes, Nueva Biblioteca de Erudición y Crítica 12 (Madrid: Castalia; Mérida: Editora Regional de Extremadura).

RPI = Manuel da Costa Fontes, 1997. *O Romanceiro Português e Brasileiro: Índice Temático e Bibliográfico (com uma bibliografia pan-hispânica e resumos de cada romance em inglês) / Portuguese and Brazilian Balladry: A Thematic and Bibliographic Index (with a Pan-Hispanic bibliography and English summaries for each text-type)*, sel. and comm. of musical transcr. Israel J. Katz; pan-European correlation Samuel G. Armistead, 2 vols (Madison, Wisconsin: The Hispanic Seminary of Medieval Studies).

Tomás, Pedro Fernandes, 1913. *Velhas Canções e Romances Populares Portugueses* (Coimbra: F. França Amado).

Valenciano, Ana, with José Luis Forneiro, Concha Enríquez de Salamanca, and Suzanne Petersen, 1998. *Os romances tradicionais de Galicia: catálogo exemplificado dos seus temas*, Romanceiro Xeral de Galicia 1 (Madrid-Santiago de Compostela: Publicacións do Centro de Investigacións Lingüisticas e Literarias Ramón Piñeiro-Fundación Ramón Menéndez Pidal).

Vasconcelos, Carolina Michaëlis de, ed., 1990. *Cancioneiro da Ajuda*, 2 vols (Lisbon: Imprensa Nacional–Casa da Moeda).

Vasconcellos, José Leite de, 1882 "Antiga Poesia Popular Portuguesa," *Anuário para o Estudo das Tradições Populares Portuguesas*, 1: 19–24. Rpt. in his *Opúsculos*, VII: *Etnologia (Parte II)*. Lisbon: Imprensa Nacional, 1938. 736–45.

——, 1958–1960. *Romanceiro Português*, Acta Universitatis Conimbrigensis, 2 vols (Coimbra: Universidade).

——, 1975–83. *Cancioneiro Popular Português*, ed. Maria Arminda Zaluar Nunes, Acta Universitatis Conimbrigensis, 3 vols (Coimbra: Universidade).

Dois Casos de Heróis sem Terra:
Rodrigo e Guillaume d'Orange

HELDER GODINHO

A lenda do rei Rodrigo, cuja versão da *Crónica Geral de Espanha de 1344* aqui
utilizarei,[1] dá-nos uma justificação de grande riqueza simbólica para a queda da
Espanha visigótica e consequente conquista da Península pelos mouros na
batalha de Guadalete. Em termos gerais, depois da morte de Vitiza ("rei
Costa"), os seus dois filhos menores são utilizados por partidos contrários para
tomarem o poder e a guerra civil instala-se. Rodrigo, um nobre de sangue
não-real, é escolhido para Regedor do reino até à maioridade dos filhos de
Vitiza, de modo a impôr a paz e a ordem, o que consegue. Mas Rodrigo não
entrega o poder aos príncipes e, pelo contrário, faz-se eleger rei, continuando,
de resto, a tratá-los bem, como sempre o fizera. De facto, e esta é uma
característica do seu carácter, ele é sempre valoroso e magnânimo, mesmo
quando se comporta de maneira eticamente reprovável. Tendo o conde Julião de
Ceuta entregue a sua filha Alataba para ser educada na corte com a rainha,
Rodrigo acaba por se apaixonar por ela e leva-a a concretizar o amor, acto de
que ela se arrepende, acabando por escrever ao pai a contar-lhe e pedindo-lhe
que a leve da corte. Entretanto, depois de ter, de algum modo, forçado Alataba,
Rodrigo força a entrada na Casa de Hércules, que este construira outrora em
Toledo, por arte mais-que-humana, quando na Península andara, mandando, no
entanto, que todos os reis pusessem cadeados na Casa e nela não entrassem. Ora
Rodrigo manda britar os cadeados e, numa coluna no centro da Casa, qual Eixo
do mundo, encontra um cofre com um tecido com imagens de árabes onde está
escrito que quem tiver sido tão ousado que naquela casa tivesse entrado veria o
seu reino invadido por homens com aquela figura. O que acontecerá pela mão
do conde Julião para se vingar da desonra da filha, sendo os mouros ajudados
pelos príncipes, herdeiros legítimos do reino visigótico. Rodrigo é vencido e
foge deixando no campo de batalha uma calçadura, tão rica que fez a fortuna de
quem a encontrou. A história de Rodrigo continua-se, noutras versões da lenda,
por uma santificação em Viseu, numa cova onde uma cobra o foi devorando
como penitência.

Rodrigo é um herói sem terra, que usurpa uma terra que não lhe pertence, a

---

[1] Cintra II, 298–332. Sobre a formação e difusão da lenda, v. Menéndez Pidal.

Espanha visigótica. Mas o processo contém um momento positivo porque a sua chamada ao poder como Regedor começou por ser benéfica: deu ordem ao reino. Só que, quando não entregou o poder aos príncipes e se fez coroar rei, passou a deter a terra ilegitimamente, mesmo que formalmente legitimado pelo Conselho que aprovou a sua coroação. Além disso, manteve no reino e no próprio palácio, porque era magnânimo, os príncipes legítimos, tornando assim a personagem real compósita, ainda que os príncipes não reinassem. O facto de estes terem colaborado na traição de Julião mostra como esse carácter compósito foi fatal, como acontece habitualmente nas histórias que o põem em jogo.[2]

Assim, facto determinante para o desenrolar da lenda, Rodrigo, contra o prometido, ocupa a terra *com* os legítimos herdeiros desta, indevidamente, como indevidamente ocupa a vida de Alataba, contra o prometido (dar-lhe um noivo). De tudo isto, a Casa de Hércules dá um resumo simbólico: também nela ele entrou indevidamente, desta vez contra um interdito, e esse carácter de profanação (que prolonga a profanação do reino e da mulher) vai ter uma consequência: é que lá dentro está *outro*, estão os outros que lhe invadirão a terra porque ele a profanou. A Casa de Hércules é uma espécie de espelho das situações que Rodrigo criou: ele vive com a sombra de um Outro, na realeza e na mulher (o noivo a haver), e essa não purificação do espaço da personagem real traz o fim da Espanha visigótica, como a súbita traição dos príncipes em Guadalete no-lo mostra: a sombra do Outro ganhou corpo na traição dos príncipes, como o ganhou na de Julião, defendendo a honra da filha. A Casa de Hércules, construída por um saber mais que humano, foi clara: Rodrigo tem Outro no seu espaço e é a sua atitude de não respeito pelos interditos que o vai soltar e, simbolicamente, convidá-lo a invadir o seu reino.

No caso da gesta de Guillaume d'Orange o problema da personagem real compósita é resolvido de outra maneira.[3] Com efeito, no *Couronnement de Louis*, Guillaume é o responsável directo pela coroação, obrigando o jovem e temeroso filho de Carlos Magno a aceitar a coroa. Guillaume vai ainda defendê-lo várias vezes de inimigos diversos internos e externos, tornando-se como que o braço armado (direito) de uma personagem real de que, simbolicamente, passou a fazer parte. Já na *Chanson de Roland* nos aparecera uma situação idêntica, desta vez com um rei velho, Carlos Magno, que necessitava da força jovem do seu sobrinho Roland para manter o império. Quando Roland morre, a força deste transmite-se misticamente a Carlos Magno

---

[2]   Não virá a despropósito lembrar o verso de Corneille na *Mort de Pompée*: "Car c'est ne régner pas qu'être deux à régner" (I, 2, v. 232). Muitas histórias da Idade Média falam da necessidade de purificar a personagem real (ou outras), a começar pela própria *Chanson de Roland* (v. Godinho 1989).
[3]   Para uma visão geral da gesta de Guillaume ver Boutet. O núcleo mais antigo do ciclo é composto pelas seguintes canções: *Couronnement de Louis, Charroi de Nîmes* e *Prise d'Orange*. Dentro do ciclo de Guillaume em sentido mais largo, insere-se, entre outras canções, um ciclo de Rainouart, composto pelas canções de *Aliscans, Bataille Loquifer* e *Moniage Rainouart*.

porque o anjo Gabriel, a quem Roland ao morrer tinha entregue a sua luva feudal, passa a assistir o velho rei, levando-o à vitória.[4]

Guillaume d'Orange foi, de algum modo, responsável de um erro: coroou Louis e deu ao reino um fraco rei cuja fraqueza teve que contrabalançar com a sua própria força. Em momentos em que, pelo contrário, virá a precisar da ajuda do rei, como por exemplo em Aliscans, essa ajuda será difícil de obter, do mesmo modo que não obterá um feudo ficando de fora da distribuição que o rei faz no início do *Charroi de Nîmes*, razão pela qual Guillaume irá partir e conquistar para si um feudo em terra infiel.[5] Porque Guillaume, tendo-se tornado duplo de Louis, tem que partir para purificar a personagem real (convém adiantar, desde já, que toda a sua vida e feitos ficarão marcados pela condição de duplo, de personagem não-plena, como veremos adiante). Reparemos no texto.

Na discussão entre Guillaume et Louis por causa da não-distribuição do feudo, a certa altura Guillaume diz que o único par que tem é o rei:

> "Sire Guillelmes, dit Looÿs le ber,
> Par cel apostre qu'en quiert en Noiron pré,
> Encor ai ge soissante de voz pers
> A qui ge n'ai ne promis ne doné."
> Et dit Guillelmes: "Dan rois, vos I mentez.
> Il ne sont mie en la crestïentez;
> *N'i a fors vos qui estes coroné.*
> (*Le Charron de Nimes*, vv. 278–284, meu sublinhado)[6]

Mais adiante Louis oferece-lhe um quarto ou metade da França (vv. 384–403) e, diante das recusas de Guillaume, chega mesmo a dizer:

> "Demi mon regne, se prendre le volez,
> Vos doin ge, sire, volentiers et de grez;
> Car de grant foi vos ai to jorz trové
> *Et par vos sui rois de France clamé.*"
> (ibid. vv. 474–477, meu sublinhado)

Mas Guillaume, por conselho do sobrinho Bertrand, pede a Espanha e parte da França moura, ideia que Guillaume já tinha tido. Louis tenta demovê-lo e

---

4   V. Godinho 1989.

5   A situação não é única na literatura medieval, destacando-se, por exemplo, o caso de Lanval, do lai do mesmo nome, a quem Artur não dá feudo e que, depois de uma relação com uma fada, passará, definitivamente, para o Outro Mundo da fada.

6   Boutet, na apresentação desta canção na antologia atrás citada, diz: "La question d'actualité qu'aborde cette oeuvre est celle de la difficulté qu'ont les cadets des familles nobles à trouver un fief, à être 'chasés': la guerre contre les Sarrasins est ici une conséquence de cette exiguïté du territoire chrétien, plus encore que le fruit d'une conviction religieuse" (148). Mesmo que este problema se possa ler por detrás deste tipo de situações, ele é completamente secundário em relação à significação deste canção e deste problema no ciclo de Guillaume.

pede-lhe que fique em França, propondo-lhe que partilhem as cidades em partes iguais: "Tot egalment departons noz citez" (v. 528).

Mas Guillaume parte porque, dado que se tornou um actante da personagem real, ao Outro ficou ligado e na posição mais fraca (o Outro é o rei), tentando com a partida purificar o seu espaço de ser. Mas a sua condição de personagem fracturada que depende de um Outro para se completar vai acompanhá-lo e marcar a sua acção ao longo das canções do seu ciclo.

De facto, a gesta heróica de Guillaume d'Orange vai estar marcada de muitos disfarces, apresentando-se como se fosse outro. É o caso da conquista de Nîmes que consegue realizar porque ele e os seus companheiros mais próximos entram na cidade disfarçados de mercadores que levam carroças carregadas de barricas dentro das quais vai o exército. É o caso da tomada de Orange onde Guillaume chega disfarçado de mensageiro do rei marido da rainha Orable de quem acabará por receber o socorro que lhe permite salvar-se e conquistar a cidade juntamente com o amor de Orable que, baptizada, se passará a chamar Guibourc. E é ainda o caso em *Aliscans*, quando chega perseguido a Orange e a mulher não lhe quer abrir a porta porque não o reconhece na situação de perseguido (o *outro* tomou conta da sua personagem). Estes dois últimos casos merecem alguma atenção.

Estando Guillaume em Nîmes, depois de a ter conquistado e aborrecendo-se da vida sem acção, chega um dia um cristão que tinha estado prisioneiro em Orange e que lhe dá notícias da fortaleza e riqueza de Orange e da beleza de Orable, a mulher do rei Tibaut. Tibaut está ausente em campanha e é seu filho Arragon que governa a cidade. Ao ouvir louvar-lhe a beleza, Guillame decide imediatamente ir conhecê-la e à cidade de Orange e, naturalmente, conquistar ambas:

> Et dist Guillelmes: "Foi que je doi saint Omer,
> Amis, beau frere, bien la savez loër;
> Mes, par celui qui tot a a sauver,
> Ja ne quier mes lance n'escu porter
> Se ge nen ai la dame et la cité."
>
> (*La Prise d'Orange*, vv. 262–66)

E parte, depois de se ter apaixonado "par oïr dire", disfarçado, ele e os companheiros, que se fizeram tingir a pele, de mouros:

> "Oevre, portier, lai nos leanz entrer;
> Drugement somes d'Aufrique et d'outre mer,
> Si somes home le roi Tiebaut l'Escler."   (ibid., vv. 421–23)

Ou seja, Guillaume começa a aproximar-se da rainha, disfarçado de mensageiro do marido desta. E ao ouvir contar os feitos de Guillaume, por ele mesmo, disfarçado, Orable diz: "Liee est la dame en cui est son coraige." (v.733). Ou seja, o amor "par oïr dire" começa também a tomá-la. Só que Guillaume é rapidamente desmascarado por um mouro que o conhecia e Orable toma o partido dos cristãos e dá mesmo a Guillaume uma espada que fora de Tibaut, o rei seu marido, além de uma armadura sarracena, o que significa que, de novo, Guillaume se equipa com as armas do Outro, de quem virá a conquistar a terra e a mulher, com a ajuda desta mesma que, caso Guillaume a tome por mulher, se propõe tornar-se rapidamente cristã (vv. 1373–78).

Convém também notar que a entrada em Orange, deles primeiro e dos reforços depois, faz-se por subterrâneos, isomorfos dos tonéis onde o exército de Guillaume ia escondido quando tomou Nîmes. Ao disfarce junta-se o estratagema *que esconde*. A gesta de Guillaume d'Orange vive num jogo de ficções, de máscaras, que escondem um *outro* por detrás daquele que aparece. Ninguém é o que parece ser, o que se continuará por Rainouart, irmão de Orable / Guibourc, filho de rei mas que abandonou os seus para se vir cristianizar e que, em *Aliscans*, aparece como moço de cozinha na corte de Louis. Há uma parte da identidade que fica escondida, que seria a verdadeira se Guibourc et Rainouart, por exemplo, não se passassem definitivamente para uma outra identidade (cristã). Guillaume e Rainouart (e Guibourc) são heróis que abandonam os seus ou a sua terra para irem conquistar, real ou simbolicamente, outra terra (Rainouart acabará por casar-se com uma filha de Louis) e essa conquista prolonga-se mesmo pelo outro mundo divino: tal como Rodrigo, que se santifica, Guillaume e Rainouart tornar-se-ão monges e Guillaume morrerá mesmo "en odeur de sainteté".

Convém notar que neste processo de construção de personagens compósitas, muitas vezes há um outro fraco que é necessário superar. É o caso de Rodrigo e dos príncipes cuja fraca idade deixou a Espanha em guerra civil, ou de Guillaume que teve que coroar um rei fraco que teve também que defender, e é ainda o caso do rei Tibaut, marido de Orable que, não sendo fraco, era, no entanto, velho e a jovem Orable ansiava por um marido jovem.

Mas independentemente das circunstâncias que favoreceram a criação dessa personagem "compósita", é importante notar como Rodrigo e Guillaume resolvem o problema do espaço do poder e da identidade. Rodrigo, com efeito, ocupa o espaço do Outro (os Príncipes, Alataba) mantendo o Outro nesse espaço o que os leva a um confronto que destrói Rodrigo. Guillaume, pelo contrário, estando condenando a viver na sombra e com a sombra de um Outro (real) deixa a terra (reino) deste e vai construir para si uma terra em país inimigo. Mas como, mesmo fora de França, a sua condição de actante da personagem real o persegue (e a má-vontade que Louis sempre manifestou em relação a Guillaume, não só não lhe distribuindo o feudo como também depois evitando sempre dar-lhe ajuda, participa da mesma lógica em que o outro actante da personagem real, o próprio rei, quer distanciar-se da sua sombra para manter a autonomia simbólica), um Outro ausente o perseguia como uma sombra, como que fazendo parte da sua condição. Por isso, Guillaume, no seu comportamento, vai actualizando essa sombra ao actuar como se fosse outro, disfarçando-se de mercador para conquistar Nîmes, disfarçando-se de mensageiro do marido de Orable para a conquistar e à cidade de Orange. Neste caso, Guillaume vai-se mesmo aproximando por etapas da personagem do

Outro, lutando com a espada deste depois de já não poder manter a pseudo
identidade de seu mensageiro.

Um outro e interessantíssimo exemplo de como a identidade de Guillaume
andava dispersa, não dependendo sequer do seu próprio corpo, é-nos dado pelo
episódio de *Aliscans* em que Guillaume, perseguido pelos inimigos, tenta
refugiar-se no seu castelo de Orange. Mas nem o porteiro nem Guibourc, a sua
própria mulher, o reconhecem na situação de perseguido e só quando ele
compreende isto e se volta contra os inimigos é que Guibourc o reconhece e o
deixa entrar (vv. 2004–111).

Este é um excelente exemplo de como a identidade depende da imagem que
o próprio lançou de si para os outros ou que os outros nele vêem, como já o
disse noutro lugar (v. Godinho 2001). Mas, no contexto significativo da gesta de
Guillaume d'Orange é, também, um excelente exemplo de como a identidade
deste se fixava dificilmente: a sua própria mulher acha que ele é outro.

Assim, enquanto Rodrigo se manteve unido a si próprio num espaço
identitário que partilhou (generosamente, de resto, como a lenda o nota) com os
outros a quem esse mesmo espaço pertencia, Guillaume desdobra-se em ficções
do Outro, conseguindo ocupar espaços que pertenciam às personagens que ele
ficcionava (Orange e Orable/Guibourc) ou, simplesmente, conseguindo
conquistar espaços para cuja conquista não teria força se se apresentasse na sua
verdadeira identidade (Nîmes). O conflito que, em qualquer dos casos, se dá é,
assim, mediatizado pela máscara com a qual se ficciona como Outro e essa
ficção é a porta para a vitória.

Mas o herói sem terra, Rodrigo ou Guillaume, vai tentar a conquista final de
uma terra definitiva: o Outro mundo, através da conquista da santidade, real ou
lendária. Isto é importante porque estes heróis sem terra são heróis que não
purificaram o espaço da sua identidade na medida em que a partilham com
outros que, no fim, acabarão por os destruir (é o caso de Rodrigo e de Roland,
braço direito de Carlos Magno), destruição que Guillaume evita ao procurar
outra terra. Mas a sombra do Outro persegue-o nas máscaras com que se vai
ficcionando, ao ponto de nem a mulher lhe reconhecer a identidade. Essa não
purificação do espaço da identidade pessoal ou social (Rodrigo é rei que não é,
p.e.) mantém-nos sob o domínio daquilo que simbolicamente se pode designar
por monstro, o tal monstro que os heróis têm que matar para poderem dominar a
terra que será o seu reino ou feudo e terem legitimidade para serem os seus
únicos e legítimos dirigentes, o que, nas histórias de heróis em vias de
maturação, corresponde à fase final da aquisição da identidade social e pessoal.

Ora, sobre estes heróis sem terra, pelo menos num momento inicial, como
Guillaume, ou cuja posse dela é sempre partilhada pela sombra que os persegue,
poderemos dizer que não mataram o monstro, cuja eliminação lhes daria a posse
plena da identidade e da terra.[7] Assim, resta-lhes substitui-la pela terra do Outro

---

[7]   Veja-se, nos contos tradicionais, o caso tão paradigmático do Gato das Botas que ao
engolir o gigante/monstro transformado em rato dá a terra deste e a identidade plena de
Marquês de Carabá ao seu jovem amo.

mundo graças à procura da santidade, que funciona como o último reduto da conquista de uma terra / identidade.[8]

O herói sem terra, por não a ter, ganha mobilidade duplicadora (veja-se, sobretudo, o caso de Guillaume) e fica disponível para o Outro mundo, seja ele a terra pagã, a Casa de Hércules ou o mundo divino da santidade.[9]

Obras Citadas

Boutet, Dominique, ed., 1996. *Le Cycle de Guillaume d'Orange* (Paris: Librairie Générale Française).

Cintra, Luís Filipe Lindley, ed., 1984. *Crónica Geral de Espanha de 1344*, 4 vols., 2ª ed. (Lisboa: Imprensa Nacional – Casa da Moeda).

Corneille, Pierre, 1980. *Oeuvres complètes*, I, ed. Georges Couton, Textes (Paris: Gallimard).

Dufournet, Jean, ed., 1993. *La Chanson de Roland* (Paris: GF-Flammarion).

Ewert, Alfred, ed., 1932–1933. *Gui de Warewic, roman du XIIIᵉ siècle*, 2 vols (Paris: H. Édouard Champion).

Godinho, Helder, 1989. "L'espace du personnage dans la *Chanson de Roland*", em *Em Torno da Idade Média*, coord. de Helder Godinho (Lisboa: Universidade Nova de Lisboa, Faculdade de Ciências Sociais e Humanas), pp. 53–75.

——, 2001. "Eros und das Bild: literarische Spiele der Liebe", em *Kulturen des Eros*, ed. Detlev Clemens e Tilo Schabert (München: Wilhelm Fink), pp. 231–251.

Langlois, Ernest, ed., 1888. *Le Couronnement de Louis; chanson de geste publiée D'après tous les manuscrits connus*, Société des Anciens Textes Français (Paris: Firmin Didot).

---

[8] Muito interessante, a este respeito, é o romance do séc. XIII, *Gui de Warewic*, onde o herói para se tornar o melhor cavaleiro do mundo e conquistar o amor da amada acaba por cometer vários crimes. Quando, finalmente, se casa e se torna, por esse facto, senhor de Warewic, acaba, cinquenta dias depois e com a mulher grávida, por sentir que não pode viver naquela identidade conquistada com crimes (convivia, portanto, simbolicamente, com o monstro, não o tendo morto como fazem os heróis bem sucedidos, conseguindo, com isso, um gesto ético porque a morte do monstro traz o bem-estar social). Assim, decide abandonar tudo e, depois de percorrer as terras por onde outrora andara e onde agora, de algum modo, repara os males outrora cometidos, recolhe-se a um eremitério onde morre, pouco tempo depois. Há, assim, uma transferência para o Outro mundo do espaço e da identidade desejadas por neste mundo não ter deixado de conviver com o monstro / crime que funcionava como uma sombra da sua identidade.

[9] Curiosamente, um grande reino se criou no imaginário medieval a partir de um jogo de duplos, directamente comandado por uma personagem mais-que-humana: Merlim. Refiro-me ao reino de Artur, cuja concepção foi o fruto de um jogo de máscaras: o rei Uterpendragon, que já unificara a terra e o nome integrando a terra e o nome do seu irmão Pendragon, vai, para conseguir entrar no castelo e no leito da duquesa Yguerne, tomar o aspecto do duque seu marido, por virtude da magia de Merlim, e, assim, é gerado Artur. Pouco depois o Duque é derrotado e morto e Uterpendragon integrará também Yguerne, casando com ela. É de notar que tomar a forma do Outro foi um passo fundamental para a conquista da terra e da mulher deste.

Menéndez Pidal, Ramón, ed., 1973. *Floresta de leyendas heroicas españolas: Rodrigo, el último godo*, Clásicos Castellanos, 62, 71 and 84 (Madrid: Espasa-Calpe). 1ª publ. 1925–1927.

Perrier, Joseph Louis, ed., 1982. *Le Charroi de Nîmes: chanson de geste du XIIIe siècle* (Paris: Honoré Champion).

Régnier, Claude, ed., 1986. *La Prise d'Orange: Chanson de geste du XIIe siècle* (Paris: Klincksieck).

——, ed., 1990. *Aliscans*. 2 vols (Paris: Honoré Champion).

Rychner, Jean, ed., 1983. *Les Lais de Marie de France* (Paris: Honoré Champion).

El *Tratado del menospreçio del mundo*
¿de Juan del Encina?

ÁNGEL GÓMEZ MORENO

> Hoy comamos y bevamos,
> y cantemos y holguemos,
> que mañana ayunaremos.
> (Juan del Encina, "Villancico", *Cancionero de 1496*)

El título, *Tratado del menospreçio del mundo*, resultará familiar a cuantos me hayan leído en el prólogo a la edición de las *Poesías completas* de Jorge Manrique (2000: 49–52). El hallazgo de este poema tardomedieval en un manuscrito de la Fundación Lázaro-Galdiano de Madrid supone toda una sorpresa, ya que nada nuevo cabía esperar de una biblioteca que Brian Dutton (1982, 1991) y quien esto firma conocíamos como pocos al haberla estudiado sistemáticamente durante más de veinte años.

El manuscrito 213 es una copia humilde ejecutada al inicio del siglo XVI por un escribano desconocido en letra gótica tardía con rasgos cursivos; la composición se halla al comienzo, entre los ff. 1v–3r, antes de ciertos papeles sobre la villa de Salvatierra, la España de los Reyes Católicos y el Emperador Carlos V. El códice fue adquirido en algún momento por ese acaudalado bibliófilo que fue don José Lázaro Galdiano para la magnífica biblioteca de su residencia, conocida como el Palacio Florido y situada entre las madrileñas calles de Serrano, Claudio Coello y María de Molina. Próximo a la muerte y sin descendientes directos, Lázaro Galdiano dejó sus bienes (su casa, sus obras de arte y sus libros) a los españoles gracias a la Fundación que lleva su nombre; en ella, las sorpresas han sido múltiples, si bien sus secretos están siendo poco a poco desvelados gracias a su director, Juan Antonio Yeves (1998), quien ha dado a conocer recientemente el fondo hispánico.

El poema, como se desprende del título, es de contenido ascético-moral y se apoya sobre el verso cancioneril más común: el octosílabo. En esa tradición literaria, alternan los metros largos con los breves. En la literatura de aviso por las asechanzas del mundo y la fugacidad de la vida y en el conjunto del poemario fúnebre del tardío Medievo, triunfa el verso de ocho sílabas, patrón métrico de la mayoría de los textos considerados por Pedro Salinas en su estudio de las *Coplas a la muerte de su padre* (1947); no obstante, en ese universo tampoco falta el dodecasílabo de la rítmica y todopoderosa copla de arte mayor, que cuenta con esa magnífica muestra que es la española *Danza general de la Muerte*.

Sabemos con seguridad que un segundo testimonio poético, gemelo de éste y ubicado en la sección final del manuscrito (69r–70v), es obra de Juan del Encina. La composición que nos ocupa también pudiera serlo, pues el asunto y la métrica son idénticos; además, ambos poemas coinciden en su presentación anónima. Ahora bien, la tradición textual aclara la paternidad de las tituladas como *Coplas sobre el 'memento homo'*, pues las adjudican sin ambages al padre del teatro español. El título de este otro poema enciniano, por su parte, muestra su vinculación a la serie plástica de las *Danzas de la Muerte*, en las que también se impone el lema: *memento mori*; por su asunto, además, estas *Coplas* caen dentro de la tradición del *De contemptu mundi* de Inocencio III, con el recuerdo de la caducidad de la vida y el aviso sobre los engaños del mundo. En ambas piezas, en unas *Coplas* y un *Tratado* que se antojan complementarios, se apela al célebre tópico del *Ubi sunt*; por si faltara algo, en ambas leemos un mismo verso, alusivo a "la lindeza de Absalón", coincidencia que va más allá del simple recuerdo del joven bíblico, de bella faz y hermoso cabello, presente en otros poetas de cancionero. Con todo, no debo ocultar que la tríada *Salomón-Sansón-Absalón* de nuestro poema es característica de todo ese subgénero moral y la leemos en varios textos latinos, como el atribuido a san Bernardo, Walter Map o Jacopone da Todi (para este poema y su estirpe literaria, conviene leer a Borello:

> Dic ubi Salomon, olim tam nobilis?
> Vel ubi Samson est, dux invincibilis?
> Vel pulcher Absalon, vultu mirabilis?   (90)

El ingenio que transpira el *Tratado del menospreçio del mundo* refuerza la paternidad de Juan del Encina, aunque el texto aparezca deturpado y se ofrezca más como un borrador que como el traslado de un poema acabado; de hecho, tal como nos ha llegado, está incompleto, pues se para justo cuando promete una revisión de los males de la sociedad partiendo de los estamentos más elevados, lo que llevaría, de seguro, a un nuevo encuentro con las *Danzas* europeas. El ambiente era propicio; por ello, aun cuando el poema no fuese en último término del artista salmantino (y su paternidad es harto probable, como se está viendo), apostaría por una misma datación, cercana a 1500. El *terminus ad quem*, aunque impreciso, viene marcado por la información que aporta la paleografía, que permite moverse en una banda que va de las postrimerías del siglo XV hasta la segunda década del siglo XVI; por lo que al *terminus a quo* se refiere, cabe fijarlo entre 1477 y 1478, bienio en el que nacieron las *Coplas a la muerte de su padre* de Jorge Manrique, que influyen –¡y cómo!– sobre el poema (Manrique 49–53, sin olvidar en ningún momento la riquísima tradición textual del poema manriqueño).

Su poética revela unos usos retóricos a la moda, con su gusto por los términos contrapuestos o, lo que es lo mismo, por el *oxýmoron* o los opósitos;

además, al modo cancioneril, dichos términos se han empleado como paradoja, como se desprende de muestras tan reveladoras como la *amarga dulçura* de la estrofa V, por poner un simple ejemplo. Curiosamente, éste es el patrón retórico básico de la composición, aunque el poeta, más adelante, se burle del artificio al parodiar el léxico propio de la relación amorosa desde la estrofa XVII en adelante. El desorden y la locura del mundo invitan a que el poeta apele también a continuas imágenes del mundo del revés, esto es, el *world upside-down* de la cultura anglosajona o el *bouleversement* que deriva finalmente en el *monde renversé* de la cultura francesa.

La tradición del *De contemptu mundi* de Lotario o Inocencio III retorna con fuerza al final de la Edad Media y temprano Renacimiento. Recuérdese que la *Devotio Moderna* está llevando a Europa a grandes cambios y transformaciones, fruto de la lectura masiva del *De contemptu mundi* de Jean Gerson y de la *Imitatio Christi* de Thomas a Kempis; en ese ambiente, pesan también lo suyo las *Meditationes* de Ludolfo de Sajonia, el Cartujano, mandadas imprimir por Cisneros en 1502. Al mismo tiempo, se imponía la lectura de autores ascéticos del pasado lejano, como San Juan Clímaco, traducido precisamente por orden de Cisneros e impreso en 1505 por su *Climax* o *Libro que trata de la escalera espiritual por donde han de subir al estado de perfección*; en el futuro, la obra sería nuevamente traducida por Fray Luis de Granada. El panorama bibliográfico de época incunable y posincunable concierta con el paisaje descrito, al igual que ocurre con las dos composiciones transmitidas por el manuscrito de la Fundación Lázaro Galdiano. Por otra parte, la obsesión por la muerte triunfante y justiciera, en las artes plásticas y en el conjunto de la literatura, y la difusión de las *artes de bien morir* vienen a reforzar el panorama descrito.

Frente a lo que se pensaba tras leer a Pedro Salinas, el *Ubi sunt* (tan determinante que a poco estuvo de convertirse en clave poética de todo un subgénero) mantuvo su vigencia incluso después de Manrique. La renuncia de este inspirado poeta a servirse de la manida pregunta sobre el paradero actual de los hombres del pasado lejano (*Ubi sunt qui ante nos in mundo fuere?*) no imposibilitó su uso en fechas que sospechamos posteriores, como ocurre en el caso presente. Del mismo modo, otra fórmula paralela, la relación pormenorizada de finados, resistió perfectamente el cambio de siglo, como se ve por medio de un ejemplo rotundo: *La vida y la muerte* (1508) de Francisco de Ávila (2000)). En nuestra composición, la sorpresa se produce en tanto en cuanto el poeta procede justo a la inversa que don Jorge: primero apela a los casos próximos y sólo a partir de la copla XX recurre al *Ubi sunt* tradicional, con atención al pasado bíblico. También las *Coplas sobre el "memento homo"* de Juan del Encina, copiadas a continuación del nuevo poema en el códice madrileño, saben sacar provecho del *Ubi sunt*, como puede comprobarse por esta simple muestra (para la cita de las *Coplas* encinianas, me sirvo precisamente de la copia de la Fundación Lázaro Galdiano):

¿Qué's de las fuerças e manos,
de las armas y pertrechos
de los muy notables fechos
de los griegos e troyanos?
¿Qué es de los echos rromanos?,
¿qu'és de los cartaginenses?,
¿qu'es de los fuertes tebanos,
los poderosos persianos,
los sabios atenïenses?

El poema continúa desarrollando el lugar común a lo largo de otras cuatro coplas, que cabe tildar de magníficas, aun cuando al filólogo-poeta español el *Ubi sunt*, fuera del nuevo planteamiento manriqueño, le pareciera poco más que pura arqueología carente de todo valor estético y de cualquier atisbo de emotividad.

Hay una nueva y gran diferencia respecto de Manrique: éste marca distancia con el viejo mensaje del *De contemptu mundi* al ver en la vida valores positivos (*esta vida buena fue*, dice el poeta literalmente, como bien sabemos), frente al triste paisaje trazado por Inocencio III; de ese mismo modo, Manrique se aparta de los cobardes personajes de la *Danza*, pues don Rodrigo acepta la visita de la muerte con valentía y en la confianza de que le espera la vida eterna. Recordemos que en la tradición de las *Danzas* europeas sucede lo contrario, ya que los personajes pretenden escapar a la muerte, al igual que en el entremés zaragozano de 1414, representado en la coronación de Fernando de Antequera (Cátedra 127–136) o en la trilogía de las *Barcas* del genial poeta y dramaturgo portugués Gil Vicente.

La vida de la fama tampoco interesa en este nuevo poema, pues en él no se hace la *laus* funeraria de un ser querido sino que se moraliza en abstracto; por ello, carece de sentido cualquier visión optimista del mundo, por pasar a una vida mejor o haber dejado cumplida memoria. En cambio, la *Danza* está ejerciendo un claro influjo al ofrecernos una relación descendente de los grandes jerarcas de la sociedad del momento (del emperador y el papa para abajo) abatidos por la muerte. En esa superposición de materiales, la estrofa XV apela al *Ubi sunt* de modo directo y, al cierre, incorpora la imagen manriqueña *vidas = ríos*; desde ahí, los ecos de las *Coplas a la muerte de su padre* resultan manifiestos y proceden de aquella sección en que éstas se vuelven más nostálgicas, un tono que transmiten inevitablemente al *Tratado*.

Nuestro poema comparte fin con las *Danzas* europeas y moraliza al recordar lo efímero de la vida, los placeres, el dinero y los honores. La omnipresencia de la muerte triunfante y democrática justifica el influjo a partir de códigos artísticos diversos: ahí están los frescos, relieves y estatuas de los templos del gótico tardío, como en las catedrales de Cuenca o Salamanca; ahí tenemos la pintura sobre tabla de la época, con su máxima expresión en el Brueghel del *Triunfo de la muerte*. La vieja dama conmina también a evitar las asechanzas y engaños del mundo desde los libros de horas y los devocionarios españoles y europeos, en las xilografías de los maestros Holbein y Merian. Es el aviso a los fieles que encontramos en el ms. 336 de la Catedral de Segovia, recuperado por mí mismo hace algunos años (Gómez Moreno 1991, 102):

> Señores, pensat de fazer buenas obras
> y non vos fiéis en altos estados,
> ca non vos valdrán jahezes nin doblas
> a la muerte, que tiene sus lazos armados.

Son éstos unos versos que se ponen en boca del predicador que abre la *Danza* en el códice escurialense mientras en el impreso sevillano de 1520 se incluyen al cierre.

Que esa imagen llegaba a todas partes se ve también en aquellos impresos incunables y posincunables que incorporan en algún lugar el grabado de la muerte imperante, acompañado de la frase *memento mori*. Estampas como ésa cuentan con ejemplos verdaderamente extraordinarios, como el que aporta la edición zaragozana de las *Trescientas* de Juan de Mena, impresa por Coci en 1509; en ella, el grabado cobra sentido por los poemas morales que siguen al *Laberinto*, que concluyen nada menos que con el *Decir de la muerte* de Fernán Pérez de Guzmán. El mensaje se repite en las *Coplas sobre el "memento homo"* de Juan del Encina, que recuerdan la caducidad de la vida y aluden a la podredumbre de la carne desde la misma cuna, ya que *nasçemos carcomientos*, esto es "carcomidos", como llega a decir su genial autor. En ese sentido, el texto vuelve sobre una de las ideas fundamentales del añosísimo *De contemptu mundi* de Inocencio III, nunca olvidado sino al contrario por los años que aquí me ocupan.

Por supuesto, el recuerdo de que no somos más que escoria era utilizado por moralistas y predicadores, que proclamaban los engaños del mundo, la caducidad de la vida y la inminencia de la muerte con el propósito de mover a una existencia más cercana a los dictados de la Iglesia, burlados en primer lugar por sus propios ministros. Los hombres de religión eran los primeros pecadores, dados como estaban a la simonía, al amancebamiento y a otros aberraciones que obsesionaron a la Reforma en su conjunto, en Europa y en España. La empresa cisneriana coincide en el tiempo con la reforma propiciada por Erasmo y Tomás Moro, pocos años antes de la desviación protestante de Lutero y Melanchton. En esa época de cambios, la morigeración y la austeridad se sublimaron, como también la conveniencia de una fe auténtica y de una religiosidad alejada del boato (algo que aquí se señala, particularmente, a partir de la estrofa VI; en la séptima, se alude indirectamente a esos *decebimientos de Fortuna* que aparecen obsesivamente en la literatura de todo el siglo XV). Aparte espejismos, una vida de estricta observancia es la más adecuada para quienes al fin y al cabo habrán de entregarse desnudos a la muerte igualadora.

Al respecto, cabe decir que las *Coplas sobre el "memento homo"* de Juan del Encina llegan mucho más lejos en su proclamación de un ideal ascético, que es el que en definitiva se deriva del conjunto de los documentos literarios y plásticos que estamos revisando:

> ¿Para qué quieres rriqueza?,
> ¿para qué la plata y oro?:
> qu'el mayor y más tesoro
> es camino de pobreza.

Desde este punto, el ideal se refuerza por medio de una nueva devoción asentada en la aceptación del *fugit irreparabile tempus* ("desta vida no curemos / que se pasa como flores") y de una muerte igualadora ("todos van por un rrasero; / donde el más pobre rromero / es ygual al rrey y al papa"). El poema de Juan del Encina acaba con una reveladora alusión a la *pestilençia*, la terrible peste negra ("de la qual nos guarde Dios", añade el poeta).

La Iglesia no podía pasar por encima de ese imaginario común a toda Europa; muy al contrario, lo alimentó por medio de escritos y prédicas, tanto en los libros para el rezo oficializados como en una literatura de claro signo milenarista (a pesar de que se acercaba el año 1500, no el 2000), abundante en forma manuscrita y en impresos de época incunable. Al respecto, los sermones europeos coincidían en su mensaje, ya se tratase del británico William Melton, del italiano Bernardino de Siena o del español Vicente Ferrer, contemporáneos de poderosa y subyugante palabra. Al cierre del siglo XV, los libros iluminados por xilografías, como el *Libro del Anticristo* de Martín Martínez de Ampiés, editado por ese gran artista afincado en Zaragoza que era Pablo Hurus, sirvieron para reforzar ese mensaje moral. A nadie le puede extrañar, por otra parte, que Cisneros fuese precisamente un entusiasta de san Vicente Ferrer, cuyo *Tractatus de vita spirituali vel instructio vitae spiritualis* tuvo su quinta edición en 1510 gracias al cardenal español. Este libro pesó lo suyo sobre la espiritualidad española del siglo XVI, en san Ignacio de Loyola o san Luis Bertrán.

En fin, el temor general en toda Europa por el inminente advenimiento del Anticristo se acompañó en España de la obsesiva preocupación, desde la primera mitad del siglo XV, por una segunda invasión musulmana de consecuencias funestas, lo que facilitó la rápida y exitosa expansión de la leyenda de don Rodrigo, el último rey godo; en breve, el fantasma turco daría nuevo ímpetu a ese temor, como vemos en la rica literatura del Quinientos (en conjunto, remito a mi trabajo, Gómez Moreno 1998). Tras esta sucinta (acaso ociosa para muchos) descripción del ambiente religioso y espiritual de España y Europa en torno al cambio de siglo y de era, tiempo es de leer este nuevo poema, cuya atribución a Juan del Encina tiene todo sentido. Lo edito con un criterio semipaleográfico notablemente conservador; de hecho, sólo introduzco un puñado de enmiendas menores para salvar problemas lingüísticos o métricos, con el aviso correspondiente a manera de paréntesis (para eliminar) y corchetes (para añadir o enmendar) que el lector puede o no tener en cuenta en la medida que le convenzan.

(1r)

Despreçio del mundo o, por otro nonbre, *Espejo en quien se verán los males y defetos deste mundo.*

O mundo desatinado,
mientra más viejo más loco,
do el que es más es más burlado,
y [el] dichoso, más desdichado,
y el que es más es muy más poco.

(1v)

Tratado del menospreçio del mundo y espejo do se ven sus males y defetos.

I

O mundo desatinado
do el que es más es más burlado,
y el dichoso más desdichado
y el que es más es muy más poco.
Tu conçierto es no tenello;
tu tino, desatinarnos,
tu bien es estar sin ello,
tu ser es sienpre perdello;
das vida para matarnos.

II

Alunbras para çegar;
çiegas por que no veamos;
del no ber, naçe engañar;
de nuestro engaño, el penar,
y del penar, que muramos.
¡O, mundo, cassa podrida,
que está toda sobre cuentos:
muerte confitada en vida,
dolençia en salud venida,
torre echa sin çimientos!

III

Quán franco en el prometer
y quán escaso eres en dar,
y quán dulçe en el beber
y quán amargo en el ser
y quán falso en el tratar.
Tus muessas tan escogidas
beldo por la jobentud
y tus telas quán podridas
y quán mal eran texidas
nos muestra la senetud.

IV

Eres falso tremedal
do los onbres [se] atollaron,

donde está encelado el mal
do qualquier llaga es mortal,
do los bienes se agaron [*sic*],
do son cobardes los buenos
y los malos atreuidos,
do los justos pueden menos,
do los trigos son centenos,
do los fuertes son bençidos.

V

Eres çiego en el mirar,
eres manco en bien azer,
eres suelto en mal obrar,
eres fáçil de tratar
y malo de conozer;
eres amarga dulçura,
eres llaga fistolada,
eres dulçe amargura,
eres dolençia sin cura,
eres muerte disfraçad(o)[a].

VI

Los bienes que beo en ti
no moriré por tenellos,
porque según conoçí
menos parte tiene en sí
quien más parte tiene dellos;
quanto más que, bien mirado,
no son bienes, pues fineçen:
sólo son un bien pintado,
sólo son un bien soñado,
pues que de burla enriqueçen.

(2r)

VII

¡O, quántos derribaste
deziendo que los subías,
y con quantos tú trataste
si alguna vez los alçaste
dozientas los abatías.
No puedo ver en q*ué* está
este engaño en que caemos:
que con ver quá*n* mal nos ba
en tratar contigo ya
cada rato te queremos.

VIII

Queremos ser engañados:
olgamos de nos perder.
Engaños ay desseados
e bienes ay desechados:

juramos de tuyos ser.
¡O, quántos as despedido
que no querían despedirse!:
ya tú los as consumido
y ellos porfían asirse.

IX

Si riñes, disimulamos;
si mandas, ovedeçemos;
si nos açotas, callamos;
si nos desechas, tornamos;
si estás sovervio, tememos,
y queremos más servir
a ti de valde y con pena,
gastando n*uest*ro bibir
e no a Dios, cuyo sentir
claramente nos condena.

X

Trocamos bida por muerte
y plazeres por pesar,
perdémosnos en quererte:
los que más p*r*ocuran verte
más se obligan a penar.
Savemos de los pasados
que mientra más te servieron
se allaron más burlados,
y los muy más levantados
mayores caýdas dieron.

XI

Subieron para ca(c)er,
cayeron para perderse,
perdiéronse en te creer
y en quererte estava el perder
y en huyrte está el balerse.
De mal acondiçionado,
a los tuyos tratas mal;
de traydor, los as burlado;
de çiego, los as çegado
como enemigo mortal.

XII

Ninguno bibe contento
de quantos biben aquí:
procuras dar çofrimiento
donde das mayor tormento
por que no huygan de ti.
A todos prometes vida
y los más llevas en flor.
Dasles males sin medida:

es muy çierta la venida
tras el plazer el dolor.

XII

Prometes vien y das males,
prometes paz y das guerra:
desygoalas los ygoales
e ygoalas los desygoales
y azes çielo lo que es tierra:
azes gigantes de (los) ennanos
y ennanos de gigantes;
hazes tanvién de pies manos;
los sabios tienes por banos;
los sinples, por elegantes.

XIII

Quitas a quien as de dar,
do se muestra tu locura;
das a quien as de quitar,
tachas a quien as de loar,
[y] reprendes la locura;
los biçios tienes por bienes,
los bienes, por enemigos;
a los mundanos sostienes,
con los santos guerra tienes;
los malos son tus amigos

XIV

¡O, cosa de confusión,
ponçoña dada en manjar,
padrasto de la razón,
de todos males mesón
do naçe y creçe el pesar!
Do se cogen sin senbrarse
las penas y [los] dolores,
e los bienes con labrarse
y con mucho regalarse
se consumen con calores.

XV

¿Qué es de los emperadores,
los papas y arçovispos,
reyes, duques y siñores,
condes y governadores,
los cardenales e obispos?
¿Qué se an echo los perlados,
sus ponpas e atavíos?,
¿adónde están los letrados?:
todos los beo olvidados
e pasados como ríos.

XVI

Los privados cortesanos
de damas y cavalleros,
aquel besar de las manos,
aquellos tratos mundanos
y el enbiar de mensajeros;
las justas e inbençiones,
trajes y fiçiones vanas,
los vanquetes y cançiones,
aquel rondar de cantones,
aquel parar de ventanas.

XVII

Aquel sienpre sospirar,
aquel no poder dormir,
aquel ver y desear,
aquel mucho pascear [*sic*],
aquel querido morir;
aquellos fríos y calientes,
aquellos fuegos elados,
aquel huyr de las gentes,
aquel enbiar de presentes,
aquel vestir de criados.

XVIII

Aquellos recivimientos
que a los reies se azían,
aquellos ofreçimientos,
¿qué de los contentamientos
que en todo aquesto sintían?
¿Qué es de aquellas referençias,
aquel tenblar en aballos,
el ynbitar de eçelençias,
el caer(er) en mill dolençias
por temor de no enojallos?

XIX

Ya está todo olbidado
y en çeniza conbertido;
fue un ser como soñado:
más pena da el ser pasado
que plazer da el ser venido.
Fue un ser como no ser,
pues su ser tanpoco ha sido;
fue de burlas su plazer,
fue de veras su doler,
pues de veras se ha perdido.

XX

En la Sagrada Escritura
e entranbos Testamentos

se condena por locura
lo que es mundo y su echura
y (sus) falsos prometimientos.
La gloria de Salomón,
¿qué se yzo su saber?;
¿y las fuerças de Sansón?;
la lindeza de Absalón
¡quán presto dexó de ser!

XXI

De todo quanto pasó
pasó tanvién su memoria.
El tienpo lo sepultó:
ninguna gloria se vio
que della quedase gloria.
Como pasó por la mar
de gran prisa la galera
sin rastro de sí dexar,
así pasó sin mostrar
lo pasado qué tal era.

XXII

¡O, mundo, rico abariento
según una opinïón,
mas según otra que siento
el más pobre naçimiento
de quantos naçidos son!:
eres pobre en mereçer
y eres más pobre en bondad;
eres más pobre en saber,
eres pobre en el tener,
eres rico en la maldad.

XXIII

Si as a uno de dar
as ha otro de quitarllo;
si el hijo ha de eredar,
el padre se a de finar:
esto no puedes negallo.
De manera que tu vida
tiene por madre a la muerte,
pues della fue concevida.
¡O mundo, cosa perdida,
quánto se gana en perderte!

XXIV

Es muy claro el argumento
para ver cómo eres pobre:
ber que sienpre estás anbriento;
syenpre bibes descontento
por más horo que te sobre.

Si tus bienes bienes fueran
y tus plazeres plazer,
quanto más se poseeyeran [*sic*]
menos anbre nos pusieran
para aber de otros poser [*sic*].

XXV

Ninguno contento está
de quantos biben en ti.
Si algún día viene va,
dozientos le llorará;
bien puro jamás le bi.
Los vienes nos das aguados;
los males, puros por çierto;
los plazeres, escotados;
los pesares, bien pesados;
los conçiertos, sin conçierto.

XXVI

Das por onças de plazer
diez quintales de pesar,
e a quien diste de comer
no (le) quisiste (de) probeer
de virtud e bien obrar;
y al que tiene en ti virtud
las riquezas le faltaron,
y al que está en la joventud
o le falta la salud
o los males le sobraron.

XXVII

Al que diste ermosura
diste mala condiçión,
y al grande diste locura,
y al pobre diste cordura,
al sabio diste pasión;
al vien acondiçionado,
no le diste que comer;
al rico veo penado
y al que es mançevo engañado
y al más seguro caer.

XXVIII

A quien sobran los ducados
aquél de hijos careçe,
y los que an hijos sobrados
de vienes están menguados:
de aquesta suerte acaeçe.
Así que, mundo perdido,
muerte de tu misma vida,
pues no ay en ti vien cunplido,

yo le doy por muy caýdo
quien no mira tu caýda.

XXIX

Sepamos tus condiçiones,
ablemos de sus [*sic*] estados,
mostremos tus ynbençiones,
publiquemos tus pendones,
pregonemos tus pecados.
Comienço por los siñores,
los quales se engañan más,
mostrándoles más favores,
y entre las floridas flores
espinas fieras les das.

Obras Citadas

Ávila, Francisco de, Pedro Cátedra, ed., 2000. *La vida y la muerte o Vergel de discretos (1508)*. Colección "Espirituales Españoles"; Salamanca: Serie A, 28 (Madrid: Fundación Universitaria Española; Salamanca: Universidad Pontificia).

Borello, Rodolfo, 1967. "Para la historia del Ubi sunt". Gastón Carrillo Herrera, ed. *Lengua, literatura, folklore: estudios dedicados a Rodolfo Oroz* (Santiago de Chile: Facultad de Filosofía y Educación, Universidad de Chile), 85–101.

Cátedra, Pedro, 1983. "Escolios teatrales de Enrique de Villena". Emilio Alarcos Llorach, ed. *Serta philologica F. Lázaro Carreter: natalem diem sexagesimum celebrante dicata* (Madrid: Cátedra), 127–36.

Dutton, Brian, 1982. *Catálogo-índice la poesía cancioneril del siglo XV*. Bibliographic Series, 3 (Madison: Hispanic Seminary of Medieval Studies).

——, y Jineen Krogstad, 1990–1991. *El cancionero del siglo XV, c. 1360–1520*. Biblioteca Española del Siglo XV, Serie Mayor 1–7 (Salamanca: Universidad de Salamanca).

Encina, Juan del, 1975. Rosalie Gimeno, ed. *Cancionero de 1496*. Clásicos Españoles 3 (Madrid: Istmo).

Gómez Moreno, Ángel, 1991. *El teatro medieval castellano en su marco románico*. Persiles 203 (Madrid: Taurus).

——, 1998. "El *Diálogo de las cosas ocurridas en Roma* y la sociedad española en los años del Emperador". José María Soto Rábanos, coord., *Pensamiento medieval hispano: homenaje a Horacio Santiago-Otero*, 2 vols. (Madrid: CSIC; Zamora: Consejería de Educación y Cultura de la Junta de Castilla y León y Diputación de Zamora), I, 497–512.

Manrique, Jorge, 2000. Ángel Gómez Moreno, ed. *Poesías completas* (Madrid: Alianza, 2000).

Salinas, Pedro, 1947. *Jorge Manrique o tradición y originalidad*. Historia y Crítica Literarias (Buenos Aires: Editorial Sudamericana).

Yeves, Juan Antonio, 1998. *Manuscritos españoles de la Biblioteca Lázaro Galdiano* (Madrid: Ollero & Ramos y Fundación Lázaro Galdiano).

Cantiga and *Canso*

THOMAS R. HART

Many readers have paid tribute to the freshness and charm of the *cantiga de amigo*. Few have responded in the same way to the *cantiga de amor*. Carolina Michaëlis de Vasconcellos set the tone for most later discussions by asserting in her edition of the *Cancioneiro da Ajuda* that "As cantigas de amor [. . .] são de enorme monotonia, pobreza e convencionalismo, quanto às ideias, às expressões e às formas métricas" (II, 598). Nearly a hundred years later, Jensen similarly declares that "With little inclination for innovation, the Galician-Portuguese poets follow their Provençal models very closely. The *cantigas* are conventional, thematically repetitious, tending to produce a certain impression of monotony" (xxviii–xxix). But if the *cantiga de amor* follows its models so closely, why does the troubadour *canso* fail to produce a similar "impression of monotony"? I shall try to answer this question by examining several *cantigas de amor* and then comparing them with a troubadour *canso*. I begin with a work by King Dinis (B 520/V 113; Roberts 169), whose 73 songs account for more than one in ten of the *cantigas de amor* preserved in the *cancioneiros*. I normalize the spelling and occasionally modify the punctuation of the edition cited.

I Quis ben, amigos, e quer' e querrei
 ũa molher que me quis e quer mal
 e querrá, mais non vos direi eu qual
 est a molher; mais tanto vos direi:
   quis ben e quer' e querrei tal molher
   que me quis mal sempr' e querrá e quer.

II Quis e querrei e quero mui gran ben
 a quen me quis mal e quer e querrá
 mais nunca homen per mi saberá
 quen é; pero direi vos ũa ren:
   quis ben e quer' e querrei tal molher
   que me quis mal sempr' e querrá e quer.

III Quis e querrei e quero ben querer
 a quen me quis e quer, per bõa fé,
 mal e querrá, mais non direi quen é;
 mais pera tanto vos quero dizer:

> quis ben e quer' e querrei tal molher
> que me quis mal sempr' e querrá e quer.

Dinis's poem, like most *cantigas de amor*, contains no images. It is built on the rhetorical figure polyptoton, confirming Roman Jakobson's opinion that "as a rule, in imageless poems it is the 'figure of grammar' which dominates and which supplants the tropes" (128). The song contains 38 forms of the verb *querer*, which occurs in all but 3 of its 18 lines, accounting for nearly a quarter of the words in the text. Dinis's repeated play with three tenses of the verb *querer* rather than the simple adverbs *sempre* and *nunca* elaborates a type of periphrasis used by other Galician-Portuguese poets. Pai Gomez Charinho declares that his lady "non quis nen querrá / nen quer que eu seja seu servidor" (A 253, cited in Jensen xcvi), while Gil Perez Conde complains in a *cantiga de escarnho* about the stinginess of the King "que eu servi e serv' e servirei" (B 1524; Rodrigues Lapa 249). Dinis heightens the opposition between his unchanging love and his lady's equally unchanging refusal to accept it by repeating *quis*, which is sometimes first person, sometimes third, and by repeatedly using the shortened form *quer'* rather than *quero*, thus making it identical with third person singular *quer*. The whole poem turns on the opposition between "(eu) quis ben" and "(ela) quis mal," where the preterit *quis* has its normal Portuguese value of a present perfect, representing the continuation in the present of an action begun in the past that continues in the present. Although the exuberant word-play of Dinis's song is hardly typical of his work or of the *cantiga de amor*, it exaggerates a feature typical of both: the fondness for figures of repetition. Dinis invites us to admire his skill in combining sense with verbal gymnastics.

The same theme of the lover's constancy appears in a *cantiga de amor* by Martin Soarez (A 46 / B 158; Zenith 20):

I   Senhor fremosa, pois me non queredes
creer a coita'n que me ten Amor,
por meu mal é que tan ben parecedes
e por meu mal vos filhei por senhor,
e por meu mal tan muito ben oí
dizer de vós, e por meu mal vos vi:
pois meu mal é quanto ben vós avedes.

II   E pois vos vós da coita non nembrades
nen do affan que mh-o Amor faz sofrer
por meu mal vivo mais ca vós cuidades,
e por meu mal me fezo Deus nacer
e por meu mal non morri u cuidei
como vos viss', e por meu mal fiquei
vivo, pois por meu mal ren non dades.

III Desta coita en que me vós têedes,
en que hoj'eu vivo tan sen sabor,

que farei eu, pois mi-a vós non creedes?
Que farei eu, cativo pecador.
Que farei eu, vivendo sempre assi?
Que farei eu, que mal dia naci?
Que farei eu, pois me vós non valedes,

IV E pois que Deus non quer que me valhades
nem me queirades mha coita creer,
que farei eu? Por Deus, que mh-o digades!
Que farei eu, se logo non morrer?
Que farei eu se mais a viver hei?
Que farei eu, que conselh' i non hei?
Que farei eu, que vós desemparades?

Like Dinis's, Martin Soarez's song contains no images, but it differs in several other respects. It begins with a direct address to the poet's lady, as do more than half the *cantigas de amor* preserved in the *cancioneiros*, though it is usually unclear, as it is in this case, whether or not the lady is supposed to be present. Apostrophe functions as a genre marker, as Jean-Marie d'Heur remarks: "Les troubadours ont veillé à introduire dès le début du texte une apostrophe qui constitue la marque significative de l'appartenance de la pièce interprétée au genre de la chanson d'amour. Cette apostrophe joue le rôle de signal discriminatif" (286).

Martin Soarez's song also differs from Dinis's "Quis ben, amigos, e quer' e querrei" in that it is a *cantiga de mestria*, a song without a refrain, like most Occitan *cansos* and like many other *cantigas de amor*. Martin Soarez makes less use than Dinis of polyptoton, but relies instead on another figure of repetition. His song consists of *coblas capdenals*, stanzas in which the same word, or group of words, is repeated in similar positions in successive stanzas, here "por meu mal" in the first and second stanzas and "que farei eu" in the third and fourth. Such a figure of repetition is ideally suited to his theme, as it is also to that of Dinis. I have noted elsewhere that "In the *cantiga de amor*, with rare exceptions, the poet cannot imagine a future that will be different from the present, or a present different from the past; his lady has always rejected him and he assumes that she will always continue to do so" (45).

Other poets link their fidelity to the loved one to the hope that their love will eventually be rewarded. Joan Airas de Santiago declares that

I   Pero tal coita hei d'amor
que maior non pod' hom' aver,
non moiro nen hei én sabor
nen morrerei, a meu poder,
porque sempr' atend' aver ben
da dona que quero gram ben.

II E os que mui coitados son
d'amor desejan a morrer,

mais eu, assi Deus mi pardon,
queria gran sazon viver;
        porque sempr' atend' aver ben
        da dona que quero gram ben.

III   Mal-sén é per-desasperar
      home de mui gran ben aver
      de sa senhor, que lhi Deus dar
      pod', e nono quer'eu fazer,
              porque sempr' atend' aver ben
              da dona que quero gram ben.

IV   E quen deseja mort' aver
      por coita d'amor non faz sén
      neno tenh'eu por de bon sén. (B 949 / V 537; Gonçalves and Ramos 218)

Joan Garcia de Guilhade treats the same theme in "Quantos han gran coita d'amor" (A 234 / B 424 / V 36; Jensen 156):

I   Quantos han gran coita d'amor
      eno mundo, qual hoj' eu ei,
      querrian morrer, eu o sei,
      e haverian én sabor.
      Mais mentr' eu vos vir, mia senhor,
              sempre m'eu querria viver,
              e atender e atender!

II   Pero ja non posso guarir,
      ca ja cegan os olhos meus
      por vós, e non me val i Deus
      nen vós; mais por vos non mentir
      enquant' eu vos, mia senhor, vir
              sempre m'eu querria viver,
              e atender e atender!

III   E tenho que fazen mal-sén
      quantos d'amor coitados son
      de querer sa morte, se non
      houveron nunca d'amor ben,
      com' eu faç. E, senhor, por én
              sempre m'eu querria viver,
              e atender e atender!

Neither of these songs contains a single image, nor does either make much use of figures of repetition. Both challenge the claims of Roi Quemado and other Galician-Portuguese poets that they are dying of love, a claim mocked also by Pero Garcia Burgalês (B 1380 / V 988; Jensen 322). In Joan Garcia de Guilhade's song, as in that by Joan Airas de Santiago, it seems likely that what began as a variation on a familiar theme, or perhaps as a parody of it, has attained the status of an alternative convention.

Bernart de Ventadorn also takes up the theme of constancy in love despite his lady's refusal to encourage him in "Lo tems vai e ven e vire" (Appel 181–183). The song is not altogether typical of Bernart's *cansos*. It does not mention the spring motif that introduces many of his other songs and its prevailing mood is not the exalted state of being in love that characterizes some of them. It is just these qualities that provide a basis for comparison with the *cantiga de amor*, which hardly ever refers to spring nor indeed to any other season and is usually dominated not by happiness but by *coita*.

In the first stanza Bernart, like Dinis, plays with polyptoton: "c'una·n *volh* e·n *ai volguda* / don anc non aic jauzimen" (for I *desire* and have always *desired* a woman from whom I have never received joy; all translations from Bernart are my own). Here, however, all the verbs are first person singular: Bernart's focus stays fixed on himself. More importantly, polyptoton does not dominate the rest of the song as it does in Dinis's *cantiga*.

Argument plays a much more important role in Bernart's song than in Dinis's. At the end of the second stanza Bernart announces a general truth: "c'aitals amor es perduda /qu'es d'una part mantenguda" (for that love is worthless which is maintained by only one person). In the following stanza he introduces a further maxim, that to serve without reward is foolish, though he does not state it explicitly:

> Be deuri' esser blasmaire
> de me mezeis a razo,
> c'anc no nasquet cel de maire
> que tan servis en perdo.   (lines 15–18)
>
> (I really ought to blame myself, since no man born of woman has ever served so long without reward.)

In the fifth stanza Bernart rejects his own reasoning, suggesting that his behavior is perfectly reasonable since it is based on the ultimate hope of reward. This step is clearly marked by the adversative conjunction *pero* at the beginning of the stanza:

> Pero ben es qu'ela·m vensa
> a tota sa voluntat,
> que s'el' a tort o bistensa
> ades n'aura pietat.   (lines 36–39)
>
> (But it is good that she subjects me to her will, for though she unjustly keeps me waiting she will soon take pity on me.)

Bernart thus combines in a single *canso* the motif developed by Dinis with that used by Joan Garcia de Guilhade. The song ends with a direct address to the lady and a restatement of the motif introduced at the end of the first stanza:

> Ai, bon amors encobida,
> cors be faihz, delgatz e plas,

frescha chara colorida,
cui Deus formet ab sas mas,
totz tems vos ai dezirada,
que res autra no m'agrada.
Autra amor no volh nien.   (lines 50–56)

(Oh good love that I covet, well-formed, slender and smooth body,
fresh and fair-skinned flesh that God has formed with his own
hands, I have always desired you, for I take no pleasure in
anything else. I want nothing to do with any other love.)

The final *tornada*, also addressed to the lady, makes clear that Bernart hopes to
be rewarded not by the lady herself but by God working through her, implying
that she is not to be held responsible for the suffering she has caused him by
postponing recognition of his devotion to her:

Dousa res ben ensenhada,
cel que·us a tan gen formada
me·n do cel joi qu'eu n'aten.   (lines 57–59)

(Sweet, gracious creature, may He who shaped you so well give
me the joy I expect.)

Zumthor observes that the late-medieval French *grand chant courtois* does
not lend itself to a kind of critical analysis that works well for other kinds of
poetry: "L'absence de tout élément de récit [. . .] interdit l'usage de la fiction
critique en vertu de laquelle on demanderait d'abord: *de quoi* parle-t-il?
Simplement, il parle" (192). Many lyric poems may best be understood as
unspoken soliloquies. This approach is appropriate to a great many modern
poems that are as different from one another as Fernando Pessoa's 'Tabacaria'
and Jorge Guillén's 'Muerte a lo lejos'. It is equally appropriate to a *poesía de
tipo tradicional* such as Góngora's "La más bella niña" and to a metaphysical
lyric such as Quevedo's sonnet "Todo tras sí lo lleva el año breve." I hope I have
demonstrated that it is applicable also to Bernart's "Lo tems vai e ven e vire." It
does not, however, work for the *cantiga de amor*, which often centers on a
verbal figure, for example the opposition between *ben* and *mal* and the recur-
rence of different forms of the verb *querer* in Dinis's "Quis ben, amigos, e quer'
e querrei" or the repetition of "por meu mal" and "que farei eu" in Martin
Soarez's "Senhor fremosa, pois me non queredes." The *canso*, like the other
poems just mentioned, comes much closer than the *cantiga de amor* to satisfying Wallace Stevens's demand, in *Of Modern Poetry*, for "the poem of the act
of the mind," though, of course, not quite in the way he suggested.

Jeanroy asserts that "les troubadours ignorent absolument ce qu'est un tout
logiquement agencé; ils n'ont à aucun degré l'art de grouper autour d'une idée
centrale les idées accessoires propres à l'éclairer; ou plutôt ils semblent ne s'en
préoccuper nullement" (II, 113–114). He fails to take account of the fact that in
the *canso* the "central idea" is often the projection of the poet's individual

temperament which is defined precisely by its relationship to a host of otherwise unrelated subjects. Both the subjects themselves and the way the poet's mind plays with them are subject to endless variation. This is one reason why so many troubadours, like Bernart de Ventadorn and unlike most of the poets who composed *cantigas de amor*, escape the charge that their work is monotonous.

Jeanroy complains also that "Ce qui frappe d'abord dans le style de la chanson, c'est son caractère abstrait; elle ne contient en effet que peu ou point d'allusions à des événements précis, à des circonstances extérieures: nos poètes, comme si le monde sensible n'existait pas, s'enferment dans leur coeur, en écoute les douloureux battements, et rêvent sans fin sur une situation sans issue" (II, 116). But this objection, too, seems wide of the mark. It is much more applicable to the *cantiga de amor* than to the *canso* and helps to explain why many readers find the *cantigas* less satisfying than the songs of the troubadours.

Works Cited

Appel, Carl, ed., 1915. *Bernart von Ventadorn: seine Lieder* (Halle a. S.: Max Niemeyer).

Gonçalves, Elsa, and Maria Ana Ramos, eds, 1983. *A lírica galego-portuguesa (textos escolhidos)*, 2nd ed. Colecção Textos Literários 32 (Lisbon: Editorial Comunicação).

Hart, Thomas R., 1998. *"En maneira de proençal": The Medieval Galician-Portuguese Lyric*. Papers of the Medieval Hispanic Research Seminar 14. (London: Department of Hispanic Studies, Queen Mary and Westfield College).

Heur, Jean-Marie d', 1975. *Recherches internes sur la lyrique amoureuse des troubadours galiciens-portugais (XIIe–XIVe siècles): Contribution à l'étude du "Corpus des troubadours"* (n.p.: n. pub.).

Jakobson, Roman, 1987. *Language in Literature*, ed. Krystyna Pomorska and Stephen Rudy (Cambridge, MA: The Belknap Press of Harvard University Press).

Jeanroy, Alfred, 1943. *La Poésie lyrique des troubadours*, 2 vols (Toulouse: E. Privat; Paris: H. Didier).

Jensen, Frede, ed. and trans., 1992. *Medieval Galician-Portuguese Poetry: An Anthology*. Garland Library of Medieval Literature 87, series A (New York: Garland).

Lapa, Manuel Rodrigues, ed., 1965. *Cantigas d'escarnho e de mal dizer dos cancioneiros medievais galego-portugueses* (Vigo: Galaxia).

Michaëlis de Vasconcellos, ed., 1904. *Cancioneiro da Ajuda*, 2 vols (Halle: Max Niemeyer).

Roberts, Kimberly S., ed., 1956. *An Anthology of Old Portuguese* (Lisbon: Livraria Portugal).

Zenith, Richard, ed. and trans., 1995. *113 Galician-Portuguese Troubadour Poems*. Aspects of Portugal (Manchester : Carcanet, in association with Calouste Gulbenkian Foundation, Instituto Camões).

Zumthor, Paul, 1975. *Essai de poétique médiévale*. Poétique (Paris: Éditions du Seuil).

Luís Vaz de Camões and Fernão Mendes Pinto:
A Comparative Overview of their Lives
in Asia and After

ANA HATHERLY

My interest in a comparative study of the lives of Luís Vaz de Camões and Fernão Mendes Pinto dates back to l998 when I was invited by the Department of History of The Johns Hopkins University (Baltimore) to give a seminar on Portuguese Culture *à propos* the commemoration of the fifth centenary of Vasco da Gama's arrival in India. As a Professor of Literature, I chose to focus on the works of those two masters of the Portuguese Golden Age in which reflections of the Overseas Expansion of the sixteenth century can be seen: Camões' *The Lusiads*, Mendes Pinto's *The Peregrination*.

During the time I taught courses on Renaissance and Baroque literature at the Universidade Nova de Lisboa, my approach had always been based on the conviction that a close reading (the works, duly supported by an appropriate historical and theoretical background) would be more profitable than the old method of giving primary attention to biographical details. In spite of this conviction, in the case of Camões I could not but recognize the importance of the record of his life experiences during the time he spent in Asia, however scanty and controversial, considering the role they play in *The Lusiads* and in his poetry in general. As for Fernão Mendes Pinto, due to the autobiographical nature of *The Peregrination*, the available data on the subject became obviously essential. Therefore, unable to avoid the biographical approach in a preliminary stage, I decided to elaborate a program starting with a comparative reading of the available information on the lives of both authors, particularly concerning their Asian experience, intended to function as a backdrop to the subsequent analysis of their works.

Such comparative reading required a detailed chronology of the lives of those authors in the East, a challenging task due to the uncertainty of the available information. But with that approach, I was trying not only to find answers to questions I had been asking myself for quite a while, but also to stimulate the students to further study and investigation. The following is what I was able to learn:

Camões was born in Lisbon (?) in 1524 (?); he sailed to Asia in 1553, at the age
  of 29, returning to Lisbon in 1569 at the age of 45; he dies in Lisbon in 1579
  or 1580, at the age of 55 (or 56).
Mendes Pinto was born in Monte-Mor-o-Velho in 1510 (?); he sailed to Asia in
  1537, at the age of 28, returning to Lisbon in 1558, at the age of 49; he dies in
  Almada in 1583, aged 74.
Camões was in the East for sixteen years, between 1553 and 1569, mainly in
  Goa, but also in Arabia, South-East Asia and Macau (although Charles
  Boxer contests this). He was never in Japan.
Mendes Pinto was in the East for twenty-one years, between 1537 and 1558. He
  travelled to Arabia, India, South-East and Far-East Asia including China and
  Japan.
Mendes Pinto arrived in Asia sixteen years before Camões and returned to
  Europe eleven years before Camões. They were in Asia at the same time
  only for about five years, between 1553 and 1558.
Camões sailed to the East as an exile (more or less voluntarily) trying to
  improve his life. In the East he fights as a soldier and works as a civil
  servant. He associates with Viceroys and government officials. No connec-
  tions with the Church are known. During his sixteen years in Asia he does
  not seem to have been affluent or happy. However, some historians say that
  he amassed quite a bit of money during his stay in Macau, only to lose it all
  in the Mekong River shipwreck.
Mendes Pinto sailed to the East in search of a better life. Starting as a sort of
  jack-of-all-trades, he becomes a successful merchant. By 1554 he is a very
  wealthy man. He decides to return to Portugal, but having been inspired to
  join the evangelical mission of the Jesuits, he joins the Order and donates to
  it a great deal of his possessions, sailing to China and Japan for the fourth
  time in his life.
Camões returns to Portugal in 1569 in complete destitution but with the manuscript of *The Lusiads* and other works. He never married and left no known
  descendants.
Mendes Pinto returns to Portugal in 1558, marries and has two daughters. He
  settles down in Pragal (Almada) on a farm and writes *The Peregrination.*
The Lusiads was published in Lisbon in 1572, the only work Camões published
  during his life time except for a poem in Garcia da Orta's *Colóquios dos
  Simples*, Goa, 1563.
The Peregrination was published posthumously in Lisbon in 1614, 31 years after
  Mendes Pinto's death.

From this brief overview of the lives of these two men in the East and after,
the following series of parallels and contrasts emerges:

Age: Camões is about fourteen years younger than Mendes Pinto.
Journey to the East: Camões sails to Asia in 1553 at the age of about 29;
  Mendes Pinto sails to Asia in 1537 at the age of about 29.
Stay in Asia: Camões is in the East for sixteen years, between 1553 and 1569;
  Mendes Pinto arrives in Asia sixteen years before Camões, returning to
  Portugal eleven years before him.
Age upon return to Portugal: Camões returns in 1569 at the age of 45 (or 46);
  Mendes Pinto returns in 1558, at the age of 49 (or 50).

Death: Camões dies in Lisbon in 1579 (or 1580) at the age of 55 (or 56); Mendes
Pinto dies in Almada (outskirts of Lisbon) in 1583 at the age of 74 or 75.
Having been born fourteen years after Mendes Pinto, Camões dies three or
four years before him.

Conclusion: Camões and Mendes Pinto are in Asia at the same time *for about
five years.* After their return they are in Portugal at the same time for *at least
about ten years (between 1569 and 1579).*

The following comparative details of the lives of these authors may be
helpful to substantiate the questions implied:

In 1553, after receiving the *Carta de Perdão e Soltura,* Camões sails to India on
24 March, on board the *nau São Bento* (replacing Fernando Casado),
arriving in Goa at the beginning of September of the same year.
In 1553, having arrived in Goa in 1537, sixteen years earlier, Mendes Pinto is
preparing to leave Asia for good and return to Portugal. So, when Camões
arrives in Goa, Mendes Pinto is already there.
In 1554 Camões sails with the *North Armada* to the Strait of Mecca and Gulf of
Bassorá, returning to Goa in September of the same year.
In 1554, the body of St. Francis Xavier, who died in China in 1552, arrives in
Goa, after stopping in Malacca in 1553. Thus, two years after St. Francis
Xavier's death, his body arrives in Goa in a state of incorruptibility, which
was considered a miracle. A great friend and admirer of the Jesuit
missionary, Mendes Pinto was, like everybody else, immensely impressed
and moved by this event. Perhaps influenced by the climate of fervour which
developed around the figure of St. Francis Xavier, Mendes Pinto undergoes
what is described as "a process of mystical conversion," and after consulta-
tion in Goa with the Jesuit Father Belchior Nunes (who was preparing to
leave for Japan), he decides to join the evangelic mission, donating the bulk
of his assets to that cause. This decision is applauded by the Jesuits and
Mendes Pinto, the main sponsor of that enterprise, is also appointed Ambassador and special envoy of the Viceroy, charged with establishing diplomatic
relations and trade agreements between Japan and Portuguese India. He
agrees not to wear the garb of the Jesuit Order until the mission is
completed. He then sails to China and Japan, a painful journey that lasts two
years, full of delays, mishaps and shipwrecks, all of which he describes in
his letters to the Jesuit Fathers and in *The Peregrination.*

Questions: It may not be surprising that Camões does not mention Mendes
Pinto or that Mendes Pinto does not mention the presence of Camões in Goa,
since at that time Camões had just arrived there. What is surprising, however, is
that Camões, having almost certainly been in Goa at the time the body of St.
Francis Xavier arrived there, and most probably having witnessed the whole
famous event, fails to mention it either in his poetry or his letters. It is unlikely
that Camões did not know about it and it is also unlikely that he did not know
about the Jesuit's mission to Japan. Why the silence? How could he ignore such
facts? Has the record been lost?

1554–1555, Mendes Pinto sails to Japan on 18 April, 1554 – his fourth trip to Japan – but the ships do not sail from Malacca until April 1555. In 1555, Camões is in Goa and participates in the celebrations of Francisco Barreto's investiture as Governor, when his *Auto do Filodemo* was performed. Later the same year Camões sails to Malacca (and Moluccas) where he is supposed to have stayed for a year.

Question: Were Camões and Mendes Pinto in Malacca at the same time? Or did they just miss each other?

Late in 1555, Mendes Pinto is in Macau, where he writes a letter dated 20 November, supposedly the first letter ever written by an European from that place. In 1556, Mendes Pinto's expedition sails for Japan.

In 1556, Camões is in Macau (established in 1554 but only in 1557 a base for Portuguese expeditions to the north). The ships stopped at Lampacau, in Canton.

Questions: Again, did Camões and Mendes Pinto coincide there or did they just miss each other once again? Mendes Pinto returns to Goa in 1557, six months after his departure from China. Did he stop in Macau on his return? Camões is supposed to have been there at that time. Did they meet?

In 1558 Camões leaves Macau. Mendes Pinto leaves Goa in 1557, arriving in Lisbon in September 1558.

In 1567, Camões sails to Mozambique where he stays for two years. Embarking for Lisbon in 1569, he arrives in 1570 on board the *nau Santa Clara*, at the conclusion of an outbreak of plague.

In 1569 Mendes Pinto, having returned to Lisbon in 1558, about eleven years before Camões, supposedly starts writing *The Peregrination*.

Questions: Between 1570, the date of Camões' arrival in Lisbon, and 1579 or 1580, the date of his death, both men are in Portugal. The publication of *The Lusiads* took place in Lisbon in 1572. Could Mendes Pinto have failed to know this? Similarly, could Camões possibly be unaware of the existence of Mendes Pinto, given their Asian experiences?

Concerning the fame of both men, the impact the publication of *The Lusiads* had in Portuguese society and abroad is well known, at least to Camões scholars. The first two translations of the poem, by Luís Gomez de Tápia and Bento Caldera, appeared in Spain in 1580, coinciding with the vicissitudes suffered by Camões and his epic at the hands of the censor Frei Bartolomeu Ferreira. The impact of this publication did not bring him the money or the recognition it deserved; these would come only in later centuries. Indeed, Camões died in great poverty, a lonely and dejected old man, as Jorge de Sena depicted him in his short story entitled *By the Rivers of Babylon* (Portuguese original *Super Flumina Babylonis*).

Mendes Pinto spent the last years of his life quite differently. His *Peregrination*, having been published thirty-one years after his death (edited by the royal chronicler Francisco de Andrade, in 1614), suffered no scrutiny by censors, and although he does not seem to have been known for his remarkable work during his life time, his reputation as an expert in Asian affairs conferred on him a measure of recognition, due in particular to an edifying letter he wrote, published by the Society of Jesus in 1555. This letter extended his reputation beyond national frontiers.

In spite of this, he could not obtain from the regent Queen Catherine, nor later from Cardinal Dom Henrique, as he expected, any reward or compensation for his services to the crown while in the East, even though Barreto had written a letter of recommendation for this purpose. Nonetheless, when in 1562 Mendes Pinto retired to his Quinta do Vale do Rosal (near Charneca da Caparica, still standing), he was visited by such illustrious scholars as João de Barros, an Ambassador of the Grand Duke Cosimo de Medici, and the Jesuit historian Giovanni Maffei, accompanied by João Rebelo and Gaspar Gonçalves, who consulted him on Asian affairs. It is also an indication of his distinction that he was appointed Judge and an Officer of São Lázaro and Albergaria, in Almada.

While not a wealthy man, Mendes Pinto is not known to have suffered financial difficulties. Three months before his death he finally received from the crown the compensation he had so long waited for: on 15 January, 1583, Felipe II of Spain granted him an annuity to be paid in wheat, then a valuable commodity. He died on 5 July of that same year.

Camões was born when the discovery process as such was already finished. As a result, he witnessed and experienced mostly the ensuing difficulties. His misfortunes are contextual but also a function of his personality, characteristic of what we now call the manierist mind. He depicts himself as a melancholic soul in a state of permanent discontent, longing for a mythical golden past forever lost, epitomized in the opposition of Sion (past) to Babylon (present).

Mendes Pinto describes himself as "poor me" but actively fashions his own destiny. He lives intensely both the difficulties and the advantages of the overseas expansion, as a merchant, as an adventurer, and as a missionary. A survivor and a believer, he is above all a great traveller. His misfortunes are contextual as well as the result of need, greed, curiosity and dedication.

Neither Camões nor Mendes Pinto seem to have ever travelled in Europe, or had any contact with Brasil. Each in their own particular way, both are heroes and anti-heroes of Portuguese overseas expansion.

After this inevitably sketchy biographical overview, it is evident that many important questions remain unanswered. They are questions I first asked myself and then asked my students, hoping to encourage further investigation.

Works Cited

Adamson, John and Thomas Bewick, 1820. *Memoirs of the Life and Writings of Luiz de Camoens* (London: Longman, Hurst, Rees, Orme, and Brown).

Ayres, Cristovão, 1904. *Fernão Mendes Pinto: Subsídios para a sua biographia.* (Lisboa: Por ordem e na Typographia da Academia).

Boxer, Charles R., 1948. *Fidalgos in the Far East, 1558–1770: Fact and Fancy in the History of Macao* (The Hague: Martinus Nijhoff).

——, 1967. *The Christian Century in Japan, 1540–1650* (Berkeley and Los Angeles: University of California Press).

——, 1969. *The Portuguese Seaborne Empire, 1415–1825* (London: Hutchinson).

Brodrick, James, SJ, 1952. *Saint Francis Xavier, 1506–1552* (New York: The Wiklow Press).

Camões, Luís Vaz de, 1655. *The Lusiads*, tr. Sir Richard Fanshaw, Petronius Arbiter (London: Printed for Humphrey Moseley, at the Prince's-arms in St. Pauls church-yard). Rpt. Cambridge, MA: Harvard University Press, 1940.

——, 1776. *The Lusiads, or, the Discovery of India: an Epic Poem*, tr. William Julius Mickle (Oxford: Jackson & Lister).

——, 1880. *Os Lusíadas (The Lusiads)*, tr. Richard Francis Burton and Isabel Burton (London: B. Quaritch).

——, 1980a. *The Lusiads*, tr. William C. Atkinson, 3rd ed. (Harmondsworth, Middlesex: Penguin Books).

——, 1980b. *The Lusiads*, tr. Leonard Bacon, 3rd ed. (New York: Hispanic Society of America).

Collis, Maurice, tr. 1949. *The Grand Peregrination, being the life and adventures of Fernão Mendes Pinto* (London: Faber & Faber).

Cooper, Michael, SJ, 1965. *They Came to Japan: An Anthology of European Reports on Japan 1543–1640*, Publications of the Center for Japanese and Korean Studies (Berkeley and Los Angeles: University of California Press).

Correia-Afonso, John, SJ, 1969. *Jesuit Letters and Indian History 1542–1773*. 2nd ed. (Bombay, New York: Oxford University Press).

Diffie, Bailey Winius, and George D. Winius, 1977. *Foundations of the Portuguese Empire 1415–1580* (Minneapolis, MN: University of Minnesota Press).

Jackson, K. David, and Ilda David, 1998. *Builders of the Oceans*. Notebooks on the Portuguese Pavilion, EXPO '98 (Lisbon: Assírio & Alvim).

Ley, Charles David, 1947. *Portuguese Voyages, 1498–1663* (London: J. M. Dent; New York: E. P. Dutton).

Penrose, Boies, 1952. *Travel and Discovery in the Renaissance, 1420–1620* (Cambridge, MA: Harvard University Press).

Pinto, Fernão Mendes, 1992. *The Peregrination of Fernão Mendes Pinto: soldier of fortune, trader, pirate, agent, ambassador, during twenty-one years in Ethiopia, Persia, Malaya, India, Burma, Siam, Cochin-China, East Indies, China, Japan. Sailing unchartered oriental seas, he was five times shipwrecked, thirteen times captured, sixteen times enslaved. He met a saint, repented his ways, returned home and wrote his story for his children and for posterity*, tr. Michael Lowery, intr. Luís de Sousa Rebelo, Aspects of Portugal (Manchester: Carcanet Press in association with the Calouste Gulbenkian Foundation and the Discoveries Commission).

——, 1989. *The Travels of Mendes Pinto*, ed. and tr. Rebecca D. Catz (Chicago: The University of Chicago Press).

Rogers, Francis, 1965. "Fernão Mendes Pinto, SJ" Lecture delivered at the annual meeting of the Modern Language Association of America, Chicago, December 28, 1965.

Russell-Wood, A. J. R., 1997. *Portugal e o Mar: um mundo entrelaçado*. Cadernos do Pavilhão de Portugal, EXPO '98 (Lisbon: Assírio & Alvim).

Sena, Jorge de, 1989. *By the Rivers of Babylon & Other Stories*, tr. Daphne Patai (New Brunswick: Rutgers University Press).

Subrahmanyam, Sanjay, 1993. *The Portuguese Empire in Asia 1500–1700: A Political and Economic History* (London: Longman).

Van Scoy, Herbert A., 1949. "Fact and Fiction in Mendez Pinto's *Peregrination*," *Hispania* (USA) 32: 158–67.

New Dates and Hypotheses for Some Early Sixteenth-Century Dramatic Texts Suggested by an Alcalá Annotator of Nicolás Antonio

DAVID HOOK

PAUL LEWIS SMITH

Analysis of some bibliographical marginalia in a work by one of the founding figures of our discipline enables us to discuss their implications for our knowledge of early-sixteenth-century drama and possibly of early printing in Alcalá de Henares.

Lot 268 at the auction of printed books held at Bonham's in London on 12 March 2002 was a copy of Nicolás Antonio's *Bibliotheca Hispana* (2 volumes; Romae: ex officina Nicolai Angeli Tinassii, MDCLXXII). Its condition is not good; the catalogue description of them as suffering 'browning and staining, some mainly marginal tears and repairs, worming to last few leaves of vol. 1 with some loss, vol. 2 with frontispiece repaired on verso, modern buckram, worming to hinges' is entirely fair. What makes these two volumes exceptionally interesting and important, however, despite their poor condition, is that both are extensively annotated in manuscript by a number of early readers who had a special interest in authors associated with Alcalá de Henares and its university.[1] The verbal annotations take three principal forms: the addition of entirely new entries concerning individuals who are not listed by Nicolás Antonio; the insertion of information to fill blanks left in the record given by him; and the addition of further details to his accounts. There are also some non-verbal annotations, by way of single or double oblique marginal strokes and other marks to draw attention to particular entries; sometimes points are under-

---

1 This was drawn to my attention before the auction by the London antiquarian bookdealer Judith Hodgson, who then acquired the volumes on my behalf. On inspection, it emerged that this copy was formerly in the library of the distinguished Hispanist Professor James O. Crosby, who kindly informed me (in personal correspondence) that he had indeed observed the Alcalá connection in the hand of the principal annotator, but had not undertaken any research into this question before consigning the volumes to sale. The earlier provenance of the volumes is unclear; there is an inked-over MS ownership inscription in volume II, which ends 'de Alcala' (DH).

lined in the text with or without further marginal comment. In the case of one annotator in particular, numerous of the marginalia added by this reader record details of works written by authors educated and/or teaching at Alcalá, and among these are several that offer details of early dramatic texts from the sixteenth century. In this category, of particular interest are those which give dates or other information not previously recorded in the sources available to us.

Faced with the potential importance of this, it is necessary first to establish a chronology for the annotations, and then to determine both the basis of the annotators' knowledge of the material they record, and, as far as possible, its reliability. By definition, the *terminus a quo* for all the annotators is 1672, the year of this edition's publication. Numerous earlier dates of publication are cited for works mentioned in the marginalia, but more important for present purposes are the dates later than 1672 found in various annotations by the principal hand, who sometimes underlines elements of his entries such as dates, placenames, and titles of works:[2]

> P. Francisco Peinado, jesuita. Catedratico de Teologia en Alcala. Logica en 4. en Alcala por Franci*sc*o Garcia año de 1672. Fisica en 4. por el mismo. 1673.
> (I, 349; Xx3*r*)[3]

> Doctor Alonso Limon Montero medico i catedratico complutense trat. de vrinis en 4. apud francisco Garcia, an. 1674. et trat de Baños, i aguas de España. (I, 25; D1*r*)[4]

> El Dotor Juan de Paramo y Prado, colegi*a*l maior de <u>Alcala</u> capellan de los Reies nuebos de Toledo, canonigo de Granada: <u>el Cortesano del cielo</u>, en 4. en Madrid por Roque Rico de miranda, año de <u>1675</u>. (I, 563; Bbbb2*r*)[5]

> Complutense = Juan Caro⁺ /⁺del Arco\ Presbitero, natural de Pastrana: <u>Historia de N*ue*st*r*a Señor*a* de la Oliua</u>. en 4. en Alcala. por franci*sc*o Garcia, año <u>1676</u>. (I, 505; Sss1*r*)[6]

---

   2   References are to volume and page, and printed signature *recto* or *verso*, of this copy. In this article, contractions are expanded in italics and interlinear additions are marked by /oblique strokes\; crosses as location marks (*signes de renvoi*), and underlining of elements of the text, are reproduced as such. Orthography and capitalisation are those of the original, as are the forms of personal names given.

   3   Peinado's *Logica* is probably Palau no. 216361, but this is dated 1674. The *Fisica* is not recorded in Palau.

   4   Palau attributes the *Tractatus vrinis in qvatvor dispvtationes diuisos* (Compluti: Franciscus Garcia Fernandez, 1674; 4°) to 'J.' Limón Montero (no. 138448); 'Alfonso' Limón Montero is given authorship of the *Espejo christalino de las Aguas de España hermoseado, y guarnecido, con el Marco de variedad de Fuentes, y Baños* (Alcalá: Francisco García Fernández; 1697, folio) (no. 138447).

   5   Palau no. 212161.

   6   Juan Caro del Arco y Loaysa, *Historia del sagrado monte de la Oliua, y su milagrosa Imagen* (Alcalá: Francisco García Fernández, 1676) (Palau no. 44853).

Complutense. Fr Alonso Madalano, Religioso de N.P.S. Francisco Provincia de Castilla sermones varios, en 4. en Madrid apud Antonio Gonzalez, año de 1676. Vida de Santa Rosa de Biterbo, en 4. Madrid. (I, 27; D2r)[7]

The latest such date is a crucial case of a present tense in a reference to 'D. Iosephvs Pellizer de Salas (alias Ossav) de Tovar' (I, 621; Iiii2v), who is described in the margin as 'Complutense, i este año de 1678 es el decano'. From this it seems safe to conclude that this annotator was writing in Alcalá de Henares in and around 1678. In addition to his use of references in other printed works, an important source of his knowledge of the biographies of his subjects appears to have been records and documents preserved in the archives of foundations in Alcalá itself:

vna epistola ay deste autor escrita al santo cardenal en el Archiuo del coligio maior del año 1498. (I, 551; Zzz4r) (referring to Ioannes Lopis and Cardinal Ximenez de Cisneros).

[. . .] se opuso a las catedras de teologia, i lleuo la de Prima de Santo Tomas, que leio los años 1543: asta el año de 1547. como consta de los libros, de pagos de los catedraticos; sucediole enella el Sr de Cuesta [. . .] (II, 96; M4v). (referring to Melchior Cano.)

ay vn original en el Archivo del conuento de Nuestra Señora de la Salçeda (I, 222; Ee3v)

estan las obras originales en el colegio maior de Alcala (II, 256; Ii4v)

At least one of the other annotators had access to similar sources in Alcalá, as a marginal note in a different hand and ink concerning Alphonsus Lobo makes plain (I, 25; D1r), whilst giving a more precise location for this second annotator, if not for the volume itself:

Consta de el libro de recepciones de este mayor Collegio de S. Pedro y S. Pablo aver sido collegial en el este Padre Alphonso Lobo.

The use of 'este' establishes beyond question a link between our second annotator and this Colegio Mayor at the time that he was writing, which may be placed after 1680 by reference to the fact that elsewhere (I, 610; Hhhh1v) he refers to a book printed in that year.[8] A third, undatable hand is distinguished by a very neat Italic script and tiny writing; and some other notes cannot be identified conclusively with any one of these three hands. Institutional ownership of these volumes at Alcalá from the early 1670s would be a sufficient explanation

---

7   According to Palau (no. 141360), Alonso López Magdaleno, *Atributos panegiricos en catorce sermones misceláneas* (Madrid: Antonio González de Reyes, 1676; 4°), who also wrote a *Vida de Santa Rosa de Viterbo* (Madrid, 1675; 4°) c no. 141359).

8   'Fr. Juan Lazaro Vida lector jubilado de la regular observancia de san Francisco escriuio vn tomo en 4° intitulado Lucha interior y guerra continua de las almas impreso en Alcala año de 1680.'

both of the interest in authors affiliated to the University, and of the succession of different hands involved in adding marginal notes to these volumes. Sometimes other annotators add information to notes by the principal annotator; on occasion they enter completely fresh notes concerning previously unannotated individuals; infrequently they contradict an assumption or an identification made by an earlier annotator.[9] An example of the first process is the connection between F. Alphonsus Vasquez and Alcalá, which attracts annotation by two hands; the principal annotator adds a marginal 'Complutense', and notes at the end of the printed account 'Colegial de S. Pedro i S. Pablo' (I, 41; F1r), while the later hand of the second annotator, who uses a lighter, brown ink, adds below 'Complutense' in the margin 'Prov. Castelle'. A similar situation arises in the case of F. Angelus del Pas, whose entry attracts the same two annotators, in the same sequence (I, 72; I4v). The principal annotator writes first:

> Complutense. Fue colegial en Colegio de S. Pedro i S. Pablo, el año de 1560 [corr. from 1550] por 4 años.

This note is followed by one in the distinctive hand and lighter, brownish ink associated with the second annotator, who was clearly also using the institutional archives:

> Ay vnas firmas de este Venerable Padre en el Archivo deste mayor Collegio; siendo Presidente de el:

Another hand also refers to an unspecified Colegio Mayor, in a note in the present tense, added to the entry for D. Antonius Zapata (I, 131; R2r) and suggesting close familiarity with the institution:

> Complutense. Estudio en Alcala parte de la Filosofia viviendo en las casas que el colegio maior tiene para esta familia descendientes de la linea del Santo Cardenal Cisneros.

Finally, a further source for biographical information dispensed in the annotations was oral testimony. The principal annotator records, for F. Franciscus Macedo (I, 336; Tt4v),

> Maçedo siendo Jesuita leio Retorica en Alcala desde el año de 1620. en tiempo del Padre Poza. ex ore suo.

Clearly, whatever its importance for more recent events and individuals, this category of source is unlikely to have been of great significance in the late 1670s for information concerning publications of the first decade of the sixteenth century.

Questions remain as to whether the annotation of the volumes was an

---

9 Conforming, in this respect, to practices observed in Hook 141–42.

ongoing, possibly collaborative or institutional, project – never actually completed – rather than merely the *ad hoc* work of successive individual annotators. On the blank leaf at the end of the third printed index (II, 470; Nnn1*v*) the principal annotator has begun an 'Apendice de otros colegiales maiores de Alcala que an impresso obras, y no se allan en esta B*iblio*teca espanola', writing the names in two columns and leaving a large blank space under each name, except for two who have complete entries with bibliographical details provided. Nothing has subsequently been added, however, for the other names. The second piece of evidence of use of the volume in continuing work is a series of notes acting as prompts for further research to determine whether certain named individuals were present at the Council of Trent: in the hand of the principal annotator (I, 191; Aa4*r*), for example, a note on Christophorus de Roxas et Sandoval ends 'vease si se allo en el concilio de Trento'. It is possible that we may have here a reference copy used in an institutional context as a kind of directory of Alcalá intellectual and cultural figures.

University archival material, current personal knowledge, other printed works, and oral informants were obviously sources for the biographical information gathered in the marginalia. One other important source for the principal annotator's information on the works published by the authors whom he discusses seems to have been copies of the texts themselves. It is obvious that he was relatively well informed bibliographically, and possessed a personal library of his own, in addition to whatever institutional resources were at his disposal. Annotating the entry for 'D. Valerianvs Alphonsvs Ordoñez de Villaquiran' (II, 258; Kk1*v*), he noted of 'De la translacion del cuerpo de S. Ildefonso y milagros sucedidos' that it was 'dedicado al santo card*enal* cisneros. tengo el original'. The entries for works not cited in Nicolás Antonio's original text often include details of place, printer, and date; examples from the MS 'Apendice de otros colegiales maiores de Alcala que an impresso obras, y no se allan en esta B*iblio*teca espanola' (II, 470; Nnn1*v*) are:[10]

> El Dotor Don juan de Hereros sermon de la conquista de Oram. impresso en Roma, por franc*isc*o moneta, año de 1654.

> El Dotor D. Juan de Zafrilla oracion concionatoria en las onrras de su Santo Fundador impresso en Alcala por Maria Fernandez año de 1645. i en Roma dicho año.

Other entries cite also the format (e.g. I, 25, 349, 505, 563, all cited above). Where it is possible to check from standard sources the information given about recorded editions, it is in the main accurate, though the annotator occasionally uses a short-title or close approximation to the title, and sometimes scores what might be charitably termed a *proxime accessit* with a name (examples are given in notes 3–7 above). In general, however, his overall accuracy may be felt to be sufficient to justify placing some confidence (though not, perhaps, unqualified

---

10 Neither of these can be traced in Palau.

confidence) in the reliability of the information given by this annotator about what appear to be hitherto unrecorded editions, and about other matters.

Among the most important aspects of the marginal annotations in the principal hand, from the point of view of literary history, is the information given about early dramatic authors. These notes, which all occupy the lower margin of the respective pages, are as follows, here arranged in chronological order rather than the alphabetical sequence in which they inevitably occur in the volumes:

1. Petrus de Salacar de Breño: Egloga. Compluti: an. 1507. (II, 189; Aa3r)

2. Dr Petrus de Lerma Abbas complutensis 3º ex primis, dicte vniversitate: vna Farsa de los misterios de la fee Compluti anno 1508. (II, 166; X3v)

3. Didacus de Herrera, natural de Areualo. Farsas del Sacramento, Compluti, anno 1509. (I, 222; Ee3v)

4. Didacus de Guadalupe: Ehloga, o, Farsa. Compluti. 1510. (I, 221; Ee3r)

5. Petrus Lopez Ragel, Farsa al nacimiento de N*uestro* R*edento*r Jesuchri*st*o Compluti anno 1512. (II, 167; X4r)

6. (Added to the printed entry for Ferdinandus Lopez de Ianguas):[11] Dialogo de la Prudencia en verso. Burgi anno 1520. (I, 289; Oo1r)

There is also a reference to a literary work that does not appear to us to be dramatic:

7. Didacus Nunez de Quiros: Vergel deleitable de illustres Amadores en verso. compluti año 1508. (I, 234; Gg1v)

Location of a manuscript or place of performance are two possible explanations for the references to these texts as 'Compluti', but it seems more probable that they are to be taken as statements of typographical origin rather than anything else (whilst many marginal entries for identifiable printed books give both place and printer, others record merely the place). It is interesting that not one of these seven items is recorded by modern historians of printing as a product of the Alcalá printers in the first years of the sixteenth century. No editions with these dates are listed by Norton, and the catalogues published by Julián Martín Abad have a hiatus between 1504 and 1511 into which nos. 1–4 above would neatly fall were these indeed printed editions.[12] Were this the case, the hiatus in production would be more apparent than real, and the result rather of the vagaries of survival, and of modern awareness of early records, than of any absence of printing activity from the university town.

[11] This note is, like the others, in the lower margin, introduced by a +. Despite the possibly ambiguous positioning of the corresponding location mark in the left-hand margin, it lies at the end of the entry for Yanguas, rather than the beginning of that for Ferdinandus Magellanes.

[12] Martín Abad 1991: I, 208–11. No copy of any of these items is listed in Martín Abad 1998: 33–90 with these dates; the situation is the same in Martín Abad 2001: 511.

If the dates and details given are accurate, the annotations on drama have important implications for activity contemporaneous with and immediately following the successive editions of Encina's *Cancionero* (Salamanca 1496 [eight plays], Seville 1501, Burgos 1505, Salamanca 1507 [ten plays], and Salamanca 1509 [twelve]). They extend our knowledge of lost works and suggest that Alcalá de Henares was an early centre of imitation and innovation in Encinian dramatic styles. They challenge assumptions not only about the dates of individual works but also about the pace at which drama developed.

The following paragraphs consider the authors and works in their probable ascending order of interest for historians of early drama.

Diego de Guadalupe (no. 4 above). The *Égloga o farsa* dated 1510 by the principal Alcalá annotator is most likely to be the lost *Égloga fecha por Diego de Guadalupe*, which is the only known work by this author (García-Bermejo 79 no. 22). Fernando Colón acquired the text in Medina del Campo on 21 November 1524 (*Regestrum* no. 4048). Whilst knowledge of this work is too fragmentary to permit its safe classification, the first line as recorded in Gallardo's note of the *Regestrum* entry, "Dios te salve: ¿acá qué hacéis?", could be that of a Christmas play or an Easter play related to the *Officium peregrinorum* or the *Visitatio sepulchri*. As with the other plays, the information supplied by the annotator (author, date, place of production) seems more likely to refer to a printed edition than to a manuscript.

Lopez Ragel (no. 5 above). The *farsa* attributed to 'Petrus Lopez Ragel' is most likely to be the Christmas play which is the only known work of Pedro López Ranjel. It survives in a *pliego suelto* with no date or place of production, but attributed by Norton (no. 339) to the Burgos printer Alonso de Melgar: *La Farsa siguiente hizo Pero Lopes Rangel, a honor y reverencia del glorioso nascimiento de nuestro Redemptor Jesu Christo y de la Virgen Gloriosa, Madre suya. En la cual se introduzen cuatro pastores. Los nombres de los cuales son: Juan, Domingo, Bras, Benito y un salvaje que los viene assombrar [. . .]* (García-Bermejo 91 no. 2). There is a scholarly edition by Gillet (860–890), and there are also facsimile editions by Pérez Gómez and Federico Delclaux. The extant play is deeply Marianist. This and its theo-political theory of the cosmic status of Jesus Christ have been judged its more original features (Hermenegildo 93). The earliest date which scholars have assigned to the text is '*c.*1520?' (García-Bermejo 91 no. 2; based on the single known printed copy, Norton no. 339); 1512 must now be considered the *terminus a quo* for composition, notwithstanding the possible influence of Lucas Fernández, whose extant plays were printed in 1514.

Pedro de Salazar de Breño (no. 1 above) has long been known as "Salazar de Breno", the name which appears in the extant text of his only known work: the *Égloga hecha por Salazar de Breno y otros tres pastores compañeros suyos. Dirigida al muy Ilustre y magnífico señor el Duque de Medina Celi [. . .]*. The text survives in a printed edition with no date or place of production, but possibly using blocks employed elsewhere as late as 1552 (García-Bermejo 54 no. 4). There is a modern edition by Heaton (76–99). This play is a love eclogue and a *pieza de circunstancias*. Part of it alludes to the marriage of Juan de la Cerda, second Duke of Medinaceli, with María de Silva y Toledo, which took place in 1511. The dating by our annotator may well refer to an earlier version of the same work which did not include the allusion to the wedding. This is of a localised nature consistent with interpolation. The play deals with unrequited suicidal love. It is believed to have been directly inspired by Encina's play on the same theme, the *Égloga de Fileno, Zambardo y Cardonio*, the first known edition of which is that of 1509 (*Cancionero*). Without yet having access to it, we wonder if the real source is the eclogue by Antonio Tebaldeo, *Tirsi e Damone*, which directly inspires Encina. Various editions of the Italian work had appeared by 1507, the earliest known being that of Modena 1498. Heaton observes that scholarly use of the name Breño, as distinct from Breno, originates with Cotarelo y Mori (*Teatro espanol anterior a Lope de Vega: Catálogo de obras dramáticas impresas pero no conocidas hasta el presente*, 1902), who claimed to have been working from Gallardo's note of an entry in Colón's *Regestrum*. Use of 'Breno' originates in Cañete's edition of Lucas Fernández's *Farsas y églogas* (1867). With one important caveat, Heaton understandably thought that Cotarelo had made a mistake: "Cotarelo was wrong in changing the proper noun 'Breno', which he observed in Cañete and which he, like Cañete, assumed to be part of Salazar's name, to 'Breño', unless indeed Gallardo's 'papeleta' itself gives this latter form" (2n). The caveat now seems justified. It seems likely that Cotarelo had read Gallardo correctly, that Gallardo had correctly recorded the entry in the *Regestrum*, and that this had been based on the dramatic text, probably that of a printed edition, which was later known to our man in Alcalá. Only by consulting the original entry in Colón's *Regestrum*, which we have not been able to do, can this issue be firmly resolved. (Cotarelo gives the *Regestrum* number as 12492.) Our guess, however, is that Cañete dealt with the text which Heaton would later edit, and which in our estimation is an amplification of the original composition.

Dr Pedro de Lerma (no. 2 above) is the VIP of this group and the only one of these authors of whose life we possess some knowledge. The little that is known is fascinating and opens up intriguing possibilities about his doctrinal use of drama and in lesser degree about his technique. Cisneros chose him as the first Chancellor of the University of Alcalá. He taught philosophy, had taken his doctor's degree at the Sorbonne, and shared his patron's admiration of Erasmus. The triumph of the anti-Erasmian movement in the 1530s ended his career at Alcalá. After twenty-five years in the post of Chancellor, he was banished on suspicions of heresy.[13] In the biography of the University's founder composed by Pedro Fernández Pulgar (Madrid, 1673), Lerma is mentioned as the author of a "*Comedia o farsa*, que se imprimió y representó en Alcalá, año de 1508" in which he "talks about" ("habla de") Cisneros (García-Bermejo 25). The play to

---

[13] Alvar Esquerra 25 and n. 44. Lerma was not the only founding academic with Parisian qualifications. The teaching culture at Alcalá was more influenced by the French model than by that of Salamanca (Alvar Esquerra 43).

which our annotator refers is apparently the same one, given that he assigns it to 1508. This was the year in which Alcalá received its first students. It is likely therefore that the play was a propaganda piece which celebrated the founding of the University, its opening, and its theological mission.[14] Its doctrinal range may have been exceptional by the standards of religious drama and it could have been the first public display of Lerma's Erasmianism.

Diego de Herrera (no. 3 above) is known as the author of a lost Christmas play whose title is recorded as *Farsa del Nacimiento* (García-Bermejo 106 no. 65). The information provided by our principal annotator reveals him as the probable author of a body of religious plays and specifically Corpus Christi plays which celebrated the importance of the Eucharist, thus foreshadowing the *auto sacramental*. The dating of the Herrera plays should now become the *terminus a quo* for the embryonic *auto*. Amongst other examples of this form, the earliest is either the lost *Farsa sacramental* of Fernán López de Yanguas (born 1487?) or a work of unknown authorship: the *Farsa compuesta para se representar el día de Corpus Christi en presencia del Santísimo Sacramento, en cuyo loor se compuso*, whose dedication was written in 1521. (On these two works, see González Ollé xxxiii–xlii.)

López de Yanguas (no. 6 above) has not previously been linked with the University of Alcalá. However, nothing of the little that is known about him discredits the imputation of a link. In view of his academic title, *bachiller*, and his likely date of birth (1487), he may have been an early student at Alcalá who prolonged his stay in some teaching role in a *colegio menor*.[15] If so, it must have been in Alcalá that he cut his teeth as a dramatist. *Diálogo de la Prudencia* is the title of a work by Yanguas which Salvá discovered as an index entry in the library of the Duke of Osuna. Though it may have been that of a performable piece, it is unlikely to have been that of a play, given what is known of contemporary use of *diálogo* as a generic term and that *farsa* is the term employed in the author's known drama. González Ollé (xix) is inclined to think that the *Diálogo* was the Erasmian work *Triumphos de la locura* under a different name, in view of the fact that *Triumphos* ends with a dialogue between the author and Prudencia. However, it is also possible that we are dealing with two separate but related works which textually overlapped. The earliest known edition of *Triumphos* is that attributed by Norton to Alonso Melgar of Burgos circa 1526 (Norton no. 334).

Yet another text listed by the principal annotator is probably a non-dramatic work, whose author Diego Núñez de Quirós (no. 7 above) is presumably to be

---

[14] The inauguration of the University ceremonially took place towards the end of July, so it is improbable that Lerma's play was written for Corpus Christi. Hundreds of students attended the inauguration. See Alvar Esquerra 25.

[15] The *colegios menores* served as kinds of preparatory schools for degree-level studies. Amongst the various senior colleges the earliest and most prestigious was the Colegio Mayor de San Ildefonso. Its student community was made up of *becarios* and was relatively small. The first of the San Ildefonso students were mainly *bachilleres* from Salamanca. See Alvar Esquerra 25, 48–49.

identified with the poet distinguished by that name from others merely desig-
nated 'Quirós', in various editions of the *Cancionero general*, begining with
that of 1514.[16] It is, however, tempting to attribute to Diego Núñez de Quirós
the *Metafora en metros que fizo Quiros al señor Iuan fernandez deredia*
assigned by Norton (no. 1118) to the Toledo press of Juan de Villaquirán with a
date of '*c.* 1515?' in view of the close lexical and alliterative parallels in the
titles of the two works involved (*Vergel* [. . .] *en verso*, *Metafora en metros*).
Other works by 'Quirós' (without further onomastic qualification) are known
from poetical chapbooks of the second decade of the sixteenth century in which
they are associated with poems by various other authors (Norton & Wilson nos.
24, 55, 78).

   Among the lost works which were known to someone in Alcalá in 1678, for
us the most intriguing are the *Farsas del Sacramento* of Herrera, the play by
Lerma, and the *Diálogo de la Prudencia* of López de Yanguas. It is highly
unlikely that we shall ascertain the identity of any of the annotators, but it may
be worth a try, particularly in view of the importance of assessing the accuracy
of the factual basis of the information they provide. The author of the Cisneros
biography of 1673, Pedro Fernández Pulgar, who knew the play by Lerma, has
an obvious *prima facie* claim for future investigation.

Works Cited

Alvar Esquerra, Antonio, 1996. *La Universidad de Alcalá de Henares a principios
   del siglo XVI* (Alcalá de Henares: Universidad de Alcalá).
Antonio, Nicolás, 1672. *Bibliotheca Hispana*. I–II (Romae: Nicolai Angeli Tinassii).
Cañete, Manuel, ed., 1867. Lucas Fernández, *Farsas y Eglogas fechas al modo y
   estilo pastoril y castellano, fechas por Lucas Fernández, salmantino* (Madrid:
   Real Academia Española).
Cotarelo y Mori, E., 1902. *Teatro español anterior a Lope de Vega: catálogo de
   obras dramáticas impresas pero no conocidas hasta el presente, con un apéndice
   sobre algunas piezas raras o no conocidas de los antiguos teatros francés e
   italiano* (Madrid: Imprenta de Felipe Marqués).
Delclaux, Federico, ed., 1987. Pero López Ranjel, *Farsa del glorioso Nascimiento*.
   Rialp Facsímiles, 13 (Madrid: Rialp).
Fernández Pulgar, Pedro, 1673. *Vida y noticias de la común aclamación de Santo
   del venerable siervo de Dios D. Fr. Francisco Ximénez de Cisneros* (Madrid:
   n.pub.).
Gallardo, Bartolomé José, 1968. *Ensayo de una biblioteca de libros raros y curiosos,
   formados con los apuntamientos de D.B.J.G., coordinados y aumentados por
   D.M.R. Zarco del Valle y D.J. Sancho Rayón* (Madrid: Gredos; facsimile ed. of
   Madrid: Rivadeneira, 1863–1889).

---

[16] Ian Macpherson discusses a poem by Diego Núñez de Quirós and distinguishes
between these confusingly-homonymic individuals (Macpherson, 71–72). Previous scholars
do not, in his view, always correctly identify them (e.g. McPheeters 176–78).

García-Bermejo Giner, Miguel M., 1996. *Catálogo del teatro español del siglo XVI: indice de piezas conservadas, perdidas y representadas*, Obras de Referencia 9 (Salamanca: Ediciones Universidad de Salamanca).

Gillet, J. E., 1926. "*Farça en honor y reverencia del glorioso nascimiento* (Early Sixteenth Century)", *PMLA*, 41: 860–90.

Heaton, H. C., 1928. "Two Sixteenth Century Dramatic Works", *Revue Hispanique*, 72: 1–101.

Hermenegildo, Alfredo, 1994. *El teatro del siglo XVI*, Historia de la Literatura Española, 15 (Madrid: Ediciones Júcar).

Hook, David, 1997. "Method in the Margins: An Archaeology of Annotation", in *Proceedings of the Eighth Colloquium*, ed. Andrew Beresford and Alan Deyermond. Papers of the Medieval Hispanic Research Seminar, 5 (London: Department of Hispanic Studies, Queen Mary and Westfield College), pp. 135–44.

López de Yanguas, Fernán, 1967. *Obras dramáticas*, ed. Fernando González Ollé, Clásicos Castellanos, 162 (Madrid: Espasa-Calpe).

Macpherson, Ian, 2004. *'Motes y glosas' in the 'Cancionero general'*, Papers of the Medieval Hispanic Research Seminar, 46 (London: Department of Hispanic Studies, Queen Mary, University of London).

McPheeters, D. W., 1961. *El humanista español Alonso de Proaza* (Valencia: Castalia).

Martín Abad, Julián, 1991. *La imprenta en Alcalá de Henares (1502–1600)* Colección Tipobibliografía Española, 1–3 (Madrid: Arco Libros)

——, 1998. "Sesenta y cinco nuevas ediciones complutenses del siglo XVI", *Revista Portuguesa da História do Livro e da Edição*, 2.3: 33–90.

——, 2001. *Post-incunables ibéricos* (Madrid: Ollero & Ramos).

Norton, F. J., 1978. *A Descriptive Catalogue of Printing in Spain and Portugal 1501–1520* (Cambridge: Cambridge University Press).

——, and Edward M. Wilson, ed., 1969. *Two Spanish Verse Chap-Books* (Cambridge: Cambridge University Press).

Palau y Dulcet, Antonio, and Agustín Palau Baquero, 1948–1977. *Manual del librero hispano-americano: bibliografía general española e hispano-americana desde la invención de la imprenta hasta nuestros tiempos, con el valor comercial de los impresos descritos*, I–XXV, 2nd ed. (Barcelona: A. Palau).

Pérez Gómez, A., ed., 1964. *Pliegos conmemorativos de Navidad* (Cieza: «. . . la fuente que mana y corre . . .»).

Los pliegos sueltos del siglo XVI después del *Nuevo Diccionario*

VÍCTOR INFANTES

Desde la aparición en 1970 del (viejo) *Diccionario* de Rodríguez-Moñino, como legado postrero de su forma de entender la investigación, la poesía española del primer Siglo de Oro nunca ha sido igual. Aquel repertorio abrió una brecha crítica –y muy especialmente bibliográfica– que dejó al descubierto muchas hechuras que se creían bien construidas sobre lo que fue un siglo de la mejor literatura poética que dio la cultura española; desde entonces, nos se podía entender nuestra poesía sin contar con su presencia y con su frecuente (y necesaria) consulta.[1] La salida editorial más de veinticinco años después del *Nuevo Diccionario* no hizo sino acrecentar un panorama que crecía a ojos vistas y que en la mayoría de los casos ya había entrevisto en la distancia el saber hacer erudito de don Antonio. En él se añadieron pliegos a docenas, se quitaron algunos, fruto de pequeños errores y duplicaciones inadvertidas, y se corrigieron y enmendaron entradas (entonces) carentes de los datos; de las estadísticas y de las *addendas* dieron buena cuenta media docena de reseñas de todo tipo y condición, que no hubo menester que evaluáramos ni Askins ni yo, era su misión (la cumplieron), y se la agradecemos. En el nuevo repertorio se ofrecieron muchas pistas bibliográficas y un número nada despreciable de obras desconocidas, y me consta (nos consta, el plural en esta ocasión es imprescindible) que su consulta ha colmado las dudas de más de un usuario; creímos que nuestras obligaciones continuaban con unos asiduos "Suplementos" anuales donde íbamos dando cuenta de las aportaciones al tema y modificando los errores y las carencias que se nos habían escapado inadvertidamente.[2] La labor, estamos convencidos al unísono, creemos que ha merecido la pena, y desde entonces hay que dar noticia de nuevos hallazgos (propios y ajenos), diferentes trabajos críticos y modernas líneas de

---

[1] Ver Infantes 1987 para la situación crítica a finales de los años ochenta.

[2] Ver Askins y Infantes 1997, 1998, 1999, 2000 y 2001, el correspondiente a 2002 aparecerá más tarde de lo previsto, tal vez como última entrega de la serie, antes de fundirse en una monografía aparte; sirva también la nota para indicar que en los "Suplementos" se encuentran pormenorizadamente recogidas las referencias que a continuación desarrollaremos, de ahí que –salvo mención explícita– no sea necesario volver a citar páginas, fechas y demás precisiones de los trabajos que vamos a utilizar.

investigación; más, claro está que también, de una nómina de problemas todavía hoy pendientes de una solución satisfactoria.[3] Empecemos por los primeros.

Aparecieron nuevos, y en muchos casos importantes, pliegos del siglo XVI, acompañados de un estudio significativo: la *Ensalada de metros* de Pedro Marín, aportada por Fernández Valladares en sus diferentes y concienzudos asedios a la imprenta burgalesa;[4] una ignota *Elegia sobre la muerte del muy alto y muy catholico principe y rey nuestro señor don Fernando quinto* del Canónigo Polo de Grimaldo, autor y texto rescatado por Mazzocchi; una nueva edición de la *Égloga trobada* de Juan del Encina, tratada por Pérez Priego; la buscada traducción del *Triumpho de amor de petrarcha sacado y trobado en romançe castellano* por un incógnito Castillo que sigue la versión de Alvar Gómez de Ciudad Real, (re)descubierto en un estudio de la trayectoria de Petrarca en nuestras letras medievales (Recio 99–100); el análisis de un desconocido pliego del siglo XVI, las *Coplas que tratan de los sucesos de los años de 1598 y 1599* de Sebastián de Granadilla, a través de una reimpresión salmantina de comienzos del siglo XVII por Infantes y Sanz Hermida (Granadilla); unas valiosísimas *Coplas en loor de Carlos V* del conocido Gabriel de Sarabia, recobradas por Sanz Hermida (Sarabia y Infantes 2000) y los que yo mismo analicé, unos *Proverbios de Salomón* como remate de una *Cartilla* infantil para aprender las primeras letras,[5] un cartel poético con el *Rosario de Nuestra Señora* o *Las leciones de Job en caso de amores* de Garci Sánchez de Badajoz (Infantes 1999b). Otros muchos fueron aportados por nosotros mismos sin la necesidad de un estudio personalizado, por ello no ha lugar una cita precisa, pues se hayan recogidos con todos los datos a lo largo de los diferentes "Suplementos." Recentísimamente, un desconocido pliego incunable, del que sólo se han conservado dos hojas, ha hecho su entrada en la poesía española: unas interesantísimas *Coplas* navideñas de Antón Sanches de Ayalla, publicadas en Valladolid en 1496 (Conde y Infantes).

De los pliegos ya conocidos desde antiguo han seguido editándose (asépticos) facsímiles, que vuelven a poner en el tapete del interés general la significación de su existencia, es el caso de textos como *Aquí comiençan vnos*

---

   [3]   Nos referiremos por obligación, salvo contadísimas (y justificadas) excepciones, a todo lo aparecido desde 1997 hasta la hora de redactar estas líneas, ya (casi) finales de 2002 y, lógicamente, que hayamos tenido noticia segura y lectura calmada, que ambas cosas no son siempre lo mismo. Por otro lado, la relación de tantos trabajos no casa en ocasiones (adecuadamente) con las normas establecidas de citas y referencias, por ello en la "Bibliografía" postrera recogemos todas las entradas por orden alfabético y en el cuerpo del texto no incluiremos nota si la mención se haya como tal en la relación final, en caso contrario sí la señalaremos.

   [4]   En Fernández Valladares 1999c, pero ver, también, Fernández Valladares 1998, 1999a y 1999b.

   [5]   Ver Infantes 1997b. Es un caso singular por el interés del texto, que ya viene confirmado en otras versiones desde la Edad Media, pues, en general, se decidió, queriendo interpretar el deseo del propio Rodríguez-Moñino, no incluir ningún texto poético de las numerosas *Cartillas* y *Doctrinas* para aprender/enseñar a leer en el siglo XVI (Rodríguez-Moñino, nO 766.8) y había, desde luego, donde elegir (Infantes 1998).

villancicos muy graciosos de vnas comadres muy amigas del vino; la *Obra muy graciosa sobre el sanctissimo nascimiento de nuestro Señor Jesu christo al tono de la golondrera: con otras al cabo* de Francisco Benvengut; la famosa *Pregmática real del rey nuestro señor, sobre las balonas, y cosas profanas, que manda guardar en Castilla* del prolífico Benito Carrasco; los *Castigos y exemplos de Catón*; la obra de Bartolomé Torres, *Síguese vn perqué que dizen de veo veo. Y vna glosa de: o mundo caduco y breue. Y vn derreniego a vnas damas. Y vn perqué de nueua manera hecho a vna señora. Y vna canción que dize sola me dexastes*; el *Concilio de los Galanes: y Cortesanas de Roma inuocado por Cupido* de Bartolomé Torres Naharro y los *Villancicos para cantar en la Natividad de nuestro Señor Jesu Christo* de Esteban de Zafra.

Otros pliegos, digamos ya "históricos,"[6] han tenido la fortuna de un estudio particular sobre el autor, el texto o su significación temática y literaria, casos del curioso pliego *De las bubas*, de Joan de Angulo, abordado por Chamorro Fernández (Angulo), la presentación editorial que yo mismo hice de los *Famossísimos romances* de Joaquín Romero de Cepeda o el análisis de famoso *Testamento de Celestina* por García Mondelo.

Si todas estas entradas han hecho referencia a ediciones, o estudios con ediciones incluidas en muchas ocasiones, sobre un pliego concreto, la otra vertiente que indicábamos se ha centrado en determinados estudios temáticos, formales o estrictamente literarios de los contenidos de los pliegos sueltos. No han dejado de tenerlos en cuenta, casi siempre como fondo textual de otros intereses críticos, algunos asedios a motivos del romancero y la lírica popular, nómina que se encabeza con Di Stefano y continúa con Díaz Más, García de Enterría, Pedrosa y Tato; su presencia, junto a una congregación de otras obras, en panoramas sobre la literatura en torno a la figura de Carlos V (Infantes 2000a) y en los panteones poéticos por las muerte del malhadado Príncipe Don Juan (Pérez Priego y Sanz) y Fernando el Católico (Infantes, en prensa) o en la revisión bibliográfica de una obra concreta, los divulgadísimos *Castigos y exemplos de Catón* (Infantes 1997a); la puesta al día de la producción de un autor, como ha ocurrido con el ya mencionado, por prolífico, Benito Carrasco (Izquierdo) y en el estudio de la ubicación literaria de los pliegos de Juan del Encina, situando su aparición en los términos de una estrategia editorial a la que (parece que) no pudo ser ajeno su autor (Infantes 1999a).

En otra dirección han seguido las aportaciones de contenido (digamos) teórico sobre la razón de ser literaria, editorial y lectora de la constelación impresa de los pliegos de siglo XVI, intentando ofrecer unas explicaciones de su tipología y su razón de ser histórica en el panorama de la producción de la época. El rumbo iniciado en un (ya) histórico trabajo de Infantes sobre su "constitución literaria y su contenido literario" (Infantes 1998), han seguido otros del mismo autor sobre su integración con otros productos impresos con

---

6   Me refiero a pliegos ya conocidos desde el *Diccionario* de 1970, que contaban con una edición facsímile.

los que comparte espacio editorial con el llamado "surtido de romances, coplas, historias y otros papeles" (Infantes 2000, 2001), como lo definiera acertadamente Moll, hasta la formalización de los conceptos de "edición poética y poética editorial" (Infantes 1999c), para significar las coordenadas de los criterios de la selección literaria que se ejercía en los talleres de la edición áurea. No obstante, también han aparecido algunas visiones generales sobre la *literatura de cordel* (en su conjunto) que han situado la presencia de los pliegos sueltos del siglo XVI –no olvidemos que son al fin y al cabo la génesis del *género*– en un panorama cronológico de varios siglos de permanencia, casos de Botrel, Mendoza o los volúmenes de Díaz Viana.

Más importantes, sin duda alguna, son los estudios documentales, cercanos (e inmersos) en las fuentes del archivo y de la biblioteca, donde están todavía escondidas piezas desconocidas, menciones insospechadas y sorpresas editoriales de notable consideración. Algunas, y de mucha enjundia, han aportado las revisiones de la producción de la imprenta en Baeza (Cátedra 2001), la de la "Librería rica" de Felipe II (Sánchez-Molero) o la reorganización bibliográfica de los *postincunables* ibéricos hasta 1520 (Martín Abad 2001). Mención aparte merece, en esta línea de trabajo documental, la aportación de la reciente monografía de Cátedra al hilo de los pleitos sobre un pliego de Mateo de la Brizuela, *versus* Mateo Sánchez [de la Cruz] (Cátedra 2002), pues, superando el hecho judiciario –que por demás se aporta en toda su extensión documental– se traza un panorama de estudio a lo largo de todo el siglo de la "invención, difusión y recepción de la literatura popular impresa" que va más allá (de hecho: mucho más allá) del análisis de un caso singular, amén de una cosecha considerable de nuevas entradas bibliográficas; es, sin duda, una monografía que marca un punto de inflexión sobre el estudio de los pliegos sueltos, incluidos, claro está, los poéticos.

Por otro lado tenemos conciencia de que nuestros livianos impresos rara vez se dejan caer en las entradas de los "Inventarios" de las bibliotecas privadas de la España del Siglo de Oro, por más que como he intentado demostrar su ausencia en estos registros no hace sino acrecentar la sospecha de su (más que probable) presencia (Infantes 1997d); pero ello no ha sido óbice para que en algunos inventarios de impresores, libros y editores de este periodo sí hayan aparecido menciones (que no ejemplares) harto interesantes, como en los recogidos por Peña para el ámbito catalán. Las nuevas revisiones de lugares de producción editorial tan importantes como Burgos y Salamanca, que llevan entre manos Mercedes Fernández Valladares y Vicente Bécares, tienen a la fuerza que proporcionar nuevas (y seguro) sorprendentes entradas.

Decíamos con anterioridad que se habían aportado muchas cosas desde la aparición del *Nuevo Diccionario*, y hemos intentado (a continuación) resumirlas para el lector interesado en estos asuntos y facilitarle una puesta al día del interés por los muchos temas que todavía dan de sí esta legión de piezas poéticas, pero también señalábamos que quedan pendientes muchos problemas que tienen que resolverse en estudios y asedios futuros y también, nuevas perspectivas de trabajo e investigación.

Entre los primeros, y sin duda alguna, está el de la adscripción tipográfica y, consecuentemente, la fechación de un (todavía) alarmante número de pliegos sueltos huérfanos de padres tipográficos. No queremos aproximar la estadística, pero basta reconocer que son un número grandísimo, especialmente porque en ciertas ocasiones arrastran cronologías muy tempranas –el recurrente "*c.* 1530" de un conocido coleccionista–, otorgadas por los sueños bibliofílicos de algunos poseedores. Evidentemente es tarea de los bibliógrafos y menos de los críticos literarios, pero son los primeros los que llevan la voz cantante para orientar a los segundos, pues importa (y mucho) fechar y adscribir las ediciones para poder establecer líneas de *tratamiento* poético de los temas, los autores, los modelos y, consecuentemente, de las influencias. Uno de los escollos es que se hayan repartidos por todos los talleres peninsulares y abarcan una producción de demasiados años, lo que dificulta la necesaria adecuación de los especialistas, pero es cuanto menos imprescindible (y urgente) ir abordando por ciudades o por impresores esta deuda tipográfica pendiente,[7] sobre todo a partir de 1520 en adelante. En relación (casi) directa con este asunto, y como ayuda del problema señalado, está el análisis de los miles de grabaditos e ilustraciones que adornan las impresiones de los pliegos, pues la dispersión de las numerosas ediciones facsímiles necesita un repertorio fiable y, sobre todo, unitario de este universo gráfico y editorial.[8]

En los segundos, es satisfactorio señalar que (afortunadamente) se están separando ya (y desde hace algún tiempo) las barreras de algunos *diagramas retóricos* de estudio que *separaban* las obras poéticas insertas en los pliegos sueltos de sus características como modelo específico de impresión, lo que ha permitido establecer pautas de estudios secuenciales entre su textualidad y su formalización editorial. Las venas de la religión, el amor, la información, la sátira, la fiesta, la enseñanza y la ociosidad son conductos del organismo del mismo cuerpo poético por donde también circulan las arterias de otras sangres literarias, eso sí, con distintas nervaduras métricas y diferentes orígenes celulares. Es más fácil entender la trayectoria de un tema, un motivo o una corriente poética cuando se cuenta con una base documental suficiente, pero es también muy necesario valorar las características esenciales de su propia constitución, pues es ésta y no su superficialidad la que explica la adherencia literaria en estos impresos. Hay poesía, desde luego muchísima, *en* los pliegos sueltos del siglo XVI –la cursiva es nuestra–, pero es poesía *de* los pliegos sueltos del siglo XVI –y la cursiva es también nuestra–, como patrimonio de una

---

7 Fernández Valladares me asegura la fechación (aproximada) de más de 100 pliegos burgaleses en esta revisión que antes mencionábamos, ni que decir tiene el interés con el que esperamos la culminación de su *tipobibliografía* castellana.

8 Tanto Arturo como yo siempre hemos sido conscientes de esta necesidad y logramos reunir la práctica totalidad de las portadas de los pliegos del siglo XVI, con no pocos esfuerzos (dicho sea en la nota), pero por diferentes razones editoriales esta recopilación no pudo aparecer con el *Nuevo Diccionario*; no desdeñamos su salida al final de los "Suplementos" para facilitar otras investigaciones.

cuantas centenas de autores conocidos y otras cuantas por conocer, y sometida a unas reglas de juego literario, pero también editorial, que constituyen su propia razón de existir.

Obras citadas

Angulo, Joan de, 1997. *De las bubas*, ed. Inés Chamorro Fernández, Biblioteca Filológica Hispana, 30 (Madrid: Visor Libros).

Aquí comiençan vnos villancicos muy graciosos de vnas comadres muy amigas del vino. Agora nueuamente impresos, 1999. Ed. facsímile (Madrid: 3-B de Bibliofilia).

Askins, Arthur L-F., y Víctor Infantes, 1997, 1998, 1999, 2000, 2001, 2004. "Suplementos al *Nuevo Diccionario*: olvidos, rectificaciones y ganancias de los pliegos sueltos poéticos del siglo XVI (I, II, III, IV, V, VI)," *Criticón*, 71: 191–93, 74: 181–89, 77: 143–53, 79: 167–76, 83: 197–201, 90: 137–52.

Benvengut, Francisco, 2000. *Obra muy graciosa sobre el sanctissimo nascimiento de nuestro Señor Jesu christo al tono de la golondrera: con otras al cabo*, ed. Facsímile (Madrid: 3-B de Bibliofilia).

Botrel, Jean-François, 1997. "Literatura de cordel," en *Diccionario de literatura popular española*. eds. Joaquín Álvarez de Barrientos y Mª José Rodríguez Sánchez de León (Salamanca: Colegio de España), pp. 179–85.

Carrasco, Benito, 1998. *Pregmática real del rey nuestro señor, sobre las balonas, y cosas profanas, que manda guardar en Castilla*, ed. Facsímile (Madrid: Real Academia Española).

Cátedra, Pedro M., 2001. *Imprenta y lecturas en la Baeza del siglo XVI*, Publicaciones del SEMYR, Inventario, 2 (Salamanca: Seminario de Estudios Medievales y Renacentistas).

——, 2002. *Invención, difusión y recepción de la literatura popular impresa (siglo XVI)* (Mérida: Editora Regional de Extremadura).

Castigos y exemplos de Catón. Nueuamente impresso. 1543, 2000. Ed. Facsímile (Valencia: Librerías París-Valencia).

Conde López, Juan Carlos, y Víctor Infantes, en prensa. "Nótula sobre medio pliego poético incunable desconocido: las *Coplas* navideñas de Antón Sanches de Ayalla (Valladolid, Pedro Giraldi y Miguel de Planes, 1496)," *Pliegos de Bibliofilia*.

Di Stefano, Giuseppe, 2000. "El pliego suelto: del lenguaje a la página," en *Imprenta y crítica textual en el Siglo de Oro*, dir. Francisco Rico, Clásicos Españoles, 22 (Valladolid: Universidad de Valladolid), pp. 171–85.

Díaz-Más, Paloma, 2000. "Cómo se releyeron los romances: glosas y contrahechuras de *Tiempo es, el caballero* en fuentes impresas del siglo XVI," en *Historia, reescritura y pervivencia del Romancero: estudios en memoria de Amelia García-Valdecasas*, ed. Rafael Beltrán, Col·lecció Oberta (València: Universitat de València), pp. 67–90.

Díaz de Viana, Luis, 2000. *Palabras para el pueblo*, I: *Aproximación general a la Literatura de Cordel*, Biblioteca de Dialectología y Tradiciones Populares, 32 (Madrid: CSIC).

——, 2001. *Palabras para el pueblo*, II: *La colección de pliegos del CSIC: Fondos de la Imprenta Hernando*, Biblioteca de Dialectología y Tradiciones Populares, 33 (Madrid: CSIC).

Fernández Valladares, Mercedes, 1998. "Notas y datos para la Tipobibliografía burgalesa del siglo XVI," en *Trabajos de la Asociación Española de Bibliografía*, II (Madrid: Asociación Española de Bibliografía), pp. 51–62.

——, 1999a. "Un pliego suelto burgalés ahora nuevamente hallado: la *Ensalada de metros* de Pedro Marín (1552)," *Rivista di Filologia e Letterature Ispaniche*, 2: 95–107.

——, 1999b. "Los problemas bibliográficos de las relaciones de sucesos: algunas observaciones para un repertorio descriptivo (con un nuevo pliego poético del siglo XVI)," en *La fiesta: Actas del II Seminario de Relaciones de Sucesos (A Coruña, 13–15 de julio de 1998)*, eds. Sagrario López Poza y Nieves Pena Sueiro, Colección SIELAE (Ferrol: Sociedad de Cultura Valle Inclán), pp. 107–20.

——, 1999c. "Los caminos de la búsqueda bibliográfica: rastros, indicios y hallazgos de raros impresos burgaleses del siglo XVI," *Pliegos de Bibliofilia*, 6: 5–18.

García de Enterría, Mª Cruz. "¿Reescritura o contaminación de un 'romance viejo'?," en *Historia, reescritura y pervivencia del Romancero: estudios en memoria de Amelia García-Valdecasas*, ed. Rafael Beltrán, Col·lecció Oberta (València: Universitat de València), pp. 91–102.

García Mondelo, Nancy, 2000. "El género epistolar y los consejos de Celestina en un pliego suelto del siglo XVI," *Celestinesca*, 24: 29–46.

Gonzalo Sánchez-Molero, José Luis, 1998. *La "Librería rica" de Felipe II: estudio histórico y catalogación*, Colección del Instituto Escurialense de Investigaciones Históricas y Artísticas, 10 (El Escorial: Ediciones Escurialenses).

Granadilla, Sebastián de, 1998. *Coplas que tratan de los sucesos de los años de 1598 y 1599 (Salamanca, 1607)*, eds. Víctor Infantes y Jacobo Sanz Hermida (Salamanca: Europa Artes Gráficas).

Grimaldo, Polo de, 1999. *Elegía sobre la muerte del muy alto et muy cathólico príncipe et rey nuestro señor don Fernando, quinto de este nombre, de muy gloriosa memoria, rey de Castilla et de León et Aragón, etc.; compuesta en metro castellano por Polo de Grimaldo, Canónigo de la Santa Iglesia de Sevilla. Sevilla (1516)*, ed. Giuseppe Mazzocchi, Publicación de la Institución "Fernando el Católico," 1999 (Zaragoza: Institución "Fernando el Catolico").

Infantes, Víctor, 1987. "Balance bibliográfico y perspectivas críticas de los pliegos sueltos poéticos del siglo XVI," en *Varia bibliographica: homenaje a José Simón Díaz*, Teatro del Siglo de Oro, Bibliografías y Catálogos, 8 (Kassel: Reichenberger), pp. 375–85.

——, 1988. "Los pliegos sueltos poéticos: constitución tipográfica y contenido literario (1482–1600)," en *El libro antiguo español: Actas del Primer Coloquio Internacional, Madrid, 18 al 20 de diciembre de 1986)*, eds. María Luisa López-Vidriero y Pedro M. Cátedra (Salamanca: Universidad de Salamanca y Sociedad Española de Historia del Libro; Madrid: Biblioteca Nacional), pp. 237–48.

——, 1997a. "El Catón hispano: versiones, ediciones y transmisiones," en *Actas del VI Congreso de la Asociación Hispánica de Literatura Medieval (Alcalá de Henares, 12–16 de setiembre de 1995)*, ed. José Manuel Lucía Megías (Alcalá de Henares: Universidad de Alcalá), pp. 839–46.

——, 1997b. "Escritura rimada es mejor decorada: otra versión poética de los *Proverbios de Salomón*," *Dicenda*, 15: 277–82.

——, 1997c. "*Devotio in propatulo*: un cartel poético desconocido de la Cofradía del *Rosario de Nuestra Señora* (*c.* 1545)," *Via Spiritus*, 4: 243–51.

——, 1997d. "Las ausencias en los inventarios de libros y bibliotecas," *Bulletin Hispanique*, 99: 281–92.

——, 1998. *De las primeras letras: cartillas españolas para enseñar a leer de los siglos XVI y XVII: preliminar y edición facsímil de 34 obras*, Obras de Referencia, 14 (Salamanca: Universidad de Salamanca).

——, 1999a. "Hacia la poesía impresa: los pliegos sueltos de Juan del Encina: entre el cancionero manuscrito y el libro impreso," en *Humanismo y literatura en tiempos de Juan del Encina*, ed. Javier Guijarro Ceballos, Acta Salmanticensia, Estudios Filológicos, 271 (Salamanca: Universidad de Salamanca), pp. 83–99.

——, 1999b. "*Las leciones de Job en caso de amores*, trobadas por Garci Sánchez de Badajoz," en *Un volumen facticio de raros post-incunables españoles*, ed. Julián Martín Abad (Toledo: Antonio Pareja), pp. 78–104.

——, 1999c. "Edición poética y poética editorial," *Analecta Malacitana: Revista de la Sección de Filología de la Facultad de Filosofía y Letras*, 22.1: 5–26.

——, 2000a. " 'A un rey tan alto querer alabar': gobierno y poesía para un Emperador," en *Aspectos históricos y culturales bajo Carlos V: Aspekte der Geschichte und Kultur unter Karl V*, ed. Christoph Strosetzki, Studia Hispanica, 9 (Frankfurt am Main: Vervuert: Madrid: Iberoamericana), pp. 374–90.

——, 2000b. "Noticia sobre el autor: de nuevo sobre Gabriel de Sarabia," en *Coplas en loor de Carlos V [Pliego de Cordel] Impreso en Salamanca en la Calle de los Moros por Rodrigo de Castañeda*, Gabriel de Sarabia, ed. José María Sanz Hermida, Serie Facsímiles, 14 (Salamanca: Diputación Provincial de Salamanca), pp. 11–12.

——, 2000c. "Les littératures de large circulation en Espagne du XVe au XVIIe siècle," en *La Bibliothèque Bleue et les littératures de colportage: Actes du colloque organisé par la Bibliothèque municipale à vocation régionale de Troyes en collaboration avec l'École nationale des Chartes (Troyes, 12–13 novembre 1999)*, eds. Thierry Delcourt y Élisabeth Parinet, Études et Rencontres de l'École des Chartes, 7 (Paris: École des Chartes; Troyes: La Maison du Boulanger), pp. 211–20.

——, 2001. "Ristras de papeles y rimas de libretes: las lecturas populares en el cambio de un siglo," en *La cultura en Andalucía: vida, memoria y escritura en torno a 1600*, eds. Pedro Ruiz Pérez y Klaus Wagner (Estepa: Ayuntamiento de Estepa), pp. 129–42.

——, 2005. "Un ejemplo de inspiración notarial: la *Elegía fecha a la muerte del Cathólico Rey Don Fernando*," en *Actas del IX Congreso Internacional de la AHLM (La Coruña, 2001)*, eds. Carmen Parrilla y Mercedes Pampín (La Coruña: Universidade da Coruña; Noia: Toxosoutos), II, pp. 531–46.

Izquierdo, Juan Carlos, 1998. "Un acercamiento a la obra de Benito Carrasco: autor en pliegos sueltos," en *Actas del IV Congreso Internacional de la Asociación Internacional Siglo de Oro (AISO) (Alcalá de Henares, 22–27 de julio de 1996)*, eds. María Cruz García de Enterría y Alicia Cordón Mesa (Alcalá de Henares: Universidad de Alcalá), II, pp. 857–68.

Martín Abad, Julián, ed., 1999. *Un volumen facticio de raros post-incunables españoles* [Fernando de Rojas, *Tragicomedia de Calisto y Melibea* (Zaragoza,

1507); *Estoria del noble cavallero el Conde Fernán González* (Toledo, 1511); Juan del Encina, *Égloga trobada* (Sevilla, *c*. 1510–1516) y Garci Sánchez de Badajoz, *Las leciones de Job* (Burgos, *c*. 1516)] (Toledo: Antonio Pareja Editor), 2 vols.

——, 2001. *Post-incunables ibéricos* (Madrid: Ollero & Ramos).

Mendoza Díaz-Maroto, Francisco, 2001. *Panorama de la literatura de cordel española* (Madrid: Ollero & Ramos).

Moll, Jaime, 1990. "Los surtidos de romances, coplas, historias y otros papeles," en *Actas del Congreso Romancero-Cancionero*, ed. Enrique Rodríguez Cepeda, Ensayos (Madrid: Porrúa Turanzas), I, pp. 205–16.

Pedrosa, José Manuel, 1995. "Coplas sefardíes y pliegos de cordel hispanos," *Sefarad*, 55: 335–37.

Peña, Manuel, 1996. *Cataluña en el Renacimiento: libros y lenguas (Barcelona, 1473–1600)*, Colección Hispania, 4 (Lérida: Milenio).

Pérez Priego, Miguel Ángel, 1997. *El Príncipe Don Juan, heredero de los Reyes Católicos, y la literatura de su época: Lección Inaugural del Curso 1997–1998* (Madrid: UNED).

——, 1999. "La *Égloga trobada* de Juan del Encina," en *Un volumen facticio de raros post-incunables españoles* (Toledo: Antonio Pareja Editor), pp. 62–77.

Recio, Roxana, 1996. *Petrarca en la Península Ibérica*, Poetria Nova, 4 (Alcalá de Henares: Universidad de Alcalá).

Rodríguez-Moñino, Antonio, 1997. *Nuevo Diccionario bibliográfico de pliegos sueltos poéticos (siglo XVI)*, eds. Arthur L-F. Askins y Víctor Infantes, Nueva Biblioteca de Erudición y Crítica, 12 (Madrid: Castalia y Editora Regional de Extremadura).

Romero de Cepeda, Joaquín, 2000. *Famossísimos romances*, ed. Víctor Infantes (Badajoz: Unión de Bibliófilos Extremeños).

Sanz, Jacobo, 1999. "Literatura consolatoria en torno a la muerte del Príncipe don Juan," en *Vida y muerte del Príncipe don Juan: historia y literatura*, eds. Ángel Alcalá y Jacobo Sanz, Colección Estudios de Historia (Valladolid: Junta de Castilla y León), pp. 219–372.

Sarabia, Gabriel de, 2000. *Coplas en loor de Carlos V [Pliego de Cordel] Impreso en Salamanca en la Calle de los Moros por Rodrigo de Castañeda*, ed. José María Sanz Hermida, Serie Facsímiles, 14 (Salamanca: Diputación Provincial de Salamanca).

Síguese vn perqué que dizen de veo veo. Y vna glosa de: o mundo caduco y breue. Y vn derreniego a vnas damas. Y vn perqué de nueua manera hecho a vna señora por Bartolomé de torres. Y vna canción que dize sola me dexastes. etc., 1993. Ed. Facsímile (Almendralejo: [Biblioteca del] Centro Cultural Santa Ana).

Tato, Cleofé, 1999. "El romance 'Miraba de Campoviejo'," *Dicenda: Cuadernos de Filología Hispánica*, 17: 251–81.

Torres Naharro, Bartolomé, 1999. *Concilio de los Galanes: y Cortesanas de Roma inuocado por Cupido*, ed. Facsímile (Almendralejo: [Biblioteca del] Centro Cultural Santa Ana).

Zafra, Esteban de, 2001. *Villancicos para cantar en la Natividad de nuestro Señor Jesu Christo*, ed. Facsímile (Madrid: Berrocal Libros Antiguos).

"Moricos los mis moricos": observaciones sobre el romancero carolingio

BEATRIZ MARISCAL HAY

En el *Libro de Alexandre*, una de las obras más ambiciosas de la literatura medieval española, el autor expresa el desprecio de los poetas cultos por los poemas asonantados de los juglares iletrados que ejercían su oficio lo mismo en plazas que en la corte, ya que no iban correctamente rimados ni medidos:

> Mester trago fermoso,   non es de joglaría,
> mester es sen pecado,   ca es de clerecía,
> fablar curso rimado   por la quaderna vía;
> a síllabas contadas,   que es gran maestría.   (130–131)

La diferencia entre una y otra producción literaria no era solamente cuestión de estilo; para los productores de la literatura culta los poemas asonantados que cantaban los juglares eran portadores de información que no era fiel a la verdad histórica de los hechos.

Una medida de esa desconfianza nos la proporciona la historiografía medieval que a pesar de que considera necesario recoger la información que proporcionan los textos juglarescos, a fin de que la noticia de los hechos sea lo más completa posible, se preocupan por desacreditar su veracidad. En su *De rebus Hispaniae* (1243), el arzobispo de Toledo, Rodrigo Ximénez de Rada, declara:

> Algunos juglares amantes de fábulas dicen que [. . .] Así pues, es preferible aceptar la evidencia de los hechos que dar oídos a las narraciones fabulosas".[1]

La *Estoria de España* alfonsí, que se basaba en los textos historiográficos latinos, recoge los testimonios provenientes de la epopeya, cuidándose de desacreditarlos al poner en duda su veracidad:

---

[1] Véase Diego Catalán (14). Este tipo de declaración aparece en los principales textos historiográficos españoles lo mismo latinos que castellanos.

Dizen los cantares que [. . .] mas por que nos non fallamos nada de esto todo
que aquí auemos dicho [. . .] en las estorias verdaderas, las que fizieron et
compusieron los omnes sabyos, por ende non afirmamos nos nin dezimos que
asy fue, ca non lo sabemos nos por çierto, sy non quanto oymos decir a los
juglares en sus cantares.   (Fernández-Ordóñez 1993: 530–531)

El menosprecio de historiadores, clérigos y poetas cortesanos por la obra de
los poetas populares durante este primer período de creación literaria en lengua
romance no logró acabar con la literatura juglaresca, ni con la vigorosa vida
tradicional que habrían de tener los poemas épicos a través de los romances a
los que darían vida e inspiración. De ahí que en pleno siglo XV, Íñigo López de
Mendoza, Marqués de Santillana, se preocupara por descalificar a la poesía
tradicional, declarándola digna solamente de "gentes de baxa y servil
condición," ya que era compuesta "sin ningúnd orden, regla, nin cuento."
    Con el advenimiento de la imprenta, los romances que se transmitían por vía
oral iniciaron un período de auge gracias a que recopiladores y poetas cultos los
publicaron, los imitaron, los aprovecharon como inspiración o los incluyeron
directamente en su obra.
    Actualmente, los romances que componían y transmitían los juglares y el
pueblo mismo, junto con los que se crearon para ser difundidos por la imprenta,
si bien no han desaparecido gracias a su capacidad de resistencia a los cambios
radicales que se han dado en la producción y difusión de la cultura, viven
marginados en la memoria colectiva de comunidades rurales y de muchos de sus
habitantes, que han sido desplazados a centros urbanos y que continúan
utilizando los mensajes transmitidos por esos relatos poéticos tradicionales
como comentario a problemas sociales que les preocupan.
    Se trata de romances de creación tanto medieval como moderna, vinculados
genéticamente lo mismo con la epopeya española y francesa que con otras
tradiciones baladísticas europeas y que se cantan en la mayoría de los pueblos
en los que se hablan el español, el portugués, el catalán o el judeo-español.
    Dado el desarrollo propio de los textos que se transmiten por vía oral, las
categorías que se han utilizado para definir un romance ("viejo," "tradicional,"
"juglaresco," "nuevo," "erudito," "histórico," "carolingio," "novelesco," etc.) si
bien nos proporcionan pistas de cómo pudo ser originalmente el romance, no
dan noticia de los cambios que puede haber sufrido en el curso de su vida
tradicional. Al tratarse de relatos "abiertos" sujetos a variaciones provocadas
por los cambios que se dan en el referente histórico, cada uno de esos temas
romancísticos ha podido variar a lo largo del tiempo y del espacio tanto en su
forma como en su contenido. Comprender su sentido exige entender lo que
fueron y lo que son.
    Este trabajo está dedicado a un romance de tema carolingio: *Valdovinos
sorprendido en la caza*, que creemos debe haber sido compuesto hace unos
cinco siglos, aunque sólo contamos con textos recogidos de la tradición oral
moderna. Se trata de un romance que es parte de un ciclo de temas
romancísticos emparentados con un poema épico francés de fines del siglo XII,

la *Chanson des Saxons* (ca.1197–1200), del que se conservan cuatro manuscritos del siglo XIII,[2] mientras que del poema español que seguramente medió entre el poema épico francés y los romances no se conserva manuscrito alguno; lo que no debe extrañarnos, dado que el número de manuscritos de poemas épicos españoles conservados es, desgraciadamente, muy limitado.[3]

La gran diferencia entre el número de manuscritos españoles y franceses que sobrevivieron hasta la era moderna llevó a importantes críticos a negar la existencia de una epopeya española.[4] Cabe señalar, sin embargo, que a pesar del elevado número de textos medievales franceses que se conserva, la tradición épica francesa no logró sobrevivir los embates del tiempo y de los poetas cultos, los cuales, al igual que sus contrapartes españolas, lucharon por imponer su arte al de los juglares.

Interesante ejemplo de la tarea de desprestigio de la juglaría francesa por parte de los poetas cultos nos la proporciona el poeta cortesano Jehan Bodel, autor de la *chanson de geste* que nos ocupa, y de *congés,* pastorelas y *fabliaux.*

Para la composición de los 7500 versos alejandrinos consonantados que constituyen su *chanson*, Jehan Bodel se apoyó en relatos tradicionales, de los que hay noticias en *La gran conquista de Ultramar* (Cooper vol. III) y en textos escandinavos como la saga islandesa *Karlamagnús-saga* y la noruega *Saga af Guitalin Saxa* (Gaston Paris 1865b: 18). Pero si bien el autor no niega que conoce los cantos tradicionales sobre las guerras entre Carlomagno y Guiteclin, rey de los sajones, sí se preocupa desde un principio (*laisse* II), por distanciarse de ellas en cuanto a la veracidad de su versión de los hechos, que dice basar en documentos históricos conservados en archivos religiosos:

> Tot si com li droiz contes l'an fu diz et espiax
> Dont ancor est l'estoire à Saint Faron à Miax.   (II)[5]

Y busca sobre todo distanciarse en cuanto a la falta de arte que según él caracteriza a los cantos de los juglares que ejercen su oficio en las plazas públicas:

> Cil bastart jugleor qi vont par cez vilax,
> À ces grosses vieles as depennez forriax,
> Chantent de Guiteclin si com pas asenax;
> Mès cil qui plus an set, ses dires n'est pas biax,

---

2   Véase el importante estudio de Foulon sobre la obra de Bodel.

3   En su defensa de la existencia de una epopeya española, a pesar de la escasez de textos, Menéndez Pidal alegaba el hecho de que había pruebas contundentes de que, en la Edad Media, la destrucción de códices y pergaminos en Castilla había sido notable.

4   Gaston Paris daba por descartada cualquier posibilidad de que se hubiera dado una epopeya española: "España no ha tenido epopeya. Agudos críticos han demostrado este hecho y han dado las razones que lo justifican; no tenemos por qué volver a insistir aquí en ello" (1865a: 203).

5   Todas las citas de la obra de Bodel indican el número de *laisse* y provienen del manuscrito L (Lacabane) editado por Michel.

Qar il ne sevent mie les riches vers noviax
Ne la chançon rimée que fist Jehan Bordiax".   (II)

A pesar de sus alegatos de que su obra estaba basada en datos históricos
fidedignos, su texto no deja de ser una recreación poética de hechos antiguos,
una *chanson de geste* que pretendía estar a la altura de la gran epopeya de
Roland al narrar, con arte, las hazañas de los franceses bajo el liderazgo de
Carlomagno, después de la muerte de Roland en la derrota de Roncesvalles.

De hecho, las guerras entre las huestes carolingias y las sajonas no se
iniciaron, como pretende el poema de Bodel, después de Roncesvalles, que tuvo
lugar el 15 de agosto de 778, sino ocho años antes, en el año de 772, y
continuaron en 773 y 774, en luchas de baja intensidad contra los longobardos.
En 779 vuelven a adquirir importancia, como resultado del ataque sajón a Deutz
y Coblenza. La gran batalla entre las tropas de Carlomagno y las de Widukind,
rey de los sajones, se lleva a cabo, efectivamente, en 782, cuatro años después
de Roncesvalles, haciendo falta un año de guerra para que los francos logren
someter y capturar al rey sajón. En 783 y en 798 vuelven a surgir rebeliones por
parte de los sajones, quedando finalmente conquistada Sajonia en 804
(Halphen). Se trata de 30 años de guerras, en contraste con los escasos tres
meses que duró la campaña de Carlomagno en suelo español y que culminó con
la derrota de Roncesvalles, tan bellamente cantada en la *Chanson de Roland*.[6]

Jehan Bodel compuso su "nueva y bien rimada" *chanson* sobre esos
importantes episodios bélicos con la idea de que se convirtiera en la versión
autorizada de la guerra entre francos y sajones. Para ello utiliza, además de las
antiguas *chansons des Saisnes*, que según la crítica antecederían a su obra en
unos cien años (Aebischer 223–239), la propia *Chanson de Roland* y otras
chansons de geste, la mayoría de ellas de la segunda mitad del siglo XII, cuyos
héroes aparecen mencionados en la *laisse* CXCIII.

Su *chanson* parece haber contado con el apoyo de las clases en el poder,
cuyos ideales se ven reflejados en ella, y con el entusiasta reconocimiento de
poetas contemporáneos, según vemos en los versos del poeta Gerard d'Amiens,
quien considera a la *Chanson* de Bodel digna de ser recitada en todas las cortes:

> Que Jeans Bodiaux fist à la langue polie,
> Del bel savoir parler et science aguisie,
> Par quoy de Guitequin et de Saignes tratie
> A l'estoire, si bel et si bien desclarcie
> Que des bien entendants doit estre actorisie,
> Et de tous volentiers en toutes cours oye.   (Paris 1865a: 290)

---

6   En la rama I de la *Karlamagnús-saga*, el relato del ataque de Carlomagno al rey
Vitikind, que ha tomado Münster (Westfalia) por asalto, no tiene lugar después de
Roncesvalles, sino antes, ya que el emperador espera tres inviernos en la ribera del Rin a que
llegue Roland, quien se encuentra en Nobilisborg, para que lo apoye en la guerra contra los
sajones.

Lo que no logró Bodel fue superar los prejuicios de la crítica francesa decimonónica que consideró que la *Chanson des Saxons* no era un verdadero poema épico, sino un relato de hazañas indignas del hermano del héroe muerto en Roncesvalles, un poema excesivamente "lúbrico" que narraba "leyendas pequeñas y mezquinas" (Gautier 1880: 654).

De hecho, tanto el éxito contemporáneo de la *Chanson des Saxons*, como el desprecio que mostraron por ella los principales críticos franceses modernos, tienen que ver con cambios en el género mismo, que respondían a cambios en la realidad social. Cuando Bodel compuso su *chanson de geste*, a finales del siglo XII, la composición y refundición de poemas heroicos estaba perdiendo actualidad, mientras que otras modalidades literarias, tales como los poemas épico-novelescos, se iban apoderando de su lugar en el gusto del público.

A pesar del gran aprecio por las grandes epopeyas francesas como la *Chanson de Roland*, las *chansons de geste* que se componen en ese fin de siglo se interesaron por otros tipos de heroísmo, por otros tipos de conflictos, de ahí que el poema de Bodel incluyera, además de las hazañas militares, una serie de episodios de índole amorosa, discusiones sobre el trato preferencial y remuneración debida a nobles y guerreros, descripciones del trabajo que realizan artesanos que participan en las guerras, y otros elementos fuera del ámbito estrictamente militar, que seguramente serían del gusto de los cortesanos y burgueses a quienes dedicaba su obra.

El Romancero hispánico habría de recoger precisamente esa mezcla de heroísmo y romance en los romances que tratan la materia de la gesta de los sajones, para transmitir determinados valores acordes con la realidad social de sus transmisores.

La *Chanson des Saxons*, al igual que las diversas *chansons de geste* francesas que inspiraron el romancero carolingio español, seguramente llegó a España gracias al tránsito continuo de juglares, comerciantes y toda índole de peregrinos que recorrían el camino que iba desde los Pirineos hasta el santuario del apóstol Santiago en Galicia.

El trasvase cultural entre los dos países geográficamente contiguos se ve reforzado precisamente en el siglo XII con el establecimiento en la cuenca del Ebro de los aliados francos de Alfonso I, el Batallador (¿1073?–1134), interesado en colonizar ese territorio recientemente reconquistado, si bien el establecimiento de minorías francas en Navarra y Aragón, y aún en Castilla y León, se remonta a tiempos anteriores al reinado de Sancho el Mayor (1000–1032).[7]

Prueba del interés por las *chansons de geste* en España en esa época, y por la *Chanson des Saxons* en particular, nos la proporciona un curioso registro de trovadores, *romans*, *fabliaux*, novelas, personajes de epopeyas y temas épicos franceses, que seguramente tendrían sus adeptos en el norte de España: el

---

[7] Catalán incluye muy valiosa información sobre la épica española tanto de inspiración nacional como francesa. En lo que concierne al paso de las *chansons de geste* a España y la creación de romances de tema francés ver Catalán II–5 y VIII–3.

ensehamen que dirige el vizconde de Gerona y Urgell, Guerau III, Ponç de Cabrera, a su juglar, Cabra, en el que le reprocha su falta de conocimiento de un amplio repertorio de *chansons de geste* que incluía, de acuerdo con el orden de aparición en el poema: *Saisnes, Aiol et Mirabel, Anseïs de Cartage, Amis et Amile, Aye d'Avignon, Roncevaux, Ogier, Girart de Rossilho, Mainet, Elie de Saint-Gilles, Aigar et Maurin, Raoul de Cambrai, Daurel et Beton, Gormont et Isembart, Beuve de Hantone.*[8]

A la gesta *des Saisnes* dedica Guerau 6 versos, en los que la califica como la mejor:

> Del Saine cut
> c'ajas perdut
> et oblidat los motz e'l son:
> ren no'n diçetz
> ni no'n sabetz,
> Pero no'i ha meillor chanson.   (vv. 49–54)

Los numerosos romances que derivaron de esas *chansons* constituyen una rama sumamente rica del romancero tradicional, cuyo particular lenguaje poético llevó a la crítica a pensar en una especialización profesional en romances de tema carolingio por parte de algunos juglares.[9]

Aunque no sabemos en qué lengua se cantaban esas gestas en España, Menéndez Pidal suponía que para que entraran esos relatos en francés en la tradición española y sirvieran de inspiración a diversos ciclos de romances debieron ser traducidos al castellano. Un ejemplo importante de esa práctica nos la proporciona el fragmento en español del poema de *Roncesvalles*, que presenta variantes importantes con respecto a las *chansons de geste* francesas que tratan el tema, lo que representa una tradición española anterior al primer cuarto del siglo XIII, fecha que se ha asumido para este manuscrito (Menéndez Pidal 1917).

Esa es precisamente la propuesta de Menéndez Pidal (1956) en cuanto a la *Chanson des Saisnes* de Bodel, pues supone una **Canción de Sansueña*, en lengua castellana, como punto intermedio entre el poema épico francés y los romances tradicionales españoles de *El sospiro de Valdovinos, Nuño Vero, Valdovinos sorprendido en la caza* y *Belardo y Valdovinos.*[10]

En ese estudio Menéndez Pidal señala los puntos comunes que se dan entre la *chanson* y los cuatro romances derivados de ella, dos de los cuales (*Valdovinos sorprendido en la caza* y *Belardo y Baldovinos*) no habían sido considerados antes por la crítica. Como lo indica el título, el trabajo se centra en

---

[8]   Riquer estudia y edita el *ensehamen* como apéndice II (378–406).

[9]   Menéndez Pelayo y Milà i Fontanals señalaron la abundancia de fórmulas que utilizan los romances carolingios. La definición de fórmula de Parry y Lord sirve a Ochrymowycz para comprobar la composición oral de los romances carolingios.

[10] El artículo (Menéndez Pidal 1956) se basa en un estudio inédito de Goyri que se conserva en el Archivo Menéndez Pidal.

señalar los elementos de la *chanson* que aparecen en la tradición romancística española, con lo que se comprueba, por una parte, la procedencia de los cuatro romances, y, por otra, la más que probable existencia de una versión española de la *chanson* que reuniera los diferentes motivos narrativos incluidos en los romances a los que había servido de inspiración. En la parte dedicada a *Valdovinos sorprendido en la caza*, el erudito observaba que en la tradición oral moderna el romance se conserva solamente incorporado al romance de *Conde Olinos*, pero no se ocupa de lo que esto significa en cuanto al sentido del romance en su estado actual.

En el presente trabajo considero el romance de *Valdovinos sorprendido en la caza* tal y como se da en la tradición oral moderna, con elementos afines a la *Chanson des Saxons* y con elementos identificados con el romance del *Conde Olinos*, en busca de los mecanismos de los que se ha valido la tradición oral para convertir un episodio de la canción épica francesa compuesta por Bodel a fines del siglo XII en un relato que ha sobrevivido los embates del tiempo, como un eslabón más en el conjunto poético-semántico del romancero tradicional español.

Como ya señalé, del romance de *Valdovinos sorprendido en la caza*, a diferencia de los otros tres romances derivados de la *Chanson des Saxons* estudiados por Menéndez Pidal, no se conocen textos antiguos, si bien tenemos la suerte de contar con una veintena de textos recogidos de la tradición oral moderna.[11]

El romance narra la persecución de Valdovinos por numerosos guerreros moros, cuando incursiona temerariamente en tierras del rey moro en busca de caza. Dios y su caballo le permiten huir del peligro. Cito a continuación el texto recogido en 1917 en Puente de Alba, La Robla (León), por Josefina Cela:

> Por los campos de Valverde   Valdovinos fue a cazar
> con su espada doradina   que fino tiene el cortar,
> lo mismo corta moricos   que cochillos por buen pan.
> Ha matado un jabarín   y otro espera de matar.
> Tocó la cuerna del oro   y otra toca de cristal.
> Ya la oyera el rey morico   que en altas torres está.
> –Moricos, los mis moricos,   los que estáis a mi mandar,
> los que bebéis de mi vino   y los que coméis de mi pan:
> ese que toca la cuerna   ganas tien de pelear.–
> Por los campos de Valverde   cinco mil moricos van.
> –Ay mi espada doradina   que dulce tiene el cortar,
> que de muchas me sacastes   y de ésta no sé qué harás,
> pero si de esta me sacas   de oro te he de bordar.–
> Por los campos de Valverde   tres ríos de sangre van.
> Valdovinos y el caballo   no se atreven a pasar.
> Estando en estas razones   comienza el caballo a hablar:

---

[11] Estudio y edito los romances derivados de la *Chanson des Saxons* en Mariscal Hay (2006).

-Aflójame de la cincha   y apriétame del brial
y dame paja y cebada   como me solías dar,
que esos tres ríos de sangre   yo me los he de pasar,
las cuatro bandas de moros   me las pasaré par a par.-
Cuando era mediodía,   no halló con quién pelear,
si non era un perro moro   que non lo pudo matar.

La incursión de Valdovinos en tierras moras sin sus arreos de combate, el desafío que representa el que toque su cuerna, el numeroso contingente de moros que lo persigue y la huida gracias a la ayuda extraordinaria de su caballo se relacionan, según señaló Menéndez Pidal, con sendos pasajes del poema de Bodel que resume en su estudio, los cuales relatan cómo Baudoin, sobrino de Carlomagno, entra en el campamento de Guiteclin, rey de los sajones, para encontrarse nada menos que con la reina Sibile, esposa de Guiteclin.

Veamos en primer lugar los pasajes que nos revelan lo que el romance tiene de herencia. En la laisse CXXVII se narra cómo Baudoin cruza el río desarmado:

Baudoins fu an Rune   desarmez sor vairon;
N'i ot escu n'auberc,   fors le pur auqueton.   (CXXV)

Una hazaña que lleva a cabo en otra ocasión, según informa su escudero al rey Carlomagno:

Sire, dit-il au roi,   trop sui contraliez;
Ne sai de mon seignor ne noveles ne viez,
Alez s'en est sanz armes   ensi com an gibiez.   (CXXX)

Las incursiones del osado caballero francés no habrían de quedar impunes. Cuando un espía avisa a Guiteclin que el enemigo está en la tienda de la reina, el indignado rey exige su captura:

Qant Guiteclin l'antant, li sans li est changüíes:
"Par foi! Fait-il, baron, bien puis estre anragiez
Qant su an mi mon tré de François asegiez.
Se il de vos eschape, don sui-je angigniez."
A tant s'an sont torné, confenons desploiez.
Se il le puen panre, à mort sera jugéis.
Dex li face secors par les soi amistiez.   (CXLVIII)

Baudoin es rodeado por un contingente de 500 guerreros sajones:

Qui gaite Baudoin, anz ou bruil ambuschiez;
An sa compagnie avoit .Vc. Saisnes prisiez,
Or gart Des Budoin et la soe pitiez!
Qar antre paiens est et devant et derrierz.   (*ibid.*)

Son estos 500 sajones los que aparecen en el romance español como los 5.000 moricos que van tras Valdovinos/Conde Olinos en la versión recogida en 1930 en San Pedro del Río, Lugo:

> Por los montes de Acebedo   cinco mil morillos van
> En busca del Conde Olinos,   no lo pueden encontrar.

Cabe mencionar que, aunque en los versos de la *chanson* citados se habla de sajones y no de moros, la identificación entre moros y sajones se da a todo lo largo del relato de Bodel (Mariscal 131–146). Baste como ejemplo el juramento del rey Guiteclin que se declara devoto de Mahoma:

> Vassax, dit Guiteclins, vuez m'en aucun laissier?
> Molt m'avez de ma gent fait à mort essillier;
> Mès par Mahom mon deu, le verai justisier,
> Ou je morrai avec, ou il seront vangiez.   (CXCIV)

Al verse perseguido por los guerreros del rey Guiteclin, Baudoin se encomienda a Dios, se lanza al río que divide los dos campamentos, suelta las riendas de su caballo y lo acaricia para que lo lleve al otro lado.

> Baudoins est an l'aine, qi est roide et corant;
> Doucement de bon cuer va Jhesu reclamant,
> Se de mort l'a gité, or li face garant.
> Son escu met an flote et la lance devant.
> Li chevax l'anporta à guise de chalant,
> Et Baudoins li va les oroilles froiant.   (CLIV)

El trato especial que recibe el caballo en la *chanson* como recompensa por salvar al caballero, en el romance es exigido por el propio caballo.

Finalmente, el río que en la *chanson* divide los campamentos de franceses y sajones, temerariamente atravesado por el caballero francés, tiene una gran importancia en el relato de Bodel: se trata de una barrera militarmente insuperable, hasta que los aliados de Carlomagno construyen un puente por el que pueden cruzar las tropas del emperador y pelear contra los sajones. El poema de Bodel dedica numerosas tiradas de versos a describir en detalle la construcción del puente que sirven para encarecer el trabajo de los artesanos cuya labor llega a equipararse con las tareas militares, ya que sin el puente sería imposible atacar al enemigo. En el romance, el río que deberá cruzar el caballero para quedar a salvo de todo peligro alcanza dimensiones trágicas, y aparece como río de sangre vertida por los moros caídos bajo la espada del caballero cristiano.

Es evidente que, al no contar con versiones antiguas del romance que pudieran orientarnos sobre su desarrollo, no podemos saber en qué momento se llevó a cabo la incorporación de las secuencias narrativas no identificables con el tema heredado de la *chanson* francesa, pero las versiones modernas nos permiten captar el funcionamiento de los ajustes que sus transmisores consideraron necesarios para dar sentido al relato.

Pasamos por lo tanto de los elementos que podemos considerar constituyen el tema del romance de *Valdovinos sorprendido en la caza* a los que constituyen el elemento de innovación, en la inteligencia de que, para los depositarios del saber tradicional, no se trata de la contaminación de un tema por otro, ni de la incorporación de un fragmento correspondiente a un relato en otro que tiene una integridad propia, que es la manera en la que la crítica suele presentar estos fenómenos, sino de un relato complejo que requiere de todos esos elementos narrativos, por redundantes que puedan parecer, para que el mensaje adquiera un sentido cabal.

A lo largo de los siglos que seguramente ha tenido la vida tradicional del romance, sus transmisores consideraron necesario completar el relato del reto del caballero cristiano que incursiona en tierras del rey moro, y de su victoria sobre sus perseguidores, con otros elementos narrativos que identificamos con el romance de *Conde Olinos*, pero que para sus transmisores son simplemente elementos del lenguaje con el que se construyen los relatos que conforman el Romancero español. Y, de manera particular, los romances carolingios.

El elemento más importante que adopta el romance es el de los celos, que llegan a constituir la causa principal del llamado a las tropas moras por parte de la reina. La acción ya no se inicia con el toque de la cuerna sino con el canto de amor del caballero que es escuchado por la reina mora, quien llama a sus hijas para que lo escuchen:

> Conde Olinos, Conde Olinos,   es niño y pasó la mar.
> Levantóse Conde Olinos   mañanita de San Juan,
> Llevó su caballo al agua   a las orillas del mar.
> Mientras su caballo bebe   él se pusiera a cantar:
> –Bebe, bebe, mi caballo,   Dios te me libre de mal,
> de los vientos rigurosos   y las arenas del mar.
> Bien lo oyó la reina mora   de las altas torres donde está:
> –Escuchad, mis hijas todas,   las que dormís recordad
> y oirédes a la sirena   como canta por la mar.
> (J. Menéndez Pidal 1885: 137)

Cuando la verdadera destinataria del canto le informa a la reina que no va dirigido a ella, la reina, celosa, llama a sus guerreros para que persigan al caballero:

> Respondió la más chiquita,   ¡más le valiera callar!
> –Aquello no es la sirena   ni tampoco su cantar;
> aquel era el Conde Olindos   que a mis montes va a cazar.
> –Mis morillos, mis morillos,   los que me coméis el pan,
> id buscar el Conde Olindos   que a mis montes va a cazar.   (*ibid.*)

Al adoptar esos versos del romance del *Conde Olinos* como motivación de la persecución del caballero por las tropas moras, la resolución final del relato de *Valdovinos sorprendido en la caza* es igualmente modificado. En algunas versiones, por ejemplo, la lucha termina con el reconocimiento de que la victoria se debe a la intercesión divina:

Enviara siete mil moros   que lo fueran a matar
y lo encontraron sesteando   debajo de un olivar.
–¿Qué haces ahí, Conde Olinos,   o qué vienes a buscar?
Si vienes buscar la muerte,   te la venimos a dar,
si vienes buscar la vida,   te la venimos a quitar.–
Desenvainan las espadas   y se ponen a pelear.
La sangre que allí corría   parecía un río caudal,
los hombres que allí morían   no tenían fin ni contar.
Era el medio día,   no tenía con quien pelear,
fuera a las orillas del río   a ver la serena pasar.
–¿Qué haces aquí, la señora,   o qué vienes a buscar
Si viene a buscar la vida   se la vengo a quitar,
si viene a buscar la muerte   yo se la vengo a dar.
–Yo soy, Conde Olinos,   la que te viniera a ayudar.
–Perdóname Virgen Santa,   perdóname, Virgen mía,
perdóname, Virgen Santa,   en el tiempo que le ofendía.–

(El Bao, Asturias)[12]

En otras, el relato continúa con el tema del 'amor más poderoso que la muerte' que desarrolla el romance del *Conde Olinos*, incluyendo las numerosas transformaciones que sufren los enamorados después de que la reina, celosa, los manda matar, lo que lleva el relato a la venganza última por parte de los enamorados muertos injustamente: negar la salud –la vida– a la reina:

La reina mora los vio,   y ambos los mandó matar;
del uno nació una oliva   y del otro un olivar,
cuando hacía viento fuerte,   los dos se iban a juntar.
La reina también los vio,   también los mandó cortar;
del uno nació una fuente,   del otro un río caudal.
Los que tienen mal de amores   allí se van a lavar.
La reina también los tiene   y también se iba a lavar.
–Corre, fuente, corre, fuente,   que en ti me voy a bañar.
–Cuando yo era Conde Olinos,   tú me mandaste matar;
ahora que yo soy fuente,   de ti me quiero vengar:
para todos correré fuente,   de ti me quiero vengar:
para todos correré   para ti me he de secar.
–¡Conde Olinos, Conde Olinos,   es niño y pasó la mar!

(La Robla)[13]

---

[12] Con excepción de las versiones publicadas por Juan Menéndez Pidal, las versiones procedentes de la tradición oral y proceden del Archivo Menéndez Pidal, Madrid.
[13] Versión recogida en 1917 por Josefina Sela.

Mientras que en el contexto en el que se compuso la *chanson* francesa podía ser suficiente la incursión del caballero cristiano en tierras enemigas para provocar la respuesta del rey de los sajones, los cantores del romance de *Valdovinos sorprendido en la caza* consideraron necesario reforzar la causalidad entre la provocación del caballero cristiano y la respuesta por parte del monarca, con el motivo de los celos que produce el llamado amoroso que lanza el caballero a la hija menor de la reina mora.

Al adquirir los celos una función central en el desarrollo de la trama del romance, el agente provocador, el caballero, es caracterizado por su juventud ("es niño y pasó la mar"), con el significado de inexperiencia y osadía que esta calificación representa. La osadía se convierte en reto, al dirigir su canto de amor no a la reina, sino a la más pequeña de sus hijas, a quien la madre considera ignorante de lo que es el amor.

El que el caballero toque su *cuerna de oro* en pleno territorio enemigo, señalando que ha tenido éxito en su incursión de caza, constituye un reto, y así lo considera el rey cuando convoca a sus guerreros diciéndoles que es una señal de que Valdovinos "ganas tiene de pelear;" el canto de amor lanzado al aire –no en vano comparado con el canto de las sirenas– es igualmente un reto que llega a oídos de la reina. La provocación se desliza del campo de batalla al terreno del amor.

El hecho de que la reina haya creído que el canto de amor iba dirigido a ella, y por tanto no haya dudado en llamar a sus hijas a que lo escucharan, provocará en ella celos y una ira desmedida: como no puede tolerar su desplazamiento como objeto amoroso, igual que el rey Guiteclin, que no puede tolerar la presencia del enemigo en su campamento, la reina mora llama a sus guerreros para que den muerte al caballero intruso.

El tema amoroso ya estaba presente en la *chanson*, el caballero Baudoin enamora a la esposa del rey moro y por eso incursiona en el campo enemigo, y podemos pensar que estaría en su adaptación española, pero en la *chanson*, más que la reacción de un marido celoso, la persecución del caballero surge como reacción del rey Guiteclin ante la acción temeraria de un enemigo.

En contraste con la causalidad de los hechos narrados en la *chanson*, que basan la victoria del caballero en su temeridad y en una buena cabalgadura, el romance enfatiza lo extraordinario de esa causalidad: el caballo no sólo puede saltar sobre ríos de sangre y librar al caballero del peligro, sino que puede negociar con él el trato que espera recibir si cumple con semejante hazaña. Igualmente, la invocación a Dios que hace el caballero en la *chanson* antes de lanzarse al río, en el romance se convierte en una participación directa de la Virgen, es ella el verdadero agente de la victoria sobre los numerosísimos enemigos del caballero cristiano.

De forma similar, al convertir el río que separa los campamentos enemigos en el poema épico en ríos de sangre, el romance no solamente lleva la lucha al terreno de lo extraordinario, magnificando la acción heroica, sino que, con la eficacia propia del lenguaje poético del romancero, hace innecesario el recuento de las acciones de la cruenta batalla al proporcionarnos la visualización de su resultado, los ríos de la sangre vertida por los guerreros caídos.

Para la crítica literaria decimonónica, la aparición de aventuras amorosas en la poesía épica señalaba la decadencia de la epopeya francesa. Tratándose de un relato épico, la temeridad de un caballero tenía sentido siempre y cuando su motivación fuera militar, territorial; el amor era algo incidental, no esencial a la trama. Pero esa misma motivación amorosa que provocaba el rechazo del poema de Bodel por parte de los críticos es la que permitió al relato adquirir relevancia cultural en España, vencer los embates del tiempo y de la alta cultura y conservarse en la memoria colectiva del pueblo español, con la propuesta de que, si bien las aventuras temerarias de un caballero que desafía a un rey o a una reina son loables, lo que convierte a esas hazañas en algo único y digno de recordar es ser portadoras del mensaje de que el amor es capaz de vencer a la muerte misma.

Obras citadas

Aebischer, Paul, 1975. "L'élément historique dans les chansons de geste ayant la guerre de saxe pour thème," en Des *"Annales Carolingiennes à Doon de Mayence": nouveau recueil d'études sur l'épique Française médiévale*, Publications Romanes et Françaises, 129 (Genève: Librairie Droz), pp. 223–39.

Archivo Menéndez Pidal. Materiales inéditos recogidos de la tradición oral.

Catalán, Diego, 2001. *La épica española: nueva documentación y nueva evaluación* (Madrid: Fundación Ramón Menéndez Pidal & Seminario Menéndez Pidal, Universidad Complutense).

Fernández Ordóñez, Inés, 1993. *Versión crítica de la "Estoria de España": estudio y edición desde Pelayo hasta Ordoño II*, Fuentes Crónísticas de la Historia de España, 6 (Madrid: Fundación Ramón Menéndez Pidal).

Foulon, Charles, 1958. *L'Oeuvre de Jehan Bodel*, Travaux de la Faculté des Lettres et Sciences Humaines de Rennes, sér. 1, 2 (Paris: Presses Universitaires de France).

Gautier, Léon, 1880. *Les épopées françaises: étude sur les origines et l'histoire de la littérature nationale*, III, 2ª ed. (Paris: E. Martinet).

Gran conquista de Ultramar, 1979. Ed. Louis Cooper, Publicaciones del Instituto Caro y Cuervo, 51–54 (Bogotá: Instituto Caro y Cuervo).

Halphen, Louis, 1921. *Études critiques sur l'histoire de Charlemagne; les sources de l'histoire de Charlemagne: la conquête de la Saxe, le couronnement impérial, l'agriculture et la propriété rurale, l'industrie et le commerce* (Paris: F. Alcan).

Libro de Alexandre, 1988. Ed. Jesús Cañas, Letras Hispánicas, 280 (Madrid: Cátedra).

López de Mendoza, Íñigo, Marqués de Santillana, 1984. *Prohemios y cartas literarias*, ed. Miguel Garci-Gómez, Biblioteca de la Literatura y el Pensamiento Hispánicos, 60 (Madrid: Ed. Nacional, 1984).

Mariscal Hay, Beatriz, 1997. " 'Sospiraste Valdovinos': de moros y sajones en el Romancero español," en *Varia lingüística y literaria: 50 años del CELL*, ed.

Rebeca Barriga Villanueva, Publicaciones de la *Nueva Revista de Filología Hispánica*, 8 (México: El Colegio de México), II, pp. 131–46.

——, 2006. *El Romancero y la 'Chanson des Saxons'* (México: El Colegio de México).

Menéndez Pidal, Juan, 1885. *Poesía popular: colección de los viejos romances que se cantan por los asturianos en la danza prima, esfoyazas y filandones* (Madrid: Hijos de J. A. García).

Menéndez Pidal, Ramón, 1917. "*Roncesvalles*: un nuevo cantar de gesta español del siglo XIII", *Revista de Filología Española*, 4: 105–204.

——, 1956. "La *Chanson des Saisnes* en España," en su *Los godos y la epopeya española: chansons de geste y baladas nórdicas*, Colección Austral, 1275 (Madrid: Espasa-Calpe), pp. 177–209.

Menéndez y Pelayo, Marcelino, 1944–1945. *Antología de poetas líricos castellanos*, Obras Completas de Marcelino Menéndez y Pelayo, 17–26 (Santander: CSIC), XII.

Michel, Francisque, 1839. *La chanson des Saxons par Jean Bodel*, Romans des Douze Pairs de France, V–VI (Paris: J. Téchener).

Milà i Fontanals, Manuel, 1874. *De la poesía heroico-popular castellana* (Barcelona: Verdaguer).

Ochrymowycz, Orest R., 1975. *Aspects of Oral Style in the "Romances Juglarescos" of the Carolingian Cycle*, The University of Iowa Studies in Spanish Language and Literature, 17 (Iowa City: University of Iowa Press).

Paris, Gaston, 1865a. *Histoire poétique de Charlemagne* (Paris: Franck).

——, 1865b. "La *Karlamagnús-saga*, histoire islandaise de Charlemagne (suite et fin)," *Bibliotèque de l'École des Chartes*, 26ème année (1865), I, 6ème série, pp. 1–42.

Riquer, Martín de, 1952. *Los cantares de gesta franceses: sus problemas, su relación con España)*, Biblioteca Románica Hispánica, 2: Estudios y Ensayos, 8 (Madrid: Gredos).

Manuscritos e Textos dos Príncipes de Avis: o *Leal Conselheiro* e Outros Manuscritos: Problemas de Deriva Filológica e Tentativa de Reintegração

AIRES A. NASCIMENTO

I

O *Leal Conselheiro* é transmitido por um manuscrito único (Paris, BN, ms. port. 5). A história do percurso que o levou a esta instituição foi recentemente objecto de reapreciação pertinente,[1] mas alguns aspectos ainda merecem atenção para efeitos de fazer remontar o códice ao seu meio de origem e reajustar os momentos mais antigos da sua história ou, sobretudo, para avaliar o grau de fiabilidade do único testemunho da tradição.

A confiança nesse testemunho dependerá, efectivamente, em grande medida da integração que dele conseguirmos fazer, pois só ela dará credibilidade ao juízo crítico dos editores. Cada um destes considerou justificado o seu trabalho por ultrapassar deficiências anteriores,[2] mediante uma fidelidade maior ao testemunho (ainda que os critérios ecdóticos, por exigências secundárias, eventualmente desvirtuem a imagem originária e as soluções nem sempre sejam transparentes quanto ao que representam).

Em tempo algo distante, foi aventada uma hipótese, nunca mais retomada, de que a obra se destinaria a ser vertida para latim por um monge florentino, D. Timóteo (secretário do Abade D. Gomes) que havia estado em Lisboa, em 1435; em 11 de Setembro de 1437 ainda a obra não estaria acabada.[3]

---

[1] A história da descoberta e a reconstituição do percurso pode ver-se em Castro 1995, e em Dias 41–48. A hipótese de ter sido D. Leonor a levar consigo o manuscrito foi apresentada já no século passado pelo Visconde de Santarém em introdução à edição de Roquette 1842: xv–xvi. Pelos argumentos que desenvolveremos, a responsabilidade do trânsito para Castela pertenceu a outro intermediário nobre, presumivelmente o Condestável D. Pedro.

[2] A edição de referência é a de Castro 1999; as anteriores são referidas em introdução, sendo de destacar Piel 1942, feita em anos difíceis, a partir de fotografias do manuscrito, e de tomar ainda em boa conta nalgumas leituras não superadas.

[3] A carta em causa (de Rodrigu'Eanes para D. Gomes) diz: "Item, em effecto das leituras que lla teendes ffectas, a el Rei prouue muito. Do sseu liuro, que lhe mandastes dizer que vos mandase pera o tornar em booa gramática, com leda voontade começou a rrir e dissy que nom

II

Para deslindar os problemas, aproximamos o manuscrito de outros do seu meio de origem. Começaremos por indagar do seu valor testemunhal primitivo a partir de contraposição de variantes que nos oferece quanto ao único sector de texto em que é possível contrapor elementos de tradição colhidos em diversos testemunhos. É o caso do cap. 87 que é "traladado do *Livro de Vita Christi*", no cap. 8 deste. Procuraremos testar o efeito de deriva e depois, na medida em que conseguirmos reunir outros traços por afinidades e por contraste, intentaremos também reinterpretar a história do próprio códice.

Comecemos por um dado que nos serve de confronto para um sector de texto. Como é sabido, D. Duarte serve-se de parte de um capítulo (*sub medio*) da tradução do cap. 8 do *Livro da Vita Christi* de Ludolfo da Saxónia. Noutro momento discutimos a atribuição da autoria dessa tradução; baste-nos aqui depor que, pelas razões então apresentadas, somos de parecer que ela deve ser considerada como trabalho daquele príncipe (se não directamente, pelo menos dentro do seu círculo de influência).[4]

Dessa tradução existem alguns testemunhos: três em manuscrito e um impresso; dos manuscritos, um é originário de Alcobaça (Lisboa, BN, Alc. 451, 452, 453 e 219), outro que pertenceu ao mosteiro de Lorvão (Lisboa, ANTT, Lorvão, CF, 33; termina no fl. 320, a meio do cap. c⁰ lx⁰, "Da peendença de Maria Magdalena"), um terceiro é constituído por fragmentos (hoje em Évora, BP, Pergaminhos de Capas de Livros, Pasta 4, Doc. 3 e 4, mas procedentes de local indeterminado) correspondentes aos caps. 43, 44, e 46; o impresso corresponde à edição de 1495, conhecido em cerca de 20 exemplares (entre colecções completas e incompletas v. Mendes, Anselmo). De outros testemunhos há referências (nos papéis alcobacenses de Fr. Francisco Brandão), mas perderam-se.

era acabado". Nunes o comenta (1965), assinalando também que já o editor de *Monumenta Henricina* (VI, n⁰ 60, n. 9), se havia interrogado sobre a identificação da obra de D. Duarte. Por sua parte, acrescenta: "Trata-se sem dúvida de uma das duas obras conhecidas: seria de mais uma terceira, onde mal houve tempo para acabar a primeira, e a segunda ficou incompleta. Qual das duas? Com grande probabilidade o *Leal Conselheiro*". Em nota ao corpo do texto regista a opinião de Piel, que esta obra teria sido composta ou compilada no último ano de vida da monarca, talvez nos últimos meses de vida (faleceu em 9 de Setembro de 1438), mas assinala, com pertinência, que a preocupação com levar para a proximidade da morte o acabamento dos livros é infundada, uma vez que o rei morre "de peste e entre o contágio e o desenlace medearam apenas treze dias", não havendo, por tal ocorrência, condições para "mandar escrever em letra redonda e iluminar (duas operações distintas e ambas morosas) para entregar como último dom à Rainha". Conclui Nunes: "o manuscrito de Paris como está é posterior à morte do Rei". A obra teria, para ele, sido composta "em período calmo e suficientemente longo", como diz D. Duarte, "nos grandes ofiços da Igreja"; o Abade de Florença teria tido dele conhecimento em 1436 quando se deslocara à corte portuguesa.

4 V. Nascimento 1999, onde aduzimos razões fundamentadas em indícios que nos dispensamos de trazer para aqui. Em Nascimento 2001 clarificámos alguns aspectos desta posição.

Relativamente ao códice de Lorvão, é opinião assumida que se trata de "mera transcrição dos códices alcobacenses" (assim depõe Magne xii). Quanto a relações destes com o incunábulo, levado a cabo por Nicolau da Saxónia e Valentim Fernandes da Morávia, a posição tradicionalmente aceite tem sido a de que as variantes seriam devidas a intervenções de um revisor, Fr. André, do convento de Xabregas, encarregado para tal efeito pela rainha Dona Leonor que patrocinava a edição. Não falta, aliás, quem interprete o cólofon do incunábulo de 1495 como testemunhando que a tradução foi pedida a Fr. Bernardo de Alcobaça por D. Isabel de Urgel, esposa do Infante D. Pedro e duquesa de Coimbra.

A simplificação assim operada é no mínimo redutora de percursos e de intervenções possíveis e já causou não poucas perplexidades a espíritos atentos e tão meticulosos como Fr. Fortunato de S. Boaventura, habituado a não descurar as notas deixadas por entre os papéis dos seus antecessores (no caso, Fr. Francisco Brandão) e tão perspicaz que não deixou de descortinar nesses papéis informações que os elementos materiais conservados não tornavam imediatamente evidentes (S. Boaventura 77 ss.).

A análise crítica obrigou-nos a manter prudência e contenção, mas também a não diferir um juízo, ainda que menos esperado. Se, efectivamente, o próprio teor dos colofões da edição de 1495 assinala a existência de um manuscrito feito a pedido da duquesa de Coimbra, tal facto não representa o início de um processo, mas apenas um momento posterior a um percurso já anteriormente iniciado e de que a duquesa queria também beneficiar. Outras informações levam-nos, por outro lado, a uma difusão do texto ainda em manuscrito que não podem ser escamoteadas quando intentamos apreciar uma tradição.[5]

É recuperável, pelo menos em parte, a cronologia relativa dos testemunhos, mas mais do que ela, interessa-nos verificar a sua representatividade no percurso da tradição. Com intenção de clarificarmos relações entre testemunhos e de aferirmos da validade do manuscrito parisino, servir-nos-emos do cap. 87 do *Leal Conselheiro*, procederemos a um levantamento de variantes (pela ordem do texto, retendo até algumas de natureza gráfica, ainda que sem aparente valor estemático) e intentaremos de seguida um exercício de caracterização de fenómenos, para daí procurarmos deduzir o efeito de deriva (não necessariamente de dependência, mas apenas de afastamento) relativamente a uma versão primitiva do texto. Procuraremos assim avaliar a distância desses

---

5   É de considerar o "Inventário de 16.V.1474 por Fr. João da Póvoa", começado naquela data, para o convento da Ínsua, em Caminha. Publicado na edição mais recente (Carvalho 85 ss.) aduz: "50. item a primeira parte de Vita Christi que escreveu frei Vasco de Santarém, estando aqui e sendo vigário ano de 1490. 51. item a segunda parte de Vita Christi que escreveu frei Tristão de Lisboa, diácono, morando aqui ano de 1493. 52. item a terceira parte de Vita Christi que escreveu frei Fernando e deu-ha aaqui frei Francisco Lobo; contem alvará do geral frei João Fellipe. 53. item a quarta parte de Vita Christi que escreveu frei Simão de Lisboa morando aqui ano de 1494".

mesmos testemunhos[6] e situar o manuscrito parisino, para depois nos ocuparmos da sua génese e do seu percurso.

Antes de mais, pois, o quadro de variantes, tal como os testemunhos nos apresentam:

P = *Leal Conselheiro*, cap. 87[7]	A = Alc. 451, fl. 27–28	L = Lorvão, FC 33, fl. 45a–47a	I = Ed. 1495	Magne[8]
outras	outras	*om.*	*om.*	§ 317
nobre	nobre	noble	noble	
infirmidade	infermidade	infermidade	enfirmidade	
mui splandecente	mui sprandecente		muy splandeçente	
auçom	acçom	acçom	acçõ	
venha	avenha	avenha	avenha	318
vem	avem	avem	avem	
prouvera	prouvera	prouguera	prouvera	
*[*om.*] Job	com Job	com Job	com Job	
prouve	prougue	prougue	prouve	
deves poer	deves poer	deves poer	deves de poer	319
homem	o homem	o homem	o homem	
nom	nem	nem	nem	
*viçosas[9]	viciosas	viciosas	viciosas	
despois	depois	depois	depois	
ao grão a lima ao	ao graão e a lima ao	ao graão a lima ao	ao graão e a lima	320
perfeiçom	imperfeiçom	perfeiçom	imperfeiçom	321
mas melhor me mostraria per aqueste outro verso	mas por que melhor me mostrasse minha imperfeiçom segue-se per aqueste verso	mas melhor me mostraria per aqueste outro verso	mas por que melhor me mostrasse minha imperfeiçam segue-se per aqueste outro verso	
alevantar em soberva a alteza	alevantar em soberva a alteza	alevantar em soberva a alteza	alevantar em alteza e soberva	
*estimo	stimulo	stimollo	stimullo	
*me nom perca	me nom perdoe	me nõ perca	me nõ perdoe	322
om.	onde o Sabedor	*om.*	onde o Sabedor	
guardar	guardar	guardar	acrecentar	323

6 Como acentuámos atrás, esta análise decorre de estudo mais directamente relacionado com o *Livro da Vita Christi*, tradução portuguesa da obra de Ludolfo da Saxónia. As nossas conclusões levaram-nos a admitir como tradutor ou o próprio D. Duarte, ainda príncipe, ou alguém que com ele trabalhasse de perto. Terá utilizado um exemplar da obra do Cartusiano enviada por D. Isabel da Borgonha, sua irmã, após o casamento com Filipe, o Bom, em 1429.

7 Seguimos, salvo algum caso específico, as lições dadas pela edição mais recente, acima referida. Marcamos com asterisco (*) as variantes mais significativas em P.

8 As referências apresentadas nesta coluna dizem respeito aos parágrafos da edição de Magne.

9 Magne 491 considera esta forma como variante popular.

*sezam	sentença	sentença	sentença	
misericordia	*om.*	misericordia	miseria	
*quando eu d'El nom tenho sentido, mas quando o sento irado; quando fores, Senhor, irado, entom te nembrarás da misericordia	quando eu nom hei d'el sentido; quando fores, Senhor, irado, entom te nembrarás da misericordia	quando nõ ey delle sentido; quando fores, Senhor, irado, entom te nembrarás da misericordia	quando nõ ey delle sentido, mas quando for hirado entã se nembra de misericordia	324
se o homem a ele se tornar de todo coraçom	[*om.*] de todo coraçom	se homem se tornar a ell empero for de todo coraçom	se homem a elle empero for de todo coraçom	325
*e que aproveita provar as virtudes e força	nõ aproveitará provar as virtudes e força	nõ aproveitará provar as virtudes e força	nõ aproveitará a experiencia das virtudes e força	
segundo que fez	segundo fez	segundo fez	segundo fez	326
vistoso	vistoso	vistoso	viçoso	
porque o vio coroado	porque o vio coroado	porque o vio coroado	porque nõ vyo coroado	
ser	serem	ser	serem	327
*Antiocheu	Antioco	Antioco	Antioco	
atormenta	atormenta	atormenta	tormenta	
reparte	reparte	reparte	*om.*	328
ou promete	ou pormete	ou pormete	ordena ou pormete	
*é [*om.*] ser	é nom seer	é nom seer	é nom seer	
begninas	benignas	begninas	benignas	
te hajas paciente mente[10] e humildosa	te hajas paciente mente e humildosa	te hajas paciente mente e humildosa	te hajas pacientemente e humildoso	329
e tanto	em tanto	em tanto	em tanto	
*haver o viço ou quinhom dos filhos	haver viço ou mimo dos filhos	haver viço ou mimo dos filhos	haver o mimo ou viços dos filhos	330
tribulações, derribamentos, angustias, acrecentamento de doores	tribulaçoões, derribamentos, angustias, acrecentamentos de doores	tribulações, derribamentos, angustias, acrecentamento de doores	tribulações, [*om.*] angustias, acrecentamentos de doores	
desapercebidos delas	despercebidos	desapercebidos dellas	desperçebidos dellas	
presente vida	vida presente	vida presente	vida presente	331
*sejam [*om.*] feridos	sejam aqui feridos	sejam aqui feridos	sejam aqui feridos	
quantos el recebe por filhos	quantos el recebe por filhos	quantos el por filhos recebe	quantos el recebe por filhos	

---

10 Mantemos a lição do manuscrito contra a intervenção editorial adoptada pela última responsável; a isso nos leva a comparação com os outros testemunhos e como tal separamos *paciente mente.*

*martires	marteiros	marteiros	marteiros	332
[om.] have-los	em have-los	em have-los	em elles he	
nem recehemos estes	nem receemos estes	nem receemos	nem em estes	
outros por o trabalho	outros por o trabalho	estes outros por o trabalho	outros temermos o trabalho	
queixar	queixar	queixar	aqueixar	333
fugir os beens	fugir os beens	fugir os beens	fugir aos beens	
rightmuro	muro	muro	muyto	334
acorre-me	acorre-me	acorre-me	corre-me	
ou cura-me	ou cura-me	ou cura-me	*om.*	
por que [om.]	por que conheça	por que conhoça	por que conheçã	

III

Uma apreciação de conjunto a estas variantes leva-nos a reter alguns dados significativos:

(a) Nenhum dos testemunhos é isento de faltas ou erros; alguns destes são imediatamente perceptíveis, pois põem em causa o próprio sentido do texto (que podemos verificar por recurso à edição latina). Interessa-nos menos o incunábulo, por não podermos medir com fiabilidade o grau de intervenção de revisor do texto ou as deficiências do tipógrafo, mas não podemos ignorar que o processo não apresentava contornos diferentes dos da fase de transmissão em manuscrito.

(b) Alguns dos erros (determináveis por razões semânticas, já que atentam contra o sentido da frase)[11] são indubitavelmente ou presumivelmente devidos a falhas de leitura sobre o elemento abreviado (que é reconstituível): *ĩperfeiçõ > perfeiçom* em vez de *imperfeiçom; e tanto* em vez de *em tanto* por perda de sinal *ẽ tanto; sẽçã > sezam* ou *seçam* em vez de *sentença; miã / mis'ia* (talvez por confusão das duas) *> miseria* em vez de *misericordia.*

(c) Algumas variantes parecem devidas a escolhas mal advertidas (num caso, com corrupção de sentido) ou a actualizações automáticas: *prouve / prougue; viçosas / viciosas; martires / marteiros*).

(d) As omissões não são todas da mesma natureza e só em algum caso colocam em questão a fidelidade ao sentido de base: *sejam feridos* P *sejam aqui feridos* ALI; mas: *Job* P vs *com Job* ALI; *é ser* P *é nom seer* ALI (*nom* deve ser restituído).

(e) Há discrepâncias que podem ser assumidas como omissão ou como interpolação: assim, *Mas melhor me mostraria per aqueste outro verso / me mostrasse minha imperfeiçom por aqueste outro verso*; ou também *onde o Sabedor*.

(f) Há pelo menos uma variante que procede de correcção quanto ao valor do verbo latino: *perca* CL / *perdoe* AI < *parcat.*

---

[11] Em análise ao códice Alc. 451 verificámos que o tradutor escrupulosamente deixou nota de dificuldades na interpretação do texto; disso damos conta no ensaio atrás referido.

(g) Uma lição pode ser interpretada como provinda de entendimento diferente na entoação da frase: *e que aproveita provar as virtudes e força* (frase interrogativa?) / *nõ aproveitará provar as virtudes e força* (ALI); a modalidade representa provavelmente interposição de variante que comprometia a transparência do sentido.

IV

Apreciemos agora o comportamento do manuscrito parisino (P) frente aos demais testemunhos (ALI).

(a) Tem ele lições próprias que o individualizam frente a outros testemunhos; pela alternativa apresentada: *haver o viço ou quinhom* vs *haver viço ou mimo*; em caso de omissão por parte de *P*, a lição dos restantes deve ser retida para edição: *é [nom] seer*.

(b) Apresenta-se *P* frente a outros testemunhos nalgumas ocorrências: *e que aproveita provar as virtudes e força*; *segundo que*; *é ser*; *Antiocheu*; *haver o viço ou quinhom* [. . .]

(c) Algumas das lições de *P* coincidem com *L* em oposição a *A* e a *I*: *perfeiçom*; *mas melhor me mostraria*; *me nõ perca*; *misericordia* (contra *miseria* que denuncia abreviatura que o copista do alcobacense não teve ensejo de interpretar e por isso omitiu); omissões: *onde o Sabedor*. [. . .]

(d) Lições há em *P* que parecem devidas a perda de elemento que os outros mantêm: *(a)venha, (a)vem, viç(i)osas, (im)perfeiçom* [. . .]

(e) Apresenta *P* faltas isoladas: *sezam*, que há de supor-se má transcrição de *sẽçã*, que os outros testemunhos lêem como *sentença*, lição adequada; *martires* contra *marteiros*.

(f) Há faltas comuns entre *P* e *A, L*; num caso, *miseria* é recuperada por *I*.

(g) Próximo de *L*, nem por isso *P* deixa de ter erros próprios (assinalados no quadro com asterisco).

(h) Num dos casos erróneos, *P* apresenta traços de língua que podem traduzir interferências laterais de código de língua: *quando eu d'el nom tenho sentido* vs *quando non hei d'el sentido*; ou também: *segundo que* vs *segundo*; ou ainda: *ser* (= *L*) vs *serem* (*A I*).

V

Tentando interpretar a deriva, alguns dados se impõem:

(a) A coincidência em erros ou simples variantes de *PL* contra *AI* postula antecedentes discrepantes:

> *perfeiçom / imperfeiçom*;
> *mas melhor me mostraria / mas por que melhor me mostrasse minha*
>> *imperfeiçom*
> *perca / perdoe*
> *misericordia / miseria*
> *ser / serem*

(b) Há escolhas que se podem considerar livres, porque disponíveis no uso do tempo, mas que, se aproximam testemunhos, nem por isso deixam de supor divergências em registos de nível diferente:

prouvera / prouguera; *prouve / prouge*; *viçosas / viciosas*; *vem / avem*

(c) As divergências entre *P* e *L* parecem sugerir um desvio maior por parte de *P*, ainda quando em coincidência com *AI*:

quando eu d'el nom tenho sentido / quando eu nom hei d'el sentido
segundo que / segundo

(d) *P* tem erros ou simples variantes alternativas que os outros testemunhos não registam:

é seer / é nom seer
viço ou quinhom / viço ou mimo
martires / marteiros.

VI

Nestas circunstâncias, e apesar de a nossa análise se restringir a um pequeno sector de texto original (metade de um capítulo), temos de admitir que, embora o códice parisino se apresente materialmente cuidado (o tratamento de iniciais ornadas são disso prova cabal), a versão do seu texto é deficiente e inferior à de outros testemunhos.

É facto que contém pelo menos um erro comum com *L* que deve representar a versão de autor, dada a proximidade entre a forma latina e a forma portuguesa: *parcat / perca*. Esse erro foi corrigido no modelo que serviu ao "escrivão d'el rei"[12] para o Alc. 451, mas remonta seguramente ao original.

Todavia, o copista do *Leal Conselheiro* introduziu outros erros que não aparecem em *L*, o qual representa, melhor do que ele, o arquétipo. Por isso teremos de considerar *P* longe do autor.

Partindo do pressuposto de que a tradução da *Vita Christi* está realizada quando D. Duarte organiza o *Leal Conselheiro* (os argumentos são não só a cooptação do cap. 8 da *Vita Christi* na versão que lhe conhecemos, mas também a utilização da paráfrase do *Pai Nosso* da mesma versão em modalidade já ritmada – um e outro dado não remetidos para ninguém e portanto assumidos como derivados de trabalho próprio), estaremos em condições de postular, como hipótese:

(a) a existência de um manuscrito da tradução da *Vita Christi* de que D. Duarte se serviu para o *Leal Conselheiro*;

(b) a persistência desse mesmo manuscrito em cópia representada pelo códice *L* (de Lorvão);

---

[12] Sobre essa figura, registado num sector basilar no Alc. 451, cf. o que dissemos nos trabalhos atrás referidos; trata-se do responsável pela transcrição da primeira parte do códice, tendo sido continuado nessa tarefa por Fr. Bernardo de Alcobaça; para tal anotação chamara já a atenção, em devido tempo, Mário Martins.

(c) a existência de um outro manuscrito, já objecto de revisão (hipoteticamente z), que está na origem de A e de um manuscrito hoje perdido, C, e que terá servido para a execução do impresso;[13]

(d) a resolução de alguns problemas de leitura e a introdução de variantes próprias nos dois momentos de utilização de z;

(e) a dependência do códice parisino relativamente a um modelo, x, que se reporta ao arquétipo de L e anterior a uma revisão pressuposta por z;

(f) a introdução de erros e intervenções secundárias (que não estão em L) por parte de P, devido a negligência de copista menos atento.

Assim, pois, deduzimos que P depende de um arquétipo, x, mas é-lhe pontualmente infiel. Se conserva deficiências que remontam a erro de tradutor e explicam proximidade do trabalho primitivo que serve de base a um treslado,[14] tem igualmente erros de leitura paleográfica que são da responsabilidade desse copista e o distanciam de uma versão primitiva do próprio treslado.

Teremos assim um *stemma* representado na seguinte figura:

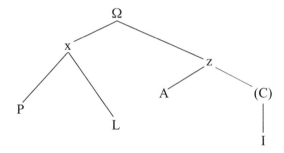

<hr />

[13] Assim o designamos pelo lugar de elaboração, Coimbra. O manuscrito primitivo, originário da corte de D. Duarte, foi emprestado a Alcobaça, mas previamente estava a ser usado pelo escrivão d'el rei; este apenas executou a cópia dos sete primeiros cadernos – assim consta no Alc. 451; depois o manuscrito serviu em Coimbra a Fr. Bernardo de Alcobaça – na ocasião já Abade de S. Paulo de Almaziva – para a cópia destinada a D. Isabel (a seu pedido; ela mandara anteriormente fazer uma cópia de texto latino – como consta das notas de Fr. Francisco Brandão); desta cópia de D. Isabel deriva o impresso de 1495 (assim explicamos o teor do cólofon do impresso; consideramos igualmente que o manuscrito terá passado para a biblioteca da corte, pela mão da esposa de D. Afonso V, também de nome Isabel, filha de D. Pedro e de D. Isabel de Urgel; aí o toma D. Leonor, esposa de D. João II quando encomenda a impressão).

[14] São notórios no exemplar alguns erros que não teriam escapado a uma vigilância de D. Duarte. No nosso quadro poderão apreciar-se alguns. Anotaremos que na troca de nomes entre Jeremias e Jerónimo, no § 322, já advertida por Piel, possivelmente há uma transferência de nomes, ou eventualmente uma omissão de referência ao autor; trata-se efectivamente de um passo do tratado de Jerónimo, *In Hieremiam prophetam*, I, 26: "scito et uide quia malum et amarum est reliquisse te dominum deum tuum et non esse timorem mei apud te."

VII

Firmados nesta reconstituição, intentemos recuperar o período em que terá sido levado a cabo o códice do *Leal Conselheiro*.

Dependente de um arquétipo que não tem em conta eventual revisão do texto da *Vita Christi*, à primeira vista não parece de interesse tomarmos como referência o testemunho *A* nem eventualmente o que está na origem de *I*. Assinalemos, em todo o caso, que essa revisão ocorre antes de 1445. Os manuscritos alcobacenses da *Vita Christi* datam efectivamente de 1445–1446 e têm na base a personalidade de D. Estêvão de Aguiar, cujas ligações à corte são conhecidas e supõem também uma revisão feita ainda na corte. Sabemos, por outro lado, que, na parte dos primeiros sete cadernos, o Alc. 451 (que aqui nos interessa porque o cap. 8 pertence a esse sector) foi executado pelo escrivão d'el rei.[15] Sendo posterior a intervenção de Fr. Bernardo de Alcobaça (como se regista no próprio códice), não há que atribuir a este quaisquer correcções que expliquem as divergências neste sector de texto, a não ser as que possam ser comuns a *I*, derivadas da sua constituição do antecedente deste, ou seja (*C*). Ao escrivão, porque o era, não serão provavelmente de imputar essas variantes; elas deverão, pelo contrário, proceder de um modelo diferente do de *PL*.[16]

Nada impediria, pois que, ao sair de Portugal, D. Leonor levasse consigo um exemplar do *Leal Conselheiro* para Castela, em 1440,[17] ainda que ele tivesse

---

[15] Assim consta efectivamente de uma nota contemporânea lançada no fl. 56v e corroborada por nota do fl. 57r, onde começa o cad. 8.

[16] Ou seja, *L* não depende de *A*: aliás, noutro caso, *A* omite *misericordia* que o outro regista; por outra parte, *P* parece depender do mesmo modelo que *L* (não sendo objecção *prouve / prougue*), mas *L* apresenta desenvolvimentos diferentes de abreviaturas (*sezam / sentença*). Porém, as discordâncias entre *A* e *L* não podem ser todas resolvidas sobre base paleográfica: *imperfeiçom / perfeiçom* supõe pelo menos uma recuperação de *A* sobre o latim; *misericordia* de *L* não tem contrapartida em *A*, mas adivinha-se que o responsável por este advertiu na dificuldade de dar à abreviatura a leitura habitual, sem encontrar solução que lhe satisfizesse. A resolução de *I* faz suspeitar que ele depende de manuscrito que não é directamente dependente de *A*. Como hipótese, apoiada no cólofon de *I* (que faz remontar o modelo a trabalho encomendado pela Duquesa de Coimbra a Fr. Bernardo, abade de S. Paulo de Almaziva) e nas notas de Fr. Francisco Brandão (que acentua ser o trabalho de Fr. Bernardo feito sobre outro manuscrito) admitiremos que tal modelo (*C*) de que depende *I* foi constituído sobre um *z*, códice perdido que serviu para o copista de *A* e que apresentava a abreviatura não resolvida pelo escrivão d'el rei. As diferenças entre *A* e *I* só neste caso parecem insolúveis e exigir dependência do mesmo modelo, ainda que em níveis diferentes, mas já com deriva maior, o que explica as divergências que encontramos.

[17] Segundo conjectura formada a partir de cotas de biblioteca recuperadas no códice parisino, ele pertenceu à biblioteca do reino da Sicília (Nápoles) e transitou, talvez ainda no séc. XV, mas seguramente no séc. XVI, para a biblioteca do Castelo de Blois, depois do que chegou à biblioteca real de França. Associando a dedicatória do texto com os acontecimentos que afectaram a saída de Portugal de D. Leonor, fácil foi supor que o códice, por ser o único testemunho conhecido da obra, passara da rainha para seu irmão D. Afonso V de Aragão, ou por doação ou por transmissão de bens, embora tempos antes da morte, em 1446, a rainha tivesse intentado obter autorização de D. Pedro para regressar a Portugal. A notícia é dada, pela primeira vez, em Avril et al. 149; os resultados são reivindicados por Castro 1995. A

sido realizado por copista negligente. Mas será o manuscrito de Paris o presumível exemplar de D. Leonor? Analisemos a questão sob outra perspectiva.

VIII

Se o manuscrito parisino é o único testemunho com que podemos contar para o *Leal Conselheiro*, ele não está isolado, pois se integra num grupo de manuscritos com afinidades claras. Estas são de vária ordem: por um lado, esses manuscritos apresentam elementos de ornamentação similares; por outro lado, alguns deles estão explicitamente associados a um proprietário, cuja identidade nos é revelada por elementos falantes. Esses manuscritos são:

> *Vida e Feitos de Júlio César* (Escorial, ms. Q. I. 17);
> *Crónica geral de Espanha* (Paris, ms. port. 9);
> *Livro da Virtuosa Benfeitoria*, no exemplar de Madrid
> (Real Academia de la Historia, 9 / 5487)

Atentemos neste último, o matritense: apresenta ele elementos heráldicos que são a divisa do Infante D. Pedro e o seu emblema;[18] por isso, com toda a legitimidade se infere que este códice foi do próprio príncipe de Avis, pelo que a sua execução deve considerar-se anterior aos acontecimentos de Alfarrobeira (1449).

Tomemos também em atenção que o escorialense provém da biblioteca do Condestável: está, efectivamente, registado no inventário da sua livraria;[19] há-de notar-se, porém, que apresenta no pé da tarja da iluminura do primeiro fólio, as armas de seu pai, o Infante D. Pedro: aí se vê um escudo de justa (caracterizado por duas reentrâncias laterais) com as armas de Portugal sustentadas por dois anjos; os castelos e o lambel (de prata, três pendentes, cada carregado de três arminhos), ostentam os traços próprios do Infante[20] (tomados por seus filhos

---

investigação de Dias é paralela e confirma os dados. No final deste nosso estudo deixaremos patente que, tanto por razões de afastamento da versão do cap. 87 como pela associação do *Leal Conselheiro* com o *Livro de ensinança* num mesmo códice, nos parece mais verosímil que o intermediário para a biblioteca aragonesa possa ter sido o Condestável D. Pedro. De qualquer modo, nada impedia que até Dezembro de 1439, em que governou como regente "sem alguma publica contradição", a "triste Raynha" poderia ter mandado executar cópia das obras do seu marido, mormente aquela que lhe era dedicada, o *Leal Conselheiro*.

[18] Em Calado, após a p. lxiv, publicam-se fotografias dos fls. 1r, 5r, 105r, 16v (por esta ordem), sendo do último fólio a letrina Q em que se inscreve a divisa do Infante D. Pedro, *Desir*. É notória a semelhança do elemento vegetalizante da tarja do fl. 105r do ms. de Madrid com os do fl. 5r do ms. de Viseu. Por outro lado, numa letrina deste, increve-se a divisa *Tant que serey*, pelo que se tem interpretado que o códice é o exemplar oferecido por D. Pedro a D. Duarte e será mesmo o referido no inventário dos livros deste rei (tendo mais tarde passado da livraria da corte para D. Teotónio de Bragança, cuja livraria passou em parte para a Cartuxa de Évora). V. Calado lxix.

[19] Constitui o nº 11 do inventário da sua biblioteca.

[20] Como salientou Vasconcelos 1922: 60, o Condestável tinha direito a utilizar as armas de Portugal, de Inglaterra, Aragão e Urgel. Este dado permite-nos recusar a origem

também, mas de modos diferentes, com excepção justamente do Condestável e
do príncipe D. João de Antioquia[21]). Contra este elemento, que revela bem um
destinatário (provavelmente o comanditário), não vale opor outro traço que está
descrito no inventário da biblioteca do Condestável: ao tempo do inventário, e
segundo o registo feito, tinha o códice uma encadernação com dois escudetes,
onde figuravam as armas do Condestável; num deles estavam as armas de
Portugal, noutro a Roda da Fortuna;[22] esta era efectivamente a empresa
heráldica do seu proprietário, mas não pode esse dado prevalecer contra o
primeiro: a encadernação, e particularmente a cobertura, era um elemento
perecível ou substituível, sobretudo quando o proprietário se identificava com o
conteúdo do livro: nada de estranho, pois que o Condestável tenha mandado
proceder a reencadernação ou, pelo menos, a marcação do livro, recebido em
herança.[23]

Quanto ao códice parisino da *Crónica geral de Espanha*, há que ter em conta
que ele apresenta na tarja de fundo do fl. 1 as armas portuguesas sustentadas
por dois anjos que ostentam bandas com a divisa *Paine pour jo[ie]*, que é a do
Condestável.[24] Se não pode haver dúvidas que a divisa identifica o destinatário
e proprietário, é também claro que as letrinas deste parisino ms. port. 9 (o da
Crónica) se aproximam das do parisino ms. port. 5 (o do *Leal Conselheiro*) e
também do próprio manuscrito da *Vida e feitos de Júlio César* – Escorial (Q. I.
17).[25] As semelhanças pressupõem um mesmo local de origem; este não será o

borgonhesa do códice em questão, proposta por Maria Helena Mira Mateus. A isso voltamos
em Nascimento 2003; confirmamos assim a suspeita que deixáramos em trabalho anterior
sobre as bibliotecas dos príncipes de Avis e que contrariava já tal hipótese; cf. Nascimento
1999. Acrescentaremos que a hipótese de origem borgonhesa e flamenga para o códice tem
também contra si os motivos e o estilo da ornamentação das margens.

21 V. Seixas e Colaço 361. Com mais pormenor nos referimos a este manuscrito e aos
traços em apreço: Nascimento 2003.

22 Item un altre libre, algun tant maior de full comu, scrit en pergamins a corondells, ab
posts de fust cuberts de cuyro vermell empremtades ab dos gaffets a forma de mans, e dos
scudets de leuto daurat, e en lo un scudet son les armes de Portugal, e en laltre la roda de
fortuna, intitulat en la cuberta ab lettres dor Suetonyo de vida de Julio Cesar. Feneix la penultima carta *muytas noytes*, lo qual libre es scrit *en vulgar portugues*. Sta reservat en una
cuberta de fustán burell. V. Vasconcelos 124.

23 Verificámos que tal elemento não existe já hoje no manuscrito escorialense; uma vez
mais se verifica que a encadernação é perecível. Não parece provável, por outra parte, que o
tabelião tivesse feito uma extrapolação a partir de outros livros que apresentavam tal
elemento, como é a *Tragedia de la insigne reina*.

24 Avril et al. 150. No inventário da livraria do Condestável (v. Vasconcelos 58), cremos
poder identificar o manuscrito com o nº 52: "intitulat en la cuberta ab letres dor, *les
canoniques de Spanya* [por *Cronica de Espanha*]. Es scrit *en vulgar portugues*, e feneix en la
penultima carta *adientado mayor*".

25 Os próprios catalogadores dos manuscritos iluminados da Península Ibérica na BN de
Paris o assinalam, cf. op. cit., p. 150; acrescentam eles outro manuscrito de origem
portuguesa: Moisés Maimónides, *Mishneh Torah* (1472: Londres, Brit. Lib., Harley 5698).
Anotam ainda que no texto da *Crónica Geral de Espanha* há uma alusão que é interpretada
como supondo o regresso do exílio (uma vez levantada a pena por parte do rei D. Afonso V)
por parte do Condestável D. Pedro, a Portugal, em 1457. Note-se, quanto à data, que já

da Catalunha (os textos são em português); não o é sobretudo porque o escorialense remonta a momento em que o Infante D. Pedro é destinatário / comanditário do manuscrito; a continuidade obriga a supor efectivamente um local de origem português – tudo indicia que será a corte do Infante D. Pedro, onde o próprio manuscrito da *Crónica Geral de Espanha* terá sido realizado para o Condestável (que o é desde cedo: em 1443, sucedendo no cargo a seu tio, o infante D. João; tem então 14 anos de idade e o cargo é-lhe entregue por carta de seu pai em nome do monarca – aliás, por morte de seu tio D. Fernando, a 5 de Junho será nomeado Mestre de Avis).

IX

No mesmo sentido de local aponta um elemento complementar. A análise da iluminura das iniciais do manuscrito do *Leal Conselheiro* (fls. 3, 4v) permite também aproximar a execução de um outro grupo de códices quatrocentistas portugueses ligados a Alcobaça. São eles:

Alc. 62 *Ordinarium monasticum ad usum cisterciensium*, que foi terminado em 1475;
Alc. 459 *Missale cisterciense perantiquum*;[26]
Livro de Horas, também alcobacense (Lisboa, ANTT, CF 131).

Quanto a estes códices, outros já notaram as suas afinidades com o *Leal Conselheiro* "nos motivos, nas cores e particularmente no estilo das iniciais com ornatos vegetais inscritos circundados por barra amarela" (Peixeiro 322), bem como nos ornamentos da voluta de fólio (ainda que no *Leal Conselheiro* ela apenas se desdobre pela metade inferior da margem de lombada, a partir da letrina e não pela margem oposta).

Conhecidas as relações que existiam ao tempo entre a corte e o mosteiro de Alcobaça, não é de excluir que todos estes códices possam ter uma origem comum. Essas relações, aliás, devem considerar-se mais intensas a partir da entrada em Alcobaça do Abade D. Estêvão de Aguiar (1431–1446), tendo-se tornado particularmente efectivas após o momento em que este é nomeado pelo regente D. Pedro, em 1440, para o Conselho de Estado. As relações dele com a corte permitir-lhe-iam certamente aproveitar os serviços do "escrivão d'el rei" que, segundo anotação aposta no Alc. 451, copia os primeiros sete cadernos da *Vita Christi* que depois são continuados por Fr. Bernardo de Alcobaça.[27]

Neste grupo temos a reconhecer, no entanto, que a única data conhecida nos

Vasconcelos 1922: 34, chamara a atenção para a incorrecção de 1457, indicada por Morel-Fatio, pois o passo (cap. 438, fl. 211 do manuscrito) deve ser confrontado com a crónica de Rui de Pina, que dá a chegada de D. Pedro em 1456.

[26] A inclusão de um ritual para a consagração das virgens constitui elemento perturbador quanto à instituição a que se destinava, embora não sofra dúvidas quanto à sua origem cisterciense, já que S. Bernardo é considerado "nosso pai" (fl. 1r).

[27] Constam esses dados do próprio manuscrito alcobacense, em nota que deve ter sido lançada por alguém que acompanhou de perto o trabalho; cf. o que dissemos mais atrás, n. 15.

leva para um período já afastado do tempo que imediatamente nos interessa, que é o do reinado de D. Duarte e anos imediatamente posteriores. De qualquer modo, não deixaremos de aproveitar as marcas de continuidade que aqui se manifestam e obrigam a remontar a uma instituição com garantias de explicar tal continuidade. Com isso, vamos bater às portas da corte real – onde D. Pedro tinha assento como regente.

Afinidades existem no registo paleográfico entre o códice do *Leal Conselheiro* e o Alc. 451, *Livro da Vita Christi*, cuja realização foi terminada em 1445.[28] Se as diferenças de iluminura existem, já que o alcobacense é mais sóbrio, tal sobriedade justifica-se por razões bem sabidas: a comunidade cisterciense, que D. Estêvão de Aguiar procurava animar espiritualmente, não buscava livros solenes senão para o culto.

X

É difícil prolongar a perspectiva para divisar responsáveis. Diga-se, todavia, que o escrivão do rei, a quem aparece atribuída a responsabilidade dos primeiros sete cadernos do Alc. 451, ao tempo, é João Gonçalves.[29] Encontramo-lo em funções desde o reinado de D. Duarte e depois associado ao regente D. Pedro e, mais tarde, uma vez perdoado por D. Afonso V, também ao serviço deste rei, subscrevendo mesmo o manuscrito da *Crónica da Guiné* de Zurara.[30] Das semelhanças gráficas dos dois códices apontados podemos deduzir que ele será o responsável pela cópia do códice do *Leal Conselheiro*? Afirmá-lo seria excedermos a capacidade de prova, mas não se pode excluir.

---

[28] Segundo o Alc. 451, fl. 81: "Aqueste livro mandou trasladar, aa honra de Jesu Christo [seguem-se quatro linhas rasuradas, mas que se supõe haverem contido referência a D. Estêvão de Aguiar, por paralelo com outros códices do mesmo período] ao mui indigno, prove de virtudes, Frei Bernardo, monge do dito mosteiro, dês os sete cadernos ata aqui e foi acabado 15 dias de Junho do ano de 1445." A interpretação da rasura não é líquida; seríamos, quanto a nós, levados a considerar mais provável que se referisse a D. Nicolau Vieira, que viria a ser contestado por ter entregue a Abadia nas mãos dos Comendatários, e não a D. Estêvão.

[29] O escrivão é conhecido da chancelaria de D. Duarte desde 16 de Dezembro de 1433 (v. Freitas), passa a *escrivão dos livros* do Infante D. Pedro, toma parte na batalha de Alfarrobeira ao lado do regente, mas em 5 de Novembro de 1451 recebe perdão de D. Afonso V e em 1453 trabalhava na livraria régia, onde nessa data coloca a sua subscrição em manuscrito da *Crónica da Guiné* de Zurara. V. Dinis 305–7, n. 1; Moreno1039 ss. O documento de perdão encontra-se publicado por Viterbo 1901: núm. l, 59. Quanto às atribuições do escrivão de câmara, na pessoa de Martim Gil (que esteve nessas funções entre 1425–1438), no *Livro dos Conselhos de el-rei D. Duarte*, aduz-se: "mandamos que Martym Gyl tenha carreguo d'escrever em a Camara na Capella e os lyvros de rezar e de ler quaesquer sçiencias como se segue [. . .]; logo faça hũ inventario de todos os [garnymentos] que d'ouro e prata agora ha em meu thesouro [. . .] e faça de todo hũ lyvro, o qual me venha mostrar"; v. *ed. laud.*, pp. 18–19, no § 2 "Ordenança dos tempos em que avia de despachar, e como".

[30] O cólofon deste livro remete-nos efectivamente para "Joham Gonçalvez, scudeiro e scrivão dos livros do dito senhor Rey [Dom Affonso o quinto de Portugal . . .] no anno de Jesus Christo de 1453". O testemunho é ms Paris, BN, ms. port. 41. Não são, porém, pequenos os problemas levantados em torno da composição actual do texto de Zurara.

Quanto ao iluminador, se desconhecemos o seu nome,[31] os traços orna-mentais, pelo que observámos mais atrás, aproximam o manuscrito parisino do *Leal Conselheiro* de um grupo de códices que nos levam para além do período de permanência de D. Leonor de Aragão em Portugal. Se desses livros excluirmos os que são de natureza litúrgica (releve-se a imprecisão do *Livro de Horas*, mas estamos longe de saber até que ponto este modelo penetrou no claustro), o núcleo restante (de livros profanos) remonta a data anterior e leva-nos a duas personalidades: o Infante D. Pedro e o Condestável, seu filho; aquele mais do que este, este na continuação daquele. Assim, admitimos a existência de um grupo de trabalho que se prolonga durante o reinado de D. Afonso V, mas vem de tempos anteriores.

Em oposição à hipótese por nós assim formulada vemos uma objecção, mas ela pode ser contraditada e o resultado reassumido. A dedicatória de D. Duarte leva a pressupor que foi realizado um exemplar para a rainha consorte. Todavia, o exemplar a ela destinado não tinha que ser necessariamente este. Não nos parece, de resto, que haja que buscar apoio na cláusula do título do *Leal Conselheiro* por usar uma fórmula de tempo passado: "o qual fez Dom Eduarte [. . .] a requerimento da muito excelente reinha Dona Leonor, sua molher". Trata-se efectivamente de uma fórmula e, embora as fórmulas quando se repetem nem sempre evitem variantes significativas, infelizmente, no caso em apreço, não temos possibilidade de controlar o valor inequívoco do tempo gramatical.

Acrescentemos uma objecção mais, da nossa parte. Se o códice parisino pertenceu à rainha D. Leonor, a sua execução deveria não só remontar a tempo em que vivia ainda D. Duarte como corresponder à própria dedicatória. Vemos, porém, um óbice imediato. O *Leal Conselheiro* está associado no manuscrito parisino com o *Livro de enssynança de bem cavalgar toda sela*. Ora, não parece que tal associação seja devida a reunião tardia e intervenção secundária; por duas razões: não há referência à segunda obra nos catálogos mais antigos e seria de esperá-la se o livro andasse isolado;[32] a cota da livraria de Aragão encontra-se no final do segundo texto.[33] Por outra parte, os interesses de D. Leonor poderiam ser de ordem administrativa e política (largas foram as divergências com o cunhado D. Pedro), mas não de ordem equestre. Este factor leva a considerar como mais provável que o códice tenha pertencido a outra personalidade. Pelos indícios apontados, ninguém melhor posicionado para tal

---

31 Para o tempo ficam os nomes de alguns mestres de pincel como: António Florentino, que terá chegado a Portugal ainda no reinado de D. João I, António Galego, "mestre dos escudos", Luís Dantas, que trabalhou na corte durante a regência de D. Pedro e ensinava a pintar e a iluminar, Mestre Pedro, pintor do Infante D. Henrique, Afonso Gonçalves, pintor de câmara do Infante D. Pedro; v. Viterbo 1903 e 1916, Dias.

32 Nada tem de extraordinária a ausência de registo do título do *Livro de ensinança*: os antigos inventários limitavam-se a assumir o primeiro texto com o respectivo título.

33 Cota *C XV*, no fl. 128, refere o catálogo Avril et al. Como já L. Delisle advertira no estudo das cotas de livraria dos reis de Nápoles, trata-se de uma sigla composta de uma letra (A, B, C . . .) de um número romano, para mais "toujours suivi d'un parafe ayant une certaine analogie avec un huit ouvert par le bas"; cit. ap. Dias 45ss.

que o Condestável D. Pedro,[34] ou eventualmente seu pai,[35] em primeira instância, e depois ele.

Acentue-se que se postulámos mais que um antecedente para os testemunhos da *Vita Christi* (um que designamos por *z* para presidir aos testemunhos *A I* e possivelmente a *O*, que corresponderia a um manuscrito de que Fr. Francisco Brandão extrai um cólofon e que Fr. Fortunato de S. Boaventura supõe ter existido no mosteiro de Odivelas; outro, *x*, que estaria na origem de *P* e *L*), para o cap. 87 do *Leal Conselheiro*, nada obriga a remontar ao tempo em que D. Leonor ainda se encontrava em Portugal (ou seja, antes de 1440), pois o exemplar lorvanense da *Vita Christi* comprova que as alterações feitas no exemplar que serviu para copiar o alcobacense não arrastaram correcções em versões anteriores ou paralelas.

Enfim, devemos presumir que um exemplar oferecido por D. Duarte a sua esposa teria requerido mais acribia de cópia para o texto do que aquela que o exemplar parisino deixa comprovar.[36]

XI

Ponderados assim vários indícios, julgamos que há que atrasar o período da execução do parisino do *Leal Conselheiro* para momento em que o Infante D. Pedro toma conta dos negócios do reino. Menos confiança nos merece o adiantamento para tempos posteriores ao regresso do Condestável a Portugal,

---

[34] A sua investidura como cavaleiro em 1445, com apenas 16 anos, em vésperas da partida para a expedição a Castela em favor de D. João II, torna verosímil a procura dessa obra.

[35] Do Infante D. Pedro como comprador de livros falam três pequenas anotações apostas no inventário da Sé de Coimbra começado no ano de 1393 (v. Costa 92, 95); de Florença trouxe ele o *Livro de Marco Paulo* oferecido de presente, mas provavelmente ter-se-á sortido com outros livros. No inventário da livraria de D. Duarte, registam-se também três traduções das que sabemos terem sido levadas a cabo sob a égide do Infante D. Pedro: *Livro de Marco Polo* (nº 2), *Livro da Virtuosa Benfeitoria* (nº 47), *Livro dos Ofícios* (nº 49). Sabemos que três outras traduções, *Panegírico* de Plínio, *De senectute* de Cícero, *De ingenuis moribus et liberalibus studiis*, de Pedro Paulo Vergério, foram pedidas pelo mesmo Infante a Vasco Fernández de Lucena (talvez o mesmo que existia na biblioteca do Condestável, nº 4). Já António Pinheiro, ao traduzir para português o *Panegírico* de Plínio dá mostras de não ter encontrado a tradução anterior. De lembrar é que, segundo Rui de Pina, na *Crónica del-Rey D. Afonso V*, cap. 125, o Infante D. Pedro "fez prymeiramente husar que os reis e prynçipes nestes reinos comesem em pubrico . . . dizendo elle suas mesas devyam ser escollas de sua corte, pera que costumava mandar ler proveitosos lyvros e ter praticas e disputa, de que se tomava muyto insyno e doutrina". Em documento do mesmo D. Afonso V, vindo recentemente a público e arrematado em leilão para biblioteca particular (do Prof. J. V. Pina Martins) há prova de que Zurara tinha a seu cargo da livraria real, pelo menos em 21 de Abril de 1462, data em que o documento é passado com a finalidade de executar, sem custas, "a mercee ao presidente conde palatino do nosso conselho do nosso livro que se chama Especullo que temos em a nossa livraria em a cidade de Lisboa". Veja-se o catálogo de leilão (Azevedo 2004: 90, nº 636). O Conde Palatino era Rui Gomes de Alvarenga.

[36] Piel assinalou (xxi) "Há erros tão grosseiros e relativamente frequentes que não podemos imaginar que o autor chegasse a dar-lhe revisão definitiva." Não sendo caso único, trata-se de mais um dado a conjugar com outros.

após o exílio, e antes da sua partida para a Catalunha, onde seria proclamado rei.[37] Em todo o caso, qualquer revisão do texto do cap. 87 não se terá tornado obrigatória. Ou, por outra, a persistência de um primitivo exemplar da *Vita Christi* que está na base do exemplar lorvanense fazia esquecer qualquer revisão que, feita antes de 1445, terá estado na base do exemplar alcobacense e do posterior exemplar que, em S. Paulo de Almaziva, Fr. Bernardo preparou para a duquesa de Coimbra, D. Isabel de Urgel, mãe do Condestável[38] e da esposa de D. Afonso V de Portugal. Sejam ou não tomados em conta os erros que contém, o exemplar do *Leal Conselheiro* de Paris é obra derivada e não é, quanto a nós, o que eventualmente tenha pertencido a D. Leonor de Aragão.

Não afastamos, com isso, o percurso do códice parisino pela biblioteca dos reis aragoneses de Nápoles (dado que se revelou documentado); apenas postulamos uma origem diferente da apontada e um intermediário também diferente. O Infante D. Pedro e seu filho, o Condestável, "que se apelidou durante três anos incompletos *Rei de Aragão, de Sicília, de Valença, de Maiorcas, de Sardenha e da Córsega e Conde de Barcelona*" (Vasconcelos 7), têm maiores probabilidades do que qualquer outro de estarem na origem do manuscrito em causa. O interesse de D. Pedro pelas obras do irmão tem certamente correspondência na gentileza com que lhe enviava as obras que ele próprio constituía.[39] A possibilidade de oferta a seu filho, mais que de herança, foi já acentuada para outras obras por autoridade incontestada.[40]

Não escondemos, todavia, as nossas hesitações quando não vemos o livro mencionado no inventário da livraria do Condestável. Porém, seja-nos permitido perguntar: será o único que ali falta? Das obras do Infante está certamente presente um livro "en vulgar portugues, appellat *Paulus Virgerius e molts altres tratacts*" (nº 4); no entanto, dificilmente poderemos reconhecer o *Livro da vertuosa benfeitoria*, sob o disfarce de *livro das virtudes* já que é "libre petit [. . .] feneix en la penultima carta *pacem habeatis*" (nº 67); não consta desse inventário o *Livro dos oficios*, embora haja um *Tullius de officiis* (nº 16). Com alguma surpresa reconhecemos obras em português como um *Orto de esposo* (nº 58). Está lá o *Suetonio de vida de Julio Cesar* (nº 11), este plenamente reconhecido, no exemplar do Escorial. O tabelião, porém, hesita quanto à língua de um *Joan Bocaci*, "en vulgar castella o portugues" (nº 92). Das obras do Condestável identificamos, pelo *incipit*, a *Tragedia de la insigne*

---

37 Para uma síntese da biografia do Condestável D. Pedro, v. Torres.

37 O cólofon da IVª parte, no manuscrito visto por Fr. Francisco Brandão, provavelmente em Odivelas, na opinião de Fr. Fortunato de S. Boaventura, e recolhido nas suas notas do Alc. 120 (antigo Cod. 453), fl. 283, era do seguinte teor: "Aqui se acaba a ultima parte do livro da Vida de Jesu Christo conteuda no Evangelho, o qual contem a mui amargoza paixam sua. Deo gratias pera sempre. Aqueste livro mandou tresladar a muito alta Princesa Infante D. Isabel duquesa de Coimbra e senhora de Montemor ao mui pobre de virtudes D. Abbade do Mosteiro de S. Paulo a honra e louvor do Senhor Jesu Christo e foi acabado a XII de Janeiro ano M CCCC LIX". O cólofon da edição de 1495 repete elementos e contamina-os com outros.

39 Cf. a dedicatória do *Livro da vertuosa benfeytoria*.

40 Mais que herança paterna, crê Vasconcelos 1922: 60, que os livros com a divisa do Infante D. Pedro "fossem dádivas ao seu primogénito que gostava de ler, estudar e sonhar".

reyna Doña Isabel (nº 60), "libre petit, scrit en pergamins, en vulgar castella", mas é confuso o registo de *Satyra de contento del mundo* (nº 82) que pode abranger tanto a *Satira de felice e infelice vida* como as *Coplas do menosprezo del mundo*.[41]

Nestas condições, perguntamos: estará completo o inventário? Difícil, se não impossível, sabê-lo, mesmo que algum dia os fundos de manuscritos nos devolvam mais algum com as armas do Condestável. Terá sido dele o manuscrito do *Leal Conselheiro*? Tê-lo-á ele dado ou emprestado a algum dos seus familiares que depois o encaminhou para a biblioteca de Aragão, através da qual chegou à da Sicília e depois a Paris? Julgamo-lo provável, embora faltem marcas de posse e de propriedade. Pelo menos, mais provável tal percurso do que através de D. Leonor.

Obras Citadas

A iluminura em Portugal: identidade e influências: Catálogo de Exposição 26 de abril a 30 de junho '99 (Lisboa: Ministério da Cultura : Biblioteca Nacional).

Academia das Ciências de Lisboa, 1790, 1964. *Collecção de Livros Inéditos de História Portugueza* (Lisboa: Real Academia das Ciências).

Anselmo, Artur, 1981. *Origens da imprensa em Portugal* (Lisboa: Impr. Nacional-Casa da Moeda).

Avril, François, J.-P. Aniel, M. Mentré, A. Saulinier, Y. Zaluska, 1983. *Manuscrits enluminés de la Péninsule Ibérique* (Paris: Bibliothèque Nationale).

Azevedo, Pedro de, 2004. *Livros e desenhos, gravuras e manuscritos da Biblioteca Salema Garção*, leilão de 31 de Maio, 1, 2 de Junho (Lisboa, 2004).

Calado, Adelino de Almeida, ed., 1994. Infante D. Pedro, Frei João Verba, *Livro da vertuosa benfeytoria*, Acta Universitatis Conimbrigensis (Coimbra: Biblioteca Geral da Universidade).

Carvalho, José Adriano de Freitas, 1995. *Nobres Leteras . . . Fermosos Volumes: Inventários de Bibliotecas dos Franciscanos Observantes em Portugal no século XV: Os traços de união das reformas peninsulares* (Porto: Centro Inter-Universitário de História da Espiritualidade e do Instituto de Cultura Portuguesa, Faculdade de Letras da Universidade).

Castro, Maria Helena Lopes de, 1995. "Leal Conselheiro: itinerário do manuscrito", *Penélope*, 16: 109–24.

——, ed., 1999. D. Duarte, *Leal Conselheiro*, ed. Colecção Pensamento Português (Lisboa: Imprensa Nacional-Casa da Moeda).

Costa, P. Avelino de Jesus da, 1983. *A Biblioteca e o Tesouro da Sé de Coimbra nos séculos XI a XVI* (Coimbra: Imprensa da Universidade).

Dias, Isabel, ed., 1997. *A arte de ser bom cavaleiro,* Leituras 10 (Lisboa: Editorial Estampa).

---

[41] Vasconcelos salienta que talvez se encontrassem no volume outros tratados, pois nem em *Satyra* nem em *Coplas* se encontra a "fórmula *de la luz con el*, ou outra parecida, com a qual remata a penúltima fôlha" (8), segundo o inventário.

Dias, Pedro, 1993. "Escultores e pintores que trabalharam para o Infante D. Pedro, Duque de Coimbra", *Biblos*, 69: 491–505.

Dinis, A. J. Rocha, 1949. *Vida e obras de Gomes Eanes de Zurara* (Lisboa: Agência Geral das Colónias).

Freitas, Judite Antonieta Gonçalves de, 1996. *A Burocracia do "Eloquente" (1433–1438): Os textos, as normas, as gentes*, Patrimonia Historica, Dissertações (Cascais: Patrimonia).

Magne, Augusto, ed., 1957. Ludolfo von Sachsen [Ludolfo da Saxónia], *O Livro de Vita Christi em lingoagem português* (Rio de Janeiro: Ministério da Educação e Cultura, Casa de Rui Barbosa).

Mendes, Maria Valentina Sul, coord., 1995. *Os Incunábulos das Bibliotecas portuguesas* (Lisboa: Secretaria de Estado da Cultura; Instituto da Biblioteca Nacional e do Livro; Inventário do Património Cultural Móvel).

Moreno, Humberto Baquero, 1973. *A Batalha de Alfarrobeira: antecedentes e significado histórico* (Lourenço Marques: H. Moreno).

Nascimento, Aires A., 1993. "As livrarias dos Príncipes de Avis", *Biblos*, 69 (*Actas do Congresso do VI Centenário do nascimento do Infante D. Pedro, Duque de Coimbra)*: 265–87.

——, 1999. "A tradução portuguesa da *Vita Christi* de Ludolfo da Saxónia: obra de príncipes em 'serviço de Nosso Senhor e proveito comum' ", *Didaskalia*, 29: 563–87.

——, 2001. "A *Vita Christi* de Ludolfo de Saxónia, em português: percursos da tradução e seu presumível responsável", *Euphrosyne*, 29: 125–142.

——, 2003. "Nota mínima a 'Vida e Feitos de Júlio César' ": a questão da origem do manuscrito", em *Razões e Emoção: Miscelânea de estudos em homenagem a Maria Helena Mira Mateus* (Lisboa: Imprensa Nacional-Casa da Moeda), II, 157–66.

Nunes, E[duardo] [Borges], 1965. "Nótulas de história do século XV português", *Do Tempo e da História*, 1: 47–67.

Pedro, Condestável de Portugal, 1922. *Tragédia de la Insigne Reina Doña Isabel*, ed. Carolina Michaëlis de Vasconcelos, 2ª ed. (Coimbra: Imprensa da Universidade).

Peixeiro, Horácio, 1999. "A iluminura portuguesa nos séculos XIV e XV", em *A iluminura em Portugal: identidade e influências: Catálogo de Exposição 26 de abril a 30 de junho '99* (Lisboa: Ministério da Cultura: Biblioteca Nacional).

Piel, Joseph Maria, ed., 1942. D. Duarte, *Leal conselheiro: o qual fez Dom Eduarte, Rey de Portugal e do Algarve e Senhor de Cepta* (Lisboa: Livraria Bertrand).

Pina, Rui de, 1790. *Cronica do Senhor Rey D. Affonso V*, Collecção de Livros Inéditos de História Portugueza (Lisboa: Real Academia das Ciências).

Portugal, Comissão Executiva das Comemorações do V Centenário da Morte do Infante D. Henrique, 1960–1974. *Monumenta Henricina*, Colectânea Documental Relativa ao Infante D. Henrique, I–XV (Coimbra: Atlântida).

Roquette, José Inácio, ed., 1842. D. Duarte, *Leal Conselheiro*, introd. Manuel Francisco de Barros e Sousa, Visconde de Santarém (Paris: J. P. Aillaud).

San Boaventura, Fortunato de, 1827. *Historia Chronologica e Critica da Real Abbadia de Alcobaça da congregação cisterciense de Portugal* (Lisboa: Impressão Régia).

Seixas, Miguel B. A. Metelo de, e José S. Estevéns Colaço, 1994. *As armas do Infante D. Pedro e de seus filhos* (Lisboa: Universidade Lusíada).

Serrão, Joel, dir., 1971. *Dicionário de História de Portugal*, I–IV (Lisboa: Iniciativas Editoriais).

Torres, Ruy d'Abreu, 1971. "Pedro, Condestável D.", em Serrão 1971: III, 330.

Vasconcelos, Carolina Michaëlis de, ed., 1922. D. Pedro, Condestável de Portugal, *Tragédia de la Insigne Reina Doña Isabel*, 2A ed. (Coimbra: Imprensa da Universidade).

Viterbo, F. M. Sousa, 1901. "A livraria real especialmente no reinado de D. Manuel", *História e Memórias da Academia Real das Sciencias de Lisboa*, 9.

——, 1903. *Noticia de alguns pintores portuguezes e de outros que, sendo estrangeiros, exerceram a sua arte em Portugal*, Separata da *Historia e Memorias da Academia Real das Sciencias de Lisboa*, nov. ser., *Classe de Sciencias Moraes*, 10.1 (Lisboa: Academia Real das Sciencias).

——, 1916. "Calígrafos e iluminadores portugueses", *O Instituto*, 63: 403–11, 451–58, 549–56, 563–74.

Autobiografia, Cultura e Ideologia em *Peregrinação* de Fernão Mendes Pinto

JOÃO DAVID PINTO-CORREIA

A obra *Les Portugais en Extrême Orient: Fernão Mendes Pinto, un précurseur de l'exotisme au XVIème siecle*, de Georges Le Gentil, que constituiu marco importante no estudo da *Peregrinação* e que data já de 1947, revela-se-nos bastante significativa, em termos de proporcionalidade, de como tem sido investigado Fernão Mendes Pinto e a sua obra: na verdade, o professor francês dedica grande parte da sua obra ao "valor documental" da *Peregrinação*, enquanto ao "valor literário" apenas consagra um terço do volume. Não o registamos como crítica negativa, mas tão-somente como modo de chamar a atenção para o que, na realidade, durante muitos anos, foi feito em relação ao autor e à obra que agora nos ocupam. O estudo do significado documental da obra de Mendes Pinto é indubitavelmente tarefa importante. Em boa verdade, quase ficamos confusos, quando temos de reconhecer que a sua prioridade deve constituir primeira fase da elucidação do texto desta obra ou, se quisermos, tarefa imprescindível para uma mais completa análise do texto, enquanto mensagem narrativa e autobiografia literárias.

Fernão Mendes Pinto dir-nos-ia que escreveu o que, sendo homem, português e cristão, fez, viveu, viu e ouviu. Estamos convencidos de que sobretudo registou o que viveu e viu: "E digo isto porque assim o posso afirmar com verdade, pois ambos estes sucessos vi com meus olhos, e em ambos me achei presente com assaz de perigo meu" (cap. CC). Podíamos acrescentar que essa primeira intenção se conjugou com outra: a de transmitir o que ele soube ou que outros lhe transmitiram, e mesmo o que ele julgou (ou imaginou) viver, ver e ouvir.

Contudo, não é lícito que a obra continue a ser desvalorizada por se julgar que não constitui um registo decididamente historiográfico. Não foi esse o objectivo do seu autor. Pelo contrário, urge que ela seja reconhecida como o que quis logo ser: uma narrativa não obrigatoriamente histórica, com proximidade muito grande à autobiografia ou, como queria Fidelino de Figueiredo, uma "autolatria". Actualmente até sabemos que o realismo, a objectividade, a fidelidade totais são características muito relativas em géneros como a autobiografia, o diário, as memórias (Lejeune, Rocha): aquele que se conta nunca é aquele ou aquilo que realmente é, só o é em parte, e talvez apenas seja aquele ou aquilo que julga ou imagina ser.

Um repositório documental: fonte e registo históricos

De qualquer modo, e apesar de a fantasia nela ocupar algum lugar, a *Peregrinação* é um repositório documental importante em relação ao qual devemos procurar descobrir o que nele se contém de real. Em primeiro lugar, por constituir impressionante registo de elementos de vária natureza relativos não só ao Portugal de então, como sobretudo às terras que conheceu, mormente ao Extremo Oriente. E, entre tais dados, impõem-se-nos os históricos, artísticos, geográficos e etnográficos e, depois, de modo ora claro, ora mais sub-reptício, os apontamentos respeitantes à mundividência, à ideologia e à axiologia, quer dizer, os mais ligados à dimensão etnoantropológica da obra.

Nos dados históricos, Mendes Pinto testemunha sobre a realidade sua contemporânea quer do Ocidente, nos poucos anos que o ocupam, já com a sua biografia, já com algumas personagens e factos do Portugal de então, quer de modo muito desenvolvido do Oriente, numa perspectiva sempre subjectiva, a partir da sua deambulação que lhe permite contactar com vultos importantes europeus e principalmente orientais, com os episódios quotidianos da passagem dos portugueses por essas longínquas paragens. É óbvio que, mesmo se a sua intencionalidade não se limita a fazer o relato exacto, o roteiro, a crónica, como muitos outros dos seus companheiros de escrita souberam e quiseram executar como tarefa por vezes oficial, a sua obra tem sido sempre considerada como fonte de informações abundantes para os historiadores. Depois de recusas, de desconfianças da parte de alguma historiografia, hoje a atitude é bem outra; e assim muitos estudiosos da História têm considerado como fidedignos ou credíveis os registos mendesianos. Demonstra-o o entusiasmo de alguns autores contemporâneos pela *Peregrinação*, como J. Pereira Gomes, António Borges Coelho, Luís Filipe Barreto (1983, 1986, 1986–1987), Rui M. Loureiro (1991, 1994, 1999) ou ainda Alexandre M. Flores, Reinaldo Varela Gomes, R. H. Pereira de Sousa (Flores et al. 1983), para só falar dos mais recentes. É certo que continua o debate acerca de viagens como as realizadas ao Japão (Figueiredo; Freitas 1904b, 1905a, 1905b, 1907; Gomes; Laborinho; Moraes; Pinto), à Abissínia (Kammerer) ou à Coreia (Parker).

Neste capítulo, não se fica por aí o contributo de Mendes Pinto. Há a acrescentar o de ele tentar igualmente fazer a história de povos orientais, para o que não só se baseou nos testemunhos orais, mas na consulta das fontes escritas, aliás indicadas no texto: *Crónica dos Oitenta Reis da China* (cap. XCII); *Toxefalem* (cap. XCVI); *Aquesendó* (que Mendes Pinto afirma ter trazido para Portugal, cap. CV); *As Brochas d'O da vontade do Filho do Sol* (cap. CXV). Só a partir destas obras, foram possíveis não só as resenhas históricas que propõe para os povos orientais, como também os registos de cidades e fortificações ou das descrições desenvolvidas de banquetes e cerimónias.

Nos dados geográficos fornecidos pela obra, sabemos que a sua toponímia levanta muitos problemas no que respeita à exactidão. Indica, neste domínio, por exemplo, uma fonte: a *Situação de todos os lugares notáveis do Império da China* (cap. XCV). Os importantes trabalhos do Visconde de Lagoa, inclusive com a elaboração de um mapa bem conhecido, confirmam ou discutem a exactidão das informações. A partir de todos esses contributos, e de outros respeitantes a vários textos coevos, foi possível a Reinaldo Varela Gomes elaborar um completo e útil roteiro – "O Roteiro geográfico através da *Peregrinação*" (Flores et al. 1983: 79–146) e a Georges Boisvert aprofundar a mesma questão.

Mendes Pinto enumera com precisão os acidentes do relevo, os rios, a fauna e a flora, numa mistura hoje bem compreensível do que viu e do que leu. A sua hipótese de os "cinco rios" terem como nascente o lago interior asiático deriva das concepções geográficas da época (Le Gentil 36–41). Se se referiu pormenorizadamente a algumas espécies da fauna, a descrição dos animais do rio Guateangim (cap. XIV) bem demonstra que aquilo que escreve se contamina com dados fornecidos pelos bestiários medievais, ou da sua herança intertextual; com isto, não pretendemos dizer que não tenha avistado os animais a que se refere, mas apenas que, quando os viu, eles se lhe apresentaram não tanto como eram realmente, mas como eram caracterizados pelos textos de cujo conteúdo Mendes Pinto tomou de certeza conhecimento (*vide*, sobre este assunto mais em geral, Pinto-Correia 1998b, Amorim).

Nas informações artísticas, principalmente arquitecturais, salientaremos as atentas descrições gerais do que presencia na subida de um rio (cap. LXXXVIII), de pagodes, como por exemplo de Tinagogó (caps. LXXXIX e CLIX), e de cidades (a de Nanquim, no cap. LXXXVIII; e a de Pequim, nos caps. CV–CXIV). Acrescentaremos as emocionadas, mas pormenorizadas descrições particulares da Serpe Tragadora da Casa do Fumo e do Ídolo Muxiparão (cap. CIX) ou do templo de Singuafatur ou Terreiro das Caveiras dos Mortos (cap. CXXVI).

Quanto aos elementos etnográficos, são inúmeras as indicações acerca dos costumes e usos dos povos orientais. Anotam-se curiosamente soluções de medicina popular (as "duas estopadas de ovos", como se fazia na Índia, no cap. CXXXVII), vestuários e adornos regionais (cap. LXXIII, em que fala da "grande trambolhada de conchas vermelhas do tamanho de cascas de ostras"), instrumentos (os chins costumam "comer com dous paus feitos como fusos", no cap. LXXXIII), a relação dos casos em que o "búzio" deve ser tocado (cap. CCI), o registo de mitos (o de Adá e Bazagom, no cap. CLXIV), os "povos selvagens e estranhos" (cap. CLXVI) e muitos outros pormenores difundidos ao longo da obra (por exemplo, o que se diz sobre as vacas, no cap. CLXIV; sobre o luto de um povo, no cap. CLXVII; sobre o costume de meter os dedos na boca como sinal de admiração, *passim*). Poderão ver-se outros aspectos no bem documentado artigo de José Gómez-Tabanera.

Fidelidade e abertura: o cristão ocidental e o cidadão do mundo

Outro domínio tem de ser também considerado, e que se integra numa vasta visão etno-antropológica. Na verdade, a *Peregrinação* constitui um espaço discursivo em que se reflectem as experiências pessoais vividas e as evocadas como se vividas (aliás, todas elas não passam directamente para o texto; são sempre objecto de uma transformação "arrumação/condensação" por parte do narrador). Ressaltamos as experiências que estão na base da atitude que leva Mendes Pinto a autopropor-se como figura exemplar, não do herói ou do santo, mas do vulgar português marinheiro e comerciante que, por "trabalhos e perigos", vai tentar fortuna, ou mesmo do modesto "pobre de mim". E sempre presente encontra-se a atitude de avaliar o que ele representa, ou seja, ele mesmo, como indivíduo, mas também como português, ocidental, cristão, com todos e tudo que vai encontrando, o que vai comparando, avaliando, ora com aceitação e deslumbramento, ora com ironia e mesmo sátira, ora com frontal desagrado e repúdio.

Se frequentemente inventou pormenores ou mais do que isso, talvez algumas vezes o tenha feito para procurar dar uma imagem completa de si, como português e cristão, e dos seus companheiros, como portugueses no Oriente, ou para se referir a aspectos que o chocaram quer nos outros, os orientais, quer nos próprios conterrâneos na sua actuação pelas terras longínquas da "pestana do mundo". É certo que, em relação a estes últimos, frequentemente procura justificá-los nalguns dos seus excessos ("parece que em parte nos desculpa ser a necessidade tamanha, que nos forçou a fazermos desatino" no cap. CLXXIX), porque sempre confrontados com os altos e baixos da sorte. Em muitos passos, vai mostrar os portugueses estimados por parte dos indígenas: lembremo-nos da recepção dos portugueses pela mãe de Preste João (cap. IV), pelo Nantoquim (caps. CXXXIII e CXXXIV), pelo rei do Bungo (cap. CCX), pelo rei do Sião (cap. LXXXI), as palavras do Reizinho em relação aos portugueses (cap. CXLV), o serem os portugueses postos "na dianteira de todos" (cap. CXLIX). Mas também os critica, e duramente. As razões são múltiplas. Apontemos: a desumanidade (cap. XXIX, quando Pedro de Faria nega auxílio à rainha de Aru), e principalmente a cobiça (cap. CCXXI), as desavenças entre os portugueses (por exemplo, a que opõe Diogo Pereira a D. Álvaro de Ataíde, no cap. CCXV), desavenças tanto mais lamentáveis quanto fundadas em motivos fúteis (a contenda sobre os Fonsecas e os Madureiras, no cap. CXV). O tom decepcionado logo avulta: "por pecados nossos se não tomou nenhua [opinião], por haver nesta parte tantas diversidades de opiniões e de pareceres, que Babilónia em seu tempo não lançou de si mais variedade de línguas" (cap. CXLVIII), para logo se transformar em vergonha: "E em verdade afirmo que foi a cousa que mais senti em minha vida, por honra dos meus naturais" (cap. CL). Tudo quanto se construiu no Oriente é ameaçado por esses vícios ou pecados dos portugueses: "parece que as nossas coisas que agora correm na China, e a quietação e confiança com que tratamos com ele, havendo que estas pazes que ele tem connosco, são firmes e seguras não durarão mais que enquanto nossos pecados não ordenarem que haja algum motivo como os passados" (cap. CCXXI).

Mendes Pinto deixa, ao longo das páginas que escreveu, sobeja matéria para o nosso estudo: pensamos no que nos deixou dito sobre a condição da mulher, assunto que, desde há alguns anos, tem sido objecto de atenção por parte de universitários (Andrade Moniz, Figueira, Laborinho 1995, Brites). Observações como as que faz, no cap. CLXXII, sobre as "mulheres" e sobre o reconhecimento da sua capacidade de ocuparem cargos como os das "embaixatrizes" para assuntos de muita importância iluminam-nos melhor a face de um homem que consideramos, na verdade, ter estado, pelo menos quanto a alguns aspectos, em avanço sobre o seu tempo. No entanto, ficam ainda de pé outras questões, por exemplo, as que se relacionam com o estudo comparado das religiões, mitos e rituais (Margarido, Castro 1984, Brunel, Langendorff).

O outro lado da epopeia: a crítica indirecta e uma filosofia moral

A *Peregrinação*, tem-se dito, revela-nos o outro lado da epopeia: o dos perigos, o das situações-limites, o das tragédias. Neste aspecto, o seu valor documental é ainda incalculável: são trazidos à luz momentos silenciados em *Os Lusíadas* ou nas crónicas oficiais, como, por exemplo, a necessidade que leva ao roubo e ao assalto (cap. LV), ou mesmo à antropofagia (cap. CLXXX). Ou ainda a "inconstante e mentirosa fortuna" (cap. CXCVIII) que, após as vitórias, as honras, a glória, empurram as suas "marionetas" (os portugueses-aventureiros, os "nossos" representantes sobre os mares e nas distantes terras) para o naufrágio, a prisão, a escravidão (caps. LXXIX, LXXXIV, XXIV–XXV).

Não admira que, nas páginas da obra, se esbocem as linhas de uma filosofia moral crítica, mas, com raras excepções de virulência, quase sempre de bom-senso. Diríamos que se trata de uma filosofia que assenta na constatação e aceitação do quotidiano: "E este foi o fim que teve este grande e poderoso Xemindó [. . .] Mas este é o mundo" (cap. CXCIX). Filosofia que pode apontar para a crítica oportuna: de cariz sub-reptício ("mas esta é a condição de os bens mundanos, principalmente dos mal adquiridos, serem sempre meio e caminho de desventuras", no cap. CXCIII) ou de tom francamente acusatório contra os fingimentos ("as mais tristes e mais miseráveis mostras de fora [. . .] estas foram sempre as que mais nos aproveitaram", no cap. CXL), contra a adulação (no cap. CCXXXIII), contra a crueldade ("que quer ainda impedir os afectos de natureza", no cap. CXCVII).

De passagem, ganha forma uma opinião sobre a guerra: o papel dos "interesses" ("e como é costume ordinário da gente de guerra que vive por seu soldo, não ter respeito a outra coisa mais que ao interesse que espera", no cap. CXCV), ou a evidência de que a guerra traz as suas consequências nefastas até para os vencedores ("nunca estas cousas custam tão pouco, por mais baratas que a aventura as venda, que os campos não fiquem tintos de sangue dos vencedores", no cap. CLXXVIII).

Toda essa filosofia de vida, se bem que talvez não assente numa bem construída formação erudita, inscreve-se, sem dúvida, no programa cultural do século XVI. Qualquer autor quinhentista subscreveria o que fica dito no capítulo CLII da *Peregrinação*: "são sucessos de fortuna e do tempo que sempre costumam trazer consigo estas variedades".

Vemos assim que a cultura europeia e portuguesa do século XVI penetra o texto da *Peregrinação*, mas sempre enriquecida pelo confronto com o Outro. Nele encontramos bem profundas as marcas da ideologia religiosa e de classe do Autor, mas sempre com a capacidade do homem agora a abrir-se ao mundo até então desconhecido. Tem-se julgado, por vezes, que, por aquilo que escreveu, quanto à sua ousadia ou à infracção ao oficialmente dito, Mendes Pinto escapava à ideologia dominante do "cristão ocidental" – "português colonizador". Assim parece, por vezes. Disso podia convencer-nos a própria selecção da matéria narrada. Ou, então, para demonstrar o que se designou de "crítica indirecta": o recurso a processos como a criação de personagens simbólicas, como o tão mencionado "menino" (cap. LV) ou o eremita de Calemplui (caps. LXXVI/LXXVII) em cujas bocas Mendes Pinto põe palavras de dura censura à actuação dos portugueses. Essa "crítica indirecta" (expressão proposta por Jaime Cortesão e por António José Saraiva), isto é, posta na boca dos orientais, tem sido considerada rasgo genial de Mendes Pinto de tal forma que situaria o nosso autor na vanguarda da História da Cultura. Teria sido, por um lado, o precursor cultural representado depois na cultura ocidental por um Montesquieu e por um Voltaire; por outro lado, o "exemplar acabado do famigerado humanismo universalista português", na crítica de Lourenço. No entanto, outras passagens vão demonstrar-nos que Mendes Pinto foi bem um homem integrado na ideologia dominante do seu tempo. Estratégias, propostas de um génio que, por mérito próprio, fiel à sua identidade de europeu, soube abraçar o novo mundo.

No plano religioso, não há quaisquer dúvidas, apesar de insinuações provocatórias da parte de algumas propostas redutoras. Na verdade, não só por várias vezes a religiosidade se afirma no enunciado narrativo ("chamámos com muita insistência pela Virgem Nossa Senhora, com cujo favor nos salvámos daquele perigo", no cap. CCII). Sempre se lhe escapam as observações sobre uma filosofia da história centrada em Deus ("Deus Nosso Senhor, com seus ocultos juízos ordena todas as coisas suavemente por uns meios que nos embaraçam o entendimento", no cap. CCII, ou: "o segredo disto só Deus o entende, que os homens nem suspeitá-lo podem", no cap. CCXI), como reiteradamente afirma o seu cristianismo ("a fé e confiança que se deve ter a este Senhor que quis morrer para nos dar a vida", no cap. CCVLI, ou: "para que claramente se vejam os meios por onde Nosso Senhor ordena ser louvado", no cap. CCLI). Repetidas vezes é manifestada a dívida para com Deus (por exemplo, no primeiro e no último capítulo). Na linguagem, abundam vocábulos e expressões conotadas religiosamente: "por nossos pecados", e até o próprio sentido narrativo é dirigido por "embraiadores" como "prouve a Nosso Senhor que [. . .]". A consideração de vultos como Francisco Xavier e Padre Belchior também não deixam dúvidas, pese embora a algumas opiniões interpretativas muito limitativas.

E, tal como deixamos dito atrás, para que significado mais ou menos "oculto" aponta o próprio título da *Peregrinação*? Com sua argúcia crítica habitual, Eduardo Lourenço lembra-nos da necessidade de sempre se reconhecer no narrador a qualidade de "peregrino", "para quem lugares e todos os acontecimentos são – na sua realidade escrita – ocasião de *prova* e de *provação*" (Lourenço 1971: CXV).

Contestação e integração

Segundo Rebecca Catz, a *Peregrinação* constitui uma sátira corrosiva, genialmente construída por um autor que propõe de si um "retrato de hipócrita" o qual "é, em si mesmo, um verdadeiro monumrnto à hipocrisia" (Catz 1978: 287). A crítica e a anticruzada, irónica e cinicamente conduzidas, concederiam a verdadeira significação à obra (Catz 1981), o que é manifestamente um exagero (Pinto-Correia 1983, Castro 1984) desestabilizador do autêntico fio condutor mais profundo de toda a proposta da obra de Mendes Pinto.

Alguns temas, alguns termos convencem-nos da posição contestatária de Mendes Pinto em relação à ideologia colonizadora dos portugueses. Em episódios como os das acusações do Chambainhá contra os portugueses (cap. CL), do eremita que levanta a sua voz ameaçadora e profética (cap. LXXVII), dos reis (por exemplo, o rei Tártaro) que, quais Velhos do Restelo, se perguntam as razões das vagabundagens dos portugueses pelas sete partidas (cap. CXXII), evidenciam-se as preocupações que não podiam deixar de passar pela mente bem lúcida de Fernão Mendes Pinto. Correspondendo a personagens – reais ou simbólicas, não importa – ficaram registadas (em muitas páginas da *Peregrinação)* invectivas bem duras, tal como a que se inicia pelas palavras: "Gente má, a gente portuguesa" (cap. CL), ou ainda aquela que ainda hoje nos impressiona pela violência metafórica: "e não ladreis como cães todo o dia, com uma pertinácia tão obstinada e cheia de cólera que a baba vos corre dos beiços como gosos danados que mordem a gente?" (cap. CCXIII). Mas esses registos são ingredientes equilibráveis para a verdadeira sabedoria da mensagem.

Não obstante toda esta capacidade de lucidez e, consequentemente, de crítica, Mendes Pinto não escapa à ideologia do cristão/português para quem alguns aspectos das gentes a conquistar e colonizar não eram compreensíveis (Jorge). Já Eduardo Lourenço, no denso e bem informado pequeno ensaio que dedicou à *Peregrinação*, rebateu a opinião de Jaime Cortesão: "Na *Peregrinação* os limites da tolerância acabam como em *Os Lusíadas*, logo que se fala de mouros. O 'cristão' é antimouro e vice-versa." (Lourenço 1986: 27–28). Ultimamente, também Michel Korinman (31), declara que o "sujeito peregrinante encontra-se, justamente pelas suas múltiplas funções, implicado no ciclo exploração-informação-colonização: ele relata (cap. XXVI), dá explicações estratégicas e comerciais (cap. XX)".

A ideologia de representante do povo cristão e ocidental instala-se no texto, não só através das atitudes de narrador e, com isto, queremos dizer o tomar constantemente partido por uma das partes em confronto ou em presença (cristãos-portugueses / inimigos-turcos-mouros), como principalmente através das sugestões pelas quais se vai ao ponto de sancionar "a intervenção singular e perigosa do explorador no mundo plural do 'explorado'" (Korinman 1976: 33):

as profusas descrições e enumerações constituem informações para o poder ocidental em relação às terras contactadas. Mendes Pinto directamente o afirma: "são muito comedores [. . .], por onde parece que será muito fácil conquistá-los" (cap. CXLIII). Também vai tomar partido contra o que está feito: "parece-me que não virá de fora de propósito tratar aqui, ainda que, do sítio, grandeza, abastança, riqueza e fertilidade que vi neste reino de Sião e império Sornau, e quanto mais proveitoso nos fosse tê-lo antes senhorado, que tudo quanto temos na Índia, e com muito menos custo do que até agora nos tem feito" (cap. CLXXXVIII).

Não contente de "dar conta" aos capitães, de tratar "miudadamente do descobrimento dos rios, portos e angras", etc., Mendes Pinto relembra a oportunidade de anexação desta ou daquela parte: "de então para cá se não tratou mais deste descobrimento que tão proveitoso parece que será para o bem comum destes reinos, se Nosso Senhor fosse servido que esta ilha se viesse a descobrir" (cap. XX). Constitui procedimento bem seguido na época. Reconhecendo que os caminhos políticos seguidos até então não terão sido os melhores, sugerem-se outros: "eles responderam outras muitas coisas daquela terra, assaz merecedoras de qualquer grande esprito desejar de se empregar nelas, e quiçá de muito maior proveito e menos custo, assi de sangue como de tudo o mais, do que é tudo o da Índia, em que tanto cabedal se tem metido atégora" (cap. XLI). Ou, então, mais em termos de proveito económico, isto é, de exploração colonizadora: "E segundo o dito de alguns mercadores de que António de Faria se informou, há ali também muitas minas de cobre, prata, estanho, salitre e enxofre, com muitos campos desaproveitados de muito boa terra, e tão perdida naquela fraca nação que, se ela estivera em nosso poder, quiçá que estivéramos mais aproveitados do que hoje estamos na Índia por nossos pecados" (cap. LII). E, para finalizar, aqui fica uma pequena citação em que, segundo Fernão Mendes Pinto, se inscreve todo um programa para um povo levar a efeito ao longo de anos e anos: "Das mais excelências particulares que pudera dizer desta ilha, não tratarei agora, porque me parece que, isto só, bastará para espreitar e incitar os ânimos dos Portugueses a ua empresa de tanto serviço de Nosso Senhor e de tanta honra e proveito para eles" (cap. CXLIII).

Conclusão

Obra narrativa por excelência, de aventura e de autobiografia, *Peregrinação* já nos revelou, para além da sua singularidade de escrita, de estrutura, de narração e descrição do Extremo-Oriente, um vastíssimo material de experiência pessoal na sua coerência de costumes de português, ocidental e cristão, mas também de abertura e compreensão do Outro e do seu mundo, um variado e magnífico testemunho de gentes, actividades, instituições, objectos das partes mais orientais então descobertas uma nova e completa atitude de repúdio e crítica, por vezes, mas quase sempre de ampla compreensão como exemplo do novo homem formado pela descoberta e fascínio pela Cultura, Ideologia e Paisagem com olhar fiel a si próprio, mas aberto ao que de diferente lhe é patenteado.[1]

Edições de "Peregrinação" utilizadas para este texto

Mendes Pinto, Fernão, 1995. *Peregrinaçam*, ed. fac-similada da edição de 1614, *Peregrinaçam de Fernam Mendez Pinto. Em que da conta de muytas e muyto estranhas cousas que vio & ouvio no reyno da China, no da Tartaria, no de Somau, que vulgarmente se chama Sião, no de Calaminhan, no de Pegù, no de Martauão, & em outros muytos reynos & senhorios das partes Orientais, de que nestas nossas do Occidente ha muyto pouca ou nenhua notícia [. . .]* Lisboa: P. Crasbeeck, apresent. José Manuel Garcia (Maia: Castoliva Editora).
——, 1984. *Peregrinaçam*, introd. Aníbal Pinto de Castro, Col. Tesouros da Literatura e da História, publicada juntamente com *Itinerário* de António Tenreiro, o *Tratado das Cousas da China* e a *Conquista do reino de Pegu* (Porto: Lello & Irmão).
——, 1998. *Peregrinaçam*. Edição electrónica, em CD-ROM, com introd. de João David Pinto-Correia, em *Biblioteca Virtual de Autores Portugueses / Virtual Library of Portuguese Authors. Fernão Mendes Pinto, "Peregrinação"*, ed. electrónica, coord. científ. Ivo Castro, Cristina Almeida Ribeiro e Paula Morão, 2 CD-ROM (Lisboa: Biblioteca Nacional), Disk 2.

Traduções principais

Mendes Pinto, Fernão, 1989. *The Travels of Mendes Pinto*, ed. e trad. Rebecca D. Catz (Chicago: University of Chicago Press).
——, 1991. *Pérégrination*, trad. e apresent. Robert Viale (Paris: La Différence).
——, 1999. *Peregrinação*, trad. (mandarim) Jin Guoping, Edição da Comissão Territorial de Macau para as Comemorações dos Descobrimentos Portugueses, 2 vols. (Macau: Fundação Macau, Instituto Cultural de Macau e Instituto Português do Oriente).

[1] Esta exposição retoma e refunde trabalhos publicados pelo autor: enriquecem-se alguns elementos, reflecte-se sobre o texto mendesiano no que de muito contribuiu como testemunho pessoal autobiográfico, como registo de experiências e acontecimentos vividos ou ouvidos ou talvez, algumas vezes, imaginados por imperativos narrativos. Apenas quisemos sistematizar, com referência aos passos concretos da obra de Mendes Pinto, o que foi transmitido por uma das personalidades mais singulares da literatura e cultura portuguesas, europeias e universais. Pensamos que também se justifica a ampla bibliografia apresentada.

Obras citadas

Amorim, Maria Adelina, 1999. "Viagem e *mirabilia*: monstros, espantos e prodígios", em *Condicionantes Culturais da Literatura de Viagens: Estudos e Bibliografias*, coord. Fernando Alves Cristóvão (Lisboa: Edições Cosmos, Centro de Literaturas de Expressão Portuguesa da Universidade de Lisboa), 127–81.

Andrade Moniz. António Manuel de, 1995. "Protagonismo feminino na *Peregrinação* e na *História Trágico-Marítima*", em *O Rosto Feminino*, 1995: I, 741–45.

Barreto, Luís Filipe, 1983. *Descobrimentos e Renascimento: Formas de Ser e Pensar nos Séculos XV e XVI*, Temas Portugueses (Lisboa: Imprensa Nacional-Casa da Moeda).

——, 1986. "Introdução à *Peregrinação*", *Prelo*, 11: 17–32.

——, 1986–1987. "Introdução à *Peregrinação* de Fernão Mendes Pinto", em *A Abertura do Mundo: Estudos de História dos Descobrimentos Europeus: em Homenagem a Luis de Albuquerque,* org. Francisco Contente Rodrigues e Luís Filipe Barreto (Lisboa: Ed. Presença), 101–9.

Boisvert, Georges, 1992. "La géographie de la *Peregrinação* de Fernão Mendes Pinto", em *De la Péninsule Ibérique à l'Amérique Latine: mélanges en l'honneur de Jean Subirats*, dir. Marie Roig-Miranda (Nancy: Presses Universitaires), 71–77.

Brites, Teresa Boino Marcelino Amaral, 2000. *Imagens e Discursos do Feminino em "Peregrinação" de Fernão Mendes Pinto*, dissertação de Mestrado em Estudos Interdisciplinares, Universidade Aberta, Lisboa (texto policopiado).

Brunel, Pierre, 1997. "Mythe et voyage dans *Pérégrination*", em *Literatura de Viagem: Narrativa, História, Mito*, org. Ana Margarida Falcão, Maria Teresa Nascimento e Maria Luísa Leal (Lisboa: Edições Cosmos), 555–64.

Castro, Aníbal Pinto de, 1984. "Introdução", em *Peregrinação de Fernão Mendes Pinto e Itinerário de António Tenreiro, Tratado das Cousas da China, Conquista do reino de Pegu*, Col. Tesouros da Literatura e da História (Porto: Lello & Irmão Editores), v–xlix.

Catz, Rebecca, 1978. *A Sátira Social de Fernão Mendes Pinto: Análise Crítica da Peregrinação*, Col. Estudos e Ensaios (Lisboa: Prelo).

——, 1981. *Fernão Mendes Pinto: Sátira e Anti-Cruzada na 'Peregrinação'*, Biblioteca Breve, Série Literatura 57 (Lisboa: Instituto de Cultura e Língua Portuguesa).

Coelho, António Borges, 1999. "Clio e a *Peregrinação* de Fernão Mendes Pinto", em *As Rotas Oceânicas (Sécs. XV–XVII)*, Quartas Jornadas de História Ibero-Americana, coord. Maria da Graça Mateus Ventura (Lisboa: Edições Colibri), 241–62.

Figueira, Isabel, 1995. "Painel de mulheres em *Peregrinação*: imagens de um encontro", em *O Rosto Feminino* 1995: I, 747–58.

Figueiredo, Fidelino de, 1925–1926. "*De Re Japonica*: a evolução do japonismo literário português desde Fernão Mendes Pinto a Wenceslau de Morais", *Vasco da Gama*, I: 202–19.

Flores, Alexandre, Reinaldo Varela Gomes e R. H. Pereira de Sousa, 1983. *Fernão Mendes Pinto: Subsídios para a sua Bio-Bibliografia* (Almada: Câmara Municipal de Almada).

Freitas, Jordão A. de, 1904. "Fernão Mendes Pinto e a sua embaixada ao Japão relatada por elle próprio na sua *Peregrinaçam*, *Diário de Notícias*, Lisboa (20 de Outubro).

——, 1905a. "O Japão e os seus descobridores", *Diário de Notícias*, Lisboa (1 de Março).

——, 1905b. "Fernão Mendes Pinto e o descobrimento do Japão", *Diário de Notícias*, Lisboa (14 e 15 de Agosto).

——, 1907. "Fernão Mendes Pinto e o descobrimento do Japão", *Diário de Notícias*, Lisboa (14, 15 e 17 de Agosto).

——, 1930–31. "Notícia biobliográfica de Fernão Mendes Pinto", em Fernão Mendes Pinto, *Peregrinação*, 7 vols. (Vila Nova de Gaia: Cosmópolis Editora), I, V–XXIII.

Gomes, J. Pereira, 1942. "Fernão Mendes Pinto, historiador", *Brotéria*, 35: 271–89.

Gomes, Reinaldo Varela, 1983. "O Japão de Fernão Mendes Pinto", *História* (Lisboa) 55: 78–88.

Gómez-Tabanera, José, 1972. "Fernão Mendes Pinto y el conocimiento etnográfico del lejano Oriente en el siglo XVI", *Revista de Etnografía* (Porto), 16: 93–112.

Jorge, Carlos Jorge Figueiredo, 1999. "A dimensão da pirataria na *Peregrinação*: poder e contrapoder: uma ideologia da paródia", em *O Discurso Literário da "Peregrinação": Aproximações*, org. Maria Alzira Seixo e Christine Zurbach (Lisboa: Edições Cosmos), 61–93.

Kammerer, Albert, 1947. "Le problématique voyage en Abyssinie de Fernand Mendez Pinto, 1537", em *La Mer Rouge, l'Abyssinie et L'Arabie aux XVIe et XVIIe siècles et la cartographie des Portulans du monde oriental: étude d'histoire et de géographie historique*, 3 vols. (Cairo: Société Royale de Géographie d'Égypte), I, 21–30.

Korinman, Michel, 1976. "Les sens de la pérégrination: Fernão Mendes Pinto", *Littérature*, 21 (*Lieux de l'Utopie*): 20–34.

Laborinho, Ana Paula, 1995. "Vozes de mulheres na *Peregrinação* de Fernão Mendes Pinto", em *O Rosto Feminino* 1995: I, 731–39.

——, 1996. "O imaginário do Japão na *Peregrinação* de Fernão Mendes Pinto", *Mare Liberum: Revista de História dos Mares* (Lisboa: Comissão Nacional para as Comemorações dos Descobrimentos Portugueses), 11–12: 39–52.

Lagoa, João António de Mascarenhas Júdice, Visconde de, 1947. "A *Peregrinação* de Fernão Mendes Pinto: tentativa de reconstituição geográfica", *Anais da Junta das Missões Geográficas e de Investigações Coloniais* (Lisboa: Ministério das Colónias), 2.1.

Langendorff, Mathias, 1999. "A imagem das religiões na *Peregrinação*", em *O Discurso Literário da "Peregrinação": Aproximações*, org. Maria Alzira Seixo e Christine Zurbach (Lisboa: Edições Cosmos), 119–42.

Le Gentil, Georges, 1947. *Les Portugais en Extrême Orient: Fernão Mendes Pinto, un précurseur de l'exotisme au XVIème Siècle* (Paris: Hermann).

Lejeune, Philippe, 1975. *Le Pacte Autobiographique* (Paris: Seuil).

Loureiro, Rui, 1991a. "O encontro de Portugal com a Ásia no século XVI", em *O Confronto do Olhar: O Encontro dos Povos na Época das Navegações Portuguesas, Séculos XV e XVI: Portugal, África, Ásia, América*, ed. Luís de Albuquerque e António Luís Ferronha, Colecção Universitária (Lisboa: Ed. Caminho), 155–211.

——, 1991b. "O Extremo Oriente na literatura portuguesa de expansão", *História*, 136: 80–89.

——, 1994. *A China na Cultura Portuguesa do Século XVI: Notícias, Imagens e Vivências*, dissertação de Doutoramento, 2 vols., Lisboa (texto policopiado).

——, 1999. "Visões da Ásia (séculos XVI e XVII)", em *Condicionantes Culturais da Literatura de Viagens: Estudos e Bibliografias*, coord. Fernando Alves Cristóvão (Lisboa: Edições Cosmos, Centro de Literaturas de Expressão Portuguesa da Universidade de Lisboa), 337–53.

Lourenço, Eduardo, 1971. "A *Peregrinação* e a crítica cultural indirecta", em Fernão Mendes Pinto, *Peregrinação*, org. Maria Alberta Menéres, 2 vols. (Lisboa: Ed. Afrodite), II, xci–xcxii.

——, 1986. "Da Contra-Epopeia à Não-Epopeia: de Fernão Mendes Pinto a Ricardo Reis", *Revista Crítica de Ciências Sociais*, 18–20: 27–35.

——, 1991. "O Livro do Deslumbramento", *Oceanos*, 7: 58–61.

Margarido, Alfredo, 1977. "La multiplicité des sens dans l'écriture de Fernão Mendes Pinto et quelques problèmes de la littérature de voyages au *XV*ème siècle", *Arquivos do Centro Cultural Português*, 11: 159–99.

Moraes, Wenceslau de, 1920. "Fernão Mendes Pinto no Japão", Separata do *Comércio do Porto*.

Parker, E. H., 1887. "Pinto in Corea", *China Review* (Honguecongue), 16: 182.

Pinto, J. Abranches, 1929. "Mendes Pinto e o descobrimento do Japão", *Boletim da Sociedade Luso-Japonesa* (Tóquio), 6: 78–84.

Pinto-Correia, J. David, 1983. Recensão crítica a Catz 1981, *Colóquio/Letras*, 74: 85–86.

——, 1996. "Meeting East and West: Narrative Aspects of the *Peregrination* of Fernão Mendes Pinto", *Portugal Newsletter* (Nova Delhi), 3: 28–38.

——, 1998. "O Descobrimento da China: estratégias discursivas da descrição na obra de Fernão Mendes Pinto", *Arquivos do Centro Cultural Calouste Gulbenkian*, 37 (*Homenagem a Maria de Lourdes Belchior*), 101–12.

——, 2002. *"Peregrinação" de Fernão Mendes Pinto: Apresentação Crítica, Antologia e Sugestões para Análise Literária* (Lisboa: Edições Duarte Reis).

Rocha, Clara Crabée, 1977. *O Espaço Autobiográfico em Miguel Torga*, Col. Almedina, (Coimbra: Almedina).

O Rosto Feminino da Expansão Portuguesa: Congresso Internacional Realizado em Lisboa, Portugal 21–25 de Novembro de 1994: Actas. Colecção Cadernos Condição Feminina, 43, 2 vols. (Lisboa: Comissão para a Igualdade e para os Direitos das Mulheres).

The *Sepultura de Macías* by San Pedro –
But Which San Pedro?

DOROTHY SHERMAN SEVERIN

A poem written to the tomb of Macías, *Sepultura de Macías*, long accessible in Caroline B. Bourland's partial edition of PN6 (Paris Esp 228) where it is attributed to Juan de San Pedro, is attributed in SA10b (Salamanca MS 2763, published in Dutton 1990–91) to our old friend and possible plagiarist Diego de San Pedro. I say possible plagiarist because Joseph J. Gwara has recently cast doubt on some of the attributions to this poet, alleging that he expropriated *La Pasión trobada* from a relative, specifically from the Pedro de San Pedro cited as its author in the original *Cancionero de Oñate* version. Gwara believes that his authorship of *Arnalte y Lucenda* may also be suspect because the style of that sentimental romance is so radically inferior to that of *Cárcel de Amor* that it could scarcely be explained by later authorial maturity and expertise. Whether Diego himself wrote those pieces or whether he was the literary heir to a long family tradition which he expropriated, the *Sepultura de Macías* poem is another piece of the puzzle of Diego de San Pedro's apparently boundless versatility.

Although both MS texts of the poem are available in Brian Dutton's transcriptions (1990–91: III, 377–78 and IV, 272–73), these are paleographic, and do not make for easy reading, especially in the understanding of the dialogue. I therefore provide a reading text, giving quotation marks and other punctuation, accents, etcetera. My text is that of SA10b, and it is based on Dutton's transcription; where there is a significant (i.e. not merely orthographic) variant in PN6, it is given in the right margin, and the corresponding words of SA10b are printed in bold.

The poet greets the tomb in the first stanza and is abruptly challenged by the tomb:

1. 'Sepultura de Maçías,
   salue os Dios;
   ayáes alegres días'
   '¿Quién soys vos?'
   'Vn onbre desconsolado
   que lo **ando a** buscar,   vengo
   et sope **n'**este logar   quen
   que vos lo tenéys guardado'.   lo teníades

The poet explains that he is seeking Macías. The tomb admits to having the dead poet and is then accused by our poet of swallowing up everyone, the good and the bad:

2.   'Verdad es que **yo** tengo;   yo lo
      ¿**qué** querés?   que lo
      'El dolor con que a él vengo
      no podés
      saberlo vos que soys tierra
      y de gran enemistad;
      que tragáys syn piedad
      al bueno como al que yerra'.

In the third stanza the tomb responds, irate, to his treatment, but our poet stands his ground: the tomb swallows the good, the bad and the ugly:

3.   '¿ Por qué dezís tanto mal?
      Que pecáes,
      pues quien nunca vido tal   mas
      como vsáes'.
      'Que mal vso, ¿**o** qué dezís?'   vso que
      'Digo bien, **porqu**'al valiente,   que
      al fermoso y al prudente
      a todos los consumís'.   todos consumys

In the fourth stanza, the tomb claims that he is only doing God's will and command and furthermore that it is not permitted to have a chat with the deceased poet:

4.   'A, ¡qué mal abéis fablado!'
      'Antes bien'.
      '¿No sabes que m'es mandado?'
      'Y ¿de quién?'
      'Del que lo puede mandar;
      por ende ver no podrés
      al que buscáys y queréys,
      ni menos con él estar'.

In the fifth stanza the poet complains that he is desperate and could be cured by just touching one of Macías' bones:

5.   'O, ¡qué pesar me avés dado!'
      '¿ Por qué?'   y por que
      '**Sy'n** cuyta vin cuytado,   sy con
      tal me yré.
      Aunque si yo con mi mano   caun sy con
      algund su hueso tañera,

ciertamente **cred yo fuera**   çiertamente yo fuera¡
de todos mis males sano'.

He explains to the tomb in the sixth stanza that Macías's story itself has healing
properties for the love-lorn:

6. '¿**Al** muerto tiene virtud?'   y el
    'Este sý,
    ca sus dichos dan salud,   que
    yo lo oý,
    a los que de amor son llagados
    y los finados an gloria,
    quando leen su estoria
    los tristes enamorados'.

He continues complaining about his own terminal condition until the tomb
relents in stanza 8, agreeing to let our poet call to Macías:

7. '¿**A** tanto mal es el vuestro?'   y
    'Sý, en verdad,
    que syenpre me fue syniestro
    y syn bondad
    el amor que da mal fin
    a quien faze su mandado,
    como dio a este **finado**   cuytado
    Maçías, a quien yo vin'.

8. 'Sy vos **rresponde,** aunque muerto,   fabla
    folgarés,
    sy d'ello me fazéis çierto,
    verloés;
    yo vos lo traeré; llamadle
    y luego rrespondera';   que el vos
    'Sy asý fuere, no será
    aquí mi venida en valde'.

In stanza 9 Macías responds:

9. '**Fablad, ya que véyslo** aquí   llamadlo que helo
    comigo'.   ya comigo
    'Maçías, ¿estáys aý?'
    'Sý, amigo'.
    '¿**Querés algo, al qué venís**?'   que queres o a que venis
    'A ver vuestro **movimiento**,   monumento
    y a contarvos el tormento
    en que vibo, sy me oýs.'

The poet asks for Macías's advice, which he gives in stanza 11: love is not only
dangerous but downright fatal.

10. 'Ya **vos** oý, avnque pensastes   los
    que no oýa.'
    'Pues mis **cuytas** scuchastes,   males
    dadme vía;
    por vuestra merçed, señor,
    como sea **rrevelado**,   rreleuado
    algund tanto de cuydado,
    de **penar** y de dolor'.   pena.

11. 'Ya vos dezís qu'el amor
    trae dapño
    a quienquier que es amador   al ques
    con engaño;
    antes digo que trae muerte;
    pues, ¿qué más queréys saber
    para **d'él vos** defender   de uos
    de qualquier concoxa fuerte?'.

The poet seems rather ungrateful in stanza 12. Although the rhetoric is rather obscure at this point, he appears to complain that he already knew that love was fatal from Macías' own example:

12. '¿**Vos** me dáys tal consuelo?'   y vos
    '¿Por qué no?
    'Porque no he parte de un pelo
    en mí, yo,
    desque **por suyo** me dy,   a amor
    y vos por **esto** moristes,   eso
    avnque non como quesystes,
    segund **yo lo** aprendý'.   lo yo

In stanza 13 Macías admits that he was given enough free will by God to escape from the clutches of love but that he willfully chose to die for love:

13. 'Verdad **que por serbirle**   es que por seruirllo
    me perdý;
    comoquier que **de seguirle**   deseruirllo
    fue en mí;
    ca Dios me dio albedrío   y
    para poderlo escusar,
    mas [que es] quise morir por amar
    gentil doña de grand brío'.

In stanza 14 the poet decides that he must either suffer in silence or abandon love, although the latter option implies going against the tenets of courtly love:

14. '**Así**, ¿qué debo fazer,   Agora
    segund esto:

callarme y padescer
con buen gesto,
o los amores dexar,   del todo amor
lo qual es feo y graveza,
y pecar en gentileza
do se baña el bien fablar?'

In the first two lines of the next stanza Macías gives more advice. The poet, however, decides to continue suffering:

15. 'Agora de oy más ved
    lo mejor.'
    'Más quiero morir, sabed,
    syn fabor,
    y seguir vuestras pisadas,
    que no topar en vileça,
    pues bien amar es [pereza] **nobleza**   proeza
    syquier con cuytas dobladas'.

Macías bids farewell to the poet in stanza 16, and the poet replies that he has gained some consolation from the encounter, and offers his service to Macías:

16. '**Pues ydvos ya, que tardáes.**'   Y vos ya que vos tardays
    '**Ya** lo vy,   yo
    mas tanto me consoláys,
    que d'aquí
    no me querría partir;
    pero **sy** vos enojáys   pues
    quiérome yr, ved qué mandáes   lo que
    en qué vos pueda serbir'.

In the *fin* Macías gives the poet his blessing and hopes that he will escape his pain by forgetting his love;

    'Dios vos dexe alegre yr
    por doquier que deseáes
    ya vos sy'n pena andáes,
    en brebe d'ella salir'.

This poem is surprisingly dramatic in comparison with the rest of Diego de San Pedro's amatory verse, which is usually very cerebral and abstract, even when it is written to celebrate a special occasion, as, for example, 'Otra suya el Día de Ramos a la misma señora' (San Pedro 1979: 249), when he sees his lady in church on a feast day. Nevertheless, two of his compositions have dialogue: a *serranilla* with the title '[Villancico] de Diego de San Pedro a una serrana muy hermosa' (264), as well as the poem which begins 'De venir, buen cavallero' (265). However, dialogue is the essence of the *serranilla* genre, and Diego de

San Pedro was simply imitating this tradition. In both cases dialogue is spoken in alternate lines by the gentleman and the lady. In addition to these, *La Pasión trobada* alternates the spoken dialogue of various characters with the voice of the author; it is so close to being a dramatic work that Alonso del Campo included a part of it in his *Auto de la Pasión* (see Torroja Menéndez and Rivas Palá).

To return to the *Sepultura* and the problem of its authorship: there is an understandable tendency to attribute a poem to a better-known writer rather than to a more obscure author of the same surname, especially since the Salamanca version with the attribution to Diego is later than that of Paris (with its attribution to Juan), and of a date which coincides with Diego's period of authorial fame. My guess is that the author of this poem is not our Diego de San Pedro, but the more mysterious 'bachiller Juan de San Pedro' of the earliest manuscript witness. It is also worth noting that SA10b regularizes the syllable count and at times hypercorrects readings; there is even an occasional obvious scribal error.

The poem is very interesting, since it combines a number of themes which were very popular in the later Middle Ages, among them Death the Leveller, death from love, and violent death caused by a jealous husband. The tomb plays a role similar to that played by Death in the traditional Dance of Death. After a debate in which the Sepultura tries to deny the poet his wish to see Macías, the poet summons the voice of the dead man who provides advice. The poem is therefore a development of medieval debate poetry, which introduces three voices, that of the Poet, the tomb, and Macías.

The poem consists of sixteen stanzas of eight octosyllables with a 'pie quebrado' in lines 2 and 4, plus one stanza as a *finida,* which here is a *redondilla* without a *quebrado.* This is a rare case of 'coplas castellanas' with *quebrados* in the first *redondilla,* abab;cddc. The speaking voices alternate, especially in the first *redondilla*, but there is no clear pattern. Sometimes one voice speaks in one stanza and another answers in the following stanzas. At times the voices alternate in a single stanza, and at times there are other combinations. Certainly it is not always easy to decide which voice is speaking when both are heard in the same stanza. I propose the following scheme, realizing that there may be other possibilities:

1. Poet (1–3). Tomb (4) // Poet (5–8).
2. Tomb (1–2). Poet (3–4 // 5–8).
3. Tomb (1). Poet (2–4) // Tomb (5). Poet (6–8).
4. Tomb (1). Poet (2). Tomb (3). Poet (4) // Tomb (5–8).
5. Poet (1). Tomb (2). Poet (3–4// 5–8).
6. Tomb (1). Poet (2–4) // 5–8).
7. Tomb (1). Poet (2–4 // 5–8).
8. Tomb (1–4 // 5–6). Poet (7–8).
9. Tomb (1–2). Poet (3). Macías (4 // 5). Poet (6–8).
10. Macías (1–2). Poet (3–4 // 5–8).
11. Macías (1–8).

12. Poet (1). Macías (2). Poet (3–4 // 5–8).
13. Macías (1–8).
14. Poet (1–8).
15. Macías (1–2). Poet (3–4 // 5–8).
16. Macías (1). Poet (2–4 // 5–8).
Fin. Macías (1–4).

This alternation of voices helps construct a lively dialogue whose dramatic qualities are similar to the style of comedies and *autos* of the sixteenth and seventeenth centuries. There is a thematic similarity to, for example, the *Burlador de Sevilla,* in which the tomb statue challenges the protagonist, a statue which can speak, invite Don Juan, taunt him, and drag him to his death. On the other hand, this poem has less in common with some of its contemporaries with similar titles, for example the *Sepultura de Amor* by Guevara, which is a debate between Love and a Judge.[1] In Guevara's poem, the tomb does not take part in the dialogue, but is extensively described at the end. This description takes up 120 lines (ll. 841–960), so may be fruitfully compared with one of the most famous examples of ekphrasis in medieval Spanish literature, the description of Darius's tomb in the *Libro de Alexandre* (st. 1272–1804).

This tomb description is particularly interesting when compared with the description of the tomb of Fiometa in Juan de Flores's sentimental romance *Grimalte y Gradissa*. It is obvious that some of the colour symbolism is similar to that found in Fiometa's tomb. This sepulchre is half white marble, for chastity, half yellow, for a feeling which is probably despair (Goldberg). The tomb statue itself is red, for anger and pride (and cruelty, Goldberg). Two slabs (*losas*) are under the sepulchre to support it, and around the tomb are six *padrones*, posts or columns, in the following colours; *pardo* or earth-coloured for 'trabajo', *morado turbio* or mottled purple for 'lástima', *leonado* or tawny yellow for 'congoja', dark blue for 'firmeza', green for (lost) 'esperanza', and an ugly multicolour for many 'maldades'. Over the *padrones* there is a black slate canopy, 'una cumbre de pizarra', which signifies sadness and holds the names of all dead lovers. The blazon of the tomb displays the verse 'aquí yace'.

Looking at the debate between Love and the Judge in Guevara's poem makes one appreciate the much livelier exchanges between the poet, the tomb, and the dead Macías in the San Pedro poem. *Sepultura de Macías* represents an advance over the two-person debate, and another step towards the early theatre. Both of these poems could have been given a court recitation. Such a recitation of San Pedro's (probably Juan de San Pedro's) poem invites either a multiplicity of actors or a multiplicity of voices spoken by one person (as recommended by Alonso de Proaza in his prefatory verses to *Celestina*).

---

[1] The poem survives in two witnesses, LB1 and MN19, and has recently been edited by María Isabel Toro Pascua (663–65) and Maria d'Agostino (38–47), who describe the witnesses. Their editions differ substantially; I have used Toro Pascua's.

Works Cited

Bourland, C. B., ed., 1909. "The Unprinted Poems of the Spanish *Cancioneros* in the Bibliothèque Nationale, Paris," *Revue Hispanique*, 21: 460–566.

D'Agostino, Maria, ed., 2002. Guevara, *Poesie*, Romanica Neapolitana, 33 (Napoli: Liguori).

Dutton, Brian, et al., 1982. *Catálogo-índice de la poesía cancioneril del siglo XV*, Bibliographic Series, 3 (Madison: Hispanic Seminary of Medieval Studies).

——, and Jineen Krogstad, ed., 1990–91. *El cancionero del siglo XV, c. 1360–1520*, Biblioteca Española del Siglo XV, Serie Maior, 1–7 (Salamanca: Universidad).

Flores, Juan de, 1988. *Grimalte y Gradissa*, ed. Carmen Parrilla García, Monografías da Universidade de Santiago de Compostela, 140 (Santiago de Compostela: Universidade).

Goldberg, Harriet, 1992. "A Reappraisal of Colour Symbolism in the Courtly Prose Fiction of Late-Medieval Castile," *BHS*, 69: 221–37.

Gwara, Joseph J., 2000. 'Who was Diego de San Pedro?', paper presented at the 35th International Congress on Medieval Studies, Kalamazoo, Western Michigan University, 6 May.

San Pedro, Diego de, 1979. *Obras completas*, III, *Poesías*, ed. Keith Whinnom and Dorothy S. Severin, Clásicos Castalia, 98 (Madrid: Castalia).

Toro Pascua, María Isabel, 1996. "*La Sepultura de Amor* de Guevara: edición crítica," in *Nunca fue pena mayor: estudios de literatura española en homenaje a Brian Dutton*, ed. Ana Menéndez Collera and Victoriano Roncero López (Cuenca: Ediciones de la Universidad de Castilla-La Mancha), pp. 663–89.

Torroja Menéndez, Carmen, and María Rivas Palá, 1977. *Teatro en Toledo en el siglo XV: 'Auto de la Pasión' de Alonso del Campo*, Anejos del *Boletín de la Real Academia Española*, 35 (Madrid: Real Academia Española).

Tablante de Ricamonte before and after Cervantes' *Don Quixote*

HARVEY L. SHARRER

Many readers of this volume may not be familiar with the work of medieval origin discussed here, although it has had two recent editions (Santoja, Baranda) as well as two from the early twentieth century (Bonilla, Benegeli). I refer to one of the old romances of chivalry that Cervantes places in the library of Don Alonso Quijano and that contributed to Quijano's becoming the mad knight-errant Don Quixote. Hispanists generally refer to the romance as *Tablante de Ricamonte*, the title Cervantes gives it in chapter 16 of the first part of his *Don Quixote*, with an additional allusion to the work later, in chapter 20.[1] In chapter 16, where there is also an allusion to another romance of chivlary, *Enrique fi de Oliva*, Cervantes comments:

> ¡Bien haya mil veces el autor de *Tablante de Ricamonte* y aquel del otro libro donde se cuentan los hechos del conde Tomillas, y con qué puntualidad lo describen todo!

Scholars and commentators have correctly interpreted Cervantes' comment on the "puntualidad" or brevity with which the authors of *Tablante de Ricamonte* and *Enrique fi de Oliva*s describe everything as an ironic expression of praise for the two works. These were indeed short works, in contrast to many other romances of chivlary in Don Quixote's library, such as *Amadís de Gaula*, consisting of multiple volumes that sometimes had equally long continuations recounting the chivalric deeds of the hero's son, etc.

Curiously, the name that Cervantes gives to the first of the two romances praised for their brevity is not the name of the hero of the work – the usual pattern for the titles of such romances – but that of the hero's principal enemy, the haughty knight Tablante de Ricamonte, and it is by this name that the work is known in the history of Spanish literature. The earliest surviving version of the Spanish romance is that printed in Toledo on the 26 July, 1513, by Juan Varela of Salamanca. There may have been earlier printings, perhaps even a lost incunable or a pre-1501 manuscript version in Spanish, but no documented

---

[1] Part II of *Don Quixote* may also reveal other borrowings from the romance, particularly concerning the magician in the Cave of Montesinos episode (Entwistle 61).

references to such survive. Although the 1513 text is likely derived from a now lost French version of the romance, the story ultimately dates back centuries to an earlier Provençal Arthurian romance in verse called *Jaufré*.[2]

The Provençal *Jaufré* is the only surviving Arthurian romance in that language. Consisting of some 11,000 octosyllabic lines, it is extant in two manuscript versions, one from the late thirteenth century (Bibliothèque Nationale de France, fr. 2164, illustrated with some 250 painted miniatures) and the other from the beginning of the fourteenth century (Bibliothèque Nationale de France, fr. 12576). As Gómez Redondo states in the introduction to his recent translation of the poem into Spanish, the date of composition has been disputed (some, such as Martí de Riquer preferring the years 1169–1170, at least for the earliest version of the romance, while others date the work from the thirteenth century), as have questions of authorship and geographical provenience (one poet? two?; from the south of France, or Catalonia?). At the beginning of *Jaufré* the poet claims not to heard the story at King Arthur's court (the story's setting), but at another court, that of the king of Aragon, whom the poet praises for his exceptional virtues and for his youthful chivalric deeds against the Moorish infidel. Anachronistically, he also places this Aragonese king in the court of King Arthur, thus linking for the poem's audience popular pan-European legends with a known contemporary royal figure. Considerable debate not withstanding, this king of Aragon is now identified by literary historians as Alfonso II who lived between 1152 and 1196 and became king of Aragon in 1162, thus placing the likely composition of the romance at the late-twelfth-century Aragonese court, which had close cultural ties to Provençal culture, particularly troubadour poets such as Guiraut de Bornelh or Peire Vidal, both of whom dedicated poems to Alfonso II. Given the Aragonese connection, the poet or poets of *Jaufré* may well have been Catalan, composing verse, as was then customary, in the Provençal language. This Aragonese or Catalan association with the text that would later be known as the Spanish prose romance *Tablante de Ricamonte* is also found in a fourteenth-century document that refers to tales from the *Istoria de Jaufré* being depicted in wall paintings in the Moorish chamber of the Aljafería palace in Zaragoza (Rubió i Lluch I, 159–60).

In *Jaufré* the hero of the same name sets out to avenge a series of affronts that a knight called Taulat (Tablante de Ricamonte in the Spanish texts) carries out against Arthur and a count named Melian. During his adventures, Jaufré falls in love with Brunissen, the mistress of the castle of Monbrun. Two parallel narrative lines, so typical of early medieval romance, thus develop with various episodes for each: confrontations with certain enemies and the idealization of falling in love. Along the way the poet introduces considerable fantastic elements, also typical of medieval romance, as well as elements of comedy

---

2   No medieval French prosification of the romance is extant, but from the first half of the sixteenth century there survive four printings of a French prose adaptation of the Provençal poem, made by Claude Platin, in his *L'Hystoire de Giglan et de Geoffroy de Maience*, falsely stated therein to be a translation from the Spanish (Brunel, ed., I, xlix–lii; Gómez Redondo 35).

(Limentani). The work may even be an early parody of chivalric romance, a precursor of *Don Quixote* (Fleishman). However, one can also point to two intervening chivalric works that introduce humor, irony and realistic descriptions: the chivalric poem *Blandin de Cornualha*, composed in the late thirteenth or early fourteenth century in Provençal but with numerous Catalanisms that reveal an eastern Peninsular authorship; and, more important, the late-fifteenth-century Catalan chivalric novel *Tirant lo Blanc* by Joanot Martorell (and Martí Joan de Galba?). Elements of humor, irony or parody are notably absent in the Spanish *Tablante de Ricamonte* text of 1513 and in later printings of the romance. The hero Jofre's adventures as a newly armed knight from King Arthur's court are given serious treatment, reflecting – it would seem – a late-medieval interest in resurrecting chivalric ideals of the past (Hall; Van Beysterveldt).

The 1513 Spanish text survives in two copies, preserved in the British Library (C.62.b.28) and the Biblioteca de Catalunya (Bon. 9–I.17). It is named, both on its title page and in the colophon on the last page, *La coronica de los nobles caualleros Tablante de Ricamonte y de Jofre hijo del conde Donason*, putting in second place the name of the real hero of the romance, Jofre, son of the count Don Nasón and reflecting important changes to which the original Provençal romance became subjected. Additional information given on the title page and the opening chapter do place the story at the court of King Arthur, as does the Provençal romance, but the first chapter of the Spanish text makes specific reference to Arthurian romances concerning Merlin and the Quest for the Holy Grail that would have been known to the the early-sixteenth-century Spanish audience, namely the *Baladro del Sabio Merlín* and the *Demanda del Santo Grial*. As might be expected, such contemporary references form part of the changing reception that the original story would have across the centuries, not just up to the time of Cervantes but beyond. Indeed, the story of Tablante de Ricamonte, an evil knight pursued in a series of adventures and ultimately defeated and killed by Jofre, would survive Cervantes' parody of the romances of chivalry, living on in Spanish through numerous later printings and ultimately as a popular chapbook romance in which the story would be shortened and undergo other changes, adapting itself to different times and audiences. My provisional checklist of *Tablante de Ricamonte* printings (too lengthy to print here) reveals ten from the sixteenth century, three from the seventeenth, six from the eighteenth, some fifteen from the nineteenth and possibly one dating from the very early twentieth century.[3]

In the eighteenth-century passages from *Tablante de Ricamonte* also came to form part of three Portuguese chapbook romances of chivalry by António da Silva, Mestre de Gramática, for which I give here the shortened titles of *Lançarote do Lago* (Lisboa: Pedro Ferreira,1746; copy in the British Library,

---

3   One of the late-nineteenth-century printings (Madrid: Sucesores de Hernando, 1893?) now forms part of the Arthur L-F. Askins Chapbook Collection, housed in The Bancroft Library of the University of California, Berkeley (call no. pf A31.S7.H58 1893).

12403.aa.53), *Grinalda de Flores* (Lisboa: Pedro Ferreira, 1747; copy in the Biblioteca Geral da Universidade de Coimbra, Misc. 312) and *Dário Lobondo Alexandrino* (Lisboa: Pedro Ferreira, 1750; copies in the Biblioteca Nacional in Rio de Janeiro and The Bancroft Library of the University of California, PQ92651.S2E52 1750). One of the episodes from *Tablante de Ricamonte* that António da Silva favored is a tournament organized by the king of Scotland, found in the 1513 Spanish printing and conserved in later printings up to the time of Silva's works. In the episode, ultimately derived from two successive scenes in the French Prose Tristan romance, Jofre rather than Tristan becomes the victor in the tournament. Silva, as I have shown elsewhere (1978) knew the Spanish Prose Tristan romance with its version of the tournament, but evidently he preferred the conflated, single tournament episode that he found in *Tablante de Ricamonte*. He interpolates the episode almost word for word in his *Grinalda de Flores*, a free rendering of the idyllic medieval romance *Fleur et Blanchefleur*, which, following its Renaissance reworkings in Spanish prose, would evolve as a popular chapbook not only in Spain but also in Portugal (Sharrer 1984). Even the subtitle of *Grinalda de Flores* aludes to the tournament episode in Scotland: "Relata-se a fragancia desta Grinalda de Flores no Castello de Normandîa, e nas escaramúças de Escócia." The differences between the *Tablante* version and that of *Grinalda de Flores* are minimal, but Silva's use of highly rhetorical language, a characteristic of eighteenth-century literary style, prominently stands out. To appreciate Silva's use of his Spanish source and his rhetorical coloring of it, I cite the opening passage in Spanish of the tournament episode found in the two-column, 40-page printing at Madrid in 1739 by Antonio Sanz, followed by the corresponding section in *Grinalda de Flores*:

> Y otro dia de mañana partieron para ir a Escocia, a do se havia de hacer el torneo, y alli buscaron donde estuviessen a su placer ellos, y sus caballos, y alli esperaron el torneo. Y el primero dia montaron en sus caballos, y fueron-se allà, y miraron el lugar donde se hacia, y vieron como todo en rededor estaba lleno de cadahalsos, por donde mirassen las Damas, Doncellas, y Caballeros, y mas abaxo otros, donde mirasse el Pueblo, y vieron que havia otro donde havia de estar el Rey, y la Reyna, y los Jueces que havian de juzgar el torneo. Aquel dia primero no huvo muchos Caballeros, sino pocos, y con todo esto anduvo el torneo mui bueno, y parecio mui bien, porque no havia parcialidad, sino unos con otros torneaban. (15)

> No outro dia, apropiquando-se jà a hora, em que os Gentios costumavaõ orar a suas Deidades fabulosas, alentando as adoraçoens, que tributavaõ a esse luminoso Principe dos celestes Planetas, partiraõ para Escocia, onde buscareõ cómmodo a seu gosto para elles, e seus cavallos, em quanto naõ se principiava o torneyo. Chegou o primeiro dia, e montando Flores, e seus companheiros em seus cavallos bem jaezados, foraõ observar o sitio, aonde a escaramuça se fazia. Viraõ como todo elle em circuito estava cheyo de palanques, donde visse o povo, e outros mais bem compostos para as damas, donzellas, e cavalleiros; mas alem destes viraõ outro ricamente armado, e com grande

despeza fabricado, em que havia estar ElRey, a Rainha, e os Juizes, que haviaõ julgar o torneyo: naquelle primeiro dia houve poucos cavalleiros, e com tudo esteve a justa mui boa, vistosa, e agradavel, porque naõ havia parcialidade, nem emulaçaõ alguma. (12)

The Spanish *Tablante de Ricamonte* romance was also carried to one of Spain's distant colonies, the Philippines. Chicago's Newberry Library has two 1902 Manila printings of a Tagalog translation of the Spanish text, adapted to the Philippine poetic genre known as *awit*. One gives Modesto Reyes y Cía as typographer. In the other no printer or publisher is stated, but, curiously, the book is accompanied by a manuscript translation of the *awit* into Spanish (148 folios), made at an unknown date by Rufino Santiago, Maestro de la 2ª escuela de Tondo. My collation of the Tagalog texts with the Spanish printings of the romance reveals a close correspondence with the editions printed at Córdoba in the second half of the eighteenth century, indicating, perhaps, more than a century-long tradition of the romance in the Philippines.[4]

Like the original Provençal poem, the Spanish prose romance in its various editions across the centuries presents the narrative in a linear fashion, moving quickly and dynamically with a clear sense of the rapid passage of time (cf. Kay). The story takes place within just forty days, with frequent temporal references. In later nineteenth-century Spanish chapbook versions, where the text is reduced to "3 pliegos" or 24 pages, the anachronistic presence of a town-hall with clock further underscores or intensifies the importance of time in the narrative: "Las once en punto señalaba el reloj de la plaza en que se llaba situada la posada de Jofre, cuando todos sus caballeros montados en soberbios caballos esperaban la salida de su caudillo" (15). It is as if Jaufré (Jofre in the Spanish texts) seeks not only chivalric perfection in feats of arms and the pursuit of his love interest but previously unknown speed, vis-à-vis the deeds of other Arthurian heroes, in so doing.

In the early Spanish texts, following a borrowing of material from the *Demanda del Santo Grial* concerning King Arthur's court on the day of Pentecost and the lack of any recent adventure from which the court could derive pleasure, a new and mysterious knight arrives, later to be revealed as Tablante de Ricamonte. He claims to be the best knight of the world, willing to combat any challenger. Only the old knight Count Melián takes up the challenge. He is defeated and taken by Tablante to the Ricamonte Castle, where he will be beaten in order to dishonor King Arthur. Young Jofre quickly persuades King Arthur to knight him so that he can avenge Tablante's defeat and imprisonment of Count Melián. Intervening episodes serve to initiate Jofre into the deeds of chivalry, the development of courtesy and the discovery of true love. He frees Melián's niece, the beautiful damsel Bruniesen (being held by the evil

---

[4]   In August of 1986 I distributed as part of a paper on *Tablante de Ricamonte* to the IX Congress of the Asociación Internacional de Hispanistas, held in Berlin, a handout of a stemma showing the filiation of all the editions and adaptations known to me at that time. I leave for another article, in preparation, the publication of a revised version of that stemma.

Montesinos), and vanquishes and slays the evil and haughty knight Tablante de Ricamonte. His love for Bruniesen culminates in marriage, the birth of children and a happy life thereafter.

The Spanish printings depict Bruniesen as the typical ideal lady-love of the hero, a beauty who possesses all required virtues and noble qualities. However, in the most remarkable change to occur in the romance as it evolves in later chapbook printings, first observed in the 1850 Madrid printing by José María Marés, Bruniesen becomes a female knight. She falls in love with Jofre but laments his leaving to vanquish Tablante de Ricamonte and rescue Count Melián. So Bruniesen follows her lover, disguised as a knight. The narrator's description, with its rhetoric, merits full citation:

> Apenas Jofre habia perdido de vista el palacio que acababa de abandonar cuando su amante llamó á sus mayordomos y otros tres criados de su confianza y les manifestó el deseo de seguir á Jofre disfrazada de guerrero; los criados deseosos de complacer á su señora, y anhelando por otra parte el correr tierras y emprender aventuras, aprobaron el pensamiento y se dispusieron á complacerla inmediatamente. Bruniesen se fué á la sala de armas que conservaba en el mismo estado en que se la habian dejado sus antecesores, y entre todas ellas escogió las siguientes, que vistió en el mismo instante. Una armadura de bruñida plata festoneada con diferentes esculpidos de finísimo oro en cuyo peto se miraban las armas de su familia guarnecidas de piedras preciosas; un ligero y gracioso casco de relumbrante y templadísimo acero, en cuya dorada cima ondeaba un magnífico plumero de cisne; el yelmo, brazaletes y demás de que se componia la armadura, correspondia perfectamente á la riqueza de aquella, sobre la que veíanse flotar graciosamente los rubios y finísimos cabellos de la hermosa que convertidos en lindas sortijas embellecian el espaldar de la coraza sobre la que caian al parecer con descuido; una lanza preciosa con la banderola carmesí y una magnífica espada guarnecida de diamantes, componian el todo de las armas de aquel Adonis convertido en guerrero.
>
> En esta sazon ya los criados se hallaban equipados con arreglo á la magnificencia que se notaba en su señora, y cuatro magníficos caballos escarbaban la arena á la puerta principal del palacio, dando señales del deseo de hallarse en los combates. Bruniesen bajó precipitadamente y montó en un hermoso alazan árabe, cuya bellísima piel se asemejaba á la del tigre; los criados practicaron lo mismo y todos siguieron el mismo camino que habia había llevado el afortunado Jofre. (12–13)

The two armed lovers, Bruniesen and Jofre, will meet in a shared adventure involving combat with a group of armed knights, but Jofre recognizes Bruniesen only after coming to her aid:

> Jofre se apresuró á desmontarse del suyo [su caballo] para socorrer á su compañero, ¡pero cual fué su asombro cuando al despojarle del casco y levantarle la visera reconoció al angelical semblante de la bella Bruniesen!
> Atónito y pasmado de tan raro suceso, se apresuró á aflojarle la armadura

cuando la hermosa principió á volver en sí, recobrando su fuerza con el auxilio de una esencia que su mayordomo aplicaba á la afilada nariz que tanta gracia le hacia.

Vuelta en sí manifestó á Jofre lo que la habia impulsado á adoptar aquel traje, suplicándole la permitiese acompañarle en sus gloriosas aventuras hasta que el himeneo coronase su sien con la diadema nupcial; Jofre se resistió á una demanda que conceptuaba peligrosa, pero las muchísimas instancias de la bella y de los demás que la acompañaban le obligaron á acceder. (14–15)

Bruniesen accompanies Jofre to the tournament in Scotland (an episode derived from the Prose Tristan, as discussed above) but then goes to King Arthur's court to await the return of her lover who resumes his pursuit of Tablante de Ricamonte. The introduction of crossdressing and a variant of the *doncella guerrera* theme is not new to Spanish literature. However, its presence in the late-nineteenth-century chapbook versions of *Tablante de Ricamonte* serves, along with less dramatic examples, to reiterate the different reception of the romance across time and space.

The romance of *Jaufré*, whether in its sixteenth-century Spanish prosification or its nineteenth-century popular chapbook version, underwent substantial changes reflecting different reception expectations. Above all, the Spanish text emphasizes the theme of adventure, and with Bruniesen the disguised warrior, not just adventures that would appeal to a young male audience – which may well have been the readership for the early printings of *Tablante de Ricamonte* – but perhaps also to a female audience. In any event, the story of Jofre and Bruniesen appealed to audiences in Spain, the Philippines and, in adaptation, Portugal, long after Cervantes supposedly gave his death-knell to the romance of chivalry as a genre. Perhaps there is merit in a short chivalric romance after all.

Works Cited

Baranda, Nieves, ed., 1995. *Historias caballerescas del siglo XVI*, 2 vols. (Madrid: Turner).

Benegeli, Cide Hamete [Luis Esteso], ed. *Libros que enloquecieron a Don Quijote. Juventud de Alonso Quijano, con una extensa bibliografia de Don Quixote, más las dos historias completas de Tablante de Ricamonte y Orlando Furioso.* Madrid: Juan Pueyo. [Reproduces Madrid 1877 chapbook edition printed in the Despacho de M. Minuesa.]

Bonilla y San Martín, ed., 1907. *Libros de caballerías, Primera parte: Ciclo artúrico-Ciclo carolingio,* Nueva Biblioteca de Autores Españoles 6 (Madrid: Bailly-Ballière). [Reproduces the edition of 1564 at Estella by Adrián de Anvers.]

Brunel, Clovis, ed., 1943. *Jaufré: roman arthurien du XIIIe siècle en vers provençaux*, 2 vols. (Paris: Société des Anciens Textes Français).

Entwistle, William J., 1925. *The Arthurian Legend in the Literatures of the Spanish Peninsula* (London: J. M. Dent; New York: Dutton).

Fleishman, Suzanne, 1981. "*Jaufré* or Chivalry Askew: Social Overtones of Parody in Arthurian Romance", *Viator* 12: 101–29.

Gómez Redondo, Fernando, trans., 1996. *Jaufre*, Clásicos Medievales 2 (Madrid: Gredos).

Hall, J. B., 1974. "*Tablante de Ricamonte* and other Castilian Versions of Arthurian Romance", *Revue de Littérature Comparée,* 48: 177–89.

Kay, Sarah, 1979. "The Contrasting Use of Time in the Romances of *Jaufré* and *Flamenca*", *Medioevo Romanzo* 6: 37–62.

Limentani, Alberto, 1962–1963. "Due studi di narrativa provenzale, II: Il problema dell'umorismo nel *Jaufré* e una contraffazione del *Perceval*", *Istituto Veneto de Scienze, Lettere ed Arti, Classe di Scienze Morali e Lettere, Atti* 121: 102–12.

Martorell, Joanot, and Martí Joan de Galba, 1969. *Tirant lo Blanc*, ed. Martí de Riquer, 2 vols. (Barcelona: Seix Barral).

Rubió i Lluch, Antoni, 1908–21. *Documents per l'història de la cultura catalana mig-eval*, 2 vols. (Barcelona: Institut d'Estudis Catalans).

Santonja, Gonzalo, ed., 1988. *Crónica de los notables caballeros Tablante de Ricamonte y Jofre, hijo del conde don Asón* (Madrid: Visor).

Sharrer, Harvey L., 1978. "Two Eighteenth-Century Chapbook Romances of Chivalry by António da Silva, Mestre de Gramática: Lançarote do Lago and Dário Lobondo Alexandrino", *Hispanic Review* 46: 137–46.

——, 1984. "Eighteenth-Century Chapbook Adaptations of the *Historia de Flores y Blancaflor* by António da Silva, Mestre de Gramática", *Hispanic Review* 52: 59–74.

Van Beysterveldt, Antony, 1986. "El *Roman de Jaufré* y la *Crónica de Tablante de Ricamonte*", in *Studia Occitanica in memoriam Paul Remy*, ed. Hans-Erich Keller (Kalamazoo, MI: Medieval Institute Publications), II, 203–10.

van der Horst, Cornelis Henricus Maria, ed., 1974. *Blandin de Cornouaille* (The Hague: Mouton).

BIBLIOGRAPHY OF ARTHUR LEE-FRANCIS ASKINS

1964

Ed. "A Critical Edition and Study of the *Cancioneiro de Évora*, MS. CXIV/1–17 of the Public Library of Evora, Portugal." Diss. University of California, Berkeley, May, 1964. [Directed by Luis Monguió; readers Benjamin M. Woodbridge, Jr., Edwin Morby]

1965

Ed. *The Cancioneiro de Évora. Critical Edition and Notes.* University of California Publications in Modern Philology, 74 (Berkeley and Los Angeles: University of California Press).
Reviews:
> John G. Cummins. *Bulletin of Hispanic Studies* 43 (1966): 129–31.
> Edward Glaser. *Hispanic Review* 37 (1969): 311–15.
> Elias L. Rivers. *Modern Language Notes* 81(1966): 248–49.
Review of: Thomas R. Hart, ed. *Obras drámaticas castellanas de Gil Vicente.* Madrid, 1962. In *Romance Philology* 18 (1965): 521–22.

1966

"Frânklin da Silveira Távora's *Literatura do Norte.*" In *Homenaje a Rodríguez-Moñino: estudios de erudición que le ofrecen sus amigos o discípulos hispanistas norteamericanos* (Madrid: Castalia). I, 29–34.
Reviews:
> Mac E. Barrick. *Hispanic Review.* 38 (1970): 198–206.

1967

"Amargas horas de los dulces días." *Modern Language Notes*, 82: 238–40.
Review of: Aida Fernanda Dias. *O Cancioneiro Português do Museu Condé de Chantilly.* Coimbra, 1966. In *Romance Philology* 21: 246–47.

1968

Ed. *Cancioneiro de Corte e de Magnates. MS. CXIV/2–2 da Biblioteca Pública e Arquivo Distrital de Évora.* University of California Publications in Modern Philology, 84 (Berkeley and Los Angeles: University of California Press).
Reviews:
> Raymond Cantel. *Bulletin Hispanique* 82 (1970): 217–19.
> John G.Cummins. *Bulletin of Hispanic Studies* 47 (1970): 93–94.
> Edward Glaser. *Hispanic Review.* 40 (1972): 315–17.
> Elias L. Rivers. *Modern Language Notes* 85 (1970): 295.
"Another Work *por títulos de comedias.*" *Hispanófila* 34: 59–67.

1969

"The Cancionero Manuel de Faria and MS. 4152 of the Biblioteca Nacional, Madrid." *Luso-Brazilian Review* 7.2: 22–43.

1970

"Hojas sueltas zaragozanas a la muerte de Felipe II." *Boletín de la Biblioteca Menéndez y Pelayo* 46: 109–25.

——, and Edward M. Wilson. "History of a Refrain: 'De la dulce mi enemiga'." *Modern Language Notes* 85: 138–56.

1973

Rodríguez-Moñino, Antonio. *Manual bibliográfico de cancioneros y romanceros. I–II. Impresos durante el siglo XVI.* Coord. Arthur L-F. Askins. 2 vols. (Madrid: Editorial Castalia).

Rodríguez-Moñino, Antonio, ed. *Historia y Romancero del Cid (Lisboa, 1605).* Arthur L-F. Askins, intro. Colección de romanceros de los siglos de oro (Madrid: Castalia).

Reviews:

Giuseppe Di Stefano. *Medioevo Romanzo* 1 (1974): 334–35.

Colin Smith. *Bulletin of Hispanic Studies* 53 (1976): 144–45.

Alberto G. Hauf. *Hispanic Review* 44 (1976): 289–91.

1974

Ed. *The Hispano-Portuguese "Cancioneiro" of The Hispanic Society of America.* North Carolina Studies in the Romance Languages and Literatures, 144 (Chapel Hill, NC: University of North Carolina. Department of Romance Languages, 1974).

Reviews:

John G. Cummins. *Bulletin of Hispanic Studies* 54 (1977): 151–52.

"Notes on two 'Lost Camonian Sonnets' of the Ribeiro Index." *Luso-Brazilian Review* 11: 138–43.

1975

"El Cartapacio de Francisco Morán de la Estrella (ca. 1585)." *Boletín de la Biblioteca Menéndez y Pelayo* 51: 91–167.

1976

Rodríguez-Moñino, Antonio. *Los pliegos poéticos de la Biblioteca Colombina (siglo XVI).* Coord. Arthur L-F. Askins. University of California Publications in Modern Philology, 110 (Berkeley: University of California Press)

Reviews:

Samuel G. Armistead. *Hispanic Review* 45 (1977): 451–55.

Giuseppe Di Stefano. "I *Pliegos sueltos* della Biblioteca Colombina nel Cinquecento: note a un Inventario." *Romance Philology* 34 (1980): 78–92. [rev. article]

——, and Jack Sage. "The Musical Songbook of the Museu Nacional de Arqueologia e Etnologia, Lisboa (ca. 1603)." *Luso-Brazilian Review* 13.2: 129–37.

1977–1978

Rodríguez-Moñino, Antonio. *Manual bibliográfico de cancioneros y romanceros.*

I–II. Impresos durante el siglo XVII. Coord. Arthur L-F. Askins. 2 vols. (Madrid: Editorial Castalia).

1978

"Diogo Bernardes and MS. 2209 of the Torre do Tombo." *Arquivos do Centro Cultural Português* 12: 127–67.

1979

Ed. *The Cancioneiro de Cristóvão Borges.* École Pratique des Hautes Études, IVe Section. Centre de Recherches sur le Portugal de la Renaissance. Textes, I (Paris: Jean Touzot).

1981

Ed. *Pliegos poéticos del s. XVI de la Biblioteca Rodriguez-Moñino: edición en facsímile.* Joyas Bibliográficas. Serie conmemorativa; 23, 2ª época. 2 vols. (Madrid: Joyas Bibliográficas).
Reviews:
  Francisco Muñoz Ramírez. *Revista de Estudios Extremeños* 42.1 (1986): 215–17.

1983

"Manuel de Faria e Sousa's *Fuente de Aganipe*: the Unprinted Seventh Part." In *Florilegium hispanicum: Medieval and Golden Age Studies Presented to Dorothy Clotelle Clarke.* Eds. John S. Geary, Charles B. Faulhaber, and Dwayne E. Carpenter (Madison: Hispanic Seminary of Medieval Studies). 247–77.
Reviews:
  Michael T. Ward. *Hispanic Review* 53 (1985): 363–65.

1984

Manrique, Gómez. *Regimiento de príncipes (Zamora, 1482).* Ed. facsímil. Intro. Arthur L-F. Askins. El Jardín de la Memoria, 3 (Madrid: El Crotalón).
"Dos pliegos góticos del siglo XVI perdidos y dos hallados." *El Crotalón: Anuario de Filologia Española* 1: 863–75.

1985

"Notes for the *Diccionario de pliegos sueltos* of Antonio Rodríguez-Moñino." *El Crotalón: Anuario de Filologia Española* 2: 591–600.
Review of: Brian Dutton *et al. Catálogo-índice de la poesía cancioneril del siglo XVI.* Madison, 1982. In *Romance Philology* 38 (1985): 412–15.

1986

"The *Pliegos sueltos* of the Biblioteca Colombina in the Sixteenth Century: Notes to an Inventory." *Romance Philology* 39: 305–22.
"Cinco pliegos poéticos no descritos del siglo XVI." *Anuario de Letras* (México), 24: 401–6.
"A New Manuscript of the *Libro de Buen Amor*?" *La Corónica*, 15.1: 72–76.
"Os inéditos camonianos de Manuel de Faria e Sousa." In *Critique textuelle portugaise: actes du colloque, Paris, 20–24 octobre 1981.* Ed. Eugenio Asensio *et al.* (Paris: Fondation Calouste Gulbenkian, Centre Culturel Portugais: Diffusion à l'étranger; J. Touzot). 219–26.

1988

"El romance de Ercilla *A LOS VEYNTIDOS DE IULIO.*" In *Homenaje a Eugenio Asensio*. Ed. Luisa López Grigera y Augustin Redondo (Madrid: Gredos). 57–66.
"Muestrario de incunables hispánicos extraviados de la Biblioteca Colombina." In *El Libro Antiguo Español. Actas del Primer Coloquio Internacional (Madrid, 18 al 20 de diciembre de 1986)*. Eds. María Luisa López-Vidriero y Pedro M. Cátedra (Salamanca: Ediciones de la Universidad de Salamanca; Madrid: Biblioteca Nacional de Madrid; Sociedad Española de Historia del Libro). 37–53.

1989–1991

Pliegos poéticos españoles de la British Library, Londres (impresos antes de 1601). Ed. facsímil de Arthur L-F. Askins. Joyas Bibliográficas. Serie Conmemorativa; 25, 2ª época. 4 vols. (Madrid: Joyas Bibliográficas).
Reviews:
    Samuel G. Armistead. *Hispanic Review* 61 (1993): 277–79.
    Cristina Sánchez Carreterro. *Anthropos* nn. 166–167 (1995): 160–63.

1991

"Notes on Pre-1536 Portuguese Theatrical Chapbooks." In *Estudos Portugueses: Homenagem a Luciana Stegagno Picchio*. Ed. João Nunes Alçada. Memória e sociedade (Lisbon: DIFEL). 301–09.
"The *Cancioneiro da Bancroft Library* (previously, the *Cancioneiro de um Grande d'Hespanha*): a copy, ca. 1600, of the *Cancioneiro da Vaticana.*" *Actas do IV Congresso da Associação Hispânica de Literatura Medieval (Lisboa, 1–5 Outubro 1991)*. Eds. Aires A. Nascimento e Cristina Almeida Ribeiro (Lisbon: Edições Cosmos). I, 43–47.
Review:
    Méndez Ferrín, Xosé Luis. *A Trabe de Ouro* 4 (1991): 603–4.
——, and Víctor Infantes. "Las 'coplas' celestinescas de ¿tremar?: una historia casi completa de medio pliego." *Celestinesca* 15.2: 31–51.

1992

Colón, Fernando. *Abecedarium B y Supplementum*. Ed. facsímil de los manuscritos conservados en la Biblioteca Colombina de Sevilla (Madrid: Fundación MAPFRE América; Sevilla: Cabildo de la Catedral de Sevilla, 1992) [with unsigned editorial work by Askins and Klaus Wagner].
"Two Miscellany Volumes of Pre-1537 Catalan 'Popular Press' Prints once in the Colombina Library, Seville." In *El Libro Antiguo Español: Actas del Segundo Coloquio Internacional (Madrid)*. Eds. María Luisa López-Vidriero y Pedro M. Cátedra. ([Salamanca]: Ediciones de la Universidad de Salamanca; [Madrid]: Biblioteca Nacional de Madrid; Sociedad Española de Historia del Libro). 285–300.
"Notas sobre 'libros de caballerías españoles' otrora en la biblioteca de Fernando Colón." In *Scripta philologica: in honorem Juan M. Lope Blanch a los 40 años de docencia en la UNAM y a los 65 años de vida*. Ed. Elizabeth Luna Traill (México: Universidad Nacional Autónoma de México, Instituto de Investigaciones Filológicas). III, 89–99.

1993

Bibliografia de Textos Antigos Portugueses [BITAP] [with co-compilers Harvey L.

Sharrer, Martha E. Schaffer, and Aida Fernanda Dias]. In *ADMYTE: Archivo Digital de Manuscritos y Textos Españoles*. Eds. Charles B. Faulhaber, Francisco Marcos Marín, Gerardo Meiro, Ángel Gómez Moreno, and John Nitti. Vol. 0 (Madrid: Quinto Centenario – Biblioteca Nacional – Micrones) [CD-ROM disk].

——, Tomás Marín Martínez, José Manuel Ruiz Asencio, & Klaus Wagner. *Catálogo concordado de la biblioteca de Hernando Colón*. 2 vols. (Madrid: Fundación MAPFRE América; [Sevilla]: Cabildo de la Catedral de Sevilla, 1993–1995) [Vols. 1–2 of a projected 15].
Reviews:
   Aevum 69 (1995): 537–38.
   Edoardo Barbieri. *Aevum* 70 (1996): 805–6.
" 'Os Doze Mandamentos': An Early Portuguese Translation of the *Doctrina mandatorum dudecim Athanasii.*" *Revista da Faculdade de Letras* (Lisbon), 5th series, 13/14: 67–75.
"A Medieval Vision of Paradise and Hell through Double Lens: Two Early Portuguese Translations of Valerio del Bierzo's 'Visão de Máximo'." In *Estudos universitários de língua e literatura: homenagem ao Prof. Dr. Leodegário A. de Azevedo Filho* (Rio de Janeiro: Tempo Brasileiro). 489–500.
"Cancioneiro da Bancroft Library." In *Dicionário da literatura medieval galega e portuguesa*. Eds. Giulia Lanciani e Giuseppe Tavani (Lisbon: Caminho). 185–86.

1994

——, and Harvey L. Sharrer. "Medieval Portuguese and Galician Confraternities: Vernacular Texts Entered in the *Bibliografia de Textos Antigos Portugueses.*" *Confraternitas*, 5: 9–20.

1995

"The MS 'Flos Sanctorum' of the Universidade de Brasilia: An Early Reflex in Portuguese of the Hagiographic Compilation of Valerio del Bierzo." In *O amor das letras e das gentes: in honor of Maria de Lourdes Belchior Pontes*. Eds. João Camilo dos Santos and Frederick G. Williams. Publication Series of the Jorge de Sena Center for Portuguese Studies, University of California, Santa Barbara, 9 (Santa Barbara: Center for Portuguese Studies, University of California at Santa Barbara). 39–50.

1997

Rodríguez-Moñino, Antonio. *Nuevo diccionario bibliográfico de pliegos sueltos poéticos (siglo XVI)*. Eds. Arthur L.-F. Askins y Víctor Infantes. Nueva Biblioteca de Erudición y Crítica, [12] ([Madrid]: Editorial Castalia; [Mérida]: Editora Regional de Extremadura).
Reviews:
   Samuel G. Armistead. *Hispanic Review* 67 (1999): 553–54.
   Paloma Díaz-Mas. "Pliegos sueltos." *Qué leer* (Madrid) n. 27 (noviembre 1998): 85.
   Rafael Rodríguez-Moñino Soriano. "Nueva edición del Diccionario bibliográfico de pliegos sueltos poéticos (s. XVI) de Moñino." *Gazetilla de la Unión de Bibliófilos Extremeños. Boletín Bibliográfico Oeste Gallardo* (Badajoz) n. 11 (25 septiembre 1997): 6.
——, Harvey L. Sharrer, Martha E. Schaffer, and Aida Fernanda Dias, compilers. *Bibliografia de Textos Antigos Galegos e Portugueses [BITAGAP]*. In

PhiloBiblon. Ed. Charles B. Faulhaber. Berkeley: University Library, 1997-. URL: http://sunsite.berkeley.edu/PhiloBiblon/phhm.html

——, Gemma Avenoza, Aida Fernanda Dias, José Pérez Pascual and Harvey L. Sharrer. "Novos fragmentos de textos xurídicos medievais galegos (s. XIV)." *Revista de Literatura Medieval* 9: 9–43.

——, and Víctor Infantes. "Suplementos al *Nuevo Diccionario*. Olvidos, rectificaciones y ganancias de los pliegos sueltos poéticos del siglo XVI (I)." *Criticón* (Toulouse) 71: 191–93.

1998

——, Aida Fernanda Dias and Harvey L. Sharrer. "A *Bibliografia de Textos Antigos Galegos e Portugueses* na Internet." *Revista Portuguesa de História do Livro*, 1.2: 173–80.

——, and Víctor Infantes. "Suplementos al *Nuevo Diccionario*: olvidos, rectificaciones y ganancias de los pliegos sueltos poéticos del siglo XVI (II)." *Criticón* (Toulouse) 74: 181–89.

1999

——, Harvey L. Sharrer, Martha E. Schaffer and Aida Fernanda Dias, compilers. *Bibliografia de Textos Antigos Galegos e Portugueses [BITAGAP]*. In *PhiloBiblon*. Eds. Arthur L-F. Askins, Charles B. Faulhaber and Harvey L. Sharrer (Berkeley: The Bancroft Library). [CD-ROM]

——, and Víctor Infantes. "Suplementos al *Nuevo Diccionario*: olvidos, rectificaciones y ganancias de los pliegos sueltos poéticos del siglo XVI (III)." *Criticón* (Toulouse) 77: 143–53.

2000

——, and Víctor Infantes. "Suplementos al *Nuevo Diccionario*: olvidos, rectificaciones y ganancias de los pliegos sueltos poéticos del siglo XVI (IV)." *Criticón* (Toulouse) 79: 167–76.

2001

——, and Víctor Infantes. "Suplementos al *Nuevo Diccionario*: olvidos, rectificaciones y ganancias de los pliegos sueltos poéticos del siglo XVI (V)." *Criticón* (Toulouse) 83: 197–201.

2002

——, and Samuel G. Armistead. "Rodrigo and Calixto: A New Version of *Las Quejas de Jimena*." *Celestinesca*, 25: 133–48.

——, Aida Fernanda Dias, and Harvey L. Sharrer. *Fragmentos de textos medievais portugueses da Torre do Tombo* (Lisbon: Arquivos nacionais / Torre do Tombo).

2003

——, Martha E. Schaffer, and Harvey L. Sharrer. "A New Set of *Cartas de Itália* to Afonso V of Portugal from Lopo de Almeida and Luís Gonçalves Malafaia." *Romance Philology* 57: 129–46.

2004

——, and Victor Infantes. "Supplementos al *Nuevo Diccionario*: olvidos, rectificaciones y ganancias de los pliegos sueltos poéticos del siglo XVI (y VI)." *Criticón* (Toulouse) 90: 137–52.

In press

"Notes on Three Prayers in Late Fifteenth-Century Portuguese (the *Oração da Empardeada*, the *Oração de S. Leão, Papa*, and the *Justo Juiz*): Text History and Inquisitorial Interdictions." *Santa Barbara Portuguese Studies* 6.

Philately (selected)

——, and M. Schoberlin, 1978. *Handbook and Specialized Catalogue of the Postal Issues of the Ryukyu (Liu Ch'iu) Islands (Issued under United States Administrations)*. Part I: *Postal Stationery of the Gunto Governments (1945–51)*. 2d ed. (Berkeley, CA: The Ryukyu Philatelic Specialist Society).

——, and M. Schoberlin, 1979. Part II: *1948–72 Postal Stationery of the Central Governments*. 2d ed. (Berkeley, CA: The Ryukyu Philatelic Specialist Society).

——, and M. Schoberlin, 1983. Part III: *The Nansei Shoto Provisional Postage Stamps*. 2d ed. (Berkeley, CA: The Ryukyu Philatelic Specialist Society).

Dissertations Supervised

Brodey, Vivana. 1971. "The *Coplas de Mingo Revulgo*: edición paleográfica y estudio en presencia de los siete manuscritos conocidos." 2 vols.
    Published as: *Coplas de Mingo Revulgo*. Madison: Hispanic Seminary of Medieval Studies, 1986.

Benmayor, Rina. 1974. "Romances judeo-españoles de Oriente recogidos en la costa occidental de los Estados Unidos."
    Published as: *Romances judeo-españoles de Oriente: nueva recolección*. Fuentes para el Estudio del Romancero: Serie Sefardí, 5. Madrid: Cátedra-Seminario Menendez Pidal; Gredos, 1979 [with musical transcriptions by Judith Mauleón].

Cozad, Mary Lee. 1975. "An Annotated Edition of a Sixteenth Century Novel of Chivalry: Damasio de Frías y Balboa's *Lidamarte de Armenia*; with introductory study." 4 vols.

Mauleón, Judith H. 1976. "El *Romancero de Barcelona* (Ms. 125 de la Biblioteca Universitaria de Barcelona): edición y estudio."

Black, Robert G. 1977. "The Fifteenth Century Spanish *Cancionero* Ms Esp. 226 of the Bibliothèque Nationale, Paris (Edition and Study)."

Smith, Richard T. 1977. "The *Partinuples, Conde de Bles*. A Bibliographical and Critical Study of the Earliest Known Edition, Its Sources and Later Structural Modifications."

Hatherly, Ana Maria. 1986. "*A Presioza*, de Soror Maria do Ceu: edição crítica e comentada do códice 3773 da Biblioteca Nacional de Lisboa."

Juárez Wangensteen, Encarnación. 1987. "Italia en la vida y obra de don Francisco de Quevedo: un estudio introductorio."

Arenas, Fernando Enrique. 1994. "A Breath at the Edge of Earth: The Limits of Language and Subjectivity in Vergílio Ferreira and Clarice Lispector."

Fernández-Vega, María del Mar. 1997. "Los libros catalanes de la biblioteca Fernando Colón (1488–1539): catálogo descriptivo."

TABULA GRATULATORIA

Carlos Alvar
Gemma Avenoza
Nieves Baranda
Rafael Beltrán
Vicenç Beltran
Emilie L. Bergmann
Alberto Blecua
Pedro M. Cátedra
Juan Carlos Conde
Jane E. Connolly
Jerry R. Craddock
Nancy Cushing-Daniels
Alan Deyermond
Aida Fernanda Dias
M. Isabel Rosa Dias
João Dionísio
Thomas F. Earle
Charles and Jamy Faulhaber
María del Mar Fernández Vega
Anna Ferrari
Manuel da Costa Fontes
Charles F. Fraker
Ralph Di Franco
Chiharu Fukui
Philip O. Gericke
Helder Godinho
Ángel Gómez Moreno
Ana M. Gómez-Bravo
Thomas R. Hart

Ana Hatherly
David Hook
Víctor Infantes
Jacques Joset
José J. Labrador Herraiz
Paul Lewis-Smith
Mark G. Littlefield
David Mackenzie
Francisco A. Marcos-Marín
Beatriz Mariscal Hay
Aires A. Nascimento
Ignacio Navarrete
Georgina Olivetto
Stephen Parkinson
Óscar Perea Rodríguez
Juliet Perkins
João David Pinto-Correia
Beverley and John Polt
Julian F. Randolph
Elias L. Rivers
Jesús Rodríguez-Velasco
Isabel de Sena
Dorothy Sherman Severin
Harvey L. Sharrer
Paul C. Smith
Joseph T. Snow
Eduardo Urbina
Julian Weiss

Real Biblioteca, Madrid
The Bancroft Library, University of California, Berkeley
The Hispanic Seminary of Medieval Studies
The Hispanic Society of America
The University of California Library at Berkeley